LA LIBRE RAISON DU PHÉNOMÈNE

ESSAIS D'ART ET DE PHILOSOPHIE

LA LIBRE RAISON DU PHÉNOMÈNE

ESSAI SUR LA "NATURPHILOSOPHIE" DE GOETHE

par

Laurent VAN EYNDE

PARIS
LIBRAIRIE PHILOSOPHIQUE J. VRIN
6, Place de la Sorbonne, V[e]
—
1998

Imprimé en France

ISSN 0249-7913

ISBN 2-7116-1366-6

À Robert Brisart,
en témoignage
de reconnaissance et d'amitié.

REMERCIEMENTS

Ce livre reprend une large part de ma thèse de doctorat en philosophie, défendue en novembre 1996, aux Facultés universitaires Saint-Louis, à Bruxelles. Ma gratitude va d'abord aux Professeurs Robert Brisart et Raphaël Célis qui m'ont soutenu et dirigé tout au long de la rédaction de cette thèse. Leur immense compétence m'est depuis longtemps infiniment précieuse. Bien au-delà de ce livre, je leur dois ma formation philosophique. Mon vœu le plus cher est d'être digne de leur exigence scientifique et de leur rigueur de pensée.

Je remercie vivement les nombreuses personnes qui m'ont fait l'honneur de lire mes travaux sur Goethe et de me conseiller. J'éprouve une reconnaissance toute particulière pour Madame Françoise Dastur, dont la disponibilité à l'égard des jeunes chercheurs est un modèle d'attitude académique, ainsi que pour Monsieur Laurent Waterschoot, l'ami qui a déjà consacré tant d'heures à relire mes textes avec une intelligence que j'admire.

Je tiens également à remercier Monsieur Jean-François Courtine qui a accepté d'accueillir ce livre dans la collection qu'il dirige et m'a permis, par ses conseils avisés, de mettre au point mon manuscrit.

Je sais aussi ce que je dois à mes amis «en philosophie», parmi lesquels Michèle Gennart, Bénédicte de Villers et Frédéric Ligot. Par ailleurs, je m'en voudrais de ne rien dire du bénéfice intellectuel inestimable qu'ont représenté ces six dernières années d'enseignement aux Facultés universitaires Saint-Louis, au cours desquelles j'ai rencontré des étudiants dont la passion philosophique fut pour moi – et est toujours – une source inépuisable de motivation.

Je dois enfin à toute ma famille l'achèvement de ce travail, mais c'est à Charles Van Eynde que j'aurais aimé en faire le présent, si j'avais eu la force d'atteindre plus vite le terme. La tendre présence de Kathrin me console aujourd'hui de cette perte, comme elle a accompagné hier de sa patience, de sa compréhension et de son amour, la longue gestation de ce livre.

AVERTISSEMENT

Nous citons généralement les œuvres de Goethe d'après l'*Hamburger Ausgabe* (*Werke*, 14 Bd., Hamburg, 1949-1960 – cité H.A.), qui est aujourd'hui la plus accessible. Malheureusement, cette édition est incomplète, et nous avons donc été contraint de citer occasionnellement celle d'*Artemis Verlag* (*Sämtliche Werke*, 18 Bd., Zürich, 1979 – cité A.V.) ou encore une ancienne édition Cotta, relativement répandue dans les bibliothèques universitaires du monde francophone (*Sämtliche Werke*, 36 Bd., Stuttgart, s.d.). Tout à fait exceptionnellement, nous nous référons à la Jubiläums-Ausgabe (*Sämtliche Werke*, Jubiläums-Ausgabe, Stuttgart und Berlin, 1902 – cité J.A.), la plus volumineuse, mais sans doute aussi la moins accessible à tout un chacun.

La correspondance est également citée, dans la plupart des cas, d'après l'*Hamburger Ausgabe*, republiée récemment à Munich en six volumes (*Briefe*, 4 Bd., München, 1988; et *Briefe an Goethe*, 2 Bd., München, 1988 – nous utilisons également dans ce cas l'abréviation H.A., mais en précisant qu'il s'agit de la correspondance). En cas de nécessité, nous complétons l'*Hamburger Ausgabe* par les éditions *Goethes Leben in seinen Briefen* (4 Bd., Berlin, s.d.) et *Briefwechsel zwischen Schiller und Goethe* (4 Bd., Stuttgart und Berlin, s.d.).

INTRODUCTION

A force de tenir pour acquise sa reconnaissance par la postérité, on ne s'aperçoit plus que Goethe est encore victime du mépris qui, à son époque déjà, le réduisait à un rôle dont l'étroitesse ne lui convenait guère. La superficialité de certains hommages rendus aujourd'hui à ses nombreux essais scientifiques n'a d'égale que la parcimonie des encouragements que la science de son temps a daigné lui prodiguer. Goethe poète ? Certes – mais si l'on tient compte de la condescendance qui accompagne cette qualification dans nos sociétés pour lesquelles la poésie n'est bien souvent rien d'autre qu'un passe-temps élégant ou une activité ludique digne mais, en somme, par trop légère, «Goethe poète» signifie très vite: *seulement* poète. En emboîtant sagement le pas aux contemporains de Goethe, notre époque a déjà jugé qu'il n'était *que* poète. Son œuvre est classée et le concert de louanges que l'on adresse encore à la mémoire de l'Olympien évite de s'employer à une authentique redécouverte de son travail – surtout de ces pans entiers qui, sous l'effet du soleil trompeur de sa célébrité, sont devenus des zones d'ombre et qui, dès lors, paraissent condamnés aux marges des études les plus sérieuses ou vouées à l'inconsistance de remarques incidentes. Afin de de dépasser l'«optique monumentale»[1] qui, à mesure qu'elle fige son image «dans une vision solennelle, extérieure, à distance»[2], opère une réduction indue de son œuvre, nous nous proposons de développer une lecture proprement philosophique de ses écrits théoriques. Certes, notre Goethe n'est pas philosophe à proprement parler, mais il est ce poète qui s'est voulu aussi homme de savoir et qui, dans toutes les dimensions de sa démarche créatrice, fut fidèle à un idéal que, pour notre part, nous considérons comme fondamentalement philosophique: éclairer l'humanité sur elle-même afin de l'aider à se construire dans la conscience aiguë de son sol et de son but, de sa nécessité et de sa liberté.

1. J. ORTEGA Y GASSET, *À la recherche d'un Goethe vu du dedans*, in *Le spectateur*, trad. de Chr. Pierre, Paris, 1992, p. 53.

2. *Idem*.

La philosophie, depuis l'aube de son histoire, aspire à remplir ce rôle en se constituant en science rigoureuse. La phénoménologie incarne sans doute le mieux aujourd'hui cette volonté de satisfaire, comme le disait Edmund Husserl, « aux exigences théoriques les plus élevées »[1] et de se donner ainsi « sa propre visée historique »[2]. Pour autant, notre époque philosophique, rongée par l'angoisse de l'historialité, n'est pas marquée au sceau de la sérénité. En effet, comme s'il ne lui suffisait pas de subir les coups d'une civilisation qui n'accepte plus, en matière de culture et de réflexion, que le prêt-à-penser, la philosophie contemporaine s'engage elle-même dans un discours apocalyptique dont le noyau est l'annonce de sa propre mort. La philosophie peut-elle aujourd'hui éviter de placer comme en épigraphe de son discours son propre avis nécrologique ? La mort de la philosophie est le maître-mot de bien des philosophes de notre époque, des plus brillants aux plus falots. Elle devient l'hypothèse initiale de ces pensées au nombre desquelles la post-modernité fait aujourd'hui figure de guide éclairé – on ne sait trop comment ni pourquoi – dans la voie de l'effondrement du sens. Actant son propre décès, la philosophie s'épuise dans une surenchère eschatologique qui précipite la raison dans des abîmes insondables. Nous avons la faiblesse de croire, quant à nous, que la philosophie ne se gagne aucune authenticité ni aucune lucidité dans cette complaisante autodestruction. Nous pensons que la démarche philosophique a un sens – aujourd'hui plus que jamais, car la philosophie peut encore avoir le mérite de répondre à l'urgence du temps par une réflexion dont le caractère transcendantal l'affranchit des circonstances de l'historicité pour mieux ouvrir à cette histoire qu'il nous revient de construire dans la raison et la responsabilité à l'égard de notre condition humaine.

Précisément, la pensée de Goethe est à même de défendre aujourd'hui encore les intérêts de la raison. En manière telle que, si la philosophie s'engage humblement mais résolument dans une *re-lecture* de cette œuvre à nulle autre pareille, elle sera payée en retour en y découvrant une confirmation de son idéal, capable de la relancer sur la voie qu'il lui semble parfois si difficile de suivre. En somme, Goethe est susceptible de soutenir le projet philosophique de la raison occidentale,

1. E. HUSSERL, *Philosophie als strenge Wissenschaft*, in *Aufsätze und Vorträge (1911-1921)*, *Husserliana* (Hua) XXV, hrsg. von Th. Nenon und H.R. Sepp, Dordrecht, 1987, p. 3 ; trad. de M.B. De Launay : *La philosophie comme science rigoureuse*, Paris, 1989, p. 11.

2. *Ibid.*, p. 4 ; trad. p. 12.

si la philosophie elle-même est prête à lui rendre justice en redécouvrant ce que tant de lectures classiques ont par trop négligé.

Dans la mesure où la nature occupe, selon lui, une position éminemment transcendantale dans la constitution de notre existence, c'est dans la science de la nature que Goethe s'efforce de saisir la rationalité à l'œuvre. Par analogie avec ce type de pensée qui fut contemporain de ses recherches de naturaliste, nous évoquerons sa *Naturphilosophie*. Le propos universalisant de sa science de la nature confirme, nous le verrons, le bien-fondé de cette option terminologique. Néanmoins, l'on constatera qu'il ne s'agit ici, malgré tout, que d'une appellation par défaut : la philosophie de la nature de Goethe est ultimement irréductible au courant métaphysico-idéaliste de la *Naturphilosophie*. Le lieu de son originalité sera aussi le site privilégié de notre questionnement, car le projet goethéen de rationalité y trouve toute sa pertinence. La raison de la *Naturphilosophie* de Goethe est définie par une double exigence : la rigueur et le sens du concret. La rigueur impose la révocation de toute thèse métaphysique appuyée sur des postulats qui n'auraient pas été soumis à l'épreuve de l'empirie. Le sens du concret, qui s'ensuit immédiatement, s'avère par un respect scrupuleux de cette empirie dans toute l'ampleur de ses possibles. Au carrefour de ces deux exigences, l'étude empirique de la nature contemple bien plus que des faits, découvre bien plus que des *sense data*. La *Naturphilosophie* de Goethe se révèle être une science de la légalité de la phénoménalité naturelle – déjà une certaine *phénoméno-logie*.

Deux questions, cependant, restent en suspens. Tout d'abord, quelle place l'étude de cette science de la phénoménalité naturelle peut-elle concéder, dans l'économie de son argumentation, à l'œuvre strictement littéraire ? Il va de soi qu'une étude philosophique de l'œuvre de Goethe, portant de surcroît sur sa philosophie de la nature, doit s'attacher prioritairement aux écrits théoriques de l'auteur, ne serait-ce que pour se garantir contre les nombreux pièges que lui tend la charge conceptuelle pour le moins flottante et imprécise – mais quoi de plus normal ? – des textes poétiques. Sans même vouloir faire allusion ici aux liens étroits qui se nouent entre la *théorie* esthétique de Goethe et sa *Naturphilosophie*[1], il serait cependant injustifiable de négliger l'ensemble des œuvres littéraires (poétiques au sens strict, dramatiques et romanesques). En effet, l'œuvre poétique de Goethe se nourrit bien souvent d'une réflexion menée aux confins de l'abstraction théorique. Les

1. Nous aborderons cette question dans notre conclusion. Cf. *infra*, p. 249 *sq*.

poèmes dits « didactiques » en sont des exemples patents[1]. Ainsi, s'il y a quelque risque d'arbitraire à vouloir extraire de prime abord le « suc philosophique » des œuvres littéraires de Goethe, il n'en reste pas moins que celles-ci peuvent offrir un appui non-négligeable à la confirmation et la spécification des thèses philosophiques explicitées au départ des écrits théoriques. Nous n'hésiterons donc pas à exploiter ces œuvres. Sans en faire l'objet premier de notre étude, nous espérons pourtant en révéler, par surcroît, une dimension importante.

La seconde question que nous devons poser à titre liminaire est la suivante : quel fut le rapport *explicite* de Goethe à la philosophie ? À dire vrai, Goethe a bien souvent raillé la philosophie. Il ne manquait pas une occasion de se moquer « des Allemands [qui] se torturent pour résoudre des problèmes philosophiques »[2] ainsi que de leurs discours abscons :

> Que peuvent bien penser les Anglais et les Français de la langue de nos philosophes, quand nous autres Allemands nous ne les comprenons pas nous-mêmes ?[3].

À s'en tenir à la lettre de ses *Conversations avec Eckermann*, Goethe ne voyait dans la propension de ses compatriotes à la spéculation philosophique qu'un obstacle pour la progression de l'esprit :

> La spéculation philosophique est à tout prendre un obstacle pour les Allemands, car elle introduit souvent dans leur style quelque chose d'abstrait, d'inintelligible, de prolixe et d'ampoulé[4].

Cette remarque va bien au-delà de la critique stylistique et dénonce directement l'abstraction du discours *et* de la réflexion philosophique. Sommes-nous dès lors confrontés à un refus définitif de concéder ses droits et sa valeur propre à la « science des sciences », refus qui minerait à la base notre projet de relecture de Goethe ? Il faut bien plutôt penser que de telles remarques révèlent la déception profonde qu'éprouve Goethe à

1. Presque trop, tant il est vrai que ce n'est pas dans ces vers que l'on découvrira le sommet d'excellence esthétique de l'œuvre de Goethe. Cf. *Metamorphose der Tiere* (H.A., I, p. 201-202 ; trad. de R. Ayrault : *Métamorphose des animaux*, in *Poésies/Gedichte. Tome II : Du voyage en Italie jusqu'aux derniers poèmes*, Paris, 1982, p. 529-531) et *Die Metamorphose der Pflanzen* (H.A., I, p. 199 ; trad. de R. Ayrault : *La métamorphose des plantes*, in *Poésies/Gedichte. Tome 2..., op. cit.*, p. 451-453).

2. J.P. ECKERMANN, *Gespräche mit Goethe in den letzten Jahren seines Lebens* (I. September 1829) hrsg. von Fr. Bergemann, Frankfurt a.M., 1987, p. 347 ; trad. de J. Chuzeville : J.W. GOETHE, *Conversations avec Eckermann* (1 septembre 1829), Paris, 1949, p. 318.

3. *Ibid.* (28 März 1827), p. 559 ; trad. p. 498.

4. *Ibid.* (14 April 1824), p. 100 ; trad. p. 112.

ne point reconnaître dans les grands systèmes de son époque une représentation adéquate de son idéal philosophique. Si Goethe se sentit en définitive fort étranger à la spéculation philosophique, ce fut moins en raison d'une indifférence ou d'une aversion à l'égard de la prétention philosophique à l'explicitation rationnelle du sens que parce qu'il lui paraissait que, malgré des intuitions qu'il partageait parfois avec elles, les philosophies idéalistes n'offraient aucune des garanties scientifiques qui plaident en faveur de la fondation rigoureuse d'un savoir universel et pérenne. La spéculation risque, par sa tendance pour ainsi dire naturelle à l'abstraction – qui peut devenir « sauvage » si elle ne se donne les gardes-fous de l'expérience la plus méthodique –, d'emprunter des voies qui, à terme, trahissent le projet et la responsabilité philosophique, en substituant à l'idéal de science rigoureuse l'option ultimement ininterrogée de la *Weltanschauung* – l'idéologie supplantant la science rigoureuse [1]. Goethe s'est souvent prononcé « contre » la philosophie parce qu'il doutait de la capacité des systèmes idéalistes à relever le défi jadis lancé par Socrate et Platon. Mais parce qu'ainsi il ne fermait pas sa porte, loin s'en faut, à la réflexion philosophique, les écrits de quelques penseurs majeurs de la tradition occidentale ont accompagné sa propre quête du sens et de la vérité. Il sufffira de citer ici Aristote, Spinoza, Leibniz et Kant.

La *Naturphilosophie* de Goethe, si elle se définit dans des textes théoriques essentiels, s'esquisse donc aussi dans ses œuvres littéraires comme dans le dialogue noué avec certains textes philosophiques. La rédaction des deux *Faust*, qui a jalonné toute sa carrière de poète, ainsi que sa lecture de Kant, parfois audacieuse mais toujours puissante, suffisent à nous en convaincre, car dans les deux cas les motifs centraux de la *Naturphilosophie* s'y développent, s'y répètent ou s'y affinent.

En proie au désespoir qui le mènera bientôt à sceller le pacte fatal, le Docteur Faust s'avoue, dans la solitude de son cabinet d'études, l'échec de son entreprise de connaissance. Dès les premiers vers du drame, Faust est un homme de science désabusé. L'inanité de la science se révèle dans la confrontation avec le signe du macrocosme, et l'Esprit de la Nature, invoqué à la suite, ruine définitivement, s'il était encore nécessaire, les dernières vanités de Faust :

1. Lorsque, dans la suite de notre étude, nous parlerons d'« idéologie », ce sera donc au sens de la *Weltanschauung*, de la « conception du monde » (cf. *infra*, p. 80).

Tu ressembles à l'Esprit que tu conçois,
Pas à moi ![1].

Il ne fait aucun doute que la science incriminée est bien cette science moderne qui « réprime [...] tout essor de vie »[2] et fait du cabinet du savant un espace mort où,

> au lieu de la nature vivante, [...] ce ne sont [...], parmi la fumée et la moisissure, que squelettes d'animaux et ossements humains[3].

Faust se retourne avec la violence de l'adepte désillusionné contre toute la machinerie que mobilise la science moderne depuis son tournant instrumentaliste et qui empêche la nature de s'épanouir sous le regard du chercheur :

Et vous, instruments, sans doute vous gaussez-vous de moi,
Avec vos roues et dentelures, vos cylindres et leviers :
Je me tenais devant la porte, vous deviez être la clé ;
Mais votre panneton, si tailladé fût-il, ne faisait pas mouvoir le
| pène.
Mystérieuse sous la clarté du jour,
La nature ne se laisse pas enlever son voile,
Et ce qu'elle ne veut pas révéler à ton esprit,
Tu ne lui arracheras pas de force à l'aide de leviers et de vis[4].

Mais la critique de la science moderne que Goethe place dans la bouche de Faust ne se borne pas à sa seule dimension mécaniste. Plus largement, il semble bien que soit ici visé l'idéal rationaliste moderne. Le *famulus* Wagner incarne ainsi, en contraste avec le désespoir de Faust, la figure d'une *Aufklärung* confiante en cette humanité qui « a progressé jusqu'à des hauteurs si merveilleuses »[5]. Wagner est le plus naïf mais aussi le plus ardent défenseur d'une autonomie de la science qui, aux yeux de Faust, se réduit à un système de concepts abstraits débouchant sur un savoir qui ne sait rien d'autre que ce qu'il pose arbitrairement comme son objet su – s'interdisant par là tout accès à la chose même.

1. J.W. GOETHE, *Faust. Eine Tragödie. Erster Teil*, H.A., III, p. 24 ; trad. de H. Lichtenberger : *Faust I*, Paris, s.d., p. 19.
2. *Ibid.*, p. 21 ; trad. p. 16.
3. *Idem.*
4. *Ibid.*, p. 28 ; trad. p. 24.
5. *Ibid.*, p. 28 ; trad. p. 24.

Le *Second Faust* met en scène, dans la célèbre scène de l'Homonculus[1], l'ultime délire d'un rationalisme *aufklärerisch*. Wagner avoue là sa prétention à créer un être humain «de toutes pièces». L'«œuvre magnifique»[2] doit s'accomplir sans aucun détour par la procréation, cette «vaine plaisanterie»[3]. Wagner compte sur le «mélange approprié [...] de certains éléments»[4], mélange conçu par la raison, pour construire la vie:

> Ce qu'on vantait comme le suprême mystère de la nature,
> Nous tentons de l'expérimenter rationnellement
> Et ce qu'on laissait jadis s'organiser,
> Nous le faisons se cristalliser[5].

L'optimisme scientiste de Wagner le conduit au prométhéisme le plus exacerbé. Que l'homme crée la vie et ainsi d'autres hommes, tel est l'horizon de son savoir devenu technique. La nature, en son «mystère» même, n'est plus digne de l'homme devenu libre par l'usage de sa raison:

> L'homme avec ses belles facultés
> Doit désormais avoir une origine plus haute et plus sublime[6].

Il doit être son propre créateur – en raison! Mais lorsque l'Homonculus paraît enfin, dans son ampoule dérisoire, il apparaît que ce n'est pas la vie que Wagner a créée, mais seulement son propre phantasme. L'Homonculus, maniant cruellement l'ironie, apostrophe l'apprenti-sorcier devenu ingénieur de la vie:

> Eh bien! petit père, où en sommes-nous? Ce n'était pas une plaisanterie.
> Viens, presse-moi tendrement sur ton cœur!
> Pas trop fort, pourtant, afin que le verre n'éclate pas.
> Car c'est là le propre des choses:
> Au naturel le monde suffit à peine,
> À l'artificiel un espace fermé est indispensable[7].

1. J.W. GOETHE, *Faust. Der Tragödie zweiter Teil in fünf Akten*, H.A., III, p. 209-214; trad. de H. Lichtenberger: *Faust. Deuxième partie*, Tome 1, Paris, s.d., p. 75-82.
2. *Ibid.*, p. 209; trad. p. 76.
3. *Idem.*
4. *Ibid.*, p. 210; trad. p. 76.
5. *Ibid.*, p. 210; trad. p. 77.
6. *Idem.*
7. *Ibid.*, p. 211; trad. p. 77.

L'Homonculus n'échappe donc à l'ordre naturel qu'en apparence : il est toujours soumis à l'ordre des choses, puisqu'il se trouve contraint par l'espace de la fiole et inadapté au vaste monde. Il reste prisonnier de l'ordre de la *technè* et ne peut en rien se substituer aux créatures naturelles ni prétendre aux mêmes privilèges. L'ingéniosité de Wagner ne détrône pas la nature, elle façonne un ordre parallèle qui s'enferme en lui-même, comme si la nature toute-puissante et indomptée lui imposait cette désespérante autarcie. Tout au plus l'Homonculus est-il un moment d'esprit pur – mais il n'est pas la vie[1]. La science mécaniste qui se confond avec le projet rationaliste de l'*Aufklärung* échoue en définitive devant le plus grand «mystère» de la nature qu'est l'apparition et la formation de la vie.

Cette critique de l'*Aufklärung* et de la modernité que développent les deux *Faust* est sans doute bien connue. Il n'y a dès lors que plus de raisons de s'étonner que l'esprit faustien soit le plus souvent identifié au prométhéisme moderne[2]. Si Faust fut un savant moderne jusqu'à la caricature, dès le lever de rideau, cependant, il a renoncé à ce type de connaissance. Le personnage de Faust est bien plutôt la voix d'une déconstruction radicale du projet moderne que de l'apologie de celui-ci. Tout au plus Faust porte-t-il la responsabilité d'un Prométhée, mais c'est pour mieux s'acheminer vers le rachat de sa faute. Les esprits de Méphistophélès interpellent ainsi le Docteur déchu :

> Hélas, hélas !
> Tu l'as détruit,
> D'un poing puissant,
> Ce monde si beau.
> Il tombe, il s'écroule !
> Un demi-dieu l'a fracassé !
> Nous en portons
> Les décombres au Néant,
> Et nous pleurons
> Sur ce temple détruit[3].

Les Esprits de Méphistophélès présentent ainsi à Faust la quintessence de sa faute dans ce que l'on a appelé depuis l'*Entzauberung der*

1. Cf. E. STAIGER, *Goethe*, Bd. III, Zürich, 1959, p. 311-321.
2. Que l'on pense, par exemple, au *Déclin de l'Occident* d'Oswald Spengler (Cf. O. SPENGLER, *Der Untergang des Abendlandes*, Bd. I, München, 1923, p. 481 *sq.* ; trad. de M. Tazerout : *Le déclin de l'Occident*, I, Paris, 1976, p. 359 *sq.*).
3. J.W. GOETHE, *Faust I*, H.A., III, p. 54 ; trad. p. 52.

Welt. Mais cette accusation se mue immédiatement en exigence de rachat :

> Puissant parmi les Fils de la terre,
> Restaure-le
> Plus splendide,
> Restaure-le dans ton cœur !
> Commence,
> Dans la sérénité,
> Une existence nouvelle,
> Et que de chants nouveaux
> L'accompagnent[1].

Par ces vers, Goethe inscrit son poème dans le mouvement spirituel dominant de l'époque, à savoir la « restauration de la vie »[2]. L'effort de restauration de la vie anime la plupart des pensées allemandes de 1770 à 1830, qui disent une nostalgie de la totalité et un désir de restituer son sens à l'unité de la vie. C'est qu'en effet, la modernité, triomphant au XVIIIe siècle, a achevé de produire un ensemble d'abstractions qui arrachent la vie à son principe concret. L'opposition cartésienne de la substance étendue, dépourvue, en son objectivité, de toute qualité sensible, et de la *res cogitans*, assurée, en son auto-réflexivité, d'une liberté solipsiste, trouve son prolongement dans le modèle scientifique galiléo-newtonien. Celui-ci consacre le dualisme de la liberté et de la nature en opposant, d'une part, la conception « en l'esprit » d'un monde au sein duquel peuvent valoir un certain nombre d'axiomes tels que, par exemple, le principe d'inertie, et, d'autre part, le vécu de la phénoménalité naturelle auquel est dénié tout rôle de fondation de la connaissance. L'abstraction factuelle et géométrique et l'espace qui lui correspond font du monde le plan d'une effectivité infinie et de la situation de l'homme une inquiétante étrangeté. Le siècle des Lumières portera à son comble, dans tous les secteurs de la vie (culturel, scientifique, social, politique et économique) les scissions posées par le « grand rationalisme », tandis que la *déshumanisation* de l'homme trouve une source nouvelle dans l'empirisme des *sense data*. Le monde de la vie est aussi peu pertinent – au regard d'une certitude scientifique mesurée à l'aune de sa performativité – pour un rationalisme des idées innées que pour un empirisme qui réduit le sensible à un amas de factualités isolées

1. *Ibid.*, p. 55 ; trad. p. 52.
2. Nous reprenons cette expression à J. PATOCKA. Cf. *L'évolution esthétique et philosophique de Hegel*, in *L'art et le temps*, trad. de E. Abrams, Paris, 1990, p. 177-304.

en leur matérialité brute et entre lesquelles seule la force de l'habitude permet d'établir des connexions dépourvues de toute nécessité interne et signifiante. Enfin, par-delà cette alternative entre le rationalisme et l'empirisme, le criticisme kantien, ultime figure de l'*Aufklärung*, ne fera que répéter la logique moderne des scissions, la radicalisant en même temps qu'il en multiplie les occurrences (du moins dans les deux premières *Critiques*): phénomène/chose en soi, théorique/pratique, être/devoir-être et bien sûr, en dernière instance, nature/liberté – autant d'oppositions qui brisent l'unité de la vie. L'idéalisme, la *Naturphilosophie*, le romantisme etc. s'efforceront, dès le dernier quart du XVIIIe siècle, de dépasser et de surmonter ces apories en restaurant le règne de la totalité vivante, c'est-à-dire en rendant son sens unitaire et totalisateur au monde de la vie, quelle que soit la compréhension de celui-ci dans les différents systèmes de pensée.

Ainsi donc, la tragédie de Faust s'ouvre sur le constat d'un échec et se développe comme une tentative de rédemption soutenue par ce motif de la « restauration de la vie ». Mais l'originalité de *Faust* réside en ceci que la rédemption elle-même est tragique dans la mesure où Goethe montre que, lorsqu'il s'agit de sauver la vie même, l'homme est nécessairement renvoyé à l'acceptation de sa finitude. Le projet prométhéen est marqué par le péché d'*hubris* qui réside dans l'occultation de la préséance de la force formatrice de la nature. La finitude est elle-même niée par la démesure de la science moderne. Elle n'est pas dépassée pour autant mais elle mine les fondations que la subjectivité prétend se donner à elle-même et ressurgit *in fine* dans l'épreuve de l'inaccessibilité – selon ce mode d'exercice d'une illusoire puissance – de la vie même. Précisément, le pacte que Faust signe avec Méphistophélès lui permet de transposer la négation propre à l'*hubris* de la science moderne dans la sphère de l'existence finie, là où la vie intègre la négation et n'en est plus la victime. La négativité est alors acceptée dans la mesure où elle appartient à la finitude de l'action humaine. Faust ne signe pas un pacte avec le diable pour mieux dominer le monde, mais pour se soumettre à la loi de vie que ce monde impose. Pour un être fini, le désir d'exister et la puissance d'agir se redoublent nécessairement de l'*ironie* qui doit venir frapper chacun de ses actes comme chacune de ses jouissances. Faust comprend que l'homme doit éprouver la négativité qui marque ses aspirations pour pouvoir les vivre pleinement, en tant qu'homme. Faust veut en revenir à la vie, même s'il sait désormais que l'ironie doit toujours accompagner l'action, afin que cette dernière ne s'épuise pas en vain dans la prétention à la maîtrise absolue. Méphistophélès, celui « qui toujours nie » [1], interdit à la finitude l'accès à toute pureté spirituelle mais lui ouvre le champ propre de son épanouissement. Il est pour Faust le garant de la substitution de la vie à l'inhumaine illusion [2]. On peut affirmer que « Faust et Méphistophélès sont des expressions dialectiques de la personnalité du poète » [3] parce que Goethe révèle dans la tragédie l'intrication parfaite des puissances affirmative et négative. Faust s'en remet à la force formatrice de la nature (« Au commencement était l'*Action* » [4]), mais il ne peut s'engager dans cette « Activité changeante et vie ardente » [5] sans le contre-point méphistophélique qui sous-tend sa finitude acceptée. Méphistophélès, pour sa part, n'exerce sa force négatrice qu'en se recevant de la vie même. La négation appartient à la vie et l'affirme donc encore. Méphistophélès l'avoue :

> Ce qui s'oppose au Rien,
> Ce quelque chose, ce monde massif,
> Je n'ai, quoi que j'aie tenté,
> Jamais pu l'entamer [6].

Ce qui permet à Faust de conclure :

> L'enfer même a donc ses lois [7].

Le souci majeur de Goethe dans ses deux *Faust* n'est autre que la finitude essentielle de l'homme – une finitude tragique qui lui ouvre le temps et lui assigne le devoir d'exister à même ce temps. La vocation à la finitude de Faust est soutenue par une joie tragique qui, anticipant Nietzsche, ponctue un « Oui » dionysiaque à la vie. Faust s'engage avec joie dans le monde en signant le pacte et en se désintéressant de l'au-delà :

> De cette terre jaillissent mes joies,
> Et ce soleil brille sur mes douleurs [8].

1. J.W. GOETHE, *Faust I*, H.A., III, p. 47 ; trad. p. 44.
2. Cf. la très belle lecture de Th. MANN, *Über Goethe's « Faust »*, in *Gesammelte Werke*, Bd. IX, Frankfurt a. M., 1974, p. 381-621 ; trad. de F. Delmas : *Sur le « Faust » de Goethe*, in *Noblesse de l'esprit*, Paris, 1960.
3. *Ibid.*, p. 94.
4. J.W. GOETHE, *Faust I*, H.A., III, p. 44 ; trad. p. 41.
5. *Ibid.*, p. 24 ; trad. p. 19.
6. *Ibid.*, p. 48 ; trad. p. 45.
7. *Ibid.*, p. 49 ; trad. p. 46
8. *Ibid.*, p. 56 ; trad. p. 54.

L'acceptation de la terre confond joie et douleur dans le temps que l'on ne veut point suspendre mais que, bien au contraire, l'on affirme sans retenue. D'où la profession de foi de la finitude :

> Si je dis à l'instant qui passe :
> Attarde-toi, tu es si beau !
> Alors tu peux me charger de chaînes,
> Alors je consens volontiers à périr !
> Alors peut sonner le glas funèbre,
> Alors tu seras quitte de ton service,
> Que l'horloge s'arrête, que l'aiguille tombe,
> Que le temps, pour moi, soit révolu ! [1].

Si les deux *Faust* développent, quoiqu'à des niveaux d'explicitation différents, une critique sévère et même polémique de la modernité et de son modèle scientifique, ainsi qu'une défense de la finitude, il serait cependant erroné d'en conclure au rejet goethéen de toutes formes de connaissance. Certes, Faust prétend bien vouloir devenir un « homme d'action » et affirme que « le fil de la pensée est rompu » [2] ou même qu'il a « depuis longtemps le dégoût de tout savoir » [3]. Mais ce dédain pour le savoir trouve sa raison dans le fait qu'il s'est « enflé avec trop d'orgueil » [4] et a ignoré le rang que la nature lui assignait. La porte reste entr'ouverte pour une autre forme de savoir, qui accepterait la vie et s'y conformerait – qui surtout n'en nierait point l'irréductibilité. Ainsi, l'invitation de Méphistophélès à se « mettre en route à travers la vie » [5], se répètera, dans d'autres termes mais dans le même esprit, dans un des grands poèmes de la maturité, mais avec cette nuance qu'*explicitement* cette fois, vivre sera aussi *connaître* la nature vivante et créatrice. C'est alors le naturaliste qui doit courir le monde, Faust assagi, guéri de ses désillusions et de sa révolte, confiant dans le monde, émerveillé même :

> Et vous, allez ! le monde est ouvert devant vous.
> Vaste est la terre, grand et sublime le ciel ;
> Observez, étudiez, rassemblez les détails ;
> Que la nature en vous balbutie son mystère [6].

1. *Ibid.*, p. 57 ; trad. p. 55.
2. *Ibid.*, p. 58 ; trad. p. 56.
3. *Idem.*
4. *Idem.*
5. *Ibid.*, p. 55 ; trad. p. 53.
6. J.W. GOETHE, *Elegie von Marienbad*, H.A., I, p. 385 ; trad. de R. Ayrault : *Élégie de Marienbad*, in *Poésies/Gedichte II...*, *op. cit.*, p. 681.

Ces quatres vers suggèrent qu'une science est possible qui respecterait le mystère de la nature – un savoir descriptif qui se fonderait donc sur l'observation et supposerait par là même que l'on se conforme au monde et à la vie même. La reconnaissance de sa finitude et, corrélativement, la prise en compte de la transcendance de la nature (son « mystère ») ouvrent à l'homme la voie d'une science qui ne pétrifie pas la vie – une science de la nature vivante.

Dès le premier *Faust*, Goethe pose implicitement les principes de cette science, qui serait aussi vie parce que la vie est aussi science, en évoquant dans des termes très précis l'« Esprit de la Nature »[1]. L'idée d'une nature active et formatrice était au demeurant déjà présente dans la première version de la tragédie[2], rédigée entre 1773 et 1775, et se retrouve, parfois encore plus explicitement, dans des drames dits de jeunesse tels que, par exemple, le *Satyros* (1773), où la nature est cette

> [...] chose totale, unique et éternelle,
> Toujours changeante, toujours constante[3].

Bien sûr, que ce soit dans les premières scènes du *Faust I*, dans l'*Urfaust* ou encore dans des textes tels que celui-ci, Goethe ne systématise pas sa vision de la nature – ces écrits poétiques ou dramatiques ne se prêtant d'ailleurs pas, par principe, à la sécheresse du discours philosophico-naturaliste. En outre, il faut souligner que Goethe ne s'est engagé résolument dans la voie de la science et de la philosophie de la nature (malgré quelques travaux préliminaires d'un intérêt certain) qu'à l'occasion de son premier voyage en Italie, c'est-à-dire en 1786-1787. Dans les textes rédigés avant ce pèlerinage méditéranéen, l'idée de nature est souvent plus dépendante d'un sentiment de piété cosmique que d'une étude rigoureuse et systématique du phénomène naturel. Pourtant, les mêmes textes ouvrent bien une perspective de continuité entre ces deux types de rapport à la nature. Ainsi en va-t-il notamment du fragment *Die Natur*, qui fut sans doute rédigé en 1781[4] et dont on peut

1. Cf. J.W. GOETHE, *Faust I*, H.A., III, p. 22 *sq.* ; trad. p. 16 *sq.*.

2. Cf. J.W. GOETHE, *Urfaust*, H.A., III, p. 365-420.

3. J.W. GOETHE, *Satyros*, H.A., IV, p. 197 ; trad. de E. Hermann : *Satyros*, in *Drames de jeunesse*, Paris, 1980, p. 27.

4. Le manuscrit du fragment *Die Natur* (H.A., XIII, p. 45-47 ; trad. de G. Bideau : *Hymne à la nature*, in *La métamorphose des plantes et autres écrits botaniques*, Paris, 1992, p. 303-305) est de la main de son secrétaire de l'époque, Christof Tobler, à qui Goethe l'avait vraisemblablement dicté, quoi qu'il ne s'en soit pas souvenu lorsque l'on redécouvrit le texte en 1828 (cf. J.W. GOETHE, *Erläuterung zu dem aphoristischen Aufsatz « Die Natur »*, H.A., XIII, p. 48).

estimer à bon droit qu'il «introduit aux travaux scientifiques de Goethe»[1]. D'après ce fragment, la nature

> crée éternellement de nouvelles formes ; ce qui est là ne le fut jamais, ce qui fut jamais ne reviendra – tout est nouveau et reste pourtant toujours la chose ancienne.

Ou encore :

> chacune de ses œuvres a son être propre, chacune de ses manifestations a son concept le plus distinct – et pourtant, tout cela ne fait qu'un. [...] Elle est à tout jamais vie, devenir et mouvement, et pourtant elle ne se meut pas. Éternellement elle se transforme, il n'y a pas un instant d'immobilité en elle. Elle ne conçoit pas de demeure et a maudit l'immobilité. Elle est stable. Son pas est mesuré, ses exceptions rares, ses lois immuables[2].

Le lyrisme de ce texte à l'allure quasiment aphoristique renforce bien sûr l'expression d'une authentique piété cosmique. Il peut sembler, dès lors, que l'observation rigoureuse et la science descriptive du phénomène qu'invoque l'*Élégie de Marienbad* soient ici ignorées par l'enthousiasme du sentiment. Cependant, on peut remarquer que les thématiques encore très laconiquement abordées dans l'*Urfaust* (et donc aussi dans les premières scènes du *Faust I*) et dans les drames de jeunesse profitent ici d'un développement nettement plus ample et jouissent ainsi d'une précision accrue. En 1828[3], Goethe ironise sur ce fragment, pour cette raison qu'il n'y retrouve pas la rigueur qui fut ultérieurement la sienne dans l'élaboration de sa philosophie de la nature, mais cette réserve ne peut cacher l'acquis décisif que représentent quelques motifs qui seront récurrents dans toute la carrière de naturaliste de Goethe. Au nombre de ceux-ci, on retiendra la corrélation vivante de l'investissement dans le singulier et de la constance de l'universel, du mouvement et de l'immobilité, de l'éternité et du devenir. Goethe s'avance ainsi sur le terrain des paradoxes, particulièrement exposé à la contradiction, parce qu'il sait déjà que ces paradoxes n'équivalent pas, dans le règne de la nature, à une incompréhensibilité dernière, mais qu'ils constituent la saine réponse du phénomène vivant –

1. A. SCHMIDT, *Goethes herrlich leuchtende Natur. Philosophische Studie zur deutschen Spätaufklärung*, München, 1984, p.90. Cf. aussi E. STAIGER, *Goethe*, Bd.I, *op. cit.*, p.497-525.
2. J.W. GOETHE, *Die Natur*, H.A., XIII, p.45-47 ; trad. p.303-305.
3. Cf. J.W. GOETHE, *Erläuterung zu dem aphoristischen Aufsatz «Die Natur»*, H.A., XIII, p.48.

et positivement observable – à toutes les idéologies réductionnistes qui ne formulent des antinomies que pour mieux dominer et même pétrifier la vie en s'autorisant d'une logique abstraite. La science descriptive du phénomène naturel démontrera qu'il n'y a paradoxe que pour celui qui a désappris le monde et est devenu étranger au sens de la nature.

Le second *Faust*, dont la rédaction est contemporaine des grands travaux de naturaliste de l'auteur, réexploitera plus systématiquement ces thèmes, parfois en se nourrissant directement des nouveaux acquis de sa chromatologie et de sa botanique. Le grand'œuvre de Goethe confirme donc cette défense d'une science qui serait respectueuse de la transcendance de la nature. Or, il est un passage particulièrement obscur du second *Faust* qui, plus que tout autre, révèle l'esprit qui préside à sa *Naturphilosophie*. Il s'agit de l'évocation des Mères par Méphistophélès dans la scène « Galerie obscure » [1] et de la réaction qu'elle suscite chez Faust. Méphistophélès dit ceci :

> À contre-cœur je révèle un suprême mystère. –
> Des déesses trônent, formidables, dans la solitude,
> Autour d'elles il n'est point de lieu, encore moins de temps ;
> Pour parler d'elles, on ne saurait trouver de mots.
> Ce sont les *Mères* ! [2].

Les Mères, figures divines, incarnent les principes premiers de toutes choses. À ce titre, elles sont la clé du réel, par essence mystérieuse, qui se dérobe et ne tolère point de mots pour la définir. Ces déesses originelles échappent bien sûr au règne du créé et du fini et l'on ne peut les atteindre qu'en fuyant « vers les espaces indéfinis des formes possibles » [3]. Mais par là même, elles sont les principes de conformation du réel et le foyer de toute effectivité. Faust le comprend immédiatement qui donne une tournure positive à ce que l'esprit diabolique de Méphistophélès ne voulait dévoiler que par le biais de négations :

> Il n'importe, allons de l'avant ! Nous voulons approfondir ce mystère,
> Dans ce que tu appelles Néant, j'espère trouver ce qui pour moi est tout [4].

Mais cet espoir se double de l'effroi qui saisit l'homme fini lorsqu'il se voue à la quête du fondement :

1. J.W. GOETHE, *Faust II*, H.A., III, p. 190-194 ; trad. p. 51-56.
2. *Ibid.*, p. 191 ; trad. p. 52.
3. *Ibid.*, p. 193 ; trad. p. 55.
4. *Ibid.*, p. 192 ; trad. p. 54.

Les Mères ! Cela me frappe toujours comme un coup !
Quel est ce mot que je ne puis entendre ?
[...]
Le frisson est la meilleure part de l'humanité ;
Si cher que le monde lui fasse payer le sentiment
L'homme une fois ému sent profondément l'immensité [1].

L'originalité de cette conception réside en ceci que l'effroi trouve sa source dans le recours au pluriel : *les* Mères. Lors de leur première nomination, Faust paraît en tout cas saisi autant par l'évocation de la figure de la Mère que par le pluriel que lui applique Méphistophélès :

Les Mères ! Des Mères ! Cela sonne si étrangement ! [2].

Le glissement de l'article défini à l'article indéfini exprime l'interrogation de Faust devant ce pluriel incongru [3] par lequel Goethe déloge immédiatement le principe premier de toute pureté inaccessible. La Mère est toujours déjà plurielle – elle habite toujours déjà le sensible en sa particularité. Voilà qui surprend Faust, mais en même temps lui rend le principe maternel plus proche car intime à notre réel. L'effroi est suscité par cette intrication fondamentale du principiel et du réel, c'est-à-dire par l'étrangeté de ce qui est toujours déjà si proche. Les Mères sont éternelles et atopiques, mais ne prennent sens que de leur investissement créateur et formateur dans le temps et l'espace du monde. De cette ambiguïté inhérente au statut métaphysique des Mères témoigne la description que Méphistophélès fait à Faust des tréfonds où il les découvrira :

Un trépied d'argent t'annoncera enfin
Que tu as atteint le fond le plus reculé de l'abîme ;
À sa clarté tu verras les Mères,
Les unes assises, les autres debout ou marchant,
Comme cela se trouve. Formation, transformation,
Voilà l'éternel entretien de leur pensée éternelle [4].

Dans ces vers, Méphistophélès ne cesse d'osciller de la qualité principielle et pour ainsi dire abstraite des Mères à leur souci d'incarnation : leur pensée est toute entière tournée, dans son éternité même, vers la

1. *Ibid.*, p. 193 ; trad. (modifiée) p. 54.
2. *Ibid.*, p. 191 ; trad. (modifiée) p. 52.
3. À propos de tout ceci, cf. la très belle étude de P.L. ASSOUN, *Le thème mythologique des Mères : philosophie de la nature et savoir de l'inconscient dans « Le second Faust »*, in *Analyses et réflexions sur Goethe. « Le second Faust », l'hymne à l'univers*, Paris, 1990, p. 104-114.
4. J.W. GOETHE, *Faust II*, H.A., III, p. 193 ; trad. p. 55.

formation et la transformation, c'est-à-dire vers le devenir, vers l'aspect charnel et différencié de ce dont elles constituent le principe. Quoiqu'étant au-delà de toutes limites et de toutes formes, le règne des Mères doit pourtant déjà contenir en lui la forme de la limite dans la réalité charnelle du monde. La différenciation ontologique entre le principe fondateur et ce qu'il fonde ne se préserve, paradoxalement, que dans l'élan inépuisable de sa résorption. Le fondement ne s'accomplit qu'à s'investir dans la fondation. Il ne s'égale certes pas ainsi à ce qui est fondé – ce qui reviendrait à nier la différence ou, si l'on préfère, la maternité principielle – mais ne peut que se vouer à et s'engager déjà dans la particularité fondée. En recourant au «mythe» des Mères, Goethe essaye de donner à voir cet entrelacement de la réserve et de l'appartenance, de la distance et de l'intimité. L'effroi de Faust tient à l'intrication, paradoxale pour l'esprit fini, de l'immanence et de la transcendance – à la proximité de l'étrange ou à l'étrangeté du proche.

La *Naturphilosophie* de Goethe explicite rationnellement cette double détermination du réel que suggère la scène des Mères dans le second *Faust*. La norme naturelle sera comprise sur le modèle de cette polarité d'éternité et de devenir, d'immobilité et de mouvement. Le sentiment d'effroi lui-même sera étudié dans cette branche spéciale de la *Naturphilosophie* qui, chez Goethe, s'attache à notre rapport affectif à la nature. Ainsi donc, *Faust* annonce en sa forme poétique quelques uns des thèmes essentiels dont se nourrissent les textes théoriques qui définissent la *Naturphilosophie* de Goethe : la critique de la modernité, le sens de la finitude, l'idée d'une science à la mesure de la vie elle-même et enfin la définition du principe du réel en termes de *mouvement* de fondation et le sentiment d'effroi qu'il génère – même s'il apparaîtra que cet effroi n'est que l'envers d'une confiance ontologique dans le réel.

À lire *Faust*, tout destinait Goethe à une franche opposition à la philosophie kantienne[1]. Celle-ci apparaissait bien souvent, à son époque, comme la figure ultime d'une modernité découvrant au terme de son parcours la nécessaire déconstruction de sa métaphysique tout en radicalisant les scissions que celle-ci avait produites. En outre, le fait que la théorie kantienne se déploie sous l'égide du succès de l'entreprise newtonienne ne pouvait que la rendre plus étrangère à Goethe qui, pour

1. Pour une étude approfondie du rapport entre Goethe et Kant, nous nous permettons de renvoyer à notre *Goethe lecteur de Kant* (à paraître).

sa part, exigeait de la science de la nature son indépendance à l'égard du modèle mathématique. Enfin, le mépris que Goethe a bien souvent affiché pour la philosophie de son temps en général rend plus suspecte encore l'hypothèse d'un rapprochement avec le «vieux sage de Königsberg».

Et pourtant, à plusieurs reprises, Goethe rendit hommage à Kant. Eckermann raconte l'épisode suivant:

> Je demandai à Goethe lequel des philosophes modernes il tenait pour le plus grand. «C'est Kant, dit-il, qui, sans aucun doute, est le plus éminent parmi eux. C'est aussi celui dont la doctrine continue à produire ses effets et imprègne plus profondément qu'aucune autre la culture allemande [...]» [1].

Cette remarque n'est pas un simple signe de déférence pour un *autre* monstre sacré de l'esprit allemand à son apogée. Elle témoigne d'une admiration sincère, nourrie d'une communion de pensée qui, même si elle ne porte que sur un nombre limité de thèmes philosophiques, est des plus profondes. Dans un bref écrit de 1817 intitulé *Einwirkung der neueren Philosophie*[2], Goethe explique les conditions de son accès au kantisme et la portée qu'eut pour lui cette découverte. Si l'opposition de Herder à Kant avait, dans un premier temps constitué pour lui un obstacle à une éventuelle fréquentation du criticisme, la lecture de la troisième *Critique* lui a brutalement ouvert la voie de la pensée kantienne:

> Mais alors la *Critique de la faculté de juger* me tomba heureusement sous la main et je lui dois une période très heureuse de ma vie. Je voyais là mes occupations les plus disparates se rejoindre, les productions de l'art et de la nature étaient traitées identiquement, le jugement esthétique et le jugement téléologique s'éclairaient mutuellement. Si ma manière de penser n'était pas toujours en mesure de s'accorder avec celle de l'auteur, si ici et là il me semblait que quelque chose manquait, cependant les grandes idées de l'œuvre étaient alors tout à fait analogues à ma création, mon action et ma pensée; la vie intérieure de l'art comme de la nature, leur commune action de l'intérieur vers l'extérieur, étaient clairement exprimées dans le livre. Les productions de ces deux mondes infinis devaient exister pour elles-mêmes, et les

1. J.P. ECKERMANN, *Gespräche mit Goethe...* (11 April 1827), *op. cit.*, p. 229; trad. p. 220.

2. J.W. GOETHE, *Einwirkung der neueren Philosophie*, H.A., XIII, p. 25-29.

choses qui se trouvaient l'une à côté de l'autre pouvaient bien exister l'une pour l'autre, mais sans que l'on puisse y voir une intention [1].

Goethe laisse ainsi entendre que sa *Naturphilosophie* est redevable à Kant d'une double confirmation, d'une part, dans le souci d'une conception de la nature qui serait aussi vécue dans la création artistique, et, d'autre part, dans le souci d'une nature qui ne serait soumise à aucune «intention». Nous voyons dans ces deux aspects de la lecture goethéenne de Kant une formulation originale de deux thèses majeures, et au demeurant corrélatives, de sa *Naturphilosophie*: premièrement, la nature est fondamentalement créatrice jusqu'à se prolonger dans la génialité créatrice; deuxièmement, la nature ne s'inscrit dans aucune eschatologie et ne dépend d'aucune finalité, mais se déploie bien plutôt sous le règne de la liberté.

Que Goethe lise Kant en privilégiant la troisième *Critique* explique pour une large part qu'il ne traite pas ce philosophe comme tant d'autres modernes ou *Aufklärer*. À la manière de Schiller [2], il voit dans la *Critique de la faculté de juger* un effort d'intégration des termes que les *Critiques* de la raison théorique et de la raison pratique avaient laissés dans l'opposition: la liberté humaine et la nécessité naturelle. Pour autant, Ernst Cassirer a raison d'avertir:

> Je ne conseillerais à personne de reprendre les conceptions de Goethe concernant la philosophie kantienne et sa façon de la présenter dans un manuel d'histoire de la philosophie [3].

Goethe, en effet, prend bien des libertés avec le texte de Kant. Une lecture qui verrait dans la troisième *Critique* un effort de conciliation des règnes de la liberté et de la nécessité n'est pas foncièrement originale et semble même exigée, en toute bonne foi, par la lettre du texte. Mais le point de vue de Goethe est pour le moins radical, qui le conduit jusqu'à suspendre la portée bien connue du «*als ob*» pour déclasser la perspective critique au profit d'une compréhension immédiatement ontologique. Cette dernière permet seule de découvrir dans la *Critique de la faculté de juger* l'origine conjointe des domaines théorique et pratique.

1. *Ibid.*, p. 27-28.

2. Cf. J. TAMINIAUX, *La nostalgie de la Grèce à l'aube de l'idéalisme allemand. Kant et les grecs dans l'itinéraire de Schiller, de Hölderlin et de Hegel*, La Haye, 1967.

3. E. CASSIRER, *Goethe and the Kantian Philosophy*, in *Rousseau, Kant and Goethe. Two Essays*, translated by J. Gutmann, P.O. Kristeller and J.H. Randall Jr., Princeton, 1945, p. 96; trad. de J. Lacoste: *Goethe et la philosophie kantienne*, in *Rousseau, Kant et Goethe. Deux essais*, Paris, 1991, p. 131.

Or, selon Goethe, l'exercice conjoint du pratique et du théorique «est le fait du génie»[1], lequel assume donc la co-appartenance originelle de l'agir et de la contemplation. Pour sa part, Kant définit ainsi le génie: «Le génie est le talent (don naturel), qui donne les règles à l'art». Et il poursuit:

> Puisque le talent, comme faculté productive innée de l'artiste, appartient lui-même à la nature, on pourrait s'exprimer ainsi : le *génie* est la disposition innée de l'esprit *(ingenium) par laquelle* la nature donne les règles à l'art[2].

Kant reconnaît à l'agir créateur une origine qui le situe *a priori* dans l'élan productif de la nature. Dans la création géniale s'exemplifie le lieu où l'agir du sujet prend naissance. La nature est un sol qui donne une norme à l'agir qu'elle porte; la génialité est la mise en œuvre de la nature dans la sphère de la subjectivité libre. Le génie noue le rapport de la liberté et de la dépendance dans l'intrication vécue de la spontanéité et de la réceptivité. Ainsi l'art et la nature peuvent-ils être traités dans leur relation intime tout en existant par eux-mêmes: sa lecture de Kant confirme Goethe dans son itinéraire de poète et de philosophe de la nature. Sa propre théorie du génie peut apparaître comme une ample variation sur le thème kantien selon lequel

> le génie est un favori de la nature[3].

Lorsqu'il souligne que «tout ce que le génie fait en tant que génie se passe dans l'inconscience»[4], il tend bien moins à ouvrir le champ à l'irrationnel dans l'art par l'invocation d'un mystère infini qu'à pointer la présence agissante de la nature dans la libre création elle-même. Ainsi l'art exige-t-il une norme naturelle sur laquelle peut venir se déployer l'activité consciente de la subjectivité, parce que la volonté même du sujet doit se soumettre «dans l'ordre artistique à une règle qui n'est nulle part formulée»[5] mais qui, précisément pour cette raison, s'impose comme une évidence de nature à la conscience elle-même.

1. J.W. GOETHE, *Briefe*, 30 Juni 1798 (an Schiller), H.A., II, p. 353; trad. de L. Herr in J.W. GOETHE & Fr. VON SCHILLER, *Correspondance II (1794-1805)*, Paris, 1994, p. 123.

2. E. KANT, *Kritik der Urteilskraft*, Akademie Ausgabe, Bd. V, Berlin, 1908, p. 307; trad. de A. Philonenko: *Critique de la faculté de juger*, Paris, 1993, p. 204.

3. *Ibid.*, p. 318; trad. p. 219.

4. J.W. GOETHE, *Briefe*, 3 April 1801 (an Schiller), H.A., II, p. 415; trad. T. II p. 403.

5. J.W. GOETHE, *Maximen und Reflexionen*, 1203, H.A., XII, p. 528; trad. de G. Bianquis: *Maximes et réflexions*, Paris, 1943, p. 80.

La théorie du génie développée par Goethe comme en écho à l'enseignement de la troisième *Critique*, n'est pas sans influence sur sa *Naturphilosophie*[1], ne fût-ce que parce qu'elle force à penser la nature comme sol transcendantal de l'agir humain libre. Mais sa lecture de Kant a encore permis à Goethe de préciser sa pensée sur un point interne à sa *Naturphilosophie*, à savoir le statut de la finalité naturelle. Dans une lettre à Zelter, Goethe rend un nouvel hommage à Kant :

> C'est un service infini que le vieux Kant a rendu au monde, et je pourrais aussi dire à moi-même, en plaçant puissamment côte à côte, dans sa *Critique de la faculté de juger*, l'art et la nature, et en reconnaissant à tout deux le droit d'agir selon de grands principes, hors finalité. De même, Spinoza, déjà, m'avait jadis amené à haïr les absurdes causes finales. Nature et art sont trop grands pour viser des fins et ils n'en ont pas besoin, car il existe partout des connexions et les connexions sont la vie[2].

Goethe reconnaît à nouveau un *double* mérite à Kant : d'une part, avoir pensé une logique immanente à la nature qui soit parallèle à la logique esthétique ; d'autre part, avoir ainsi récusé le finalisme métaphysique. De fait, la première partie de la troisième *Critique*, consacrée au jugement esthétique, anticipe, dans son approche du beau, sur la teneur du jugement téléologique. Kant définit la forme du beau comme « jeu »[3], afin de la distinguer de la figure *(Gestalt)* déterminante que le jugement de connaissance prend en vue. Le beau est donc défini eu égard à un libre mouvement d'apparaître qui précède la structuration déterminée de la chose[4]. La forme belle est la « faveur »[5] d'apparaître de la chose. Elle définit donc la logique interne et dynamique du phénomène, une logique de la forme « libre », irréductible à la logique figée du concept. Le jugement réfléchissant téléologique vise cette libre formation du phénomène qui le constitue comme une organicité précédant toute détermination catégoriale (au sens de Kant) : « [...] nous ne pouvons même pas connaître suffisamment les êtres organisés et leur possiblité interne d'après de simples principes mécaniques de la nature [...] »[6], à tel point que jamais aucun « Newton [ne] pourrait faire com-

1. Nous reviendrons sur ce point dans notre conclusion.
2. J.W. GOETHE, *Briefe*, 29 Januar 1830 (an Zelter), H.A., IV, p. 370.
3. Cf. E. KANT, *Kritik der Urteilskraft*, *op. cit.*, p. 65 ; trad. p. 91.
4. Cf. J. TAMINIAUX, *La nostalgie de la Grèce...*, *op. cit.*, p. 44-45.
5. Cf. E. KANT, *Kritik der Urteilskraft*, *op. cit.*, p. 47 ; trad. p. 72.
6. *Ibid.*, p. 265 ; trad. p. 335.

prendre ne serait-ce que la production d'un brin d'herbe [...] »[1]. Le jugement téléologique reconnaît que « les choses en tant que fins naturelles sont des êtres organisés »[2], mais aussi que « l'organisation de la nature n'a rien à voir avec une causalité quelconque venue de nous »[3]. Le jugement téléologique vise une organisation libre car transcendant nécessairement le pouvoir dominateur de la subjectivité. Ceci est tellement vrai que Kant ne peut définir la finalité naturelle qu'est l'*organisation* que par contraste avec la fin de l'artifice. La machine a somme toute sa forme en dehors d'elle. Au contraire, le phénomène naturel en sa densité première, c'est-à-dire transcendante, est auto-formateur :

> Ainsi un être organisé n'est pas simplement machine, car la machine possède uniquement *une force motrice* ; mais l'être organisé possède en soi une *force formatrice [bildende Kraft]*, qu'il communique aux matériaux qui ne la possèdent pas (il les organise) : il s'agit ainsi d'une force formatrice qui se propage et qui ne peut pas être expliquée par la seule faculté de se mouvoir (le mécanisme)[4].

La signification « organique » de la finalité kantienne rencontre exactement le souci de Goethe. Le fait que, dans sa lettre à Zelter, il redouble sa référence à Kant par une évocation de la pensée de Spinoza confirme sa volonté de récuser tout modèle finaliste métaphysique. Sa lecture de l'*Éthique* lui a appris qu'un tel modèle implique nécessairement une dévalorisation de la présence naturelle puisque celle-ci est alors distendue entre un entendement divin qui, en sa préséance, en a conçu le plan, et la perspective eschatologique d'un accomplissement ultime dont elle ne présenterait pour sa part que les éléments préparatoires[5]. Goethe suit encore Spinoza lorsque, esquissant une explicitation génétique de la métaphysique des causes finales, il dénonce l'anthropomorphisme qui sous-tend cette dernière, jusque dans ses formes les plus populaires et les plus naïves[6]. Il n'hésitera pas, au demeurant, à user de Kant et de Spinoza dans des polémiques très virulentes contre l'esprit de son temps qui, à la suite du rationaliste Christian Wolff, tendait à expliquer toutes

1. *Idem.*
2. *Ibid.* p. 235 ; trad. p. 294.
3. *Ibid.*, p. 238 ; trad. p. 299.
4. *Ibid.*, p. 237 ; trad. p. 297-298.
5. Cf. B. SPINOZA, *Ethica*, in *Opera*, II, im Auftrag der Heidelberger Akademie der Wissenschaften hrsg. von C. Gebhardt, Heidelberg, 1924, p. 74-76 (Pars I, Propositio XXXIII, Scholium II) ; trad. de R. Caillois : *L'Éthique*, in *Œuvres complètes*, Paris, 1954, p. 349 (Première partie, proposition 33, scolie 2).
6. Cf. *ibid.*, p. 488 *sq.* (Quatrième partie, préface).

choses en fonction de l'utilité humaine. L'un des distiques *(Le tétéologue)* que Goethe publia avec Schiller parmi les *Xénies* exprime bien le mépris que les deux poètes éprouvaient pour l'explication finaliste, mais aussi, a contrario, l'audience dont elle jouissait dans le siècle :

> Loué soit le créateur, qui, en créant le liège,
> Inventa aussi le bouchon ! [1].

L'ironie peut être cinglante parce que Goethe est convaincu de pouvoir substituer au modèle finaliste métaphysique, qui ne se fonde que sur une *Weltanschauung* et nullement sur une étude rigoureuse de la nature, une téléologie de la force formatrice interne à la nature. À Schiller, il écrit :

> Vous savez combien, pour ma part, j'adhère fortement au concept de finalité interne des natures organiques [...] [2].

Si cette fois Goethe s'éloigne de Spinoza[3], du moins de son propre point de vue, il s'engage d'autant plus aisément dans ce qu'il tient pour la voie kantienne que, pour lui, celle-ci recoupe les pensées d'Aristote et de Leibniz. Du premier, Goethe estime qu'il « a vu la nature mieux qu'aucun moderne »[4] et il en retiendra, pour l'exploiter dans sa propre *Naturphilosophie*, la notion d'entéléchie. Quant au second, il tend à en faire un disciple d'Aristote dont le principal mérite réside dans l'aboutissement d'une théorie de l'individualité organique (la monadologie) immédiatement nourrie de la pensée de l'entéléchie[5].

Cette conception de la téléologie définit le sens de la démarche scientifique de Goethe :

> La question du but, du *pourquoi*, n'est nullement scientifique. On va un peu plus loin en posant la question du *comment*. Car si je demande : comment le bœuf a-t-il des cornes ? je suis poussé à considérer son

1. J.W. GOETHE & Fr. VON SCHILLER, *Xenien*, A.V., II, p. 445.
2. J.W. GOETHE, *Briefe*, 6 Januar 1798 (an Schiller), H.A., II, p. 324 ; trad. p. 16.
3. Goethe pense en effet que sa « méthode mathématique » faisait de Spinoza un « disciple de Descartes » et, à la suite de celui-ci, un penseur qui restait fondamentalement mécaniste (cf. *Dichtung und Wahrheit*, H.A., X, p. 35 et p. 78 ; trad. de P. du Colombier : *Poésie et vérité. Souvenirs de ma vie*, Paris, 1941, p. 401 et p. 429). Nous nous inscrivons en faux contre l'interprétation de J.M. VAYSSE (*Totalité et subjectivité. Spinoza dans l'idéalisme allemand*, Paris, Vrin, 1994, p. 121-125), qui ignore les passages importants de *Dichtung und Wahrheit*.
4. J.P. ECKERMANN, *Gespräche mit Goethe*... (3 Oktober 1828), p. 261 ; trad. p. 246.
5. Cf., notamment, *ibid.* (3 März 1830), p. 374 ; trad. p. 340.

> organisation, et du même coup, je comprends pourquoi le lion n'a pas de cornes et ne peut en avoir [1].

Goethe libère ainsi la science du finalisme naïf, anthropomorphique, qui se voulait même métaphysique, dans le même temps qu'il allège la nature du poids oppressant d'un Dieu créateur, savant architecte ou grand ouvrier, comme d'un homme trop occupé de ses intérêts et désirs. La nature est rendue à elle-même et n'a d'autre mesure que le *mode* de son effectuation. Seule la contemplation de l'organisation interne de la réalité naturelle, qui la constitue comme organisme par intégration de toutes ses parties sous l'unité de sa forme [2] (son «comment») permet de saisir la chose même dans la pure présence de son apparaître. On peut alors reconnaître qu'il «existe partout des connexions» et que «les connexions sont la vie». Goethe n'hésite pas à invoquer le haut-patronage de Kant pour cette *Naturphilosophie* en avouant:

> La voie où je m'étais moi-même engagé [était] analogue à la sienne. J'ai écrit ma *Métamorphose des plantes* avant que je ne connaisse rien de Kant, et cependant elle est toute dans l'esprit de sa doctrine [3].

Tout comme les thèmes centraux de ses *Faust*, les acquis de sa lecture de Kant resteront des jalons essentiels de la *Naturphilosophie* de Goethe.

1. J.W. GOETHE, *Maximen und Reflexionen*, 1220, H.A., XII, p. 530; trad. p. 35.
2. Cf. *infra*, p. 88 *sq.*.
3. J.P. ECKERMANN, *Gespräche mit Goethe...* (11 April 1827), p. 229; trad. p. 220-221.

PREMIÈRE PARTIE

PRINCIPES ET MÉTHODE D'UNE *NATURPHILOSOPHIE* QUI SE VEUT SCIENCE RIGOUREUSE

CHAPITRE PREMIER

LA CRITIQUE DU MODÈLE MODERNE

La *Naturphilosophie* de Goethe peut être approchée dans son opposition de principe à deux types de philosophie : la philosophie moderne, d'abord, dominée par le rationalisme et par le mécanisme techniciste qu'elle produit comme sa justification dernière ; la philosophie idéaliste, ensuite, dont les envolées spéculatives restaurent l'idéal métaphysique par-delà les avertissements kantiens. Ces deux types de pensée soumettent la nature, selon des modalités diverses, à une même *mathesis universalis* qui les rend indifférents à la teneur intrinsèque du phénomène naturel. Goethe s'efforce de leur opposer son attention pour le mouvement vivant de la manifestation de la nature, par lequel celle-ci surprend toutes les prétentions de notre raison et toutes les présomptions de nos projets. Cependant, Goethe ne s'inscrit pas purement et simplement dans le vaste mouvement de la *Naturphilosophie* qui se développe à son époque – dans une relation plus ou moins étroite, d'ailleurs, avec l'idéalisme spéculatif. Il entend élever sa *Naturphilosophie* au rang d'une science rigoureuse en l'engageant dans la voie d'un empirisme original qui éviterait les réductionnismes des théories de Hume ou de Locke.

LA DÉCONSTRUCTION DU RATIONALISME MATHÉMATIQUE

Le sentiment de l'échec de la rationalité moderne accompagne le développement de la vision goethéenne du monde. Nombre de textes ou fragments théoriques, de lettres ou d'œuvres autobiographiques en portent témoignage. Les premiers pas de Goethe dans l'univers de la pensée mêlent indissolublement la critique du modernisme en place et l'exigence d'un discours sur le Tout organique de la nature, lequel deviendra *Naturphilosophie*. L'idée d'une nature totale, aussi imprécises que furent ses premières formulations, a pu se former grâce à la présence d'un repoussoir. À Strasbourg, où il poursuivait ses études de droit sans grande assiduité ni authentique vocation, Goethe s'est forgé une opinion, à peu près définitive, sur le monde, l'art et la place de l'homme au sein de l'univers, en subissant la précieuse influence de Herder et en lisant avec passion Hamann, Ossian et Shakespeare. Mais il y a aussi fait la découverte critique de la modernité par le biais de l'optimisme encyclopédiste français. S'engageant dès lors dans la voie de la polémique avec la modernité, il raille avec un plaisir évident les encyclopédistes français et tout particulièrement d'Holbach, dont il parcourt avec mépris le *Système de la Nature*. Il faut relire, à ce propos, la narration, dans *Poésie et vérité*, de ces jeunes années strasbourgeoises :

> Quand nous entendions parler des encyclopédistes et quand nous ouvrions un tome de leur formidable ouvrage, cela nous produisait l'effet qu'on ressent à marcher entre les innombrables bobines et métiers en mouvement d'une grande usine : devant ce ronflement et ce tintamarre, devant toute cette mécanique qui trouble l'œil et le sens, hors d'état de comprendre une installation où tout s'enchevêtre avec une variété infinie, et réfléchissant à tout ce qu'il faut pour fabriquer une pièce de drap, on se dégoûte du vêtement même qu'on porte sur le corps [1].

La critique est plus pointue qu'il n'y paraît sans doute au premier abord. Goethe s'en prend très précisément au mécanisme, à la réduction du monde à une « grande machine » et à la prétention moderne de comprendre la production du monde selon un modèle de fabrication technique. En ramenant ainsi la nature à une construction sans mystère, à un assemblage technique, on tient d'emblée le monde incapable de rendre un son compréhensible à l'oreille humaine. La perception du monde reste confuse tant la structure de celui-ci est étrangère à l'essence de celle-là. Seule une impression de chaos, de variété infinie que ne conforme et ne rassemble aucun schème de totalité concrète, s'impose à l'homme. Le sujet vivant et percevant n'éprouve alors qu'un dégoût du monde. La nature *apparaît* sans ordre et ne peut, à ce compte, susciter

1. J.W. GOETHE, *Dichtung und Wahrheit*, H.A., IX, p. 487 ; trad. p. 313.

aucune piété ni ferveur. La critique de Goethe est encore plus incisive lorsqu'elle vise directement l'œuvre de d'Holbach :

> [d'Holbach] paraissait en savoir aussi peu que nous sur la nature : car, après avoir planté, comme des jalons, quelques idées générales, il les abandonne aussitôt pour transformer ce qui apparaît comme plus élevé que la nature, ou du moins comme une nature supérieure dans la nature, en une nature matérielle, pesante, qui se meut, il est vrai, mais sans direction et sans forme, et de la sorte, il croit avoir beaucoup gagné [1].

À son ignorance avouée quant à la vérité la plus intime de l'organisation naturelle, Goethe oppose la prétention débridée et inconvenante de d'Holbach, qui n'aperçoit pas même que son discours est fondamentalement inadéquat à son objet. L'objet « nature » que se donne d'Holbach n'est qu'un phantasme de sa raison, comme l'Homonculus l'était pour Wagner dans le second *Faust*. D'Holbach prétend à l'énonciation d'une vérité scientifique, incontestable comme peuvent l'être les acquis de la mathématique, alors même que ses présupposés inavoués occultent le foyer de la nature – cette « nature supérieure dans la nature », à savoir la vie même. Le procès que Goethe intente à d'Holbach est fondé sur l'incapacité de celui-ci à rendre compte du dynamisme de la nature. Certes, d'Holbach concède à la nature le mouvement, mais un mouvement privé de forme et de direction : une mobilité sans but, et donc dépourvue de sens immanent, qui condense en elle toutes les caractéristiques d'un mécanisme mort. Ce mouvement-là n'est rien d'autre qu'un état. Selon la fiction galiléenne du *mente concipio* [2], le mouvement est un mode de l'inertie. Peu importe à tel phénomène naturel d'être en mouvement. Il ne vise aucune fin et n'est, en ce sens, animé d'aucun dynamisme. Il *est* en mouvement, mais ne se *meut* pas. À ce compte, l'état de repos et l'état de mouvement ne se différencient pas principiellement, ou plutôt le mouvement n'est-il qu'un cas particulier de l'inertie de toutes choses exsangues de vie. Goethe insiste sur la pauvreté du mouvement naturel dans l'interprétation qu'en donne l'encyclopédiste car elle révèle combien sa pensée s'inscrit dans cette conception mécaniste moderne.

Cette critique du rationalisme mécaniste part, à dire vrai, de l'observation d'un malaise existentiel. Le monde-machine auquel Goethe se

1. *Ibid.*, p. 491 ; trad. p. 315.

2. Cf. la première formulation du principe d'inertie dans GALILÉO GALILÉI, *Discorsi* (quatrième journée), in *Edizione nazionale*, VIII, éd. par A. Favaro, Florence, 1890-1906, p. 268.

trouve confronté lui paraît incommensurable à sa perception, laquelle doit pourtant garantir de prime abord l'évidence d'un sol naturel à notre existence. Tycho Brahé lui-même, pourtant l'un de ces esprits audacieux qui renversèrent le cours du monde, témoigna d'une certaine retenue dans son entreprise, avouant implicitement la portée existentielle de la révolution copernicienne :

> Le grand mathématicien Tycho Brahé ne put s'affranchir qu'à demi de l'ancien système qui était à tout le moins fait à la mesure de nos sens, mais qu'il voulut, par entêtement, remplacer par un mécanisme compliqué qui n'était ni perceptible aux sens ni accessible à la pensée [1].

Goethe exprime ici une certaine nostalgie de la vision ancienne de la nature, qui offrait à l'homme l'horizon de son existence et le champ rationnel limité de son action. À cette vision du monde succède l'« entêtement » de l'homme (selon le modèle d'une volonté arbitraire) à ne reconnaître à son système d'autre norme que celle qu'il institue lui-même. L'esprit des astro-physiciens engendre alors un univers dévitalisé qui donne son congé à la perception et n'entretient que peu durablement le leurre d'une compréhensibilité dernière : comment pourrait-on comprendre ce qui nous est si essentiellement étranger que nous n'y reconnaissons pas même l'analogue de notre propre vie ? En définitive, la pensée aussi bien que la perception, et même la première à la suite de la seconde, se trouvent tenues en échec dans l'univers moderne. S'en prenant plus généralement au système moderne réputé « copernicien », Goethe note encore :

> Le système de Copernic repose sur une idée difficile et qui choque continuellement nos sens. Nous nous contentons de répéter ce que nous ne pouvons saisir, ni comprendre [2].

La conception moderne de l'univers n'a aucun fondement : elle propose une lecture arbitraire de la réalité, incommensurable à l'expérience perçue et même réfléchie du monde. Cette construction dépend des assemblages mécaniques par lesquels le rationaliste moderne s'assujettit l'objet de connaissance et domine le monde en vue d'une performativité et d'une efficacité techniques – jusqu'à la maîtrise ultime : la création de la vie, comme nous l'enseigne encore le second *Faust*. La maîtrise se gagne en congédiant la vie.

1. J.W. GOETHE, *Maximen und Reflexionen*, 661, H.A., XII, p. 47 ; trad. p. 184-185.
2. *Ibid.*, 536, p. 438 ; trad. p. 26.

Le modèle de rationalité qui permet très précisément d'imposer la régularité du mécanique à l'«objet» naturel n'est autre que le modèle mathématique. Goethe l'a bien compris qui n'aura de cesse de clamer haut et effort son aversion pour les mathématiques en général, mais aussi et surtout, de manière plus argumentée quoique tout aussi polémique, pour la réduction de la science physique au carcan mathématique. Le critère quantitatif, qui seul permet de juger et d'évaluer au sein de ce modèle, manque ce qui précisément définit la nature et son apparaître pour l'homme total. Le jugement que Goethe porte sur le projet de mathématisation du réel est tranchant:

> La tâche essentielle devrait être de bannir les théories mathématico-philosophiques des parties de la physique où elles ne peuvent guère que gêner la connaissance au lieu de la promouvoir, et où la méthode mathématique a été appliquée de manière si inopportune, par suite du développement exclusif de la nouvelle culture scientifique [1].

Peu attiré par la mathématique pure, Goethe est surtout profondément révolté par son application au champ de la réalité physique, tant il est vrai que découle de cette omnipotence un appauvrissement du réel qui contredit en tout points la prétention des philosophies et physiques mathématico-mécanistes à saisir la structure fondamentale de l'organisation de l'univers. Le recours inopportun aux mathématiques égare le scientifique en l'engageant dans l'étude d'une réalité morte. L'idéologie physiciste de la nature quantifiable et donc maîtrisable par le biais de la mensuration numérique et de l'uniformisation du réel que celle-ci implique définit toute la culture scientifique de l'époque. Elle est, à parler strictement, l'idéologie dominante et, en tant qu'idéologie, l'auto-justification d'un type de rapport au monde qui se garde de poser la question

> [du] droit et [des] limites du formalisme mathématique vis-à-vis de l'exigence d'un retour immédiat à la nature intuitivement donnée [2].

Or l'inadéquation de la «vérité» mathématique à l'évidence de la nature «immédiatement donnée» (manifeste) est patente pour Goethe et disqualifie, à ses yeux, le projet mathématique et ses prétentions ontologiques ininterrogées. Sa critique des mathématiques stigmatise la réduction tacite, et par là supposée évidente et fondée, de la vérité onto-

1. *Ibid.*, 643, p. 454; trad. p. 183.

2. M. HEIDEGGER, *Die Frage nach dem Ding. Zu Kants Lehre von den transzendentalen Grundsätzen*, in *Gesamtausgabe. II. Abteilung: Vorlesungen 1923-1944*, Bd. 41, hrsg. von P. Jaeger, Frankfurt a.M., 1984, p. 95; trad. de J. Taminiaux et O. Reboul: *Qu'est-ce qu'une chose?*, Paris, 1971, p. 105.

logique du phénomène physique à la certitude qu'offre la démonstration de type mathématique :

> On dit que les mathématiques sont certaines. Elles ne le sont pas plus que n'importe quelle autre sorte de savoir ou d'action. Elles sont certaines quand elles ont la sagesse de ne s'occuper que de choses dont on peut être certain, et dans la mesure où l'on peut en être certain [1].

L'absence d'explicitation de ses présupposés ontologiques ouvre la voie à un élargissement indû de la certitude de type mathématique à cette dimension du réel qui ne peut se réduire, pourtant, au quantifiable :

> Le domaine du mathématicien, c'est la quantité et tout ce qui peut se réduire en chiffres et en mesures, c'est-à-dire en un certain sens tout l'univers sensible. Mais si nous observons cet univers selon les facultés qui nous ont été données, de toute notre pensée et de toutes nos forces, nous reconnaissons que la quantité et la qualité sont les deux pôles de la réalité phénoménale ; de là vient que le mathématicien donne à ses formules une telle extension, afin d'intégrer dans la mesure du possible le monde incommensurable au monde mesurable et chiffrable. Tout lui apparaît alors palpable, accessible et mécanique et il devient suspect d'un athéisme secret, puisqu'il s'imagine saisir aussi cet Être incommensurable que nous appelons Dieu, dont il ne semble plus reconnaître l'existence séparée et antécédente [2].

Comme nous le révèlent « nos facultés », c'est-à-dire l'unité de notre présence au monde, le sensible ne se réduit pas à la détermination quantitative. Il *apparaît* indissolublement quantitatif et qualitatif, tandis que l'intégration du phénomène dans l'espace clos de la mathématisation implique le suspens de l'autre pôle constitutif. L'évidence du monde quantitatif équivaut alors à la maîtrise illusoire sur un univers déréalisé, une maîtrise qui s'assure d'elle-même par sa performativité. La négation de toute transcendance est l'aboutissement nécessaire de la mathématisation du réel. Peu importe ici que Goethe passe sous silence la transcendance maintenue par le cartésianisme sous la forme de la véracité divine garante de toutes nos idées ou par le kantisme au moyen de l'évocation paradoxale de la chose en soi. Cette transcendance-là ne vaut point pour lui, car elle n'ouvre pas à cette nature absolue qui nous offre un habitat en même temps que la chance d'être libre. La fin de ce fragment ne se comprend que par une double lecture. D'une part, l'athéisme secret rencontre l'accusation que l'irrationalisme ou le mysticisme portent

1. J.W. GOETHE, *Maximen und Reflexionen*, 638, H.A., XII, p. 453 ; trad. p. 180-181.
2. *Ibid.*, 641, p. 453-454 ; trad. p. 181-182.

contre le rationalisme mécaniste triomphant ou même contre une métaphysique spéculative trop confiante en ses propres possibilités. On pourrait lire dans ces lignes une paraphrase immédiate de la critique de Spinoza par Jacobi [1]. Mais, d'autre part, on ne peut prendre cette critique au pied de la lettre, comme si Goethe rejoignait ici Jacobi. Le Dieu que manque le mécanisme moderne n'est pas, pour Goethe, le Dieu de Jacobi ni d'un quelconque mysticisme. Il s'agit bien plutôt de la valeur absolue qu'il convient de reconnaître à la nature. L'« existence séparée et antécédente » de Dieu devient, dans l'esprit de Goethe, l'excédant de la vérité naturelle par rapport à ce que saisit le modèle mathématique prétendûment tout-puissant, à savoir la prédonation du phénomène, dans toute sa richesse et toute sa complexité, à l'acte de l'homme.

Revenu de son délire de puissance, l'homme qui s'affranchit du modèle mathématique physiciste peut, quant à lui, devenir un physicien authentique, soucieux du phénomène dans son mouvement même d'apparaître ; cette manifestation qui, dès les années de jeunesse de Goethe, justifiait une piété cosmique *(Weltfrömmigkeit)*, peut-être encore naïve, mais qui ne tarderait pas à se conforter dans l'élaboration d'une authentique science du phénomène naturel :

> Il faut séparer la physique des mathématiques, il faut que la physique conserve une entière indépendance et mette en œuvre toutes les forces aimantes, pieuses et bonnes pour pénétrer la nature et le mystère sacré de sa vie, sans se préoccuper de ce que les mathématiques peuvent faire ou accomplir de leur côté [2].

Des lignes comme celles-ci abondent, qui soulignent l'irréductibilité de la nature au modèle mathématique et la résistance de la première au second :

> Le meilleur professeur de physique serait sans doute celui qui saurait démontrer avec insistance le néant de son cours et de ses figures, comparés à la nature et aux exigences supérieures de l'esprit [3].

Le physicien dont il est question est bien sûr un physicien moderne, qui, embarassé dans ses « figures » mathématiques – que l'on pense à l'essence géométrique de la matière étendue dans la physique mécaniste –, ignore l'essence vraie de la nature et, dès lors, manque à la mission de

1. Cf. F.H. JACOBI, *Über die Lehre des Spinoza in Briefen an Herrn Moses Mendelssohn*, in *Werke*, Bd. 4, Darmstadt, 1980.

2. J.W. GOETHE, *Maximen und Reflexionen*, 644, H.A., XII, p. 454 ; trad. p. 183.

3. *Ibid.*, 444, p. 427 ; trad. p. 169.

l'esprit humain en ses plus nobles potentialités. Le seul mérite – paradoxal – que Goethe daigne reconnaître à cette physique est d'exhiber sa propre inanité :

> C'est la vraie grandeur des mathématiques, que leur méthode signale immédiatement le point de résistance. C'est elles qui ont découvert que la gravitation des astres n'était point conforme à leurs calculs, et qui ont pour cette raison admis des causes de perturbation ; mais ces causes de perturbation, il en y a toujours trop ou trop peu [1].

Les mathématiques mettent en œuvre le seul type de méthode dont la rigueur de démonstration doit idéalement déboucher sur la mise en évidence de ce qui transcende son champ d'action et, à ce titre, lui demeure inaccessible. Le modèle quantitatif s'affrontant à la phénoménalité doit pointer cette sphère qui lui échappe, à savoir la détermination essentiellement qualitative de ce qui apparaît. Cependant, les mathématiques, manquant à l'honnêteté de leur démarche scientifique parce qu'elles se constituent en idéologie, refusent *a priori* toute valeur ontologique à la détermination qualitative du réel phénoménal. Avant même de se confronter à la densité du phénomène physique, la mathématique mécaniste prend ainsi une décision idéologique qui n'a rien à voir avec la rigueur de sa méthode et vicie donc anticipativement sa démarche. Elle ne peut pas même, à ce compte, exhiber son incapacité à saisir le vivant dans les rets de son universalité mesurable parce qu'elle nie le vivant.

Goethe n'ignorait rien des tenants et aboutissants de la philosophie et de la science moderne. Certes, il usera de préférence sa verve polémique contre la science newtonienne en laquelle il reconnaissait « une erreur, et des plus nuisibles à l'esprit humain » [2] parce que que ses propres travaux en chromatologie ainsi que son intuition de ce qu'est la vie de la nature et de la manière dont elle nous affecte, l'avaient amené à réfuter l'optique newtonienne. Mais la critique de Newton est trop fondamentale pour qu'elle se limite à une science particulière telle que l'optique. L'optique est l'angle d'attaque favori de Goethe dans sa lutte acharnée contre Newton et ses disciples. Mais la moindre réfutation de la science newtonienne se soutient d'une vision critique globale, à laquelle n'échappe pas l'essence de cette physique mathématique. À travers le Newton théoricien de la lumière, Goethe s'en prend au Newton mathé-

1. *Ibid.*, 635, p. 452 ; trad. (modifiée) p. 181.

2. J.P. ECKERMANN, *Gespräche mit Goethe...* (20 April 1825), *op. cit.*, p. 145 ; trad. p. 150.

maticien, et insiste sur la corrélation fondamentale qui s'établit entre son erreur en optique et la dimension exclusivement mathématique de sa physique :

> Newton a une telle réputation de mathématicien que l'erreur la plus grossière, celle qui veut que la lumière claire, pure, éternellement limpide, soit composée de lumières troubles, s'est conservée jusqu'à ce jour ; et ne sont-ce point des mathématiciens qui défendent aujourd'hui encore cette absurdité et la répètent comme le plus vulgaire auditeur, en formules sous lesquelles on ne se représente rien ? [1].

On a souvent reproché à Goethe d'avoir perdu toute rigueur à ce jeu dangereux de la polémique, et de s'être ainsi éloigné de la voie d'une chromatologie réellement scientifique[2]. Mais cette polémique prolonge et complète la critique générale des prétentions « physicistes » de la mathématique. Lorsqu'il souligne que seule la valeur mathématique reconnue aux travaux de Newton a permis que se maintienne ce qu'il considère comme une erreur « grossière », il insiste sur le statut d'idéologie auto-fondée et auto-suffisante de la physique mathématique qui prétend avoir rang de vérité et qui, dès lors, s'affranchit de cela seul qui pourrait la contredire : la phénoménalité. Sa haute technicité, son hétérogénéité par rapport au sens commun et son indifférence à notre relation affective aux couleurs et à la lumière, jettent un voile entre le phénomène et nous[3]. En usant de « formules sous lesquelles on ne se représente rien », elle se garantit contre l'épreuve que le phénomène pourrait lui imposer.

L'*Avant-propos* à la *Farbenlehre* s'attaque tout aussi violemment aux sciences modernes qui se développent sous l'horizon des présupposés ontologiques de la *mathesis universalis*. La préséance de l'idéologie sur le phénomène y est évoquée, non sans ironie, à travers l'image

1. J.W. GOETHE, *Maximen und Reflexionen*, 660, H.A., XII, p. 457 ; trad. p. 174. Pour ce qui est de l'analyse de l'« erreur » newtonienne et de la thèse opposée défendue par Goethe, cf. *infra*, p. 224 *sq.*.

2. Ce reproche est cependant plus souvent formulé dans la littérature secondaire de langue française que de langue allemande – signe, il faut bien le reconnaître, que la première n'a dépassé que très lentement sa méconnaissance de l'œuvre chromatologique de Goethe. Parmi les jugements les plus sommaires sur la *Farbenlehre*, on citera cette sentence péremptoire de René Berthelot : « La *Théorie des couleurs* de Goethe, à laquelle il a tant travaillé, est [...] le monument durable d'une longue erreur » (R. BERTHELOT, *Science et philosophie chez Goethe*, Paris, 1932, p. 153).

3. Goethe traitera parfois les newtoniens de « vrais obscurantistes » (J.W. GOETHE, *Maximen und Reflexionen*, 691, H.A., XII, p. 463 ; trad. p. 173).

d'une « juvénile précipitation »[1] qui a conduit à élever une véritable forteresse, une arrogante « bastille » qu'il convient de « raser »[2]. Cette savante construction est en fait étrangère à l'homme qui est censé l'habiter. Et Goethe de s'étonner que l'on ne s'en soit pas encore rendu compte et que l'on continue à se leurrer autant sur la valeur de vérité et la fondation de cette théorie que sur la possibilité simplement existentielle de s'en accommoder :

> Personne ne s'aperçoit que la vieille construction est devenue inhabitable. On continue de parler de sa remarquable pérennité, de ses aménagements précieux. Des pélerins s'y sont rendus ; on en montre dans toutes les écoles de rapides esquisses que l'on propose à la vénération d'une réceptive jeunesse, cependant que le bâtiment est déjà vide et gardé par quelques invalides qui, très sérieusement, se croient bien équipés[3].

Goethe est en mesure d'attaquer la physique newtonienne autant sur une partie spéciale de l'œuvre que sur ses principes premiers, sa méthode et les implications de sa doctrine parce qu'il n'ignore rien, par ailleurs, de l'origine historique du mécanisme et de la *mathesis universalis* modernes. Il connaît les circonstances de la révolution copernicienne, mais a aussi dénoncé les premières justifications philosophiques du rationalisme moderne. Descartes fait ainsi les frais de la radicalité de sa déconstruction :

> Descartes a fait et refait plusieurs fois son « Discours de la méthode ». Cependant, tel que nous le possédons aujourd'hui, il ne peut nous être d'aucun secours. Quiconque persévère dans sa recherche est amené tôt ou tard à changer de méthode[4].

Et de conclure par un avertissement qui paraîtra d'autant plus solennel qu'il fut vain :

> Le XIXe siècle fera bien de réfléchir à ce fait[5].

1. J.W. GOETHE, *Zur Farbenlehre. Didaktischer Teil*, H.A., XIII, p. 317 ; trad. de H. Bideau : *Traité des couleurs*, Paris, 1986, p. 74. Sauf indication contraire, lorsque nous évoquons la *Farbenlehre*, nous visons cette « partie didactique », de loin la plus importante. Notons cependant que la critique de l'optique newtonienne est développée plus longuement dans la partie historique : cf. J.W. GOETHE, *Materialen zur Geschichte der Farbenlehre*, H.A., XIV, p. 142-159.
2. J.W. GOETHE, *Zur Farbenlehre...*, H.A., XIII, p. 319 ; trad. p. 75.
3. *Ibid.*, p. 318 ; trad. p. 74.
4. J.W. GOETHE, *Maximen und Reflexionen*, 551, H.A., XII, p. 440 ; trad. p. 142.
5. *Ibid.*, 552, p. 440 ; trad. p. 142.

La méthodologie cartésienne trouve son point de départ dans l'attribution d'une valeur paradigmatique à la science mathématique – arithmétique comme géométrie. Mais Goethe ne dénonce plus seulement les mathématiques elles-mêmes ni la transgression de leurs limites, mais bien plutôt la *décision pour la méthode* qui se trouve au principe de cette transgression. « Seul se sent poussé vers la méthode celui qui se sent las de l'empirisme »[1] : la méthode se substitue à l'expérience de l'apparaître. Le tort de Descartes ne réside pas tant dans le fait d'avoir consacré une bonne part de son œuvre à la question de la méthode – Goethe est bien conscient de l'importance de la méthodologie pour les sciences –, mais bien plutôt de s'être prononcé *pour la méthode* et *contre le phénomène*, et d'avoir même fait de cette option toute la substance de sa méthodologie. Descartes préfère le chemin vers la chose à la chose même et engage par là son rationalisme dans la voie du subjectivisme. La *mens* précède la *res*, parce que la première définit *a priori* le champ de vérité de la seconde[2]. Elle marque ainsi sa liberté à l'égard de la chose. Or, l'idéologie qui donne forme à cette liberté dans le savoir prétendu de la nature n'est autre que la *mathesis universalis*. La certitude du savoir mathématique trouve donc son origine dans la formulation d'un ensemble de principes axiomatiques qui donne son poids ontologique au rationalisme moderne. L'hypothèse est le noyau de la méthode. Elle lui permet tout à la fois de réaliser concrètement son arraisonnement du réel et de préciser le périmètre du champ de vérité qu'elle définit. Goethe a exprimé avec force sa méfiance à l'égard de l'utilisation de l'hypothèse en science, car elle soustrait le réel et la vérité à la vue. Elle tend un voile de Maya, le voile de la représentation arbitraire que Schopenhauer dénonçera encore du vivant de Goethe.

> Les hypothèses sont des berceuses qui servent au maître à endormir ses disciples[3].

Elles servent d'instrument à l'idéologie moderne et barrent la route de la recherche intègre et scrupuleuse :

> Les hypothèses de toute nature empêchent l'*anatheôrismos*, la contemplation répétée, l'observation des objets, des phénomènes sous tous leurs aspects[4].

1. *Ibid.*, 553, p. 441 ; trad. p. 141.
2. Cf. le commentaire de M. HEIDEGGER à la quatrième des *Règles pour la direction de l'esprit* de Descartes, dans *Die Frage nach dem Ding...*, *op. cit.*, p. 102 ; trad. p. 112.
3. J.W. GOETHE, *Maximen und Reflexionen*, 557, H.A., XII, p. 441 ; trad. p. 152.
4. *Ibid.*, 556, p. 441 ; trad. p. 153.

Contre la science moderne, il faut lever les hypothèses qui pèsent sur les rapports du chercheur à son objet pour s'acheminer vers une science fondée de la nature :

> Affranchir l'esprit humain d'une hypothèse qui l'entravait inutilement, qui l'obligeait à voir faux ou à ne voir qu'à demi, à combiner, à ratiociner, au lieu de regarder, à se payer de sophismes en place de jugements, c'est déjà lui rendre un grand service. Il voit les phénomènes avec plus de liberté, dans d'autres liaisons, et il retrouve l'occasion de se tromper à sa manière, occasion inestimable pourvu qu'il arrive par la suite à reconnaître son erreur [1].

Lorsque du discours philosophique rationaliste abstrait l'on passe à une science appliquée telle que la physique – des racines de l'arbre à son tronc, pour reprendre l'image programmatique de Descartes dans la préface à la traduction française de ses *Principes de la philosophie* [2] –, on constate que l'esprit moderne se soumet la phénoménalité par le biais de tout un appareil technique. Le principe de cette artificialité qui s'immisce entre le phénomène et l'observateur pour constituer l'objet moderne de la physique, n'est autre que l'instrumentalisation de la science. On a coutume de concéder le mérite à Galilée d'avoir introduit la science à la phase instrumentale de son développement en concevant les télescopes, ces *perscipii*, dont il dit encore les avoir inventé « de par une illumination préalable de [son] esprit par la Grâce divine » [3]. Le discours scientifique moderne, des recherches les plus poussées aux plus banales, semble devoir user de l'instrument ou de son corrolaire immédiat : l'expérimentation – c'est-à-dire la mise à l'épreuve d'une réalité physique quelconque dans un champ artificiel, conçu et élaboré dans l'indifférence à l'égard des déterminations immanentes au phénomène « observé ». Or, pour Goethe,

> Microscopes et télescopes ne font que troubler la rectitude de l'esprit humain [4].

En se fiant à l'artifice instrumental, l'homme moderne s'interdit de profiter du rapport immédiat qui s'est toujours déjà établi entre ses propres sens et le phénomène dans son apparaître :

1. *Ibid.*, 555, p. 441 ; trad. p. 153.
2. Cf. R. DESCARTES, *Principes de la philosophie*, in *Œuvres*, publiées par Ch. Adam et P. Tannery, IX-2, Paris, 1989, p. 14.
3. GALILÉO GALILÉI, *Sidereus Nuncius*, cité par A. KOYRÉ, *Du monde clos à l'univers infini*, trad. de R. Tarr, Paris, 1988, p. 118.
4. J.W. GOETHE, *Maximen und Reflexionen*, 469, H.A., XII, p. 430 ; trad. p. 141.

> L'homme qui fait usage de ses sens normaux est l'appareil de physique le plus grand et le plus précis qui soit ; c'est le grand tort de la physique moderne que d'avoir en quelque sorte détaché de l'homme les expériences sans vouloir rien connaître de la nature que ce qu'en montrent des instruments artificiels ; bien plus, on a voulu délimiter et démontrer à l'aide de ces instruments ce dont la nature est capable [1].

L'instrumentalisation est le bras armé d'une *mens* anticipant sur la *res* et témoignant ainsi de son mépris aussi bien pour la chose même dans sa vertu phénoménale que pour les facultés immédiates de l'homme. L'instrumentalisation falsifie le discours scientifique parce que se trouve au principe même de ses privilèges la conviction ininterrogée que la sensibilité la plus naturelle et la plus spontanée est indigne de toute prétention à une vérité de type scientifique. Sur base de ce présupposé qui la justifie indûment, la science instrumentale s'objective une nature à laquelle elle ne laisse même plus la liberté d'apparaître. Mépriser les sens dans l'entreprise de connaissance, c'est déjà contraindre la nature et l'assujettir à l'échafaudage instrumentaliste d'un démiurge de l'expérimentation – c'est lui faire violence. De tout cela, Goethe tient le sens commun innocent. Il l'invoque dès lors pour contrer les méfaits de l'expérimentation :

> Un temps viendra où l'on professera une physique expérimentale pathologique et où l'on tirera au jour tous ces tours de passe-passe qui trompent la raison, s'imposent par la ruse et qui, pis est, empêchent absolument tout progrès dans la pratique. Il faudra une bonne fois pour toutes arracher les phénomènes à l'obscurité de la chambre de torture empirique, mécanique et dogmatique, et les citer devant le jury du sens commun [2].

Goethe accuse la physique moderne d'être indigne de cette raison dont elle prétend pourtant offrir à l'homme les premiers acquis tangibles. Mais s'il se plaît à souligner que le fond idéologique de cette physique est contraire à la raison, il ne prétend donc pas récuser la rationalité elle-même. La critique de la science moderne n'implique jamais, dans l'esprit de Goethe, que l'on se tourne, en désespoir de cause, vers l'irrationalisme ou le sentimentalisme. Ce fragment appelle le dépassement de tout sentiment de piété cosmique, par trop sommaire ou naïf, vers une science authentique du phénomène physique. La *mathesis universalis* n'est pas le dernier mot de la raison. Elle la pervertit plutôt

1. *Ibid.*, 664, p. 458 ; trad. p. 139-140.
2. *Ibid.*, 617, p. 449 ; trad. p. 170.

par le détour de «ruses», de «tours de passe-passe». Sous la plume de Goethe, la science moderne devient une science occulte! L'idéal de progrès du rationalisme en général et de l'*Aufklärung* en particulier est un leurre. Sur fond de coup de force métaphysique, l'instrumentalisation met la nature physique à la question plutôt que de la laisser être. La virulence de la critique de Goethe ne laisse planer aucun doute sur la gravité de cette décision prométhéenne et sur l'ampleur de ses implications. Le reproche d'occultisme déjà adressé à l'école newtonienne, se retrouve ici, de manière plus générale, formulé contre la méthode dont use la science moderne. Le phénomène doit livrer un secret et il ne peut le faire que dans l'obscurité – manifestement opposée, dans les topiques du langage de Goethe, à la clarté du savoir vrai – de la chambre de torture. Celle-ci est qualifiée d'«empirique»: non pas au sens de la simple observation du phénomène, mais de l'expérimentation qui impose ses conditions à l'objet interrogé; de «mécanique»: le modèle mathématique qui fait prévaloir la détermination quantitative sur la détermination qualitative, au point de dénier à celle-ci toute valeur de vérité, réduit le phénomène au statut d'une étendue inerte, soumise et aisément malléable; et enfin de dogmatique: la *mathesis* moderne est de part en part idéologique. Or, on ne peut démasquer ces méfaits de l'expérimentation qu'en recourrant, suggère Goethe, à l'évidence du sens commun, là où se noue l'expérience. Pour autant, il ne prétend pas que l'attitude naturelle puisse valoir comme énonciation immédiate et auto-fondée de l'essence de notre rapport au monde et de la teneur ontologique de ce dernier. Cependant, le sens commun est déjà toujours gros d'une vérité scientifique, dans la mesure où n'y préside aucune décision d'anticipation de la *mens* sur la *res* ni aucune dévalorisation apriorique de la valeur de notre connaissance sensible, constitutive de notre humanité. Cette vérité que comprend le sens commun exige bien sûr une explicitation rigoureuse et méthodique. Un travail d'analyse et d'interrogation du sens commun est nécessaire, qui ne pourra s'apparenter de prime abord à une déflation théorique de celui-ci, au contraire de ce que la science moderne pose comme un principe tacite mais sans cesse confirmé de sa propre voie de recherche.

LE REFUS DE LA VOIE EMPIRICISTE

Du mécanisme qui pétrifie la vie pour mieux en nier l'irréductible teneur ontologique à l'instrumentalisation de la science qui contraint le phénomène pour le borner dans le carcan étroit de son champ artificiel, de l'actualisation du principe de *mathesis universalis* sous l'horizon d'une performativité technique émancipatrice au recours à l'hypothèse qui donne forme concrète à une méthode indifférente à la variété des objets interrogés, tout concourt à montrer que la science moderne s'interdit l'accès à la chose même. Le projet goethéen se réclame alors d'une autre scientificité. La voie empiriciste semble s'ouvrir naturellement. Goethe pourrait répondre au rationalisme triomphant par la prudence d'un positivisme scientiste qui se contenterait de faire un inventaire des données de nos sens et de dresser un catalogue des innombrables faits qui constituent le monde. Il est pleinement un homme du XVIIIe siècle. Lorsqu'il part étudier à Leipzig en 1765, il découvre une société intellectuelle qui lui laisse le choix entre le rationalisme mort d'un Wolff ou la fascination plus immédiate, plus dilettante surtout, pour des recherches comme celles que mènent de nombreux amateurs de sciences naturelles – plus rarement de physique ou de mathématique. Ce siècle est celui du désir de connaître. On collectionne, on amoncelle, on classe tant bien que mal. Goethe est immédiatement rebuté par le rationalisme abstrait, d'autant plus que l'école de Wolff n'en offre que l'image abâtardie d'un savoir figé dans ses certitudes métaphysiques, indignes même du projet de ses initiateurs. Il s'est toujours senti plus proche de ces amateurs herborisant ou collectionneurs en tous genres qui s'attachaient à un caillou égaré comme d'autres à un dogme métaphysique. Certes, l'ampleur de sa vision et la profondeur de son esprit le porteront toujours à pousser plus loin les recherches que d'autres ont entamées sans leur donner les suites qu'exigerait une étude méthodique. Lorsqu'il se vouera enfin à ses aspirations de naturaliste avec toute l'ardeur et la constance dans l'action qui lui sont coutumières en poésie, il ne se satisfera pas de recherches occasionnelles, d'informations fragmentaires ou de promenades agrémentées de quelques observations bien intentionnées mais maladroites. Il sera féru de taxinomie, il participera de cet engouement sans rien ignorer des travaux méthodiques et parfois fastidieux de Buffon et de Linné.

Goethe s'est souvent plu à reconnaître la dette que, en tant que naturaliste en devenir, il avait contracté à l'égard de Linné. Ainsi, lorsqu'il rédige son *Histoire de mes études botaniques*, texte destiné à introduire à sa grande œuvre de botaniste, la *Métamorphose des Plantes*, il souligne le rôle décisif que celui-ci a joué dans sa formation :

> La *Philosophie botanique* de Linné faisait l'objet de mon étude quotidienne, et je progressais ainsi avec ordre dans la connaissance, en cherchant autant que possible à faire mien ce qui pouvait me procurer une vue plus générale de ce vaste règne [1].

L'égide de Linné est ici la seule invoquée explicitement pour des études audacieuses et novatrices. L'hommage rendu au naturaliste suédois et à sa *Philosophia botanica* se fait d'ailleurs encore plus vibrant dans une lettre de 1816 :

> Ces jours derniers, j'ai relu Linné et j'ai été saisi par cet homme extraordinaire. J'ai appris énormément de lui, et pas seulement en botanique. En dehors de Shakespeare et Spinoza, je ne sais pas d'autre défunt qui ait exercé sur moi une telle influence [2].

Mais l'*Histoire de mes études botaniques*, repétant la même idée, introduit cependant une nuance d'importance :

> Je reconnais qu'après Shakespeare et Spinoza, la plus grande action sur moi est venue de Linné, *et cela précisément par l'opposition à laquelle il m'incita*. Car tandis que j'essayais d'assimiler sa manière précise d'établir avec esprit des distinctions, ses lois pertinentes, ingénieuses, mais parfois arbitraires, un dilemme naissait en moi : ce qu'il cherchait à dissocier par la force devait nécessairement aspirer, selon le besoin le plus profond de mon être, à la réunion [3].

Invoquer le patronage de Linné semble être cette fois une attitude des plus ambiguës. La lecture des œuvres de Linné a certes guidé Goethe lors de ses premières observations botaniques, notamment dans sa confection d'herbiers, pour lesquels les classifications établies par Linné était d'un grand secours. Mais la méthodologie qui définissait le cours de la *Philosophia botanica* ne pouvait satisfaire le penseur de la nature que Goethe était déjà, pas plus que le théoricien de la connaissance qu'il allait devenir. Le principe logique de la définition *per genius proximum et differentiam specificam* sur lequel se base la nomenclature de Linné ne

1. J.W. GOETHE, *Der Verfasser teilt die Geschichte seiner botanischen Studien mit*, H.A., XIII, p. 153 ; trad. de H. Bideau, *Histoire de mes études botaniques*, in *La métamorphose des plantes...*, *op. cit.*, p. 90.
2. J.W. GOETHE, *Briefe*, 7 November 1816 (an Zelter), H.A., III, p. 376.
3. J.W. GOETHE, *Der Verfasser...*, H.A., XIII, p. 153 ; trad. p. 90 (nous soulignons).

pouvait le convaincre[1], à tel point que la référence à la science botanique dont l'ouvrage de Linné était alors l'archétype, ne pouvait, elle, prendre sens qu'au prix d'une certaine polémique. Goethe comprend très vite les limites inhérentes à cette botanique d'école, lesquelles dépendent des partis pris sous-jacents à la formation du système taxinomique. Linné ne classe les différents genres et espèces de végétaux qu'en fonction de leurs caractéristiques. La plante est décomposée en tous ses éléments qui, chacun, jouent un rôle dans le classement[2]. Linné pratique une véritable dissection de l'objet végétal, il applique le modèle de l'analyse à la science botanique au risque de perdre l'unité de la vie du végétal. Les caractéristiques que Linné retient – en les faisant intervenir toutes comme si l'objet n'en était que la somme – ne peuvent être que subsidiaires par rapport à la *forme* ou à l'*essence*[3] de l'objet considéré. Dans la nomenclature de Linné, la subsidiarité de la caractéristique est occultée par le projet de classification qui en vient à réduire l'être de la plante à une somme de déterminations contingentes. Dès lors, le propos de la *Philosophia botanica* se réduit à un phénoménisme pauvre : elle n'est *que* descriptive – elle décrit le fait sans en saisir la logique interne. Elle se contente d'une dénomination stricte des espèces et des genres, sans atteindre le mode d'être de la forme ; elle manque les rapports qui s'établissent entre les différents types et, *a fortiori*, avec l'unité du règne végétal. Le système taxologique de Linné ne peut satisfaire Goethe car il cache son désordre sous le classement aléatoire de faits sans forme :

> Cette manière de procéder, écrit-il, m'est toujours apparue comme une sorte de mosaïque où l'on place une pierre à côté d'une autre pour construire à partir de mille éléments isolés l'apparence d'une image ; et dans ce sens, cette exigence m'était en quelque sorte contraire[4].

Ce système met en œuvre une dissociation à l'infini d'un règne qui, de prime abord, apparaît pourtant sur fond d'une unité manifeste. Goethe veut expliciter cette unité et cette forme qui déterminent la donation même de la chose. Il accuse Linné de vouloir « dissocier par force » parce que l'apparaître de la plante est un, tandis que la dissection, ignorante de la loi d'apparaître la plante, n'aboutit qu'à la négation de sa vie. En somme, la science botanique de Linné se trouve réduite à une typologie morte par le caractère analytique de ses options méthodologiques. Son

1. Cf. E. STAIGER, *Goethe*, *op. cit.*, Bd. II, p. 111 *sq.*.
2. Cf. E. CALLOT, *La philosophie biologique de Goethe*, Paris, 1971, p. 74.
3. Sur le sens à attribuer à ces termes dans la science de Goethe, cf. *infra*, p. 88 *sq.*.
4. J.W. GOETHE, *Der Verfasser...*, H.A., XIII, p. 160 ; trad. p. 98.

incapacité même à enclore dans ses classifications toutes les formes végétales, certaines demeurant rebelles au carcan de ce classement arbitraire, témoigne encore de son inadéquation à la puissance organique de la nature. « De quelque côté que l'on se tourne la nature est féconde à l'infini »[1] : une nomenclature basée sur la factualité de l'objet ne peut comprendre ni saisir cette possibilité de la nature, cette richesse de son devenir. La critique de Goethe rejoint l'opposition que Lamarck avait préparée, et que des botanistes comme Jussieu ou Candolle allaient exploiter, entre classification naturelle et artificielle. De cette distinction naîtra le principe de la taxonomie, c'est-à-dire d'une science de la classification qui se devrait de prendre en compte les processus naturels qui apparentent entre elles les classes déterminées. Goethe vise une taxonomie de ce type, moins soucieuse d'exhaustivité – laquelle ne pourrait de toute façon que contredire la puissance de création de la nature – que de dégager l'unité qui ordonne le réel jusque dans le processus de son apparaître. La collection se trouve alors chargée d'une densité de sens que ne pouvait supporter le phénoménisme aléatoire et positiviste de Linné.

L'empiricisme qui préside à l'élaboration des travaux strictement descriptifs de Linné et qui réduit le phénomène à un fait brut porteur de déterminations multiples et contingentes, ne satisfait donc pas plus Goethe que l'idéalisme rationaliste. L'énumération taxologique dédaigne toute idée d'ordre ontologique. Dès ses années d'études à Leipzig, Goethe éprouvait profondément l'insatisfaction que génère un enseignement inspiré de telles sciences :

> [...] dans cette voie, j'apprenais à amasser des connaissances plutôt qu'à les ordonner – ce qui éveillait en moi un malaise toujours croissant[2].

La vision moderne du monde, aussi bien dans sa version empiriciste que rationaliste, doit être récusée parce qu'en somme, une même violence est ainsi faite à la nature, qui la laisse exsangue – que l'on prétende à l'analyse positive de *sense data* ou que l'on s'engage dans la prédétermination conceptuelle du champ de l'objectité. D'un côté, la science empiriciste ne réalise qu'une collecte désordonnée, car sans fondement idéel, d'informations empiriques relevant uniquement les caractéristiques externes des objets considérés. De l'autre côté, l'orgueilleux rationalisme s'épuise dans les théories métaphysiques de

1. J.W. GOETHE, *Maximen und Reflexionen*, 5, H.A., XII, p. 365 ; trad. p. 135.
2. J.W. GOETHE, *Dichtung und Wahrheit*, H.A., IX, p. 249 ; trad. p. 163.

Christian Wolff en multipliant à l'infini les jeux d'abstraction censés définir la substance dans le mépris du phénomène immédiat. Philosophie rationaliste[1] et science de catalogue sont Charybde et Scylla pour un penseur qui s'efforce de comprendre et d'expliciter le phénomène de la vie immanente à la nature. Dans son *Introduction* de 1884 à la *Métamorphose des plantes*, Rudolf Steiner écrit :

> Ici se faisaient face une science des principes à laquelle manquait le contenu vivant, l'approfondissement plein d'amour de la réalité immédiate, et une science sans principes, dépourvue de contenu idéel – tout élément médiateur étant absent, chacune restant pour l'autre stérile[2].

De cette désespérante oscillation entre le rationalisme abstrait et l'empirisme mort naîtra l'exigence nouvelle d'une ontologie des essences qui serait aussi empirie.

L'opposition à l'hégélianisme

L'exigence de restauration de la vie, si elle allait bien de pair, dans l'esprit de Goethe, avec le souci d'une visée scientifique, supposait cependant la réduction de tous les savoirs rationalistes ou empiricistes modernes qui suspendaient par une décision dogmatique la densité de vie de la nature. Dès lors, Goethe aurait pu trouver dans l'idéalisme spéculatif de Hegel l'exemple d'un savoir universel qui s'attache à la restauration de la vie tout en tentant de dépasser les apories de la modernité. Cette hypothèse paraîtra sans doute d'autant moins surprenante que depuis bien longtemps, en effet, il est de bon ton de rapprocher autant que faire se peut ces deux monstres sacrés du monde germanique. À tel point que l'obstination mise à souligner les rapports entre les œuvres de ces deux exacts contemporains semble parfois plus dépendante de l'émotion du lecteur, fasciné par le simple fait que de tels génies se soient cotoyés[3], que d'une analyse rigoureuse, méthodique et bien informée. Il

1. Goethe ne prend pas la peine de distinguer explicitement le rationalisme d'école de Wolff du rationalisme triomphant qui sous-tend la pensée newtonienne.

2. R. STEINER, *Introduction à la «Métamorphose des plantes» (1884)*, in J.W. GOETHE, *La métamorphose des plantes..., op. cit.*, p. 21.

3. Goethe et Hegel se sont effectivement rencontrés à quelques reprises et ont échangé une correspondance. Que Goethe eût un temps en charge le bon fonctionnement de l'Université de Iéna a bien sûr facilité ces contacts, mais aussi limité les conditions de leurs échanges.

est une certaine critique qui a construit de toutes pièces l'image d'une entente harmonieuse entre deux génies qui se seraient rencontrés et parlés par-delà les contingences de leur siècle. L'analyse de leur correspondance, des quelques comptes rendus de leurs rencontres et des jugements qu'ils ont prononcés l'un sur l'autre, ne peut en tout cas justifier une interprétation parallèle de ces deux pensées ; elle révèle, tout au contraire, leur hétérogénéité. Goethe et Hegel participent d'un même mouvement de restauration de la vie, fondé sur une même critique de la modernité, et ils ne peuvent pas plus l'un que l'autre se résoudre à déchoir la raison de ses privilèges. Mais est-ce à dire, pour autant, que la raison ait un statut identique chez l'un et l'autre ? Une solide tradition critique pousse à répondre positivement à cette question[1]. Même un lecteur aussi perspicace que Karl Löwith n'a pu y résister[2]. L'erreur de base de Löwith est sans doute de ne pas distinguer fondamentalement la compréhension de l'Absolu chez Goethe et chez Hegel :

> Si cette opposition dans leur manière de considérer l'absolu – « Nature » ou « Esprit » – caractérise parfaitement les rapports de Hegel et Goethe, elle n'implique pas pour autant qu'il y ait contradiction dans le principe mais seulement différence dans la manière de l'exposer[3].

Löwith atténue les divergences de vue entre les deux hommes en les tenant pour purement formelles et par là dépassables : « ce que Hegel dit de l'Esprit vaut pour la nature selon Goethe »[4]. Cette thèse ne résiste pourtant pas à l'épreuve d'une analyse approfondie. Il est erroné d'assimiler l'affirmation de l'Absolu comme nature chez Goethe et l'affirmation de l'Absolu comme Esprit chez Hegel. La différence est bien de principe et ne pouvait impliquer que des approches clairement opposées du phénomène naturel. Or, s'opposer à Goethe sur le

1. Les interprétations les plus caricaturales de la proximité supposée des pensées de Goethe et Hegel se lisent, pour le milieu germanophone, chez Rudolf STEINER (*Goethe et sa conception du monde*, trad. de A. Tanner, Paris, 1967 : « la conception goethéenne du monde et la philosophie de Hegel se répondent parfaitement » – p. 192) et, pour le milieu francophone, chez René BERTHELOT (*Science et philosophie chez Goethe*, *op. cit.*, p. 141 : « Hegel est une sorte de Goethe de la philosophie et il a cherché à suggérer par sa dialectique un idéal apparenté à celui que Goethe visait à suggérer par son œuvre poétique »). On lira par contre une analyse nettement plus nuancée chez H. FALKENHEIM (*Goethe und Hegel*, Tübingen, 1934). Plus récemment, seul Rüdiger BUBNER (*Hegel und Goethe*, in *Innovationen des Idealismus*, Göttingen, 1995, p. 175-207) a réclamé le droit de faire figurer son propos « sous le titre "Hegel contre Goethe, Goethe contre Hegel" » (p. 176).

2. Cf. K. LÖWITH, *De Hegel à Nietzsche*, trad. de R. Laureillard, Paris, 1969, p. 17-48 et p. 255 *sq.*.

3. *Ibid.*, p. 24.

4. *Ibid.*, p. 258.

phénomène naturel revient toujours à un désaccord de fond, tant la nature est pour lui la source de toute existence, de tout ordre et donc de tout discours.

L'incompréhension qui a, en fait, dominé les rapports entre Goethe et Hegel apparaît très clairement dans la relation que fait Eckermann d'une de leurs entrevues. Celui-ci introduit son propos avec le tact de celui qui assiste à la rencontre de deux grands hommes, posant comme un préalable obligé l'estime réciproque qui ne pouvait que susciter l'abord de questions essentielles. Mais au bout du compte, son sujet seul le retient, et c'est bien d'un différend insurmontable qu'il nous livre témoignage :

> [...] Hegel est ici, que Goethe personnellement tient en très haute estime, quand bien même certains fruits de sa philosophie ne lui plaisent guère. [...] la conversation en vient à la nature de la dialectique. « Au fond, dit Hegel, ce n'est pas autre chose que l'esprit de contradiction, inné en chaque homme et, développé d'une façon méthodique, un don qui apparaît grand dans la distinction entre le vrai et le faux.
> – Pourvu, insinua Goethe, qu'un tel art et une telle agilité d'esprit ne soient pas, comme il arrive trop souvent, tournés en abus, et qu'on ne l'emploie à faire passer le faux pour le vrai et le vrai pour le faux !
> – Cela arrive, répliqua Hegel, mais seulement chez les individus qui ne sont pas sains d'esprit.
> – C'est pourquoi, reprit Goethe, je me félicite de l'étude de la nature, qui ne laisse pas de place à une pareille maladie. Car nous avons affaire ici au Vrai éternel et infini, lequel rejette, sans plus, comme insuffisant, quiconque n'est pas absolument intègre dans ses observations et dans sa manière de traiter le sujet. Aussi je suis bien sûr que plus d'un esprit atteint de dialectique pourrait trouver sa bienfaisante guérison dans l'étude de la nature » [1].

Selon Eckermann, « certains fruits » de la philosophie de Hegel ne plaisent pas à Goethe, mais, à terme, un désaccord beaucoup plus fondamental apparaît. À tel point que le narrateur laisse la conversation dans l'irrésolution, ne nous disant rien ni de la réaction de Hegel à la dernière banderille de Goethe, ni de la suite de la discussion. Il suggère plutôt ainsi le silence gêné, de l'un comme de l'autre, qui a dû succéder à cet échange poli mais tendu, un silence qui équivaudrait à la rupture des pensées. En effet, les paroles échangées ne ménagent guère les opinions qui s'affrontent. Goethe marque les plus nettes réserves quant au rôle qui

1. J.P. ECKERMANN, *Gespräche mit Goethe...* (18 Oktober 1827), *op. cit.*, p. 622-623 ; trad. p. 547.

doit revenir à la dialectique dans l'élaboration et le progrès de la pensée. Or, la dialectique, il est difficile de l'ignorer, est au principe même de l'idéalisme spéculatif hégélien. Goethe y oppose l'étude de la nature et, pour ne point laisser planer de doute sur l'importance ontologique qu'il accorde à cette dernière, il soutient qu'il s'agit là de l'instance de la vérité *absolue*, «éternelle et infinie». Face à cette absoluité immédiate du champ de la nature, la dialectique spéculative fait figure de «maladie» en attente d'un remède radical: Goethe ose l'opposition polémique d'une nature saine et franche à une pathologie dialectique qui impose au phénomène naturel la loi logique d'une raison spéculative.

La nature apparaît à Goethe telle cette absolue donation de sens, première, objective et en même temps intime à l'esprit de l'homme. Pour Hegel, par contre, elle ne sera à cette époque [1] qu'un moment du développement de l'Idée qui résulte de l'effort du Logos pour se dépouiller de lui-même en son «être-autre» [2], c'est-à-dire en une altérité qui le sauve de sa trop pauvre immédiateté. Il faudra toute l'ampleur du mouvement dialectique pour que l'Idée puisse se réapproprier la particularité naturelle, où le concept n'est pas encore présent à lui-même, dans la singularité spirituelle. La nature hégélienne ne reçoit son sens que du mouvement logique qui la traverse, la dépasse, et qui consacre l'Esprit (ce dont témoigne, au demeurant, la faiblesse de la philosophie hégélienne de la nature, incapable de dépasser réellement les conclusions de l'idéologie mécaniste moderne). Ce déficit de la densité immanente de la nature chez Hegel est sans doute le foyer du désaccord entre les deux penseurs. La correspondance qu'ils ont échangée est à ce propos des plus éclairantes. Entre 1817 et 1821, Goethe et Hegel vont correspondre avec une fréquence mais aussi une cordialité qui tranchent quelque peu sur la raideur polie des billets échangés auparavant. Cette correspondance naît d'un accord de fond sur la théorie des couleurs de Goethe [3]. Mais une profonde divergence de vue s'exprimera pourtant au début de l'année 1821, qui se cristallisera sur le thème goethéen de l'*Urphänomen* – le

1. L'année (1827) de cette entrevue entre Goethe et Hegel est aussi celle de la seconde édition de l'*Encyclopédie des sciences philosophiques*.

2. Cf. G.W.F. HEGEL, *Enzyklopädie der philosophischen Wissenschaften im Grundrisse (1830). Erster Teil. Die Wissenschaft der Logik*, § 18, in *Werke in zwanzig Bänden*, Frankfurt a. M., 1970, Bd. VIII, p. 63; trad. de B. Bourgeois: *Encyclopédie des sciences philosphiques. I: La science de la logique*, Paris, 1986, p. 184.

3. Les paragraphes 220 et suivants de la première édition, en 1817 précisément, de l'*Encyclopédie des sciences philosophiques* témoignent de cet accord (cf. G.W.F. HEGEL, *Enzyklopädie der philosophischen Wissenschaften im Grundrisse (1817)*, in *Sämtliche Werke*, Jubiläumsausgabe in zwanzig Bänden, Stuttgart, 1968, Bd. VI, p. 173 *sq.*).

phénomène originel ou primitif. Ce phénomène originel peut-être défini, dans une première approche[1], comme la forme ou l'essence *perçue à même la particularité phénoménale* – universel immanent au particulier, qui garantit l'être et le sens du particulier. L'*Urphänomen* est la catégorie perçue.

Le 7 octobre 1820, Goethe adresse à Hegel son *Zur Naturwissenschaft überhaupt*, un cahier (le troisième) de recherches en sciences naturelles. Y figure entre autres son étude sur les couleurs dites « entoptiques ». Dans la lettre qui accompagne l'envoi, Goethe se contente de dire deux mots sur l'écrit que va lire Hegel. Il se recommande à la bienveillance de son lecteur. Hegel ne répondra que le 24 février 1821. Au milieu des protestations d'estime et de reconnaissance de cette longue lettre, percent quelques phrases lourdes de sens. Hegel a lu le cahier de Goethe et s'efforce de montrer l'intérêt qu'il a fait naître en lui :

> le plan et la composition de ce traité, ainsi que son contenu, ont éveillé ma plus grande satisfaction et ma plus grande reconnaissance[2].

Pourtant, le compte rendu qu'il fait de sa lecture ne dépasse pas le registre des généralités. Il l'avoue lui-même – quoiqu'en donnant à son aveu la forme d'un compliment :

> Ce souffle spirituel [dont profite tout qui s'inspire, selon Hegel, des travaux de naturaliste de Goethe] – et c'est de lui que je voudrais parler à vrai dire, et c'est lui seul qui est digne qu'on en parle – c'est lui qui m'a rempli de joie dans l'exposé que Votre Excellence donne des phénomènes relatifs aux couleurs entoptiques[3].

L'analyse de Hegel porte uniquement sur la méthode de Goethe, laissant l'impression d'une lecture quelque peu précipitée. Mais Hegel laisse pourtant paraître, à mots couverts, les raisons de son désaccord :

> Ce qui est simple et abstrait, et que vous appelez très justement « phénomène primitif » *(Urphänomen)*, vous le placez au sommet ; vous montrez ensuite les phénomènes concrets comme se produisant par l'intervention de nouvelles influences et de nouvelles circonstances, et vous conduisez tout le développement de telle façon, que l'on passe successivement des conditions simples aux conditions plus

1. Cf. l'analyse détaillée de l'*Urphänomen* goethéen, p. 92 *sq.*.

2. *Briefe von und an Hegel*, Bd. II, hrsg. von J. Hoffmeister, Hegel an Goethe (24 Februar 1821), Hamburg, 1953, p. 247 ; trad. de J. Carrère : G.W.F. HEGEL, *Correspondance*, II, 24 février 1821, Paris, 1922, p. 218.

3. *Ibid.*, p. 249 ; trad. p. 219.

complexes, et que c'est seulement par cette décomposition que ce qui est complexe apparaît dans toute sa clarté. Découvrir le «phénomène primitif», le libérer des choses qui l'entourent d'une façon contingente, le saisir abstraitement (comme nous disons): voilà ce que je considère comme le fruit d'un grand sens spirituel de la nature, et je regarde cette façon de procéder comme l'attitude véritablement scientifique de la connaissance dans ce domaine [1].

Sous le couvert d'un compliment plus ou moins bien tourné, Hegel tente de ramener les prétentions de naturaliste de Goethe au seul rang dont il les croit dignes: celui d'une science empirique inadéquate à la vérité spéculative du concept – inadéquate à la Raison même. Lorsqu'il reconnaît à la démarche de Goethe le privilège d'être l'attitude la plus purement scientifique «dans ce domaine», il souligne les limites de ce mode de connaissance alors même qu'il paraît en consacrer les mérites. Hegel qualifie l'*Urphänomen* de «simple et abstrait», et surenchérit en affirmant que saisir abstraitement cet *Urphänomen* est le signe d'un «grand sens spirituel de la nature»: les talents de naturaliste qu'il concède à Goethe – mais en un sens restrictif donc – se résume dans cette saisie abstraite du phénomène originel. Or, l'abstrait est une catégorie négative dans le système hégélien, une connotation péjorative lui est attachée dans la mesure où elle équivaut au défaut du concret. En ce sens, le phénomène primitif naturel n'est qu'une première révélation de l'Idée en son être-autre sous la forme du devenir des multiples formes naturelles. Selon Hegel, l'Idée se révèle dans les formes naturelles – dans l'*Urphänomen*, en l'occurrence – mais sans revenir à elle-même, ce qui ne lui sera donné que dans la sphère de l'Esprit. Il ne s'agit donc que d'un moment, fondamentalement marqué d'inadéquation, dans le processus de révélation de l'Idée. Alors que l'*Urphänomen* est pour Goethe la vérité ultime de la perception, et par là du savoir de la nature en tant que telle – c'est-à-dire de l'Absolu – puisque l'universel est perçu, il ne s'agit, pour Hegel, que d'une manifestation de l'Absolu marquée par la carence de l'abstraction. D'où la portée restrictive des derniers mots de Hegel: lorsqu'il dit de cette saisie abstraite de la forme qu'elle témoigne d'un grand sens spirituel de la nature, il réduit par là toute la densité phénoménale de la nature elle-même à une abstraction, donc à une présence imparfaite de l'Absolu. Le savoir du naturaliste est alors incapable d'accéder à la vérité ultime de l'Idée. Cette compréhension de l'*Urphänomen* a pour corrélat l'assertion selon laquelle la perception

1. *Idem*.

doit être surmontée *(aufgehoben)* par l'entendement. Alors que Goethe élabore une véritable «phénoménologie» de la perception[1], qui reconnaît à l'acte de percevoir la capacité de déceler dans l'objet perçu l'unité *à même* la multiplicité, Hegel accuse la perception de juxtaposer l'unité et la multiplicité, sans donc pouvoir en opérer la moindre synthèse. Si le percevoir «constitue en général le point de vue de notre conscience ordinaire et, plus ou moins, des sciences»[2], dans sa sphère propre, le singulier «persiste ferme face à l'universel, auquel il est, en même temps, rapporté»[3]. Une contradiction demeure, au niveau du percevoir, entre l'universel et le singulier, qui demande à être résolue par l'instance de l'entendement. La conscience percevante est un tissu de contradictions pour Hegel. Pour Goethe, la perception est saisie de la vie même de la nature, elle est le fondement de toute connaissance de l'Absolu.

La réponse de Goethe à Hegel confirme cette divergence de vue. Dans une lettre relativement brève[4], Goethe remercie son correspondant de l'attention qu'il a porté au cahier de sciences naturelles, ainsi que de ses avis «précieux»[5]. Il a tout particulièrement relevé l'interprétation que Hegel fait de son *Urphänomen*. Donnant l'impression de badiner avec un sujet pourtant des plus décisifs, il reconnaît que Hegel se comporte «amicalement»[6] avec les phénomènes originels, mais c'est pour les requalifier à son tour d'«êtres démoniques»[7]. Ironie ou incompréhension, alors même qu'il semble approuver la lecture de Hegel – mais quelle sincérité faut-il attribuer à cette approbation? –, Goethe reconduit les phénomènes originels à une signification qu'a manifestement méconnue Hegel. Dans la théorie goethéenne du génie[8], le démonique signifie la soumission de l'artiste, dans l'acte même de sa création, à la donation la nature. Il engage l'unité de ses forces dans une logique d'appartenance à la nature. Cette «activité entièrement affirmative»[9] se soustrait à l'évidence réflexive; elle renvoie à la capacité

1. Cf. *infra*, p. 101 *sq.*.

2. G.W.F. HEGEL, *Enzyklopädie der philosophischen Wissenschaften im Grundrisse (1830). Dritter Teil. Philosophie des Geistes*, in *Werke in zwanzig Bänden*, *op. cit.*, Bd. X, §420, p. 209; trad. de B. Bourgeois: *Encyclopédie des sciences philosophiques. III: Philosophie de l'esprit*, Paris, 1988, p. 255.

3. *Ibid.*, §421, p. 210; trad. p. 226.

4. Cf. J.W. GOETHE, *Briefe*, 13 April 1821 (an Hegel), H.A., III, p. 504.

5. *Idem.*

6. *Idem.*

7. *Idem.*

8. Cf. *supra*, p. 32.

9. J.P. ECKERMANN, *Gespräche mit Goethe...* (2 März 1831), *op. cit.*, p. 439; trad. p. 395.

organique de la nature elle-même, à son auto-constitution téléologique qui sous-tend tout acte de création :

> En général, le démonique se manifeste de la manière la plus variée dans toute la nature, qu'elle soit visible ou invisible [1].

En affirmant le caractère démonique de l'*Urphänomen* Goethe soutient donc son adéquation à la force vitale qui détermine le dynamisme naturel. Le phénomène originel est « démonique » en tant que manifestation exacte de *l'Absolu de la nature*, ce qui contredit en tout point les qualifications de Hegel dans sa lettre du 24 février 1821, parmi lesquelles la plus forte, mais donc aussi la plus fausse, est celle d'« abstractum métaphysique » [2]. Goethe paraît moins avoir ignoré le sens précis que Hegel donnait à cette qualification, qu'il ne donne l'impression de manier l'ironie dans l'expression de sa reconnaissance. En tête de son billet du 13 avril 1821, il a inscrit de sa propre main cette salutation grinçante, qui sonne comme un antagonisme insurmontable :

> Le « phénomène primitif » présente ses meilleurs compliments à l'« Absolu » [3].

Selon nous, Goethe a toujours gardé la conviction intime que sa pensée et celle de Hegel, malgré les efforts parfois fournis de part et d'autre et au-delà des assauts de politesse, demeuraient fondamentalement divergentes. Il a dès lors suivi son propre chemin en répugnant à toute influence réciproque.

Au demeurant, Hegel lui-même ne manquait pas de lucidité dans cette affaire. Hors la déférence affichée et les accords ponctuels et, pour tout dire, secondaires entre sa réflexion et les recherches naturalistes de Goethe, il avait bien saisi, lui aussi, et dès avant la période 1817-1821, combien le propos de Goethe était inconciliable avec son projet spéculatif. Dans une lettre de 1807 à Schelling, il laisse d'abord entendre combien ses rapports avec Goethe lui paraissent insatisfaisants. Il évoque la figure de l'Olympien avec aigreur – parfois même avec une pointe de mépris pour ses travaux de naturaliste et d'antipathie pour la personne elle-même :

1. *Idem.*
2. *Briefe von und an Hegel*, Hegel an Goethe (24 Februar 1821), Bd. II, *op. cit.*, p. 249 ; trad. (II) p. 220.
3. Cf. J.W. GOETHE, *Briefe*, 13 April 1821 (an Hegel), H.A., III, p. 504.

> J'ai appelé là-dessus [il s'agit de certaines expériences de physique] l'attention de Goethe, qui pour l'instant en a fait des plaisanteries. Il continue à travailler à son histoire des couleurs, dont il fait imprimer simultanément deux parties – l'une théorique, c'est-à-dire empirique, l'autre historique ; de chacune vingt feuilles sont déjà terminées. J'en ai lu une partie ; par haine contre l'idée par laquelle les autres ont gâté la chose, il s'en tient au point de vue empirique, au lieu de le dépasser pour parvenir jusqu'au concept, qui ne fera sans doute que transparaître. En même temps il fait imprimer aussi une *Morphologie* (il semble, d'une façon générale, vouloir mettre ordre à ses affaires domestiques et temporelles) ; le début de cet ouvrage est la réimpression textuelle de sa *Métamorphose des Plantes* ! Tu connais sans doute mieux les études sur l'organisme animal, auxquelles il veut passer ensuite. – Telle est la seule chose par laquelle je puisse répondre à ta richesse de communications scientifiques [1].

Cette dernière remarque n'est certes pas le signe d'une profonde estime pour le travail de Goethe. Hegel exprime déjà son amertume devant le désintérêt – « il en a fait des plaisanteries » – de Goethe pour les informations qu'il s'efforce de lui communiquer, tandis que l'allusion à la réimpression de la *Métamorphose des Plantes* a tout de la note assassine. Mais l'essentiel tient sans doute dans la brève critique de ce qu'il a lu de *Materialien zur Geschichte der Farbenlehre*. La *Farbenlehre* est sans doute le seul travail de Goethe dont Hegel a parfois pu s'accommoder, mais la lettre de 1807 marque anticipativement les limites de cet accord. Ce premier contact avec la chromatologie de Goethe est pour Hegel l'occasion de pointer le foyer de divergences définitives entre sa philosophie et le savoir goethéen de la nature. Il reproche le plus profondément à Goethe « sa haine contre l'idée », sa fascination pour l'empirie et son mépris corrélatif pour le concept. Lorsqu'on sait le rôle que tient la raison conceptuelle chez Hegel et le peu de valeur que prend à ses yeux une empirie qui se satisfait d'elle-même, on mesure toute l'ampleur de sa critique. Il ne voit dans l'empirie de Goethe qu'une faiblesse de la pensée qui s'effraie du spéculatif, et demeure par là étrangère au concept en tant que mouvement logique de l'Idée. Le moteur de ce développement logique est la dialectique, dont Goethe se défie. La connaissance empirique du monde, dans son immédiateté simple, ne peut être qu'un avatar du développement de l'Esprit dans son effort pour réintégrer le logique par-delà l'altérité

1. *Briefe von und an Hegel*, Hegel an Schelling (23 Februar 1807), Bd. I, *op. cit.*, p. 151 ; trad. (II) p. 141.

naturelle, alors que pour Goethe, qui voit dans l'évidente donation de la nature la chance mais aussi les bornes de l'esprit humain, elle est la seule science possible.

Comment ignorer qu'un désaccord de fond, indépassable, marque les rapports de Goethe et Hegel ? La restauration de la vie à laquelle Goethe prétend œuvrer, en dépassant les antinomies modernes, ne s'apparente donc pas – malgré la volonté affichée de sauvegarder le rôle de la raison – au panlogisme hégélien. Ces deux génies ne pouvaient s'entendre sur le statut de la réalité naturelle. Le triomphe de l'Esprit aussi bien que l'efficacité des ruses de la Raison, dont Hegel ne doute pas un instant à l'époque de sa maturité philosophique, sont étrangers à Goethe parce qu'ils incarnent une loi qui n'appartient pas tant à l'horizon de la chose même qu'à une décision spéculative qui consacre la liberté du concept – contre l'organicité signifiante de la nature. Mais si donc Goethe ne veut reconnaître d'Absolu que dans la loi d'une nature qui offrirait les conditions transcendantales de leur réalisation à l'esprit, la culture, la science et la création, ne doit-on pas supposer que sa réflexion philosophique et son entreprise de naturaliste s'inscrivent principiellement dans le courant de ce que l'on a appelé la *Naturphilosophie ?*

CHAPITRE II

NATURPHILOSOPHIE ET SCIENCE RIGOUREUSE

GOETHE ET LA « NATURPHILOSOPHIE »[1]

Parler de la *Naturphilosophie* de Goethe revient-il à situer son entreprise de connaissance dans ce courant philosophique de l'époque que l'on a nommé, de fait, la *Naturphilosophie*? Le mouvement de la *Naturphilosophie* n'équivaut pas à un quelconque discours philosophique sur la nature. Il correspond à une période de développement de la culture germanique qui s'étend à peu près de 1770 à 1840. Il s'agit donc d'une pensée qui naquit du vivant de Goethe et ne lui survécut guère. Trois traits majeurs la caractérisent: l'élan spéculatif, le souci scientifique et l'universalité. La *Naturphilosophie* est une *Weltanschauung* qui, s'inscrivant dans le champ de la restauration de la vie, tâche de resituer la nature sous l'horizon d'un savoir métaphysique affranchi de l'empirisme aussi bien que du mécanisme qu'engendre le «grand rationalisme». Mais cette spéculation métaphysique ne se départit jamais d'un effort d'application aux sciences naturelles particulières. On peut même dire qu'alors qu'elle s'engage résolument dans la voie de la spéculation métaphysique, la *Naturphilosophie* assoit sa recherche sur des bases plus strictement scientifiques ou même expérimentales. Cependant, ce savoir de la nature ne prend son véritable visage qu'à se déprendre de tout positivisme, de tout empirisme et de tout mécanisme appliqué. Il développe un anti-mécanisme qui arrache le discours scientifique au modèle newtonien, physicaliste et mathématique, pour le réintégrer dans un champ de recherches et de réflexions où sont privilégiés les concepts de vie, d'organisme et de force. Ce projet philosophique interprète la nature comme totalité absolue signifiante et

1. Notre analyse se réduit aux rapports de Goethe à la *Naturphilosophie* et passe donc volontairement sous silence certains aspects de celle-ci.

cohérente dans son immanence. Il s'assigne pour tâche l'expression spéculative de la vérité absolue de la présence naturelle à travers l'épreuve de sciences particulières, elles-mêmes élaborées en fonction de cette visée spéculative. En ce sens, la *Naturphilosophie* est une science absolue de la Nature. Elle est, en même temps, science des sciences. C'est Schelling, alors jeune et brillant philosophe à l'Université d'Iéna, qui lui a donné ses lettres de noblesse dans *Idées pour servir à une philosophie de la nature* (1797). La puissance de sa réflexion et l'ampleur de ses vues métaphysiques lui ont permis de déterminer avec précision l'esprit de la *Naturphilosophie*. Mais pour autant, celle-ci ne correspond pas exactement à la philosophie de jeunesse de Schelling. Bien plutôt la *Naturphilosophie* est-elle l'expression d'une vision du monde qui, non seulement, outrepasse les limites de la pensée de Schelling, mais qui, plus fondamentalement, l'a rendue possible.

De prime abord, la *Naturphilosophie* rencontre un certain nombre des soucis de Goethe lorsqu'il reconnaît en la nature le lieu d'une manifestation de l'Absolu. La thèse organiciste qui sous-tend ce projet de connaissance ne peut que le satisfaire, d'autant plus que l'anti-mécanisme ainsi affirmé ne verse pas, tout d'abord, dans l'irrationalisme, mais se propose bien plutôt de se réapproprier les sciences de la nature. La vision synthétique du monde et de la connaissance qui reprend l'ensemble de ces sciences particulières sous l'unité d'un projet universaliste correspond à sa compréhension de la nature – celle d'un Tout qui ne cesse de s'enrichir en se particularisant sous la figure de ses multiples règnes, genres et espèces. Les concepts-clés de la *Naturphilosophie* – vie, organisme, force, totalité – figurent au nombre des *leitmotive* de sa propre pensée.

Goethe a souvent exprimé une profonde admiration pour un *Naturphilosoph* aussi fameux que Johann Wilhelm Ritter (1776-1810). Celui-ci a intégré dans la *Naturphilosophie* la théorie du galvanisme, en forçant par ses travaux la transition du galvanisme expérimental, en jeu dans les querelles opposant les physiciens italiens Galvani et Volta, au galvanisme universel[1]. Une *Naturphilosophie* audacieuse se substitue aux observations empiriques rigoureuses. Ritter conjoint le souci de l'observation du phénomène et une capacité hors du commun à interpréter ses

1. Pour une analyse approfondie de la problématique du galvanisme à l'époque de la *Naturphilosophie*, cf. Fr. MOISO, *Magnetismus, Elektrizität, Galvanismus*, in *Ergänzungsband zu F.W.J. Schellings Werke. Band 5 bis 9. Wissenschaftshistorischer Bericht zu Schellings naturphilosophischen Schriften (1797-1800)*, hrsg. von A.M. Baumgartner, W.G. Jacobs, H. Krings, Stuttgart, 1994, p. 163-372.

observations sous l'horizon d'une vision métaphysique du monde. Dès 1798, il se fait le hérault des travaux de Galvani, en rédigeant une *Démonstration que, dans le règne animal, un galvanisme constant accompagne le processus de la vie*[1]. Dans ce texte déjà, Ritter témoigne de sa volonté d'interpréter le monde selon les principes du vitalisme plutôt que du mécanisme. Dans une seconde démonstration[2], il tente ensuite de prouver que le galvanisme révèle une force unique qui transit toute la nature et la constitue en une totalité organique. Cette démonstration lui permet d'unifier tous les règnes de la nature en prétendant atteindre au foyer même de sa force organique :

> Alors que certains interprètent l'expérience de Galvani comme un phénomène d'électricité animale et d'autres comme un phénomène d'électricité métallique, Ritter y voit les deux ; cette action peut se produire aussi bien dans l'organique seul que dans l'inorganique seul, puisque selon lui il s'agit, dans les deux cas, de l'expression d'une force unique et universelle[3].

Selon la conception de Ritter, le mode organique s'étend à toute réalité naturelle, fût-elle inorganique, par la grâce d'un commun dénominateur – le principe galvanique, vie agissante dans la moindre parcelle de nature, complexe ou simple. Ritter développe ici un projet inverse du modèle physicaliste moderne dans la mesure où il favorise l'extension du modèle biologique au règne physique.

> Ritter élargit maintenant cette procession métallique pour l'étendre à un nombre infini de corps et propose d'admettre que l'unité du *cosmos* entier repose sur l'électricité – une lumière mythique, ontologique. [...] Le monde minéral n'est pas mort mais excitable par cette même force à laquelle répond un organisme animal ou végétal[4].

Par ses travaux sur le magnétisme et la valeur universelle qu'il attribue au galvanisme, Ritter exercera une grande influence sur la *Naturphilosophie*. Tous le reconnaîtront comme l'un des plus grands savants de son temps et comme un génie authentiquement philoso-

1. *Beweis, daß ein beständiger Galvanismus den Lebensprocess in dem Tierreich begleite. Nebst neuen Versuchen und Bemerkungen über den Galvanismus*, Weimar, 1798.

2. *Beweis, daß die galvanische Action oder der Galvanismus auch in der anorganischen Natur möglich und wirklich sey*, in *Beiträge*, Bd. I (1 und 2 Stück), Iéna, 1800.

3. A. FAIVRE, *Physique et métaphysique du feu chez Johann Wilhelm Ritter (1776-1810)*, in *Les études philosophiques*, 1983, n° 1, p. 33.

4. *Ibid.*, p. 35.

phique. Schelling, Baader, Schubert et Novalis lui rendront hommage, le considérant même comme un *primus inter pares*:

> Ritter est Ritter [jeu de mots: *Ritter* signifie *chevalier* en allemand] et nous ne sommes que ses valets. Baader lui-même n'est que son poète [1].

Son interprétation de l'univers comme totalité animée d'une vie que l'on peut ramener à un principe immanent unique lui permet de tenir ce rôle.

En 1800, dans une lettre à Schiller, Goethe rend un hommage vibrant à Ritter qui vient de lui rendre visite:

> J'ai eu hier la visite de Ritter; cet homme est stupéfiant, un véritable puits de science [2].

Goethe – d'ordinaire très avare de ce genre de louanges pour ses contemporains – est déjà préoccupé depuis de nombreuses années par les questions de sciences naturelles et de physique qui ne le quitteront plus jusqu'à sa mort. C'est donc en homme désireux de savoir, mais aussi en naturaliste éclairé, qu'il livre son opinion sur la personnalité scientifique de Ritter. La confiance que lui inspire le jeune physicien sera telle qu'il s'entretiendra encore avec lui de chromatologie et d'optique, et en recevra certaines confirmations de ses propres recherches. Le 3 avril 1801, il annonce à Schiller:

> Ritter est venu passer un moment avec moi, et a ramené mon attention sur la théorie des couleurs. Les récentes découvertes de Herrschel, que notre jeune physicien a poursuivies et élargies, concordent parfaitement avec l'expérience dont je vous ai parlé déjà à maintes reprises, à savoir, que les pierres lumineuses de Bologne ne reçoivent point de lumière lorsqu'on les expose à la portion rouge-jaune du spectre, mais bien à la portion rouge-bleu. Ce qui établit l'identité entre les couleurs physiques et les couleurs chimiques. Ce que j'ai acquis au prix de tout le labeur que j'ai consacré à ce sujet, et que je n'ai point ménagé, me met dans une situation extrêmement favorable pour juger des observations nouvelles, et j'ai donc pu ainsi immédiatement imaginer de nouvelles expériences, qui feront avancer la question. Je prévois que

1. NOVALIS, *Schriften*, Bd. IV, hrsg. von R. Samuel, H.J. Mähl und G. Schulz, Brief an Caroline Schlegel (20 Januar 1799), Stuttgart, 1975, p. 275.

2. *Briefwechsel zwischen Schiller und Goethe*, Goethe an Schiller (1 August 1800), Bd. IV, Stuttgart und Berlin, 1940, p. 30; trad. p. 370.

> cette année ne s'achèvera pas sans que j'ai ajouté au moins quelques chapitres à ma théorie des couleurs [1].

Rares seront ceux qui, comme Ritter, pourront susciter l'intérêt de Goethe et relancer ses recherches. On se souviendra, à l'inverse, du mépris avec lequel il a traité certaines informations scientifiques que lui transmettait Hegel [2].

Goethe a aussi « daigné » honorer les autres *Naturphilosophen* de sa considération – avec moins d'enthousiasme, cependant –, confirmant par là la sympathie qu'il éprouvait pour les idées défendues par ce mouvement. Il admettra ainsi avoir éprouvé du plaisir à la lecture de l'opuscule de von Baader, intitulé *Sur le carré de Pythagore dans la nature, ou les quatre points cardinaux* [3]. Il entretint une correspondance abondante avec Carl-Gustav Carus, à propos de questions de zoologie, et recevra à quelques reprises à Weimar le peintre-médecin qu'il acceptera de compter au nombre de ses amis [4]. Dans une lettre de 1826, il le félicite de son regard qui

> embrasse toutes les manifestations de la vie, depuis les plus simples jusqu'aux plus complexes [...] [5].

Quant à Henrik Steffens, disciple de Schelling, il l'assurait de sa sympathie dès 1801, en le priant de le tenir au courant de l'avancée de ses recherches [6]. Et dans les dernières pages qu'il ait écrit, Goethe citait encore comme ses alliés en matière d'études anatomiques les *Naturphilosophen* Kielmeyer, Oken et Carus [7]. Mais dans ces témoignages d'estime, Goethe n'oubliait pas le premier d'entre eux : Schelling, avec qui il a entretenu des rapports personnels plus ou moins constants tant

1. J.W. GOETHE, *Briefe*, 3 April 1801 (an Schiller), H.A., II, p. 416 ; trad. p. 404-405.
2. Cf. *supra*, p. 65.
3. *Briefwechsel zwischen Schiller und Goethe*, Goethe an Schiller (1 August 1800), Bd. IV, *op. cit.*, p. 30 ; trad. (II) p. 356.
4. Cf. J.P. ECKERMANN, *Gespräche mit Goethe...* (2 August 1830), *op. cit.*, p. 698 ; trad. p. 608. Dans cette conversation, Goethe nomme aussi, dans le même sens, Lorenz Oken. Cf. également la conversation du 1er février 1827 (*ibid.*, p. 220 ; trad. p. 213).
5. J.W. GOETHE, *Briefe*, 7 Januar 1826 (an Carus und d'Alton), H.A., IV, p. 170 ; trad. de A. Fanta et Cl. Roëls, in *Correspondance (1765-1832)*, Paris, 1982, p. 297.
6. Cf. J.W. GOETHE, *Briefe*, 29 Mai 1801 (an Steffens), H.A., II, p. 419 ; trad. (Fanta et Roëls), p. 158-159.
7. Cf. J.W. GOETHE, « *Principes de philosophie zoologique* » *discutés en mars 1830, au sein de l'Académie des sciences, par M. Geoffroy-St-Hilaire (Paris 1830). II. Abschnitt*, H.A., XIII, p. 250 ; trad. de Ch.-Fr. Martins : « *Principes de philosophie zoologique* » *discutés en mars 1830, au sein de l'Académie des Sciences, par M. Geoffroy-St-Hilaire (suite et fin)*, in *Œuvres d'histoire naturelle comprenant divers mémoires d'anatomie comparée, de botanique et de géologie*, Paris, s.d., p. 182.

qu'il enseignait à l'Université d'Iéna. Le départ de Schelling à Würzburg ne devait, d'ailleurs, entraîner qu'un relâchement de ces rapports, et non leur rupture. Goethe semble avoir livré son jugement définitif sur Schelling dans une lettre de 1828 à Boisserée. À mots couverts, d'abord, il se félicite de l'opposition de Schelling à Hegel – ce qui paraîtra sans doute un indice favorable à Schelling. La suite de la lettre est plus explicite :

> Je me suis toujours tenu proche de Schelling [...]. Schelling se tournait vers la nature, il l'honorait et cherchait à lui rendre ses droits, cela me suffisait [...] [1].

Goethe exprime ici une opinion de fond. La proximité qu'il a entrevu entre sa pensée et celle de Schelling dépendait donc de la prétention de celui-ci à rendre à la nature sa valeur immanente – et ainsi toute sa densité de sens. La correspondance avec Schiller paraît d'abord confirmer cet accord. Au début de l'année 1798, Goethe se consacre à la lecture des *Idées pour servir à une philosophie de la nature*, livre-programme de la *Naturphilosophie* en générale et schellingienne en particulier. Goethe projette même d'en faire la base d'un entretien avec Schiller [2]. Dans une nouvelle lettre, quelques jours plus tard, il cite même le texte de Schelling à l'appui de ses propres thèses, invoquant le jeune philosophe afin de justifier son intérêt pour la nature et l'importance qu'il accorde à celle-ci comme sol de toutes réflexions et actions [3]. Deux mois plus tard, il revient encore sur ces *Idées* schellingiennes, dont il a repris la lecture, et avoue à Schiller que

> ce n'est jamais chose banale de s'entretenir avec un pareil homme [4].

Très vite cependant, ces relations perdront de leur fréquence et de leur densité. Laissant parfois percer un relatif agacement à son égard [5], Goethe marquera de moins en moins d'empressement à recevoir Schelling à Weimar. Lorsqu'en visite à Iéna, il passe malgré tout quelque temps avec lui, il en parle avec ironie à Schiller :

1. J.W. GOETHE, *Briefe*, 2 März 1828 (an Boisserée), H.A., IV, p. 271.

2. Cf. *Briefwechsel zwischen Schiller und Goethe*, Goethe an Schiller (3 Januar 1798), Bd. III, *op. cit.*, p. 5 ; trad. p. 12.

3. Cf. J.W. GOETHE, *Briefe*, 6 Januar 1798 (an Schiller), H.A., II, p. 325 ; trad. p. 16.

4. Cf. J.W. GOETHE, *Briefe*, 25 Februar 1798 (an Schiller), H.A., II, p. 333 ; trad. p. 66.

5. Cf. *Briefwechsel zwischen Schiller und Goethe*, Goethe an Schiller (22 Dezember 1798), Bd. III, *op. cit.*, p. 173-174 ; trad. p. 203-204.

> J'emmènerai vendredi avec moi Schelling ; je tiens à ce qu'il trébuche comme il faut dans l'embuscade que lui réservent nos banales contingences fin de siècle [1].

Goethe semble ici tenir Schelling pour l'un de ces philosophes qui se perdent, à force de spéculation, dans les méandres de leurs phantasmes et qui désapprennent le réel. La remarque, en apparence anodine, intrigue quand on sait qu'elle concerne un *Naturphilosoph*. Plus tard, au cours de l'année 1802, Goethe paraîtra marquer de nouveau plus de considération pour la personnalité et l'œuvre de Schelling :

> J'ai passé avec Schelling une excellente soirée. Il y a toujours grand plaisir à trouver l'extrême clarté unie à l'extrême profondeur [2].

Cette louange amorce un retour en grâce que confirme l'appréciation flatteuse, deux mois plus tard, du *Bruno* :

> Schelling vient d'écrire un dialogue : *Bruno, ou du principe divin et du principe naturel des choses.* Ce que j'en comprends, ou crois en comprendre, est excellent, et est en parfait accord avec mes convictions les plus intimes [3].

Par-delà les soubresauts anecdotiques qui affectent toute relation humaine, il semble que Goethe se soit progressivement mis au clair avec la pensée de Schelling. Dès sa lecture des *Idées pour servir à une philosophie de la nature*, il avait émis un certain nombre de réserves que pouvait occulter quelque peu la chaleur des premières louanges. Ces réserves accompagneront toutes ses lectures de Schelling et s'accommoderont progressivement, dans une sérénité que permet la lucidité, d'appréciations tout aussi favorables mais de plus en plus circonscrites aux thèses essentielles du philosophe. Voilà ce que confirme la lettre à Boisserée de 1828, dans laquelle Goethe se dit proche de Schelling et satisfait du souci que celui-ci témoignait d'une restauration de la nature organique. Mais il ajoute à cet aveu sincère une réserve qui ne l'est pas moins :

> [...] cela me suffisait, *même si je ne pouvais comprendre pas plus que partager sa façon ni sa manière de travailler* [4].

1. *Ibid.*, Goethe an Schiller (22 Dezember 1800), Bd. IV, p. 53 ; trad. p. 383.
2. J.W. GOETHE, *Briefe*, 19 Februar 1802 (an Schiller), H.A., II, p. 429 ; trad. p. 434.
3. *Ibid.*, 16 März 1802 (an Schiller), H.A., II, p. 432-433 ; trad. p. 440-441.
4. *Ibid.*, 2 März 1828 (an Boisserée), H.A., IV, p. 271 (nous soulignons). Sur ce passage, cf. A. SCHMIDT, *Goethes herrlich leuchtende Natur*, *op. cit.*, p. 134.

À la fin de sa vie, Goethe affirme clairement son accord avec Schelling parce qu'il sait aussi parfaitement mesurer la distance qui les sépare et qui, si elle n'est pas négligeable, n'en constitue pas pour autant un obstacle insurmontable. Sans doute estime-t-il que de tous les philosophes qu'il a côtoyés[1], Schelling fut le plus proche de sa pensée. Mais celui-ci était aussi un philosophe *spéculatif*, et, à ce titre, toute une part de ses travaux – même parmi ceux qui plaisaient le plus à Goethe – lui restait étrangère. La manière schellingienne de traiter les phénomènes était celle d'un métaphysicien idéaliste, et Goethe ne pouvait s'accommoder de telles spéculations, au point qu'il lui paraissait impossible de faire sien l'itinéraire de pensée de Schelling. Lorsqu'il commença à le lire, il ressentait violemment cette impossibilité qui entrait directement en conflit avec sa tendance naturelle à le reconnaître pour l'un des siens. Dans la lettre (6 janvier 1798) où il citait les *Idées* de Schelling à l'appui de sa propre compréhension de la nature, il ne manquait pas, déjà, de stigmatiser ce qui lui apparaissait comme la suffisance affichée par le philosophe idéaliste :

> Je sais bien que l'idéaliste transcendantal est fermement convaincu qu'il est solidement installé tout en haut de l'échelle ; mais ce qu'avec la meilleure volonté du monde je ne parviens pas à trouver à mon goût, dans son cas, c'est qu'il déclare la guerre aux autres modes de représentation, car je ne vois de bonne raison pour en contester aucun[2].

Le point de vue du philosophe rebute Goethe, même lorsqu'il prend le visage de la théorie transcendantale de Schelling plutôt que celui du schéma spéculatif hégélien. Ses griefs se précisent encore dans la lettre à Schiller de février de la même année, alors même que, s'étant replongé dans la lecture des *Idées*, il concède le privilège qu'il y a à lire un tel homme :

> [...] mais je crois bien m'apercevoir qu'il [Schelling] est trop attentif à taire soigneusement ce qui va contre les manières de voir qu'il souhaiterait de répandre, et je me demande en quoi je puis m'intéresser à une idée qui me contraint à sacrifier une partie de ma provision de phénomènes[3].

Goethe reproche d'abord à Schelling la préséance qu'il accorde aux principes de sa philosophie sur la chose même. Explicitant son point de

1. Rappelons que Goethe n'a jamais rencontré Kant.
2. J.W. GOETHE, *Briefe*, 6 Januar 1798 (an Schiller), H.A., II, p. 324 ; trad. p. 16.
3. *Ibid.*, 25 Februar 1798 (an Schiller), H.A., II, p. 333 ; trad. p. 66.

vue, il en vient à opposer le privilège de l'idée – qui est donc le fait de Schelling – à la manifestation – à laquelle lui, Goethe, se veut d'abord attentif. Ses exigences d'empiriste sont malmenées par l'idéalisme transcendantal, au point qu'il pense ne pouvoir tirer profit de sa *Naturphilosophie* sans faillir aux exigences que les phénomènes eux-mêmes imposent au naturaliste. Telle est sans doute la mesure de ses réserves à l'égard de la *Naturphilosophie* : si Goethe agit en naturaliste soucieux de restituer à la nature toute sa portée ontologique et transcendantale (et en cela, il n'est pas un naturaliste au sens étroit du terme, mais déjà un *Naturphilosoph*), il se refuse cependant à souscrire aux envolées métaphysiques de Schelling, pour cette raison que le privilège accordée à l'idée interdit *a priori* que l'on fasse réellement droit à la parole naturelle. On ne peut élaborer de véritable philosophie de la nature qu'à porter toute son attention, une fois mises en suspens les idéologies de toutes sortes, sur la manifestation même de la nature.

Cette critique ne visera pas seulement Schelling : dès juin 1798, dans une nouvelle lettre adressée à Schiller, Goethe l'élargira à la *Naturphilosophie* comme telle. Il reproche à ses représentants – sans citer Schelling cette fois, mais il est évident qu'il est du nombre – de vouloir le mener « de haut en bas » [1] et de ne valoir guère mieux, de ce point de vue, que les physiciens empiricistes qui invitent au trajet inverse et sacrifient à l'idéologie qui veut que le phénomène ne soit qu'un fait brut. Cette méfiance à l'égard du manque de rigueur scientifique qui grève les travaux des *Naturphilosophen* accompagnera chaque appréciation flatteuse, comme s'il n'en était pas un dont la valeur ne soit immédiatement altérée par ses tendances à la spéculation métaphysique. Nous retenons deux exemples : Ritter et Steffens.

Malgré son admiration pour Ritter, Goethe restait parfois perplexe devant l'audace métaphysique qui sous-tendait ses thèses et déterminait la forme souvent peu scientifique de ses œuvres. Schiller a lui aussi lu, en 1798, la première démonstration sur le galvanisme de Ritter. Aussitôt, il fait part à Goethe de sa répugnance à lire un tel texte :

> J'ai essayé aujourd'hui de prendre en main la dissertation de Ritter sur le galvanisme ; mais, en dépit des bonnes choses qu'elle renferme, j'ai été rebuté par le pédantisme pesant de la forme [...] [2].

1. J.W. GOETHE, *Briefe*, 30 Juni 1798 (an Schiller), H.A., II, p. 353 ; trad. p. 123.
2. *Briefwechsel zwischen Schiller und Goethe*, Schiller an Goethe (23 Juli 1798), Bd. III, *op. cit.*, p. 113 ; trad. p. 135.

Dans sa réponse, Goethe avoue à son correspondant des sentiments analogues :

> Ritter expose en effet avec obscurité, et n'a rien de ce qu'il faut pour faciliter la tâche à qui veut pénétrer au cœur du sujet[1].

La faiblesse dans la forme de l'écrit équivaut à un vice dans la manière de traiter un sujet scientifique. Ce vice est celui de la *Naturphilosophie* spéculative en général. Goethe, à l'instar de Schiller, n'a jamais pu se faire au style parfois symbolique, métaphorique ou fragmentaire des textes de la *Naturphilosophie*, qui leur donnait un ton d'oracles. Les *Fragments posthumes tirés des papiers d'un jeune physicien* qui, en 1810, portait à son comble la liberté stylistique que s'accordait Ritter, ne pouvaient que désarçonner Goethe.

De même, il éprouvait une certaine retenue critique à l'égard de la *Naturphilosophie* de Henrik Steffens, à qui il avait pourtant demandé, en toute sincérité, de le tenir au courant de l'état de ses recherches. Steffens avait dédié à Goethe ses *Contributions à l'histoire naturelle interne de la terre*, parues en 1801 à Freiberg. Goethe s'est dit très honoré de ce témoignage d'estime[2]. Mais Steffens se plaçait d'abord dans le sillage de Schelling, auquel, peu avant la publication de ses *Considérations*, il écrivait :

> Je suis votre élève, absolument votre élève ; tout ce que je produirai vous appartient originellement. Ce n'est pas là un sentiment passager ; c'est la ferme conviction qu'il en est bien ainsi ; et l'estime où je me tiens n'en est pas amoindrie [...][3].

Steffens incarne la *Naturphilosophie* post-schellingienne dans la mesure où, selon ses propres dires, son maître lui confia la tâche de poursuivre son œuvre en ce domaine, une fois qu'il s'en était désintéressé lui-même. Steffens pousse la physique spéculative de Schelling jusqu'à ses derniers aboutissements. Il est dans l'ordre des choses que l'analyse critique de Goethe soit alors elle-même symptomatique de son opinion sur la *Naturphilosophie* en général. En 1806, dans quelques pages consacrées aux *Grundzüge der philosophischen Naturwissenschaft* que Steffens venait de publier, Goethe commence par vanter les

1. *Ibid.*, Schiller an Goethe (25 Juli 1798), Bd. III, *op. cit.*, p. 114 ; trad. p. 136.
2. Cf. J.W. GOETHE, *Briefe*, 29 Mai 1801 (an Steffens), H.A., II, p. 419 ; trad. (Fanta et Roëls) p. 158-159.
3. Cité par R. AYRAULT, *La genèse du romantisme allemand*, IV, *op. cit.*, p. 108.

mérites de l'auteur, cet « excellent esprit »[1]. Mais il précise à la suite ce que sa propre position a d'inconciliable avec les vues de ce double de Schelling :

> [...] je dois avouer que je n'ai pu lire [les *Grundzüge*] sans hochement de tête. [Steffens] suit les chemins de la *Naturphilosophie*, et cela est bel et bon ; mais sans que je sache pourquoi, ce sont justement les idées les plus hautes qui, une fois formulées expressément, produisent une expression quelque peu grotesque. On peut se réjouir de se voir fixer un objectif tout à fait désirable : que toute dissociation supprimée, ce qui est séparé ne soit plus considéré comme tel, mais que la totalité soit embrassée dans l'unité d'une même origine et d'un même concept. Mais, quand on en vient à la réalisation, il me semble que ces Messieurs ressemblent aux chrétiens qui, pour nous assurer une vie après la mort, font de la vie avant la mort une mort. Je suis bien persuadé que, par le moyen de l'action, de l'art, de l'amour, les contradictions majeures peuvent être surmontées, mais comment la science y parviendra, c'est une question qui pour moi demeure posée[2].

Goethe ne prononce pas de condamnation de principe de la *Naturphilosophie* : leurs objectifs sont les mêmes. Cependant, la *Naturphilosophie* a un côté « grostesque ». Pour Goethe, est grotesque ce qui devient inadéquat à l'évidence des phénomènes, c'est-à-dire la prétention à connaître un au-delà infini qui transcende les limites qu'imposent la finitude de notre connaissance. Encore une fois, Goethe incrimine clairement le privilège accordé par la *Naturphilosophie* à l'idée métaphysique, au détriment de la modeste observation des phénomènes. S'il souscrit volontiers à l'idéal d'un surmontement des dualismes qui pervertissent la vision rationaliste moderne du monde, il ne peut se convaincre, à lire des *Naturphilosophen* tels que Steffens, que la science ait déjà opéré concrètement ce surmontement. La science, au contraire de la métaphysique, est trop maltraitée par la *Naturphilosophie* pour qu'elle puisse, dans un tel contexte, répondre de manière convaincante au modèle mécaniciste dominant. Le langage de la *Naturphilosophie*, pour le moins dépourvu de rigueur dans le compte rendu des observations, révèle immédiatement cette faillite scientifique. Son caractère « symbolique » occulte la chose même plus qu'il ne la dévoile :

> Je ne le blâme nullement, mais il porte en soi quelque chose de très merveilleux et tout ensemble de dangereux. [...] je ne suis nullement

1. J.W. GOETHE, *Tag- und Jahreshefte oder Annalen*, A.V., XI, p. 793.
2. *Idem*.

> hostile à l'usage d'une telle symbolique; même je me sens souvent obligé d'y recourir; mais ces Messieurs dépassent de beaucoup mes propres convictions; et il est désagréable de ne pouvoir suivre ceux-là même que l'on se plaisait à accompagner[1].

L'attitude de Goethe à l'égard de la *Naturphilosophie* est bifrons. De tous les discours philosophiques, elle rencontre le plus exactement ses propres vues, à tel point que son itinéraire de pensée lui a parfois paru se confondre avec celui des *Naturphilosophen*. Mais, en même temps, il porte un regard critique sur ces penseurs fascinés par une interprétation spéculative de la nature. Pourtant, nous ne renonçons pas à considérer Goethe comme un *Naturphilosoph*, parce que, quoi qu'il en soit des louanges comme des critiques adressées à certains *Naturphilosophen*, il reste un penseur de l'universalité organique de la nature qui refusera d'abandonner les recherches en sciences de la nature à des idéologies rationalistes ou empiristes. L'écart qui sépare la philosophie goethéenne de la nature et la *Naturphilosophie* d'origine schellingienne, pour décisive qu'elle soit, marque moins une fin de non-recevoir qu'une tentative, sans doute salutaire, d'en appeler à une refondation du programme et de la méthode de la *Naturphilosophie*. Cette refondation prépare, dans l'esprit de Goethe, l'avènement d'un autre type de savoir – ce que l'on pourrait nommer une «*Naturphänomenologie*». Celle-ci présenterait alors les caractères suivants:

1. il s'agirait d'une phénoménologie de la nature qui s'inspirerait de la *Naturphilosophie* tout en l'élevant au degré scientifique d'une description rigoureuse;
2. cette description phénoménologique rigoureuse de la nature expliciterait une raison éidétique;
3. cette phénoménologie de la nature mettrait en évidence une connivence ontologique entre le spectateur et la chose même, puisque celle-ci est bel et bien accessible à l'homme, sur l'horizon d'une nature totale comprise comme condition transcendantale ultime de tous nos vécus.

Les trois sections suivantes analysent ces traits constitutifs de la «*Natur-phänomenologie*» de Goethe.

1. *Ibid.*, p. 794.

« *Naturphilosophie* als strenge Wissenschaft »

Goethe élabore une science générale de la nature sans équivalent à son époque. Aux violences «spéculatives» faites au phénomène et à l'ignorance des structures essentielles de l'objet apparaissant, il a d'abord répondu par l'exigence d'un travail méthodique de naturaliste. Il faut savoir s'en tenir à son objet: telle fut sa conviction la plus simple depuis son voyage en Italie, au cours duquel s'épanouirent pour la première fois ses talents de naturaliste. On peut lire, dans la chronique de ce *Voyage en Italie*, la formulation d'une exigence:

> Platon ne voulait souffrir à son académie aucun disciple ignorant de la géométrie; si j'étais à même d'en fonder une, je ne souffrirais aucun étudiant qui n'ait fait son choix lui-même et sérieusement de quelque science naturelle [1].

La *Naturphilosophie* n'existe pas encore vraiment – seuls quelques chercheurs encore isolés se sont engagés, à l'époque, dans la voie de ce qui deviendra, avec Schelling, une *école* de *Naturphilosophie* – que Goethe balise déjà très clairement le champ d'une connaissance de la nature. Pour lui, il est évident que quiconque prétend à dire le sens de la nature et du monde, et à s'enquérir de la constitution de ce sens, doit d'abord s'efforcer d'être un naturaliste rigoureux, appliqué sans relâche à l'objet qu'il s'est choisi. Par la suite, sa connaissance de plus en plus aiguë des traits dominants du paradigme scientifique moderne ainsi qu'une confrontation avec d'autres manières contemporaines de comprendre et d'étudier la nature l'ont conduit à préciser son souci méthodologique et, parallèlement, *sa* définition de la science de la nature. La période de maturité de Goethe verra ainsi se former le projet d'une science de la nature comme authentique science rigoureuse. Cette science de la nature visant à mettre en évidence la densité ontologique de la nature et son rôle transcendantal dans la constitution de notre existence, il ne pouvait s'agir que d'élever la *Naturphilosophie* elle-même au rang d'une science rigoureuse.

Naturphilosophie als strenge Wissenschaft: l'expression ne se lit jamais sous la plume de Goethe. Nous ne pouvons donc qualifier ainsi son projet scientifique qu'en évoquant la phénoménologie husser-

1. J.W. GOETHE, *Italienische Reise*, 5 Oktober 1787, H.A., XI, p. 413; trad. (modifiée) de J. Naujac: *Voyage en Italie*, tome 2, Paris, 1961, p. 723.

lienne[1]. Pour Goethe – comme pour Husserl –, élaborer une science rigoureuse exige qu'on lève tous les préjugés qui oblitèrent le phénomène. Ceux-ci sont de deux ordres: ceux qui ressortissent au réductionnisme naturaliste, d'une part, et ceux, d'autre part, qui relèvent de valeurs et d'idéaux auxquels on souscrit sous la pression du temps et que l'on invoque ensuite pour expliquer l'expérience de la phénoménalité. La critique que Goethe a formulée à l'égard des systèmes taxologiques du XVIIIe siècle – tout particulièrement à l'égard de la nomenclature de Linné – vise la réduction ininterrogée de ce qui apparaît à la consistance limitée d'un fait, de *sense data*. Par ailleurs, Goethe repousse tout aussi fermement ce que l'on pourrait nommer une «élaboration mythique de concepts»[2] dont se nourrissent des visions du monde engendrées par l'esprit du temps. Si le naturalisme empiriste paraît bien remettre en cause l'idée et la possibilité même d'une vérité absolue accessible à l'homme, les *Weltanschauungen* qui s'efforcent de répondre dans l'urgence à l'exigence historique d'une restauration de la vie substituent à la science des théories d'appoint qui prétendent valoir comme vérité absolue – ce pourquoi elles méritent le nom d'«idéologies»[3]. Sommé, toujours et derechef, de prendre position à l'égard de sa propre existence et de sa situation dans le monde, l'homme peut succomber à la tentation de sacrifier la scientificité à l'histoire et de réagir à l'appel du temps par des réponses ponctuelles plutôt que de s'arracher à toute détermination relative et d'œuvrer au profit de l'humanité. Goethe ne l'ignorait pas: notre responsabilité à l'égard de l'humanité, cette responsabilité qui fait du philosophe un «fonctionnaire de l'humanité»[4], nous engage nécessairement dans la voie d'une raison pérenne.

Goethe est convaincu que face aux aléas d'une époque historique déterminée, seule une philosophie conçue et pratiquée comme science rigoureuse peut nous apporter une vérité absolument décidable. Il émet ainsi de sérieuses réserves à l'égard de chacune des philosophies sur

1. Cf. E. HUSSERL, *Philosophie als strenge Wissenschaft*, *op. cit.*

2. E. HUSSERL, *Die Krisis der europäischen Wissenschaften und die transzendentale Phänomenologie*, *Hua* VI, hrsg. von W. Biemel, Den Haag, 1954, p. 205; trad. de G. Granel: *La crise des sciences européennes et la phénoménologie transcendantale*, Paris, 1976, p. 228.

3. Nous traduisons ainsi le terme allemand *Weltanschauungen*, en nous inspirant de l'étude que R. BÖHM a consacré à *Philosophie als strenge Wissenschaft* sous le titre: *Husserl et l'idéalisme classique*, in *Revue philosophique de Louvain*, t. 57, 1959, p. 351-396. La notion d'«idéologie» anticipe, mieux que celle de «conception du monde», la critique de l'«élaboration mythique de concepts» que formule la *Krisis*.

4. *Ibid.*, p. 15; trad. p. 23.

lesquelles il lui arriva de s'exprimer dans la mesure où il y reconnaissait autant d'idéologies ou de visions du monde qui jamais ne parviennent à intégrer dans leur discours la justification rationnelle des principes qui gourvernent leur élaboration[1]. Il reproche aux *Weltanschauungen* de céder aux pressions de l'époque, de fausser ainsi les termes du problème et de s'interdire l'accès au seul foyer qui puisse livrer la solution: la raison qui confère au monde son harmonie, son équilibre, son sens. Mieux que quiconque parmi ses contemporains, il connaît les maux de l'époque: le mécanisme, la pétrification de la vie, l'inadéquation de l'homme à lui-même. Face à de tels maux, il n'est qu'une voie que l'on puisse emprunter en toute confiance: la restauration de la vie. Mais reste à choisir le lieu, la teneur, la portée et les modalités de cette restauration. Voilà ce que ne peuvent réfléchir, dans l'urgence de leur construction, les idéologies philosophiques. Somme toute, Goethe lui-même aurait pu écrire ces lignes que nous lisons sous la plume de Husserl:

> [...] autant de maux qui n'appellent qu'un seul et unique remède: la critique scientifique, donc une science radicale, qui part d'en bas, s'établit sur des fondements sûrs et progresse selon la plus rigoureuse méthode. [...] il est hors de question que [la science philosophique] renonce à l'ambition d'élaborer une science rigoureuse; elle doit s'opposer, en tant que science théorique, au désir pratique d'une vision du monde, et elle doit consciemment s'en *séparer*[2].

La précipitation dans laquelle sont engendrées les plus complexes des constructions théoriques est, pour Goethe, l'indice de leur caractère idéologique. On lit ainsi dans les *Maximes et réflexions*:

> Les théories sont d'habitude les constructions hâtives d'une intelligence impatiente qui cherche à se débarrasser des phénomènes et qui pour cette cause introduit à leur place des images, des concepts, souvent même des mots. On pressent, on voit même que ce n'est qu'un expédient, mais la passion et l'esprit de parti n'ont-ils pas toujours eu une prédilection pour les expédients? Et avec raison; ils en ont tant besoin![3].

Le phénomène est nié lorsque c'est la décision arbitraire, suscitée par l'époque, qui commande. La précipitation est alors à l'origine de

1. De ce point de vue, c'est Kant qui fut le moins attaqué par Goethe. Sans doute peut-on mettre sur le compte de la rigeur criticiste dont fait preuve le discours kantien cette « indulgence » de Goethe.

2. E. HUSSERL, *Philosophie als strenge Wissenschaft*, *Hua* XXV, p. 57; trad. p. 81.

3. J.W. GOETHE, *Maximen und Reflexionen*, 548, H.A., XII, p. 440; trad. p. 148.

l'idéologie. Mais elle devient aussi très vite la meilleure arme de celle-ci, puisqu'elle favorise le sophisme contre la raison, l'expédient contre l'argumentation, l'invention de concepts et le recours à des métaphores, des symboles ou des néologismes, contre l'explicitation claire et méthodique sous un nouvel horizon de notions bien connues, universelles et signifiantes. Dès que la théorie s'affranchit de la pesanteur du phénomène, elle s'emballe d'autant plus vite qu'elle brouille ainsi les pistes et peut se cacher à elle-même comme à ses contradicteurs son caractère idéologique.

Goethe sait trop, quant à lui, combien « toutes les entreprises théoriques que nous dirigeons contre [la nature, c'est-à-dire qui outrepassent la phénoménalité] sont de pures approximations »[1] pour prendre au sérieux la prétention des idéologies – quelle qu'en soit la source d'inspiration – à valoir comme savoir absolument fondé. Schiller lui-même n'échappera pas toujours à ses critiques. Dans les *Conversations avec Eckermann*, lorsque son interlocuteur avance que « Schiller avait dans sa nature un peu de précipitation », Goethe répond, dans la logique du fragment cité ci-dessus :

> Vous n'avez point tort, [...] il ressemble à tous les hommes qui procèdent trop d'après l'idée[2].

La précipitation de la connaissance tient encore une fois au privilège accordé à l'idée – sous-entendu : au mépris d'une étude méthodique du phénomène.

Sans relâche, Goethe stigmatise le peu d'attentions que ces systèmes de pensée, quel que soit leur horizon de déploiement, consacrent à toute la densité de l'empirie. Cette négligence les condamne, de fait, à ne proposer que des *reconstructions* du monde réel, plus ou moins exactes – fortuitement, pour ainsi dire – selon les occurrences, mais cependant jamais fondées scientifiquement. Ces « philosophies de la nature » ne jouissent d'autre base que celle de partis pris dogmatiques, lesquels sont justifiés *a posteriori* par leur conformité à des données non-interrogées qui, en tant que telles, sont déjà dépendantes des options spéculatives qu'elles sont pourtant censées éprouver. La décision métaphysique anticipe la thématisation du phénoménal et se ménage par là la possibilité de soumettre les « phénomènes » aux partis pris de la pensée au point

1. J.W. GOETHE, *Briefe*, 21 Februar 1798 (an Schiller), H.A., II, p. 333 ; trad. p. 66.

2. J.P. ECKERMANN, *Gespräche mit Goethe...* (23 März 1829), *op. cit.*, p. 308 ; trad. p. 286.

qu'ils en deviennent l'occasion plus que l'épreuve. Pour peu que l'*expérience* du phénomène ne soit pas interrogée et qu'il ne soit pas fait droit à la teneur de l'apparaître dans toute sa densité – c'est-à-dire dans la puissance *originelle* de sa manifestation –, il est dérisoire de prétendre, à l'instar de Newton, que l'on ne fait pas d'hypothèses. Dès lors, Goethe suggère bien une filiation paradoxale qui conduit du projet moderne de mathématisation à la *Naturphilosophie* spéculative – ou, à tout le moins, une parenté d'esprit au premier abord surprenante entre ces deux types de rapport à la réalité naturelle. Seul un souci de domination concrète et d'efficacité technique distingue, en somme, les prolongements de la première dans les sciences modernes, des audacieux systèmes métaphysiques de la seconde.

A contrario de l'idéologie métaphysique qui s'assujettit le donné naturel, Goethe ne tolère d'autre base pour son étude de la nature que l'expérience. La démarche rigoureuse, méthodique et progressive qui doit diriger l'expérience se démarque de la précipitation qui entraîne les idéologies. L'idéal de scientificité tend à préserver la *theoria* des aléas du temps. L'idéologie suscitée par l'appel de l'époque, quelle qu'en soit la teneur – l'urgence n'était pas la même pour le rationalisme moderne que pour la *Naturphilosophie* –, ne peut avoir de valeur que relative, du fait même de sa détermination historique. Goethe ne pense pas que l'homme puisse se sauver en cédant à l'histoire. Seule la science, selon lui, a la puissance requise pour livrer à l'homme l'accès à la vérité et, par là, à l'intelligence de son existence et à sa réalisation harmonieuse. Goethe attend son salut (c'est-à-dire l'accomplissement de son humanité) de la rigueur qu'il met à être homme de science – autant qu'à être artiste. Après avoir confié à Eckermann les travers qu'il reconnaissait dans les pratiques philosophiques et poétiques de Schiller, il précise :

> Arts et sciences m'ont protégé, et j'ai pu, en partant de là, venir aussi en aide à Schiller [1].

À la valeur relative et historique des idéologies métaphysiques, il oppose l'étude de la vérité éternelle et absolue de la nature dans l'essence même de son apparaître. Il prétend à l'étude *phénoménologique* de la nature éternelle. Du phénomène lui-même doit surgir la vérité : « L'impulsion de la recherche ne provient pas des philosophies, mais des

1. J.P. ECKERMANN, *Gespräche mit Goethe...* (23 März 1829), *op. cit.*, p. 309 ; trad. p. 286.

choses et des problèmes», écrira Husserl[1]. L'exigence scientifique de Goethe est identiquement l'exigence d'un retour à la chose même.

Cet idéal scientifique n'exige rien d'autre que la reconnaissance de toute la densité de l'empirie. Alors seulement, l'expérience et l'étude du phénomène transcendent toute détermination historiciste et toute contingence. Il convient donc de s'en tenir à la donation *originaire* d'une expérience vécue et de se garder de toute hypothèse qui vaudrait tout à la fois comme le symptôme et la réalisation concrète d'une indiscipline de l'esprit théorique. Or, Goethe reconnaissait dans l'*intuition* directe l'originarité de l'expérience qui garantit contre les décisions métaphysiques et historicistes des idéologies. Pour lui, l'homme de sciences et le philosophe doivent s'en tenir de prime abord à ce qui s'offre dans l'intuition originaire et conformer leur discours aux modalités strictes de cette donation. Sans doute peut-on soutenir que, pour la *Naturphilosophie* goethéenne aussi,

> toute intuition donatrice originaire est source de droit pour la connaissance[2].

Cependant, on ne lit pas dans les textes la formulation expresse d'un tel «principe des principes» de la connaissance. Goethe se veut rarement épistémologue et il est, à son point de vue, suffisamment au clair avec les principes méthodologiques qui gouvernent sa *theoria* pour se préoccuper d'être immédiatement un *Naturforscher* en acte. Il ne justifie le plus souvent sa démarche qu'au détour d'un texte de recherche appliquée, parfois aussi dans quelque très bref essai de théorie de la connaissance, dont le caractère d'ébauche n'altère nullement la lucidité mais ne permet pas que s'épanouisse l'alliance de radicalité et de clarté qui signe une réflexion épistémologique menée à terme. Cependant, cette lacune n'implique pas l'absence d'un tel principe à l'origine du travail philosophico-scientifique de Goethe. Tout au contraire, c'est par excès d'évidence qu'il n'est pour ainsi dire pas exprimé dans les textes à caractère théorique. Par contre, la correspondance avec Schiller contient les éléments les plus probants du caractère incontournable de l'intuition originaire pour Goethe. Dans la lettre du 30 juin 1798, on lit en effet ceci:

1. E. HUSSERL, *Philosophie als strenge Wissenschaft*, *Hua* XXV, p. 61; trad. p. 85.

2. E. HUSSERL, *Ideen zu einer reinen Phänomenologie und phänomenologischen Philosophie. Erstes Buch. Allgemeine Einführung in die reine Phänomenologie*, *Hua* III, 1, hrsg. von K. Schuhmann, Den Haag, 1976, p. 51; trad. de P. Ricœur: *Idées directrices pour une phénoménologie et une philosophie phénoménologique pures. Tome premier: Introduction générale à la phénoménologie pure*, Paris, 1950, p. 78.

> Je me trouve en ce moment dans une situation analogue [à celle du génie, trait d'union entre le théorique et le pratique], d'une part à l'égard des philosophes de la nature, qui veulent nous mener du haut en bas, et d'autre part à l'égard des physiciens, qui prétendent nous conduire de bas en haut. Pour mon humble part, je ne trouve mon salut que dans l'intuition *[Anschauung]* qui est placée au milieu [1].

Goethe oppose l'intuition originaire au « délire » spéculatif des *Naturphilosophen* aussi bien qu'au positivisme et à la superstition du fait. Le retour à la chose même ne peut s'accomplir qu'à laisser parler l'intuition originaire de l'apparaître du monde. Tel est le seul principe que l'on puisse opposer aux partis pris idéologiques avec quelque espoir de scientificité, puisque seule l'intuition originaire peut fonder la science sur une base sûre, aussi modeste soit-elle. Aucune forme de réflexion ne peut prétendre à plus d'originarité :

> Penser est plus intéressant que savoir, mais non pas qu'intuitionner [2].

La prévalence épistémologique de l'intuition originaire ne signifie pas pour autant que la science rigoureuse de la nature n'entretienne aucun rapport fructueux avec une *Naturphilosophie* qui ne peut, pour sa part, se prévaloir de ce statut de science rigoureuse. Malgré les objections qu'il a formulées à l'adresse des philosophies de Schelling et de quelques uns de ses disciples, Goethe conservait à ces pensées une certaine estime, plus ou moins évidente selon les auteurs, de telle sorte qu'en fin de compte, sa science rigoureuse recourt à une forme de « sélection » des idéologies : la science rigoureuse de la nature « préfére » l'idéologie schellingienne ou la *Naturphilosophie* en général à l'idéologie hégélienne ou même moderne.

Goethe ne s'est jamais expliqué ouvertement sur ce rapport entre science rigoureuse et idéologies. Il s'est contenté de suivre les travaux de certains *Naturphilosophen* tout en remettant en cause leur méthode et leur audace spéculative. Mais sans doute est-il possible d'expliquer son attitude par-delà ce laconisme. En effet, si l'on peut reprocher aux idéologies une visée pratique suscitée par l'exigence historique, on ne peut pour autant nier que la science rigoureuse elle-même soit pourtant initiée par une décision idéologique, à savoir la décision même « pour » la science rigoureuse. L'idéal de l'humanité doit soutenir l'*option*

1. J.W. GOETHE, *Briefe*, 30 Juni 1798 (an Schiller), H.A., II, p. 353 ; trad. p. 123.
2. J.W. GOETHE, *Maximen und Reflexionen*, 242, H.A., XII, p. 398 ; trad. (modifiée) p. 127.

pratique pour la philosophie comme science rigoureuse. Dans ce cas, l'idéologie préliminaire tend à dépasser son propre statut pour se surmonter dans la figure de la science. Il faut donc tenir compte d'une proximité de fait de l'idéologie et de la science, et même d'un rapport dialectique, dans la mesure où la science suscitée par une décision idéologique viendra, dans un second temps, justifier scientifiquement la décision idéologique – si du moins elle se réalise comme science.

En outre, l'accomplissement de la science rigoureuse doit permettre de distinguer des idéologies qui seraient vraies anticipativement, *prélogiquement* puisque sans fondation absolue, de celles qui sont fausses car contredites, au bout du compte, par le travail rigoureux de la philosophie scientifique.

> Les idéologies peuvent entrer en conflit, seule la science est en mesure de trancher, et son verdict est marqué au coin de l'éternité [1].

Même au plus fort de sa critique des idéologie de la *Naturphilosophie* et de l'idéalisme, Goethe s'en prend d'abord à leur méthode inadaptée, ensuite aux erreurs *toujours partielles* que celle-ci engendre. Il ne prétend pas leur refuser *a priori* une valeur de vérité minimale, mais bien statuer en droit sur leur validité et, le cas échéant, les fonder scientifiquement en les intégrant alors au discours de la *science* philosophique de la nature. Bien sûr, aucune spéculation particulière, qu'elle soit idéaliste ou propre à la *Naturphilosophie*, ne peut valoir comme premier aiguillon d'une *Naturphilosophie* qui se voudrait science rigoureuse. Les premiers pas de celle-ci supposent la réduction de celle-là. Cependant, une fois posées les bases de sa scientificité, la pensée de Goethe pourra nourrir ses premières conclusions d'une *Naturphilosophie* idéologique qu'elle sera alors à même de justifier scientifiquement comme anticipativement valide et de tirer quelque profit raisonné des relations maintenues avec ces pensées sans fragiliser la scientificité de son propre discours.

L'exigence d'une science rigoureuse fondée sur l'intuition directe passe par la mise en suspens du discours de connaissance idéologique. Le regard se pose alors sur ce monde phénoménal qui précède toute décision de la subjectivité et sous-tend chacun de nos actes, chacune de nos idéations. Le discours scientifique sur la nature est reconduit à son ultime fondation :

1. E. HUSSERL, *Philosophie als strenge Wissenschaft*, *Hua* XXV, p. 57 ; trad. p. 80.

revenir aux choses mêmes, c'est revenir à ce monde avant la connaissance dont la connaissance *parle* toujours, et à l'égard duquel toute détermination scientifique est abstraite, signitive et dépendante [1].

Dans le *percevoir* originaire du phénomène-monde – modalité de l'intuition directe qui est requise par la science rigoureuse de la nature – se livre la cohérence du champ transcendantal naturel de nos actions et de nos pensées. Goethe peut invoquer l'intuition originaire parce qu'il reconnaît en elle la garantie la plus sûre d'une présence reconnue à l'universalité de la nature. Merleau-Ponty formule ainsi l'idée de cette présence première au phénomène que Goethe souhaitait expliciter par des voies autres que celle de la *Naturphilosophie* spéculative :

> Le réel est un tissu solide, il n'attend pas nos jugements pour s'annexer les phénomènes les plus surprenants ni pour rejeter nos imaginations les plus vraisemblables. La perception n'est pas une science du monde, ce n'est pas même un acte, une prise de position délibérée, elle est le fond sur lequel tous les actes se détachent et elle est présupposée par eux. Le monde n'est pas un objet dont je possède par devers moi la loi de constitution, il est le milieu naturel et le champ de toutes mes pensées et de toutes mes perceptions explicites [2].

Parce qu'elle se fonde sur l'intuition originaire, la philosophie de la nature de Goethe peut viser la compréhension et l'explicitation de la structure signifiante de ce « milieu naturel ». À ce titre, Goethe se fera le chantre d'une passivité essentielle de l'esprit connaissant – contre la préséance dogmatique de la *mens* sur la *res* –, afin que l'intuition originaire du phénomène lui livre toute sa richesse. De Rome, il écrit à Herder :

> Aussi longtemps que je serai ici, je veux ouvrir les yeux et attendre ce qui se formera dans mon âme [3].

Pour autant, le recours à l'intuition ne peut être assimilé à l'apologie d'une forme de naïveté épistémologique ni à la nostalgie d'une présence immédiate du sujet à la vérité de son objet. Invoquer l'intuition originaire n'implique pas l'acquiescement béat et irréfléchi à ce qui « se donne ». La passivité que Goethe exige d'abord de l'esprit vise à ouvrir à celui-ci le champ de l'antéprédicatif et, par là, à dépasser l'attitude naturelle et naïve. Elle passe par une *reconduction* au phénomène. Cela

1. M. MERLEAU-PONTY, *Phénoménologie de la perception*, Paris, 1945, p. III.
2. *Ibid.*, p. II.
3. J.W. GOETHE, *Briefe*, 2 Dezember 1786 (an das Ehepaar Herder), H.A., II, p. 24.

signifie que cette passivité, qui seule peut livrer, à même l'intuition originaire, le sens de l'apparaître, s'apprend, requiert donc une initiation et par là même une méthode.

SCIENCE ÉIDÉTIQUE ET EMPIRISME RATIONNEL

Deux textes nous renseignent sur la méthode propre à développer une *Naturphilosophie* qui serait aussi science rigoureuse : *Der Versuch als Vermittler von Objekt und Subjekt* (1792)[1] et *Erfahrung und Wissenschaft* (1798)[2]. S'ils ne reviennent pas *explicitement* sur le principe de l'intuition originaire, ils démontrent clairement le sens que celle-ci prend dans l'horizon de la pensée scientifique de Goethe. La notion d'expérience se trouve au centre de ces brefs essais. L'expérience doit s'entendre, dans le cadre d'une analyse de la nature apparaissante, comme expérience *sensible* ou observation (Goethe utilise indifféremment les termes *Erfahrung* et *Versuch*). Prenant le contre-pied de l'instrumentalisme moderne, Goethe s'attache à une revalorisation scientifique – rationnelle – de l'expérience immédiate de nos sens perceptifs ou, pour mieux dire, de notre présence sensible au monde. Ainsi, *Der Versuch als Vermittler von Objekt und Subjekt* souligne que dans l'observation ou l'expérience sensible, l'objet manifeste sa disponibilité pour la connaissance et le sujet revèle son aptitude à saisir la chose même :

> Aussitôt que des hommes aux sens frais et vifs sont rendus attentifs à des objets, on les trouve aussi enclins qu'habiles à observer[3].

Mais Goethe n'élève pas le sens commun à la dignité d'un savoir scientifique. En effet, il concède volontiers que l'expérience commune du vécu quotidien est toujours encline à s'oublier elle-même en ce qu'elle a de plus originaire, à s'effacer en tant que pure expérience de ce qui se donne en chair et en os et du mouvement même de cette donation,

1. Cf. J.W. GOETHE, *Der Versuch als Vermittler von Objekt und Subjekt*, H.A., XIII, p. 10-20 ; trad. de H. Bideau : *La médiation du sujet et de l'objet dans la démarche expérimentale*, in *Traité des couleurs, accompagné de trois essais théoriques*, Paris, 1986, p. 288-296.

2. Cf. J.W. GOETHE, *Erfahrung und Wissenschaft*, H.A., XIII, p. 23-25 ; trad. de H. Bideau : *Expérience vécue et science*, in *Traité des couleurs...*, *op. cit.*, p. 299-300.

3. J.W. GOETHE, *Der Versuch als Vermittler von Objekt und Subjekt*, H.A., XIII, p. 12 ; trad. p. 289.

au profit de prises de positions existentielles qui enferment le rapport à l'objet perçu dans le registre du plaisir ou du déplaisir, de l'attraction ou de la répulsion, de l'utilité ou du danger, de l'aspiration ou de la crainte, etc. Bien sûr, il ne s'agit pas de condamner une telle dimension de notre rapport quotidien au monde. Elle constitue principiellement ce rapport et participe à la préservation de notre existence :

> Aussitôt que l'homme perçoit les objets autour de lui, il les observe par rapport à lui-même, et ce à bon droit. Car toute sa destinée dépend du fait qu'ils lui plaisent ou lui déplaisent, qu'ils l'attirent ou le repoussent, qu'ils lui sont utiles ou nuisibles [1].

Mais il n'en reste pas moins vrai que cette attitude naturelle ne peut suffire à guider l'homme sur le terrain de la connaissance désintéressée. Au regard des exigences théoriques qu'il s'assigne, il risque même de s'égarer à suivre la voie de ses penchants les plus naturels :

> Cette manière toute naturelle de considérer et d'apprécier les choses semble être aussi aisée que nécessaire, et cependant, ce faisant, l'homme est exposé à mille erreurs qui souvent l'humilient et lui rendent l'existence amère [2].

En effet, l'attitude naturelle ne permet pas à l'homme de se « faire une idée assez nette de l'objet en lui-même, de ses parties et de ses rapports » [3], mais le conduit à soumettre l'objet aux déterminations de sa subjectivité. La naïveté de l'attitude naturelle pré-scientifique occulte le procès de la manifestation de l'objet dans l'expérience. Les hommes de science qui voudront saisir la manifestation constitutive de l'objet dans la pleine lumière d'une *theoria* authentique devront mettre en suspens l'attitude naturelle :

> C'est une tâche infiniment plus malaisée que prennent en charge ceux dont le vif élan vers la connaissance aspire à observer les choses de la nature pour elles-mêmes et dans leur rapport entre elles : car bientôt le critère leur fait défaut qui leur venait en aide lorsqu'ils considéraient les choses par rapport à eux-mêmes. Il leur manque ce critère du plaisir et du déplaisir, de l'attrait et de la répulsion, de l'utilité et de la nuisance ; il leur faut y renoncer entièrement, ils doivent, en êtres

1. *Ibid.*, p. 10 ; trad. p. 288.
2. *Idem.*
3. *Ibid.*, p. 10 ; trad. (modifiée) p. 289.

> indifférents et en quelque sorte divins, chercher et examiner ce qui est, et non pas ce qui plaît [1].

L'homme de science doit s'arracher non à la chose, mais à ses propres rapports objectivants à la chose, lesquels s'accompagnent toujours de thèses d'existence qui ne la laissent pas être. Dans l'indifférence que Goethe exige du naturaliste, on reconnaîtra une *modification de neutralité* du rapport à l'objet, où l'on suspend toute thèse d'existence. Si le principe même d'une science rigoureuse implique nécessairement la réduction des idéologies métaphysiques ou scientifiques, son élaboration concrète passe par la réduction de l'existence de la chose même ou, plus précisément, de nos prises de positions existentielles qui définissent le principe même de l'attitude naturelle.

Cette « indifférence » de l'homme de science à l'égard de l'objet lui permet de porter une attention « détachée » sur la chose même :

> Ainsi, ce n'est ni la beauté ni l'utilité des plantes qui doivent toucher le botaniste, il doit étudier leurs formes, leurs rapports avec le reste du règne végétal ; et comme elles sont toutes appelées à la vie et éclairées par le soleil, il doit les considérer toutes, s'en faire une vue d'ensemble du même regard serein, et tirer critère de cette connaissance et les données de son appréciation non pas de lui-même, mais du cercle des choses qu'il observe [2].

La suspension des positions d'existence libère l'apparaître même de la chose. Le philosophe de la nature et le naturaliste doivent étudier, décrire et expliciter la *forme de la donation phénoménale de la chose même*. Mais encore cette forme ne peut-elle être saisie dans son sens immanent qu'à faire droit à son horizon de rapport. Elle ne fait sens que dans ses relations dynamiques à l'ensemble du monde naturel. Sa différence qualitative elle-même ne peut surgir que dans le contraste positif avec d'autres manifestations formelles, qu'elles soient plus ou moins proches. La forme de la chose renvoie, de proximités en distances, à l'unité même de la nature et comprend donc l'unité du monde : son apparaître et sa légalité immanente participent d'un horizon unique et se reçoivent d'un même principe d'organisation. L'évocation du soleil n'est pas ici étroitement métaphorique. Elle prend même une signification éminemment concrète, puisque l'exemple choisi est celui de la plante : le soleil est ce qui, dans le même mouvement, donne vie et

1. *Ibid.*, p. 10 ; trad. p. 288.
2. *Idem.*

apparaître. La vie veut la pleine lumière. Le soleil lie donc l'existence à la manifestation en les enracinant dans l'évènement unique de la nature. Le principe que permet de saisir la forme de l'apparaître de la chose n'est, en définitive, rien d'autre que l'universalité de la nature. C'est le « cercle des choses » que l'on comprend, car on en tire le critère même du savoir : la forme.

À lire ce dernier passage de *Der Versuch als Vermittler von Objekt und Subjekt*, on pourrait être tenté de remettre en cause la rigueur de la progression logique de Goethe. On peut douter qu'il suffise de suspendre les idéologies (de viser la saisie d'une vérité pérenne) et les positions d'existence (de libérer notre regard pour le pur apparaître) pour que la forme surgisse dans sa signification pleine et universelle. Un pas important sépare l'expérience de la connaissance scientifique. Le texte de 1792 n'indique pas comment le franchir. Par contre, cette lacune sera comblée, quelques années plus tard, en 1798, dans *Erfahrung und Wissenschaft*. Goethe y opère une distinction décisive entre le phénomène empirique *(das empirische Phänomen)*, le phénomène scientifique *(das wissenschaftliche Phänomen)* et le phénomène pur *(das reine Phänomen)*[1]. La première distinction met en évidence la modification d'attitude qu'exige l'authentique *theoria*. Le phénomène empirique est le phénomène de l'objet que nous percevons dans le cadre de notre attitude naturelle. Goethe ne revient pas ici sur l'inventaire des positions existentielles possibles. Il passe aussitôt au stade de l'attitude scientifique, mais sans prétendre que cette transition s'assimile à un renversement complet du rapport au phénomène. Il ne s'agit pas d'accuser la distance entre la naïveté de l'attitude naturelle et la lucidité de l'attitude scientifique, au point de faire déchoir la première jusqu'à l'inauthenticité et d'élever la seconde dans des sphères d'absolue pureté intellectuelle. Sans jamais relativiser les mérites de la *theoria*, Goethe se garde bien de railler le sens commun ou de le juger impropre à la réalisation de notre humanité. Le rapport entre quotidienneté et connaissance ne saurait se réduire à une opposition aussi tranchée. Au demeurant, les *Maximes et Réflexions* ont bien souligné que l'on ne peut mépriser le sens commun sans encourir le risque de la dérive idéologique et sans contredire, du même coup, le principe des principes – l'intuition originaire :

1. Cf. J.W. GOETHE, *Erfahrung und Wissenschaft*, H.A., XIII, p. 25 ; trad. p. 300.

> Il existe aujourd'hui une fâcheuse tendance à l'abstrus dans les sciences. On s'écarte du sens commun, sans pour cela vouloir découvrir un autre sens supérieur. On transcende, on imagine ; on redoute l'immédiateté vivante de l'intuition, et quand pour finir on est obligé de revenir à la pratique, on tombe dans l'atomisme et dans le mécanisme [1].

Ainsi, le passage à l'attitude théorique vise à révéler la densité de notre présence immédiate au monde et ses présupposés nécessaires, constitutifs, mais occultés par le cours même de notre existence et par la dimension pré-critique de notre intérêt pour le monde. Le phénomène scientifique ne nie pas le phénomène empirique. Il le dépasse pour en manifester l'implicite. Lorsque l'homme accède au phénomène scientifique, c'est « le sens commun [qui] se risque à s'exercer dans une sphère supérieure » [2], à tel point que « ce travail ne voudrait pas être dit spéculatif » [3]. Rien n'est aussi étranger à Goethe que la fascination pour le règne éthéré d'une connaissance hautaine et désincarnée.

Mais il ne se satisfait pas de cette simple transition du phénomène empirique au pénomène scientifique. Il faut faire varier l'expérience, et présenter ainsi le phénomène scientifique

> dans d'autres circonstances et sous d'autres conditions que celles où on l'a tout d'abord connu [4].

En produisant de telles variations, on en vient à dégager de ce phénomène scientifique le phénomène pur :

> Le phénomène pur est enfin là, résultat de tous les acquis et de toutes les expériences. [...] Pour le présenter, l'esprit détermine ce qui est empiriquement chancelant, exclut tout ce qui est fortuit, écarte tout ce qui est impur, démêle ce qui est confus et même découvre ce qui est inconnu [5].

C'est évidemment de l'*essence* – même si le terme n'apparaît pas ici – de la chose apparaissante qu'il est question. L'effort de variation que Goethe attend de l'homme de science rigoureux correspond à une complexification de l'expérience naturelle par une extension et une

1. J.W. GOETHE, *Maximen und Reflexionen*, 575, H.A., XII, p. 44 ; trad. p. 31.
2. J.W. GOETHE, *Erfahrung und Wissenschaft*, H.A., XIII, p. 25 ; trad. p. 300.
3. *Idem.*
4. *Idem.*
5. *Idem.*

répétition de l'observation. *Der Versuch als Vermittler von Objekt und Subjekt* l'affirmait déjà :

> Quelque précieuse que soit une expérience isolée, elle ne prend toute sa valeur que lorsqu'elle est rattachée et reliée à d'autres essais [1].

En somme, le passage du phénomène scientifique au phénomène pur n'a d'autre but que d'obtenir l'essence en la mettant à part des circonstances contingentes et particulières. La méthode de Goethe cherhe à ce que l'expérience livre l'essence – l'*eidos* – du phénomène. Pour Goethe, le phénomène ne peut être saisi dans toute sa densité que si l'on fait droit à son essence immanente et donc *apparaissante*. C'est donc à enchaîner une suspension des idéologies, une suspension des positions d'existence et enfin une réduction – *éidétique* – de la factualité contingente en vue de saisir l'essence, que le principe des principes peut porter ses fruits et révéler la densité profonde de l'empirie. La saisie de l'essence est le *terminus ad quem* de l'entreprise *strictement scientifique* du naturaliste.

Goethe n'eut de cesse de préciser, fût-ce au gré de détours ou de remarques incidentes, ce qu'était ce phénomène pur ou, pour reprendre la terminologie à laquelle il recourra le plus souvent, cet *Urphänomen*. S'il est extraordinairement au clair avec sa pensée, s'il ne doute pas plus du but de sa recherche que de la pertinence de la méthode qu'il applique avec une constance sans faille, la terminologie à laquelle il recourt pour désigner l'essence est pourtant très fluctuante : *Bildung*, *Gestalt*, *Gebilde*, *Wesen*, *Urphänomen*, *Form*, *reines Phänomen* semblent s'équivaloir, la plupart du temps, sous sa plume. Mais cette imprécision d'abord gênante pour l'historien de la philosophie favorise en fait l'approche à angles multiples d'une réalité particulièrement riche. La profusion quelque peu désordonnée des termes révèle l'effort de ne méconnaître aucune des dimensions de l'essence. L'essence a une portée telle que l'on ne peut lui imposer une signification exclusivement épistémologique, pratique, heuristique ni même ontologique. C'est au foyer de la reprise dialectique de ces différentes significations que se livre l'essence goethéenne [2].

1. J.W. GOETHE, *Der Versuch als Vermittler von Objekt und Subjekt*, H.A., XIII, p. 14 ; trad. (modifiée) p. 291.

2. Ce que souligne très bien L. BINSWANGER dans *Grundformen und Erkenntnis menschlichen Daseins* (in *Ausgewählte Werke*, hrsg. von M. Herzog und H.-J. Braun, Heidelberg, 1993, p. 560-582. J. KÖNIG, pour sa part, relève, dans *Über den Begriff der Intuition* (Halle, 1926), la proximité des vues husserlienne et goethéenne sur la teneur éidétique du phénomène.

L'une de ses premières intuitions de ce que peut être un phénomène originaire *(Urphänomen)* est évoquée par Goethe dans une relation de son *Italienische Reise*. Il se trouve alors à Palerme et, préoccupé de botanique, visite le Jardin Public :

> Les nombreuses plantes que d'habitude je ne vois qu'en caisses et en pots, et même la plus grande partie de l'année en serre, poussent ici en plein air, joyeuses et vivaces, et parce qu'elles remplissent parfaitement leur destination, nous les déchiffrons plus facilement. À la vue de tant de créatures neuves et renouvelées, mon ancienne lubie me revint à l'esprit. Ne pourrais-je pas découvrir parmi cette troupe la plante primitive ? Une pareille plante doit bien exister ! À quoi sans cela reconnaîtrais-je que telle ou telle forme est une plante, si elles n'étaient pas toutes faites d'après un modèle ? [1].

Goethe justifie ici l'intérêt que l'on peut porter à l'*Urphänomen* – en l'occurrence l'*Urpflanze*, phénomène pur de la science botanique –, et, par là même, met en valeur le rôle qu'il est appelé à jouer dans l'élaboration de la science. Il faut noter tout d'abord l'argumentation de style platonicien qui soutient la démonstration de l'existence nécessaire du phénomène pur. Confronté à une pluralité de plantes qui, par de multiples aspects, divergent les unes des autres, nous ne pouvons justifier la classification que nous opérons sous une unique détermination générique – la « plante » – qu'à supposer une plante idéale dont les différentes espèces ne seraient que des figures plus ou moins différenciées. Sans cette référence à une idée générique « normative », nous devrions concéder l'arbitraire de notre classification et le désordre de notre perception qui, sans raison aucune mais par une pure attirance ou un pur intérêt subjectif, opèrerait un certain nombre de rapprochements injustifiables hors la sphère de la subjectivité. Ce serait là ruiner tout véritable discours scientifique. L'*Urphänomen* est donc une condition *sine qua non* de notre connaissance. Goethe ne prétend nullement que l'une de ces plantes, matériellement individualisée, puisse se manifester comme plante originaire, comme genre incarné parfaitement, sans reste ni surplus, dans l'un de ses exemplaires concrets. Le problème se pose dans des termes radicalement différents. Ce qui est en cause, c'est le fondement de notre perception et de notre connaissance des individualités, ramenées spontanément sous un concept générique. La constance du phénomène pur, qui demeure au cœur de la multiplicité des observa-

1. J.W. GOETHE, *Italienische Reise*, 17 April 1787, H.A., XI, p. 266 ; trad. p. 497.

tions, et que l'on dégage par l'élévation du phénomène empirique au degré du phénomène scientifique fait signe vers une *logique* de l'expérience.

Mais cette *logique* de l'expérience a aussi une teneur ontologique. L'insistance de Goethe sur la *réalité* de la plante originaire, si elle ne peut être l'indice d'une naïveté qui confondrait essence et individualité matérielle, n'en est pas moins révélatrice du statut qu'il attribue à l'ordre éidétique comme condition transcendantale de notre rapport au monde. La structure éidétique est l'organisation la plus intime et la plus profonde du sensible. C'est à ce titre qu'elle est la loi de l'apparaître lui-même, sans laquelle rien ne ferait sens dans la présence évidente du monde. L'*Urphänomen* doit agir au cœur même de l'intuition de ce qui se donne en chair et en os. C'est dire que, d'une manière ou d'une autre, l'*Urphänomen* est intuitionné à même l'apparaître de la chose. Goethe affirme dans les *Maximes et réflexions*, que les phénomènes primitifs « se révèlent à nos sens »[1]. Il y a, pour le dire plus directement encore, une perception de l'essence. De multiples passages de l'œuvre scientifique et de la correspondance témoignent d'une telle compréhension de l'essence. Une lettre à Charlotte von Stein parle d'un « aperçu de la forme essentielle », en opposant celui-ci à « un rêve » ou « un phantasme »[2]. Goethe écrit cela en 1786, peu de temps avant de quitter brusquement l'Allemagne pour l'Italie, mais alors qu'il est déjà féru de botanique – laquelle offre d'ailleurs l'occasion de cette remarque sur la « forme essentielle ». En somme, tout le voyage en Italie fut placé sous le signe de cette affirmation, comme si le but de cette aventure n'avait été autre que la recherche des formes essentielles.

Il n'est pas indifférent que l'« aperçu » mobilise le voir et le percevoir. La *Farbenlehre* confirmera cette orientation du discours goethéen :

> Les phénomènes que nous percevons par nos sens ne sont le plus souvent que des cas qui, avec quelque attention, peuvent être rattachés à des rubriques générales connues empiriquement. Celles-ci, à leur tour, se classent sous des rubriques scientifiques qui elles-mêmes renvoient à un niveau supérieur et ainsi portent à notre connaissance certaines conditions indispensables du phénomène. C'est à partir de là que, peu à peu, tous les phénomènes apparaissent soumis à des règles et

1. J.W. GOETHE, *Maximen und Reflexionen*, 17, H.A., p. 367 ; trad. p. 51.
2. J.W. GOETHE, *Briefe*, 9 Juli 1786 (an Charlotte von Stein), H.A., I, p. 514 ; trad. (Fanta et Roëls – modifiée) p. 93.

> à des lois supérieures qui se révèlent non par des mots et des hypothèses à notre entendement, mais par des phénomènes à notre vue intuitive. Nous nommons ceux-ci des phénomènes primordiaux, car rien dans ce qui se manifeste visiblement n'est au-dessus d'eux [...] [1].

Ce paragraphe de la *Théorie des couleurs* reprend l'ordre de progression scientifique qui était présenté succinctement et programmatiquement dans *Erfahrung und Wissenschaft*. Or, cette progression rencontre à son terme un *Urphänomen* dont Goethe dit, bien évidemment, qu'il constitue la condition de possibilité de toute connaissance ordonnée des phénomènes, mais aussi et surtout que nous avons une *vue* de ce phénomène originaire, donc qu'il se manifeste, a une teneur bien réelle et structure ontologiquement le sensible. Goethe récuse l'idée que l'essence dépende d'une hypothèse du sujet, qu'elle se réduise à une catégorie déduite de l'entendement, et encore plus qu'elle soit un simple *flatus vocis*. L'*Urphänomen* ne peut s'approcher au départ de présupposés rationalistes ni empiricistes. Dans sa teneur irréductiblement éidétique, l'*Urphänomen* est perçu – intuitionné dans le donné originaire de la chose même – comme structure réelle. Il constitue le terme de la recherche parce qu'il est le noyau de la chose comme le terme logique de la connaissance.

Par ailleurs, il n'est pas innocent que Goethe ait le plus ressenti l'« appel » de l'*Urpflanze* dans le Jardin de Palerme. Les circonstances de l'épanouissement libre des différents exemples de plantes qu'il peut y admirer ont une réelle importance. L'essence doit se manifester le plus clairement là où les plantes sont les plus « joyeuses » *(froh)* et « vivaces » *(frisch)*. Ce qui revient à dire que l'essence est la loi de développement de l'individualité qui participe d'un type déterminé. Si l'argumentation était d'allure platonicienne, le propos pourra bel et bien paraître cette fois très aristotélicien. La forme anime de l'intérieur la plante et régit son devenir. Elle en est l'*entéléchie*. L'essence de la plante se manifeste en pleine lumière lorsque la plante accomplit le plus librement son être et se développe sans entrave. L'essence devient principe de vie, loi organique qui s'inscrit dans l'universalité d'une nature vivante. L'essence *organise* le réel. La lettre de juillet 1786 à Charlotte von Stein dit d'ailleurs de la forme essentielle qu'elle est celle

1. J.W. GOETHE, *Zur Farbenlehre...*, H.A., XIII, p. 367-368 ; trad. p. 130.

avec laquelle la nature ne fait que jouer, et en jouant engendre la vie si diverse[1].

L'*Urphänomen* est donc le principe d'accomplissement de l'individualité naturelle parce qu'il en est la structure essentielle.

L'une des caractérisations les plus serrées de l'*Urphänomen* dit ceci :

> Le phénomène primordial :
> idéel, en tant qu'ultimement connaissable ;
> réel, en tant que connu ;
> symbolique, parce qu'il comprend tous les cas ;
> identique avec tous les cas[2].

Que l'*Urphänomen* soit «idéel» ne surprendra pas. Il incarne l'essence du phénomène que l'homme de science doit dégager et porter au concept. Il apparaît dès lors comme but et accomplissement de sa recherche. Il est, effectivement, aux confins du connaissable – «*das letzte Erkennbare*». Il constitue l'Idée d'où, toujours, le phénomène survient au sens. Que ce phénomène pur soit dit réel n'est pas plus déconcertant. Loin d'être une simple fiction phantasmatique ou un symbole langagier abstrait de la texture charnelle de notre monde, l'*Urphänomen* est au principe même du développement organique de la chose. Il est le sceau de son devenir.

Par contre, le commentaire laconique qui accompagne cette seconde caractérisation pourra paraître plus sibyllin: «en tant que connu». Le texte entretient une certaine ambiguïté: doit-on penser que la réalité du phénomène pur dérive immédiatement d'une action constituante des catégories de l'entendement? Le désaccord de Goethe et Hegel autour du statut de l'*Urphänomen* le montrait déjà clairement, la perception catégoriale du phénomène pur interdit ce genre d'interprétation qui suppose toujours (c'est le cas dans la *Phénoménologie de l'esprit* et dans l'*Encyclopédie des sciences philosophiques*) une carence fondamentale du percevoir, à savoir une incapacité à saisir conjointement l'universel et le singulier, et qui exige le dépassement de la perception par la faculté d'entendement. Goethe a trop confiance en l'intuition immédiate du phénomène naturel pour sacrifier à une telle dévalorisation, scientifiquement injustifiée, de notre présence sensible au monde. L'exigence du passage du phénomène empirique au phénomène pur, via le phénomène

1. J.W. GOETHE, *Briefe*, 9 Juli 1786 (an Charlotte von Stein), H.A., I, p. 514; trad. (Fanta et Roëls) p. 93.

2. J.W. GOETHE, *Maximen und Reflexionen*, 15, H.A., XII, p. 366; trad. (modifiée) p. 51.

scientifique, ne s'accompagne d'aucune distanciation par rapport à la perception. Il s'agit, bien plutôt, d'investir le cœur même de la perception, et, ainsi, le cœur même du réel qui apparaît. Il est donc probable que lorsque Goethe écrit ce « en tant que connu », il veuille insister sur le fait que l'*Urphänomen* n'est accessible, dans la densité de sa manifestation, qu'à celui qui adopte, en toute rigueur, l'attitude de connaissance. Seul l'homme de science peut apercevoir la réalité de l'essence, tandis que le sens commun la présuppose mais sans pouvoir décider de sa réalité. Nous pouvons connaître le monde parce qu'il s'ordonne selon des essences, et il n'est pas de plus grand mérite pour la connaissance la plus rigoureuse – la *science* de la nature – que de saisir et de révéler ces essences dans leur réalité elle-même transcendantale.

L'*Urphänomen*, poursuit Goethe, est symbolique, c'est-à-dire qu'il comprend tous les cas. L'aspect symbolique de l'*Urphänomen* réside dans la conjonction de sa valeur réelle et universelle. Le symbole goethéen[1] s'oppose strictement à l'allégorie, laquelle consiste à ne se servir d'une individualité qu'à titre de prétexte pour renvoyer médiatement à une universalité qui ne lui appartient donc pas en propre. Il y a dans l'allégorie poétique une ostentation de l'universel qui rend celui-ci abstrait par rapport à la matérialité physionomique de l'œuvre particulière. Goethe délaisse l'allégorie au profit du symbole qui, par sa pertinence ontologique, permet de dépasser la sphère poétique pour traiter *dans des termes identiques* de la nature elle-même. Dans les *Maximes et réflexions*, Goethe oppose la poésie – sous-entendu : symbolique – à l'allégorie pour montrer que la seconde « cherche l'exemple particulier à l'appui d'une vérité générale », tandis que la première

> aperçoit la vérité générale sous chaque exemple particulier[1].

Ainsi, l'on peut soutenir que le symbole

> exprime un quelque chose de particulier sans penser à l'universel et sans y renvoyer.

Dès lors,

> celui qui comprend de façon vivante ce particulier, recueille en même temps l'universel, sans s'en apercevoir, ou alors seulement sur le tard[2].

1. À ce propos, cf. T. TODOROV, *Les théories du symbole*, Paris, 1977, p. 235 *sq.* Pour une présentation générale de la théorie goethéenne du symbole, on se réfèrera à M. MARACHE, *Le symbole dans l'œuvre et la pensée de Goethe*, Paris, 1960.

Comme le note très justement Tzvetan Todorov, selon la théorie goethéenne du symbole, « on doit presque croire, dans un premier temps, que le particulier est là uniquement pour lui-même; et ce n'est qu'incidemment qu'on doit en découvrir la dimension générale »[3]. Autrement dit – et ceci vaut aussi bien pour la théorie de l'art que pour la science de la nature puisque Goethe parle de l'*Urphänomen* comme d'un symbole –, le symbole est l'universel qui habite le particulier de sa généralité même. Il est l'universel qui prend *nécessairement* corps dans le particulier :

> Dans un symbolisme authentique le particulier représente quelque chose de plus général, non à l'état de rêve ou d'ombre, mais comme la révélation la plus vivante et momentanée de l'insondable[4].

L'*Urphänomen* est « symbolique » dans la mesure où il est un universel concret, universalité idéale certes, mais toujours charnelle. Il n'est d'*Urphänomen* qu'à concurrence d'une incarnation. Ainsi les phénomènes primitifs les plus universels animent toutes choses de l'intérieur et permettent de comprendre, par leur seule mise en exergue, la structure fondamentale de tous les phénomènes qui y participent. Un des exemples de la teneur symbolique de l'*Urphänomen* que Goethe aime mettre en avant est celui du magnétisme universel :

> Le magnétisme est un phénomène primordial qu'il suffit d'énoncer pour l'expliquer ; il peut, pour cette raison, servir de symbole à tous les autres phénomènes pour lesquels nous n'avons plus à chercher de mots ni de noms[5].

L'*Urphänomen* dont il est question est une force intérieure – donc réelle –, par définition universelle.

Le sens de la quatrième caractérisation de l'*Urphänomen* (« identique avec tous les cas ») se déduit immédiatement de la justification des trois premières caractérisations. L'essence phénoménale s'identifie avec tous les cas particuliers. C'est dire qu'elle n'est pas un cas

1. J.W. GOETHE, *Maximen und Reflexionen*, 751, H.A., XII, p. 471 ; trad. (modifiée) p. 94.

2. *Idem* (trad. modifiée). De même, Kant comprend le symbole comme présentation « indirecte » du concept (cf. E. KANT, *Kritik der Urteilskraft*, *op. cit.*, p. 212 ; trad. p. 264).

3. T. TODOROV, *Goethe sur l'art*, préface à J.W. GOETHE, *Écrits sur l'art*, trad. de J.-M. Schaeffer, Paris, 1983, p. 42.

4. J.W. GOETHE, *Maximen und Reflexionen*, 752, H.A., XII, p. 471 ; trad. (modifiée) p. 94.

5. *Ibid.*, 19, p. 367 ; trad. p. 51.

particulier parmi tant d'autres ou qu'elle n'a pas le même statut que ces cas particuliers – puisqu'elle est identique à *tous* les cas. L'essence ne se réduit pas à une entité factuelle. Mais elle ne se distingue pas plus des cas particuliers, puisqu'elle leur est *identique*. Elle n'a pas de réalité hors les cas particuliers, elle s'y condense. Ainsi, l'*Urphänomen* est toujours présent à tous les cas qui lui correspondent. L'*Urpflanze* coïncide avec toute plante. Elle est une idéalité concrète – et en cela elle est réelle – et universelle – et en cela elle est, de surcroît, idéelle.

Le statut d'idéalité concrète du phénomène pur conduit à une dimension décisive de la méthode et de la science goethéennes. Toute mise en évidence de l'essence doit permettre, pour que s'accomplisse l'entreprise scientifique, un retour à l'individualité empirique. Les sciences de la nature ne peuvent clore leur discours sur l'exposé d'essences qui structurent notre expérience naturelle. Que l'*Urphänomen* soit l'ultime réalité connaissable et qu'à ce titre il constitue le but de la démarche scientifique ne signifie nullement que l'homme de science doive en rester à l'énoncé descriptif de l'essence *en son universalité*. La concrétude même de cette universalité éidétique implique que l'on ne puisse saisir l'essence qu'à rendre compte de son mouvement d'actualisation continue dans le foisonnement des phénomènes sensibles particuliers. La saisie du phénomène pur ne s'accompagne d'aucune dévalorisation de la particularité sensible mais a pour corrolaire – en guise de pendant à l'« ascension » du phénomène empirique jusqu'au phénomène pur – la description de l'investissement concret et dynamique de l'essence. Décrire l'essence implique que l'on fasse droit à la particularisation de son universalité même. Ainsi, Goethe assigne à la science de la nature la tâche d'une description de la constitution des phénomènes empiriques par l'intelligibilité éidétique. La science de la nature se doit de saisir la dynamique des essences en tant que puissance de différenciation dans le particulier. Il ne suffit pas à Goethe de découvrir l'*Urpflanze*, il lui faut encore décrire l'ordre de ses métamorphoses. Il en ira de même dans le cadre de ses travaux d'anatomie comparée, où il esquisse une description du monde animal (et humain) au départ de l'*Urtier* (équivalent de l'*Urpflanze*) ; dans le cadre de son optique et de sa chromatologie, où il expose la constitution des couleurs sur base de ce phénomène pur qu'est la médiation de la lumière et de l'obscurité ; ou même dans sa géologie où il entrevoit un *Urstein* – bien que ce terme n'apparaisse jamais sous sa plume – et se met en quête de ses modifications. Le paragraphe 175 de la *Farbenlehre* affirme :

> [les phénomènes primordiaux] sont parfaitement aptes à nous faire revenir par degrés, le long de la voie par laquelle nous nous étions élevés, jusqu'au cas le plus commun de l'expérience quotidienne [1].

Les sciences de la nature ne peuvent se borner à l'universalité statique et synchronique de l'universel, mais doivent encore en saisir la diachronie et révéler à même les métamorphoses de l'*Urphänomen* sa puissance de différenciation. Pour autant, il ne s'agit pas de s'engager dans la voie d'une description prétendûment exhaustive du réel naturel, qui détaillerait chaque individualité. *L'éidétique elle-même* doit être élargie pour faire droit à *sa* dynamique interne. Rendre compte de la puissance de différenciation de l'essence est indispensable pour une théorie éidétique authentique. Le phénomène pur est un universel en mouvement, il doit aussi valoir comme loi génétique – et être compris et décrit comme tel.

Sans doute est-ce Schiller qui, dans sa correspondance avec Goethe, a le plus judicieusement caractérisé cette théorie de l'*Urphänomen*. Celle-ci fut au centre de la correspondance extraordinairement dense échangée durant le mois de janvier 1798 et dont l'enjeu est patent dans les deux lettres de Schiller des 12 et 19 janvier. C'est dans l'intervalle de temps qui sépare la réception de ces deux lettres que Goethe écrivit *Erfahrung und Wissenschaft* (le 15 janvier). Ce texte s'est ainsi nourri de la correspondance avec Schiller et en a, en retour, suscité le prolongement. Mais *Erfahrung und Wissenschaft* n'est pas le seul écrit théorique concerné : Goethe a lui-même provoqué son correspondant sur le terrain de l'épistémologie en lui adressant, le 10 janvier, « une petite dissertation » [2] qui n'est autre que *Der Versuch als Vermittler von Objekt und Subjekt*, écrit dès 1792. Le fait même que Goethe veuille soumettre à Schiller ce texte prouve qu'il ne le désavoue pas. Cependant, il est bien conscient de son incomplétude et il attend sans doute de la discussion avec Schiller un aiguillon pour ranimer et approfondir sa réflexion épistémologique. Et de fait, Goethe est amené à préciser la teneur éidétique de sa science de la nature – éidétique que ne développait pas la dissertation de 1792.

La réponse de Schiller, datée du 12 janvier, est pour une large part consacrée à rendre compte de sa lecture de cette dissertation – pour une part bien plus large, en tous cas, que la désinvolture avec laquelle Goethe

1. J.W. GOETHE, *Zur Farbenlehre...*, H.A., XIII, p. 368 ; trad. p. 130.
2. *Briefwechsel zwischen Schiller und Goethe*, Goethe an Schiller (10 Januar 1798), Bd. III, *op. cit.*, p. 10 ; trad. p. 18.

semblait traiter *Der Versuch als Vermittler von Objekt und Subjekt* ne devait l'y inciter au départ. Mais Schiller ne se contente nullement de commenter ce texte. Il s'en sert comme d'un tremplin pour tenter de définir la pensée épistémologique de son illustre correspondant. Or, d'entrée, il laisse entendre, à titre d'évidence, que la voie scientifique de Goethe est celle de « l'empirie rationnelle » [1] *(rationale empirie)*. Un peu plus loin, il recourt derechef à cette expression. La caractérisation est puissante. Goethe s'en remet à l'empirie, il attend de l'expérience sensible l'enseignement premier sur ce que sont le monde et la nature. Mais cette empirie n'est point naïve, elle ne s'apparente pas à une collection désordonnée de faits. Goethe reconnaît dans l'intuition saisie *dans toute son amplitude* la source de sa science de la nature. Or, l'amplitude de cette intuition englobe et comprend à titre de foyer l'expérience sensible de l'*essence*. Celle-ci est une structure qui garantit l'ordre du réel perçu. Le qualificatif « rationnelle » semble donc pouvoir revêtir un double sens : il fait signe vers une raison de l'expérience phénoménale, immanente à l'apparaître lui-même, mais aussi vers le travail de réduction qu'exige la mise en évidence de cette densité éidétique.

Il ne serait pas venu à l'idée de Goethe de récuser le qualificatif « rationnelle ». Sa réponse, datée du 13 janvier, est de ce point de vue particulièrement éloquente. Il y distingue en effet un empirisme naïf de celui auquel il pense accéder enfin, avec bien plus de lucidité que jadis :

> Ces jours derniers, en disloquant et en ordonnant mes papiers, j'ai constaté avec satisfaction qu'à force de cheminer consciencieusement et de noter modestement mes observations, parti que j'étais d'un réalisme sans souplesse et d'une objectivité terre à terre, j'en suis venu à pouvoir signer votre lettre d'aujourd'hui comme ma propre profession de foi [2].

Il semble presque que la lettre de Schiller lui ait révélé l'étendue de son propre cheminement. En tous cas, jamais celui-ci ne lui est apparu aussi clairement. Goethe mesure à présent toute la distance qui sépare son empirisme de naturaliste déjà confirmé des herborisations de collectionneur naïf et amoureux de la nature qu'il était encore sous l'influence de Linné et de ses systèmes taxologiques hasardeux. Il a d'abord sacrifié à un objectivisme empiriciste qu'élevait au sentimentalisme – fût-il aussi modéré que l'exigeait son tempérament marqué au

1. *Briefe an Goethe*, von Schiller (12 Januar 1798), H.A., I, p. 299 ; trad. p. 19.
2. J.W. GOETHE, *Briefe*, 13 Januar 1798 (an Schiller), H.A., II, p. 325 ; trad. p. 21-22.

sceau de la pondération et de l'équilibre – le réalisme d'une piété cosmique spontanée. Mais son aspiration à la science, et à la rigueur qui, dans son esprit, doit nécessairement accompagner la pratique de la science, ne lui permettait pas d'en rester là. La découverte progressive – et méthodique – d'une rationalité éidétique immanente au phénomène de la nature le conduisit à élever son expérience et sa science de la nature au rang de connaissance rationnelle, comme il le concède volontiers à Schiller en laissant entendre qu'ils auraient pu écrire à deux mains cette lettre du 12 janvier. Il approuve volontiers la définition schillerienne de sa méthode et du principe premier de sa science de la nature parce qu'elle exprime au mieux cette prépondérance qu'il accorde, dès cette époque, à une observation aussi simple que décisive : l'essence se manifeste et il nous est donné de la reconnaître. Il lui suffit désormais de rédiger son programme de *Naturphilosophe*, au sens où il l'entend :

> Je rédigerai prochainement à votre intention un *aperçu* de tout le sujet afin de motiver exactement ma méthode, le but et le sens de tout mon travail [1].

Erfahrung und Wissenschaft présente cet aperçu, que Goethe écrit deux jours plus tard, le 15 janvier. Il envoie le texte à Schiller dès le 17 janvier et reçoit le 19 janvier, en guise de réponse, un commentaire détaillé. Schiller répète sa qualification d'« empirisme rationnel » [2] en soulignant cette fois que, selon lui, l'empirisme rationnel réside, en dernière instance, dans la saisie du phénomène pur, bien sûr, mais étant entendu que celui-ci « ne fait qu'un avec la loi naturelle objective » [3]. Goethe ne pouvait à nouveau que reconnaître le point nodal de sa pensée dans cette brève insistance de Schiller. On peut difficilement rendre mieux compte, en effet, de ce que la logique – éidétique – du phénomène se fait rationalité et légalité de la nature objective apparaissante.
L'intuition du donné se révèle être saisie d'un *logos* qui précède toute vérité d'ordre prédicatif ou judicatif et qui en est la condition transcendantale. L'empirisme de Goethe n'est donc pas un empirisme de la factualité, mais un empirisme des essences qui sait voir une rationalité plus fondamentale que tout projet de la *mens* : la rationalité intramondaine comme condition de possibilité de notre expérience. Cet « empirisme rationnel » qui répond à la prétention de la *Naturphilosophie*

1. *Ibid.*, p. 326 ; trad. p. 22.
2. *Briefwechsel zwischen Schiller und Goethe*, Schiller an Goethe (19 Januar 1798), Bd. III, *op. cit.*, p. 18.
3. *Idem.*

goethéenne à la rigueur scientifique la fonde à décrire la constitution du phénomène naturel. Plutôt que de suivre une voie qui ne pouvait que lui paraître hasardeuse entre Hume et Wolff – la voie kantienne –, il s'efforce, dans une filiation aristotélicienne, de concilier Hume et Platon. Sa *Naturphilosophie* est ainsi susceptible de livrer les clés d'une authentique *Naturphänomenologie*.

Une épistémologie de la connivence ontologique

Der Versuch als Vermittler von Objekt und Subjekt s'ouvre sur une affirmation qui paraît avoir force d'évidence : il suffit à l'homme de jouir de sens sains et de s'appliquer à son objet pour se révéler apte à connaître[1]. La capacité du sujet humain à saisir la vérité la plus profonde de la donation phénoménale constitue un axiome de l'épistémologie de Goethe qui n'est pas sans poser problème car, selon toute apparence, il ne se trouve nulle part fondé ni justifié scientifiquement. Or, une orientation de fond de sa science de la nature se joue dans la portée de cette affirmation qui paraît relever d'une décision idéologique. Goethe trahit dans ces lignes de la dissertation de 1792 sa conviction profonde que nous sommes unis au monde, en tant que sujet connaissant, par une *connivence ontologique*, laquelle fonde une épistémologie réaliste des essences. Le sujet connaissant participe de la texture ontologique de la nature et ressortit au même principe de vie que l'objet naturel. Cette figure de la piété cosmique et ses implications épistémologiques sont développées en de multiples endroits de l'œuvre de Goethe, avec plus ou moins d'ampleur. L'*Avant-propos* de la *Farbenlehre* est sans doute le texte le plus clair à ce propos[2]. Goethe y replace la problématique chromatologique sous l'horizon de sa science générale de la nature. Ainsi, l'expérience optique la plus simple est analogue, par exemple, à toute expérience acoustique parce que les sens se fondent *ontologiquement* dans l'événement universel de la nature et reçoivent de celle-ci leur justification la plus profonde :

> Les couleurs manifestent comment la lumière agit, comment elle pâtit. Dans ce sens, nous pouvons attendre d'elles qu'elles nous éclairent sur

1. Cf. J.W. GOETHE, *Der Versuch als Vermittler von Objekt und Subjekt*, H.A., XIII, p. 12 ; trad. p. 289.
2. Cf. J.W. GOETHE, *Zur Farbenlehre...*, H.A., XIII, p. 315-322 ; trad. p. 71-77.

> sa nature. Il est vrai, la couleur et la lumière se trouvent entre elles dans un rapport très précis, mais nous devons les imaginer toutes les deux comme appartenant à la totalité de la nature ; car c'est celle-ci qui par là veut tout entière se révéler au sens de la vue en particulier. De même, c'est la nature tout entière qui se révèle à un autre sens [1].

Tout apparaître est manifestation de la nature elle-même, en sa globalité, qui s'adresse à nous en éveillant nos sens et en nous incitant à la reconnaître. Il y a, insiste Goethe un désir de la nature : la volonté d'apparaître, que ce soit dans le moindre de ses sons ou dans l'éclat de ses couleurs.

Cette intention de la nature n'est pas pour autant tout entière dépendante d'une perspective anthropologique ou anthropomorphique. La nature n'est pas *pour* l'homme, et elle ne nous apparaît pas pour le seul plaisir de nos sens. Goethe ne sacrifie pas à un anthropomorphisme esthétisant ou hédonisant. La nature ne s'adresse à nous que comme à un moment décisif de son développement et de sa dynamique immanente. Le *Vorwort* de la *Farbenlehre* poursuit en ces termes :

> Ainsi la nature fait-elle descendre ses paroles jusqu'à d'autres sens, à des sens connus, méconnus, inconnus ; ainsi *se parle-t-elle à elle-même et nous parle-t-elle par mille phénomènes*. Pour le témoin attentif, elle n'est nulle part morte ou muette [...] [2].

La nature fait retour à elle-même en apparaissant à sa créature la plus apte à la reconnaître. Encore faut-il que l'homme sache entendre cette parole de la nature. L'homme moderne, puisque, sans doute possible, celui-ci est l'exemple même d'un témoin inattentif que Goethe évoque *a contrario*, a sans doute pu méconnaître toute la puissance signifiante de la phénoménalisation de la nature. Mais cela ne signifie nullement que la nature ait fait silence ni qu'elle ait été réellement contrainte au mutisme par la décision de l'homme de la réduire à un espace mécanique. L'homme moderne a tout simplement désappris un langage et s'est obstiné dans sa surdité. Par là même, il n'a pu que manquer à la naturalité de son être-homme puisqu'il s'est abstrait du mouvement de vie qui le porte et lui donne d'exister, de percevoir et de connaître. L'homme reçoit de la nature elle-même sa puissance de connaître. S'il se veut indifférent à la parole originaire, il ne peut que méconnaître son ancrage ontologique naturel, sa *nature d'homme*. Il échoue, dès lors, à connaître la réalité de la

1. *Ibid.*, p. 315 ; trad. p. 71-72.
2. *Idem* ; trad. p. 72 (nous soulignons).

nature, puisqu'il nie cette phénoménalisation par laquelle la nature noue avec lui un rapport de connivence. Il s'élance dans les espaces infinis qu'il conçoit au risque de se perdre.

Toute la démarche scientifique qui sous-tend la rédaction de la *Farbenlehre* prend appui sur cette connivence ontologique à laquelle Goethe tient à faire droit comme à l'unique garantie d'une connaissance possible de la nature. L'*Introduction* prolonge directement les thèses de l'*Avant-propos*[1]. Goethe y écrit :

> [...] la couleur est la forme sous laquelle, selon sa loi, la nature s'offre au sens visuel[2].

L'idée d'une connivence ontologique y est soutenue encore plus explicitement :

> L'œil doit son existence à la lumière. À partir d'organes animaux secondaires et indifférents, la lumière produit pour elle un organe qui lui soit semblable, et ainsi l'œil se forme par la lumière et pour la lumière, afin que la lumière intérieure vienne répondre à la lumière extérieure[3].

Les organes de la perception sont des événements que la nature engendre comme gage de sa reconnaissance.

Il faut saisir, sous ce langage quelque peu aventureux, l'idée même de la connivence : l'homme est un moment de la nature qui, à ce titre, ne peut avoir d'activité plus saine et plus fondée que de reconnaître ce qui le porte et constitue les conditions de possibilité de ses expériences et de ses jugements. L'objet, jusque dans son noyau de sens, est ainsi accessible au sujet parce que sujet et objet participent d'un même être et d'une même vie. À ce titre, l'objet et le sujet s'entr'appartiennent toujours déjà, il sont *semblables*. Goethe se rappelle ainsi « l'antique école ionienne, laquelle allait constamment répétant avec insistance que le semblable ne pouvait être reconnu que par le semblable »[4] ou encore la mystique rhénane – Jakob Böhme qu'il cite en l'occurrence :

> Si l'œil n'était pas solaire
> Comment apercevrions-nous la lumière ?

1. Cf. J.W. GOETHE, *Zur Farbenlehre...*, H.A., XIII, p. 322-329 ; trad. p. 79-85.
2. *Ibid.*, p. 324 ; trad. p. 81.
3. *Ibid.*, p. 323 ; trad. p. 80.
4. *Idem* ; trad. franç., p. 80.

Si ne vivait pas en nous la force propre de Dieu,
Comment le divin pourrait-il nous ravir ? [1].

L'œil et la lumière s'entr'appartiennent parce que la nature – la lumière – donne, dans un même mouvement, la vie et la norme aux organes de l'homme. L'échange entre Goethe et Schopenhauer autour de questions essentielles de chromatologie en 1813 et 1814 est ainsi particulièrement édifiant. Schopenhauer fut passionné de chromatologie et d'optique au point d'écrire, en 1816, un essai *Sur la vue et les couleurs*[2]. Comme la plupart de ses contemporains, Schopenhauer chercha alors à se placer sous l'égide de l'Olympien, dont il connaissait la *Farbenlehre*. Mais, selon les témoins, le désaccord règna entre les deux hommes. Lorsque Schopenhauer se risqua à expliquer que le monde sensible est notre représentation et que la lumière ne serait pas si nous ne la voyions pas, Goethe se contenta d'une réponse sèche : « Non, *vous* ne seriez pas, si la lumière ne *vous* voyait » [3]. L'inversion des termes manifeste le refus de tout subjectivisme mais aussi la prégnance du souci d'une connivence ontologique, c'est-à-dire réelle, et non pas seulement logique et conceptuelle, entre le sujet connaissant et la réalité naturelle qui lui apparaît.

Pour Goethe, il est tout à fait évident que nous percevons une réalité intramondaine, quelle qu'elle soit, dans la mesure où nos organes percevants sont eux-mêmes préformés pour cette connaissance. Le monde nous est toujours déjà connu. Ainsi, l'acte de connaissance est la *réponse* à l'intention première de la nature, celle de persévérer dans son être, de s'accomplir et par là de se manifester. En même temps, l'acte de connaissance est le *prolongement* de cette intention naturelle, à laquelle il fait droit. La piété cosmique de Goethe prend ici le visage d'une confiance ontologique en l'unité vitale et dynamique de la formation du monde, confiance qui définit la disposition affective et théorique de notre présence au monde :

> Cherchez en vous-mêmes, vous y trouverez tout, et soyez heureux qu'il existe en dehors de vous, de quelque nom que vous vouliez l'appeler,

1. *Idem.*
2. Cf. A. SCHOPENHAUER, *Über das Sehn und die Farben*, hrsg. von J. Frauenstädt, Leipzig, 1870 ; trad. de M. Élie : *Textes sur la vue et sur les couleurs*, Paris, Vrin, 1986.
3. Cité par M. Élie dans son *Introduction* à A. SCHOPENHAUER, *Textes sur la vue et sur les couleurs*, *op. cit.*, p. 18.

> une nature qui dit oui et amen à tout ce que vous avez découvert au dedans de vous [1].

Cette analogie entre le sujet et l'objet ne marque cependant aucune préséance de la *mens* sur la *res*, aucune prévalence logique ni projet d'une raison toute-puissante, mais un accord d'équilibre entre les pôles objectif et subjectif qui ressortit à la puissance de génération de la nature. Sur fond de cette entr'appartenance, la connaissance s'apparente à un laisser-être, et non plus à un arraisonnement :

> C'est une tâche agréable que d'étudier à la fois la nature et soi-même sans faire violence ni à elle ni à notre esprit, mais en établissant entre les deux un équilibre par le moyen d'une douce influence réciproque [2].

Un tel équilibre contraste bien évidemment avec la « chambre de torture » où la science moderne expérimentale « soumet la nature à la question ». Goethe lit chez Kepler, au seuil de la dérive prométhéenne, tout à la fois une des dernières reconnaissances de la densité ontologique de la nature et l'espérance inquiète d'une commensurabilité de l'esprit humain à cette donation originaire :

> Kepler disait : « Ce Dieu que je trouve partout dans la nature, mon vœu le plus cher serait de le percevoir de la même façon au dedans de moi ». Ce noble esprit sentait à son insu qu'au moment où il parlait ainsi, le principe divin en lui se trouvait dans la plus intime liaison avec le principe divin de l'univers [3].

Ainsi, les travaux scientifiques de Goethe présupposent l'accessibilité de la chose en soi et des essences, laquelle n'est pas justifiée scientifiquement mais s'appuie à son tour sur l'affirmation d'une connivence ontologique qui, à dire vrai, relève plus d'une métaphysique de la présence que d'une analyse scientifique rigoureuse. Pour autant, la prétention de Goethe à élever sa philosophie de la nature au rang de science rigoureuse n'est pas nulle et non avenue. Son entreprise est sans doute viciée au départ, mais l'acquis n'est pas dépourvu de valeur. À une époque où se croisaient le rationalisme moderne, l'idéalisme et, déjà, le scientisme positiviste, l'immense mérite de Goethe est d'avoir revalorisé, dans un même mouvement, l'empirie et l'idée de vérité. La science rigoureuse passait par là. Ce qui fait défaut à sa réflexion épistémologique et à sa méthodologie, c'est l'instance proprement critique –

1. J.W. GOETHE, *Maximen und Reflexionen*, 511, H.A., XII, p. 435 ; trad. p. 136.
2. *Ibid.*, 248, p. 399 ; trad. p. 136.
3. *Ibid.*, 8, p. 365 ; trad. p. 52.

ce qu'en phénoménologie, on nomme le moment de l'idéalisme transcendantal. Pour fonder scientifiquement la connaissance des essences, il est nécessaire d'en revenir à la vie immanente de la conscience ou à la vie de l'ego transcendantal, avant que ne s'établisse le face-à-face du sujet et de l'objet. L'analyse proprement transcendantale de la subjectivité doit permettre d'exhiber en toute certitude les structures nécessaires et universelles du monde vécu. Une telle exigence est demeurée étrangère à la pensée de Goethe. La raison de cette lacune réside sans doute dans sa méfiance à l'égard de tout subjectivisme. Goethe manque de recul par rapport à la modernité rationaliste. S'il ne craint pas l'empirisme ni même un positivisme bien compris – celui qui sait s'en tenir aux informations « positives » que nous livrent nos sens –, il récuse tout type de subjectivisme par réaction à l'anthropocentrisme qui domine la vision moderne du monde. L'idée même de fonder sa science de la nature sur une analyse de la subjectivité constituante lui serait apparue tout à fait absurde. Mais, dès lors, il ne pouvait fonder scientifiquement sa connaissance des essences et se condamnait à un réalisme qui demeure *naïf*. Il ne lui restait qu'à mobiliser sa piété cosmique pour faire valoir le principe d'une connivence ontologique que n'avaient pas méconnu les Grecs. De ce point de vue, donc, la *Naturphilosophie* de Goethe demeure encore idéologique, quand bien même elle accomplit un retour aux choses mêmes. La thèse métaphysique qu'elle avance – la connivence ontologique – lui permet cependant, par provision, de fonder un véritable empirisme phénoménologique que sa carence critique ne suffit pas à ruiner. C'est pourquoi l'on peut s'obstiner à faire crédit à Goethe d'une philosophie de la nature *qui se veut science rigoureuse* ou, si l'on préfère, d'une *Naturphänomenologie* programmatique.

DEUXIÈME PARTIE

LA NATURE COMME UNI-TOTALITÉ VIVANTE

La *Naturphilosophie* de Goethe est avant tout une morphologie. Goethe a ainsi qualifié l'essence même de sa démarche, forgeant un terme dont nous avons aujourd'hui tendance à oublier l'origine tardive. Le terme de « morphologie » comprend logiquement la signification éidétique et empirique de sa phénoménologie de la nature. En 1817, Goethe publie dans son premier *Cahier de Morphologie* deux courts essais rédigés dès 1807 à Iéna: *Das Unternehmen wird entschuldigt*[1] et *Die Absicht eingeleitet*[2]. Le second texte surtout retient l'attention: Goethe y oppose sa morphologie à l'analyse moderne. La dissociation de l'objet en éléments discrets est, de fait, au principe même de la science moderne. Le *leitmotiv* cartésien du retour à l'élément le plus simple commande la valorisation unilatérale et exclusive du modèle analytique, et la mise à la question de la nature doit, selon Francis Bacon, prendre l'allure d'une dissection du donné naturel. Goethe écrit:

> Lorsque les objets naturels, et surtout les êtres vivants, nous apparaissent de façon telle que nous souhaitons comprendre leur nature et leur activité dans l'ensemble, nous croyons parvenir au mieux à cette connaissance en les dissociant en leurs parties, et cette voie en effet est réellement propre à nous mener très loin. Il nous suffira de rappeler en quelques mots seulement aux amis du savoir comment la chimie et l'anatomie ont contribué à la compréhension et à une vue d'ensemble de la nature[3].

Mais les succès de l'analyse dépassent de loin les limites historiques des Temps Modernes. La physique moléculaire et la bio-chimie de notre temps ne font que confirmer la préséance de ce paradigme dans les sciences naturelles et mêmes humaines. L'analyse met en œuvre un programme réductionniste «interne» qui ramène toute réalité à des

1. Cf. J.W. GOETHE, *Das Unternehmen wird entschuldigt*, H.A., XIII, p.52-54; trad. de H. Bideau: *L'auteur excuse son entreprise*, in *La métamorphose des plantes...*, *op. cit.*, p.73-75.
2. Cf. J.W. GOETHE, *Die Absicht eingeleitet*, H.A., XIII, p.54-59; trad. de H. Bideau: *Il introduit son dessein*, in *La métamorphose des plantes...*, *op. cit.*, p.75-80.
3. *Ibid.*, p.54-55; trad. p.75.

entités microcospiques qualitativement indifférenciées et qui sont censées valoir comme noyau ultime de la réalité. Cependant, Hölderlin avait averti, dès son *Hypérion*, des dangers que le réductionnisme fait courir à l'homme qu'un délire d'uniformisation abstraite du savoir livre à l'absurdité d'un retournement du modèle analytique contre celui-là même qui l'initie :

> [...] il se disloque : il exerce sur lui-même tous ses tours, comme si l'on pouvait reconstruire, à l'instar d'un ouvrage de maçonnerie, de la substance vivante une fois désagrégée ! [1].

Goethe est aussi perspicace et met en garde contre l'illusion d'une connaissance purement analytique :

> Mais constamment poursuivis, ces efforts de dislocation ont aussi bien des inconvénients. Le vivant est bien décomposé en ses éléments, mais à partir de ceux-ci on ne peut le reconstituer et lui rendre la vie. Ceci est vrai déjà pour de nombreux corps inorganiques, et à plus forte raison pour les corps organiques [2].

On ne peut connaître un objet en le décomposant, surtout s'il est de nature organique. On ne peut saisir ainsi que des fragments abstraits, et non pas la chose même.

La prise en considération des fragments ne permet pas d'accéder à la chose, car ils n'entretiennent avec elle aucun rapport de fondation. Un principe de totalité, qu'à suivre Goethe (et en anticipant sur Husserl[3]), on nommera « forme », doit être invoqué. La forme va donner son unité au tout de la chose. Elle appartient à l'objet : elle l'informe réellement. Si des agrégats peuvent être assemblés en pensée, le tout a une unité *réelle* de forme. La forme d'unité ne peut être indifférente à ses parties, elle ne peut être séparée de l'étant qu'elle structure : elle exprime l'unité à travers la multiplicité et, à ce titre, ne peut pas être abstraite de l'objet. Ainsi, la connaissance d'un objet qui forme un tout ne peut se réduire à une analyse d'agrégats ou de fragments. Il ne s'agit pas, bien sûr, de récuser purement et simplement la méthode d'analyse de l'objet. L'analyse garde ses droits : on peut invoquer la notion de forme sans

1. Fr. HÖLDERLIN, *Hyperion oder der Eremit in Griechenland*, Leipzig, s.d., p. 69 ; trad. de Ph. Jacottet : *Hypérion*, Paris, 1965, p. 100.

2. J.W. GOETHE, *Die Absicht eingeleitet*, H.A., XIII, p. 55 ; trad. p. 75.

3. Cf. E. HUSSERL, *Logische Untersuchungen. Zweiter Band. Erster Teil. Untersuchungen zur Phänomenologie und Theorie der Erkenntnis (III)*, *Hua* XIX/1, hrsg. von U. Panzer, The Hague, 1984, p. 229-300 ; trad. de H. Élie, A.L. Kelkel et R. Schérer : *Recherches logiques (III)*, Tome 2, deuxième partie, Paris, 1972, p. 7-81.

rejeter le principe de la divisibilité des objets. Mais il faut revoir les prétentions de l'analyse en admettant qu'elle ne peut saisir, par quelque reconstruction que ce soit, le tout de l'objet ou l'objet en sa totalité. L'analyse n'a de pertinence que si elle n'entraîne pas à sa suite une dérive réductionniste. En somme, tenir compte de la forme implique que l'on reconnaisse en chaque partie bien plus qu'une partie. Parce que la partie *participe* au tout, elle est déjà intégrée à la constitution totale du sens de l'objet. La partie en tant que telle ne peut expliquer ultimement le tout parce qu'elle tire elle-même sa justification de la totalité.

Goethe reconnaît dans l'histoire des sciences la constance d'un souci de la forme, dont il se réclame lui-même :

> [...] de tout temps, l'homme de science a ressenti le besoin d'identifier les formations vivantes, d'appréhender en une totalité leurs composantes, visibles, saisissables, de voir en elles ce par quoi s'exprime l'être intérieur, et ainsi de parvenir à une intuition de l'ensemble [1].

À la dissection du réel, Goethe oppose un respect pour la profondeur et un regard libre et purement théorique sur la totalité foncièrement originale de la chose même. Il ne s'agit plus d'une démarche analytique mais d'une vue synthétique intuitive. Selon le principe de fondation du savoir dans l'intuition originaire, la science des formes usera donc de l'intuition en tant que vision de la totalité synthétique. Goethe en appelle ainsi à l'intuition catégoriale de la totalité qui définit l'unité de la chose. Si cette totalité n'est pas donnée à la manière d'un fait brut et positivement sensible, elle peut néanmoins être visée et identifiée dans le processus de connaissance. Parce que la forme in-forme réellement l'objet, elle commande son apparaître. Elle est la loi de sa manifestation et garantit sa reconnaissance par des points de vue aussi différents que multiples parce qu'elle en définit l'identité. La science qui s'élève ainsi à l'intuition catégoriale de la totalité formelle laisse être la chose avant que de la soumettre à toute analyse dissociante. L'analyse ne peut avoir d'application qu'à concurrence du respect de la forme et n'avoir de pertinence que relative, tant il est vrai que l'unité de la chose lui demeure inaccessible. C'est cette science de la forme que Goethe nomme morphologie :

1. J.W. GOETHE, *Die Absicht eingeleitet*, H.A., XIII, p. 55 ; trad. (modifiée) p. 76.

> On rencontre dans le cheminement de l'art, du savoir et de la science, plusieurs tentatives pour fonder et développer une connaissance que nous aimerions appeler la morphologie [1].

La morphologie est le cœur de la science de la nature, tant il est vrai que la propriété première de la nature est de paraître et que le propre de la morphologie est de laisser la chose se manifester pour en saisir la vérité, par intuition catégoriale, à même sa phénoménalisation.

L'étude morphologique permet de dégager trois dimensions déterminantes du phénomène : l'universalité, la libre invention et la qualité.

1. L'universalité : Goethe rapproche la forme d'un universel incarné, qu'il n'y a plus lieu, bien sûr, de distinguer de l'*Urphänomen*. La morphologie est bien une science éidétique. On lit sous la plume de l'Olympien :

> Pour désigner dans son ensemble l'existence d'un être réel, l'Allemand dispose du mot forme *[Gestalt]*. En employant ce terme, il fait abstraction de ce qui est mobile, il admet que des éléments formant un tout sont établis, achevés et fixés dans leurs caractères [2].

La forme désigne donc d'abord l'unité des caractères fixes de l'étant, ce qui en détermine l'essence et, par là, le rend reconnaissable. La forme permet de spécifier la chose en la situant dans une rationalité élargie : si un chien m'apparaît, je le reconnais dans sa forme de chien, avec les caractères de l'espèce canine, à l'exclusion de tous les caractères qui définissent exclusivement, par exemple, l'espèce féline. Il s'agit là de déterminations fixes, lesquelles appartiennent à toute individualité qui exemplifie l'universalité en question. Cette universalité formelle n'est donc pas une universalité abstraite. Elle forme la réalité même de la chose et rend possible, dans la foulée, que toute individualité formée s'inscrive dans une rationalité charnelle toujours plus universelle. La raison formelle est universelle parce qu'invariable sous la multiplicité des cas. Cette universalité de la forme correspond aussi à ce que Goethe nomme l'« idée » :

> Ce qu'on appelle une idée, c'est ce qui reparaît toujours et, pour cette raison, se présente à nous comme la loi des phénomènes [3].

1. *Idem.*
2. *Idem.*
3. J.W. GOETHE, *Maximen und Reflexionen*, 13, H.A., XII, p. 366 ; trad. p. 25.

La forme est la loi du phénomène objectif que l'« empirisme rationnel » de Goethe est capable de saisir. Cette légalité équivaut à une logique qui donne raison et consistance au phénomène. Toute universalité ne peut se maintenir que parce qu'elle s'inscrit dans le tissu du réel, c'est-à-dire parce qu'elle participe, par sa permanence même, à l'universalité la plus ample, celle de la nature :

> L'idée est éternelle et unique ; nous avons tort de parler d'elle au pluriel. Tout ce que nous percevons, tout ce que nous pouvons exprimer ne sont que des manifestations de l'idée unique [1].

Toutes les formes se ramènent, en définitive, à l'idée unique : l'idée de la nature. Les formes universelles se répètent partout, en tout temps. À travers elles, une même nature perdure et s'étend à l'infini, sans que rien ne lui soit étranger. La cohérence des formes témoigne d'une uni-totalité plus large, celle de la nature, dont elles sont autant de moments. La science morphologique de Goethe rend d'abord compte de cette unité et de cette universalité de la nature. Le premier chapitre de cette seconde partie sera consacré à l'uni-totalité de la nature, à sa cohérence et à sa continuité.

2. La libre invention : le discours morphologique faillirait gravement à sa tâche, cependant, s'il en restait là. Il ne saisirait qu'imparfaitement la forme et s'illusionnerait sur la complétude et l'originarité de son intuition en se bornant à rendre compte de l'universalité statique de l'*Urphänomen*. En effet, toute expérience du monde et de la nature, donc des formes, n'est pas seulement une expérience d'universalité stable, mais encore d'un *mouvement* des formes. C'est précisément ce que note Goethe dans *Die Absicht eingeleitet* :

> Mais si nous observons toutes les formes, et en particulier les formes organiques, nous constatons qu'il ne se trouve nulle part de constance, d'immobilité, d'achèvement, et qu'au contraire tout oscille dans un mouvement incessant. C'est pourquoi notre langue se sert à fort juste titre du mot formation *[Bildung]*, tant pour désigner ce qui est produit que ce qui est en voie de l'être [2].

La nature unique ne peut pourtant être livrée à l'insécurité d'un mouvement infini, sans repères ni logique. La mobilité de l'essence ne contredit nullement, aussi paradoxal que cela puisse paraître, le principe de son immobilité. La forme est tout à la fois mobile et immobile, au sens

1. *Ibid.*, 12, p. 366 ; trad. p. 26.
2. J.W. GOETHE, *Die Absicht eingeleitet*, H.A., XIII, p. 55 ; trad. p. 76.

où elle est une rationalité universelle en mouvement, qui s'invente et réalise des possibilités insoupçonnées par l'esprit humain, sans pour autant tomber dans l'anarchie. Chaque invention de la forme et chaque concrétisation de la forme, jusqu'à sa modification la plus radicale – c'est-à-dire sa transition dans une autre forme – témoigne de la liberté de la nature unique. Cette liberté de la nature n'équivaut point à un échec de la raison, mais bien plutôt à un être en puissance qui est autant le signe de la transcendance de la nature que, parallèlement, de la finitude de notre esprit. Le seconde chapitre sera consacré à cette dimension inventive et libre de la nature et de ses formes.

3. La qualité: le mécanicisme analytique combattu par Goethe ne prend en compte que l'un des pôles de la réalité phénoménale, à savoir le pôle quantitatif. La divisibilité s'appuie sur la mensuration numérique qui permet de dénombrer les fragments ou atomes qui composent la chose. La qualité – l'autre pôle de la réalité –, qui n'est certes pas quantifiable selon un modèle mathématique euclidien classique, ne peut qu'être dénigrée dans un tel contexte. La qualité, en définitive, est retirée à la chose. Elle n'est plus qu'une qualité seconde, dépendante immédiatement de la subjectivité. Il en va ainsi, par exemple, de la couleur. Le projet de *mathesis universalis* nie arbitrairement des moments constitutifs de la chose. À ce compte, les objets sont incolores.Tout au contraire, si, à la faveur d'un regard naïf ou dans le cadre d'une science morphologique, on fait droit à la forme de la chose, sa couleur apparaît comme un moment réel et constitutif. La couleur appartient nécessairement à notre intuition de la chose et donc à la chose même, comme n'importe quelle qualité essentielle. C'est un moment inhérent dont la matérialité même s'impose à notre pensée. Goethe témoigne, de ce point de vue également, de l'essence «phénoménologique» de sa science morphologique, puisque celle-ci va saisir un *a priori* matériel qui détermine notre appréhension de la chose avant toute prédication, avant même toute objectivation de la chose. Le lien entre la forme, la qualité et l'affect sera analysé dans le troisième chapitre.

CHAPITRE PREMIER

UNITÉ, UNIVERSALITÉ ET CONTINUITÉ DE LA NATURE

L'EXPÉRIENCE BASALE DE LA NATURE UNIQUE ET TOTALE

Nous avons déjà souligné l'inspiration grecque de Goethe. Sa science de la nature, attentive à l'intuition, aux sens, à la forme et à l'essence, évoque clairement un mode de penser proche de l'aristotélisme ou, de manière générale, de la cosmologie antique. C'est à ce titre, sans doute, que la science goethéenne de la nature est aussi une philosophie de la nature. On peut en effet penser que la philosophie grecque, « dans une traduction correcte, dans son sens originel, cela ne veut rien dire d'autre que science universelle, science du tout du monde, de l'uni-totalité de tout l'étant » [1]. Goethe s'est voué à la tâche d'élaboration d'une science de la nature comprise comme uni-totalité. Dans l'étude rigoureuse de la nature et de ses moments, qui sont autant d'actualisations de son universalité, Goethe s'efforce de thématiser les structures du concept naturel de monde. Il est conduit, de la sorte, à souligner l'unité de la nature, sa constance sous le foisonnement de ses formes, sa préséance d'apparaître sur l'ordonnancement de nos pensées. En somme, il s'attache à la portée transcendantale universelle de la nature.

> Est nature le primordial, c'est-à-dire le non-construit, le non-institué ; d'où l'idée d'une éternité de la Nature (éternel retour), d'une solidité. La nature est un objet énigmatique, un objet qui n'est pas tout à fait un objet ; elle n'est pas tout à fait devant nous. Elle est notre sol, non pas ce qui est devant, mais ce qui nous porte [2].

1. E. HUSSERL, *Die Krisis...*, *Hua* VI, *op. cit.*, p. 321 ; trad. p. 355.
2. M. MERLEAU-PONTY, *La Nature. Notes. Cours du Collège de France*, éd. par D. Séglard, Paris, 1995, p. 19-20.

Solidité, unité, universalité, éternité, vie, évidence antéprédicative: telles sont les dimensions de la nature qui sont mises en évidence à chaque moment du développement de la pensée de Goethe. L'expérience de la nature dont il se veut le témoin éclairé est l'expérience d'une continuité sans faille, rendue manifeste par la participation de toutes les formes à une même rationalité: aucun *Urphänomen* ne fait irruption dans la nature, mais chacun s'inscrit en elle en se trouvant dans un rapport d'équilibre avec les autres essences. Il y a discontinuité qualitative (une forme n'est pas l'autre), mais la forme s'intègre, au gré de rapports «justes» (au sens de la *dikè* grecque) avec les autres formes, dans la logique élargie du champ universel de la nature. Comme toute individualité accède au sens par sa fondation nécessaire dans l'*Urphänomen*, de même chaque forme universelle ne prend de signification ultime qu'en actualisant sous une figure qualitativement distincte l'universalité absolue de la nature. Les discontinuités morphologiques ne prennent sens et ne peuvent être perçues que parce que l'expérience basale est celle de la continuité du champ et de la vie de la nature. Les rapports éidétiques entre les *Urphänomen* se tissent sur un tel fond. D'universalité en universalité, on remonte à l'universalité première, toujours présupposée. La science morphologique de Goethe est une théorie continuiste des discontinuités formelles qualitatives. Chaque nouvelle différence morphologique, par ce qu'elle présuppose et par son inscription concrète dans la cohésion des rapports éidétiques, ne fait que confirmer l'unité de la nature.

La figure de Leibniz ressurgit implicitement dans le discours goethéen. À Eckermann, Goethe avoue:

> [...] j'ai horreur de tout ce qui est violent et de tout ce qui procède par bonds: *ce n'est pas conforme à la nature* [1].

La nature est continue, elle s'organise et ne s'égare jamais. Elle n'improvise pas. Un «principe [...] maintient le monde» [2], en manière telle que «la nature ne plaisante pas, elle est toujours vraie, toujours stricte et rigoureuse» [3]. Chaque moment de la nature fait sens, aucun n'est sans raison et tous participent, continûment, à l'unité de la nature. Seule la méconnaissance de son *logos* immanent permet de penser le

1. J.P. ECKERMANN, *Gespräche mit Goethe...* (27 April 1825), *op. cit.*, p.536; trad. p.478 (nous soulignons).
2. *Ibid.* (29 Mai 1831), p.470; trad. p.420.
3. *Ibid.* (13 Februar 1829), p.295; trad. p.275.

contraire. L'erreur est alors le fait de l'homme, et non point de la nature qui, jamais, ne manque à sa rationalité :

> [La nature] a toujours raison, et les fautes et les erreurs ne sont que le fait de l'homme. Elle dédaigne ceux qui ne sont pas à la hauteur de leur tâche, et ne révèle ses secrets qu'à ceux qui sont aptes à les recueillir, aux sincères et aux purs [1].

La sincérité et la pureté que Goethe pose comme un préalable à la connaissance de la nature consiste en un laisser-être du phénomène qui seul peut rendre évidente la raison de la nature elle-même. Cette rationalité est au principe de chaque *Urphänomen*, comme en témoigne les explications que Goethe donne à Eckermann lorsqu'il justifie son principe de continuité :

> J'aime les plantes, j'aime la rose comme la fleur la plus parfaite que puisse produire notre sol allemand, mais je ne suis pas assez fol pour vouloir que mon jardin me la fournisse maintenant, dès la fin d'avril. Je suis satisfait de voir comment se forme sur sa tige une feuille après l'autre, de semaine en semaine ; je me réjouis de voir en mai le bouton, et suis heureux lorsque juin m'offre finalement la rose elle-même dans toute sa magnificience et dans tout son parfum. Celui qui ne peut attendre, qu'il se tourne vers les roses cultivées en serre chaude [2].

Ce n'est pas en simple amateur de jolies fleurs que Goethe parle ici, mais bien plutôt en botaniste attentif et sagace. La continuité de la nature se marque d'abord dans le rythme qui régit le devenir de la chose organique. Il est un temps pour la rose. Angelus Silesius affirme qu'elle fleurit sans pourquoi parce qu'elle n'a d'autre finalité que de fleurir – le but de son acte est son acte même. Mais que la rose fleurisse sans pourquoi ne signifie nullement qu'elle s'épanouisse sans raison. La raison à laquelle se soumet la rose est celle de la nature. Sa floraison ne survient pas comme un événement imprévisible, libre de toute relation d'équilibre. La rose s'inscrit dans un rapport avec toutes les choses de la nature, dans la mesure où son devenir répond aux exigences universelles de celle-ci. La raison naturelle est si rigoureuse qu'elle se répète inlassablement, comme le démontre, dans le cas présent, l'éternel retour des saisons. L'époque fixe de floraison de la rose est un exemple archétypal du rapport de justice et d'ordre qui s'établit entre les différentes données participant de la nature universelle. De la même manière, les raisons

1. *Idem.*
2. *Ibid.* (27 April 1825), p. 536 ; trad. p. 478-479.

formelles ne perdurent pas seulement dans le temps, elles se répètent aussi dans l'espace. Ainsi, on rencontre une même forme en différentes régions de la nature, ou encore la découverte d'une nouvelle forme ne nous surprend pas parce que cette forme inconnue participe manifestement d'une rationalité identique à celle qui soutient les phénomènes qui nous sont déjà connus. Dans ce rapport constant des formes, l'observateur fait l'expérience de l'unité et de l'universalité de la nature.

Voilà ce qu'avait bien compris, à la même époque, Alexandre von Humboldt, homme de science rigoureux et très critique à l'égard de toute spéculation métaphysique, mais qu'animait pourtant un souci profond de l'universalité – raisons pour lesquelles il était proche de Goethe. Le frère cadet du brillant linguiste était pour sa part un grand voyageur, un explorateur émerveillé de cette terre dont il n'a cessé de vanter et de découvrir les richesses, mais aussi la cohésion manifeste à une échelle qui défie les plus puissantes ressources de l'esprit humain. Son *Cosmos. Essai d'une description physique du monde*[1] a une visée claire que le choix de l'épigraphe, empruntée à l'*Histoire naturelle* de Pline l'Ancien, confirme ostensiblement :

> *La puissance majestueuse de la Nature en ses divers aspects ne se révèle que d'une manière douteuse à celui qui n'en perçoit que des parties au lieu de l'embrasser dans sa totalité.*

Le projet de von Humboldt est d'élaborer une science totale du monde. Le titre même de *Kosmos* le confirme, que von Humboldt a choisi car il disait en un seul mot ciel et terre. Mais il s'agit bien ici d'une « description » du monde : l'unité visée ne saurait relever d'aucune Idée, d'aucune logique prédonnée à l'expérience. L'universel se découvre dans une confrontation constante à la particularité matérielle du phénomène. Dès sa *Préface* au *Cosmos*, von Humboldt s'exprime comme en écho à Goethe, lui qui soulignait que l'on ne peut connaître la nature sans être d'abord un naturaliste soucieux de son objet particulier :

> Jouissant, dès ma première jeunesse, des conseils et de la bienveillance d'hommes supérieurs, je m'étais pénétré de bonne heure de la persuasion intime que, sans le désir d'acquérir une instruction solide dans les parties spéciales des sciences naturelles, toute contemplation de la nature en grand, tout essai de comprendre les lois qui composent la

1. A. von HUMBOLDT, *Cosmos. Essai d'une description physique du monde*, 4 volumes, trad. franç. de H. Faye, Paris, 1847. Pour cette édition française, von Humboldt a écrit *en français* une *Préface* et une *Introduction* originales.

physique du monde, ne seraient qu'une vaine et chimérique entreprise[1].

La confrontation à chaque nouvelle forme, vérité éidétique et donc déjà universelle, conduit le chercheur, du fait de la relation d'équilibre qu'elle entretient avec les autres essences naturelles, à porter son regard sur l'uni-totalité de la nature :

> C'est ainsi que le naturaliste avide d'instruction est conduit d'une sphère de phénomènes à une autre sphère qui en limite les effets[2].

Dans ce parcours descriptif du monde, le naturaliste rend compte

> de ce que l'esprit de l'homme aperçoit de général, de constant, d'éternel, parmi les apparentes fluctuations des phénomènes de l'univers[3].

La recherche de la vérité équivaut, pour le naturaliste, à une quête de « la connaissance de la connexité des forces de la nature » jusqu'au « sentiment de leur dépendance mutuelle »[4].

Si l'étude de la nature telle que la conçoit et la pratique von Humboldt ne cherche point à se masquer la diversité des phénomènes ni même une certaine liberté de la nature, le géographe naturaliste aime cependant à souligner la répétition d'une même logique du phénomène en quelque endroit de la terre que l'on se trouve, dans quelque règne du *cosmos* que l'on prenne pied. Se remémorant son très long voyage outre-atlantique, à l'occasion duquel il fit nombre d'observations décisives pour la connaissance géographique et climatologique du Nouveau-Monde, Alexandre von Humboldt écrit :

> Lorsqu'après une longue navigation, éloignés de la patrie, nous débarquons pour la première fois sur une terre des tropiques, nous sommes agréablement surpris de reconnaître dans les rochers qui nous environnent ces mêmes schistes inclinés, ces mêmes basaltes en colonnes, recouverts d'amygdaloïdes cellulaires que nous venons de quitter sur le sol européen [...][5].

1. *Ibid.*, p. II.
2. *Idem.*
3. *Ibid.*, p. VIII.
4. *Ibid.*, p. 2.
5. *Ibid.*, p. 7.

Le spectacle de la nature est d'abord le spectacle d'une constance, d'une répétition du même, par laquelle se signe la pérennité d'une raison immanente à l'apparaître des formes, évidente dans ce

> retour périodique des mêmes phénomènes et le mode uniforme d'après lequel ils se groupent par zones superposées [1].

L'expérience de l'unité de renvoi des formes nous permet, au demeurant, de ne jamais errer dans une nature dont les analogies nous apprennent à reconnaître l'unité à même la différence morphologique la plus évidente, de telle sorte que rien de ce qui est naturel ne nous est étranger et que nous sommes aptes à entretenir un rapport de familiarité avec n'importe quelle innovation de la nature :

> Nous nous représentons si étroitement uni tout ce qui tient à la vie organique, que, s'il paraît d'abord qu'une végétation semblable à celle du pays natal devrait charmer nos yeux de préférence, comme le fait pour notre oreille, dans sa douce familiarité, l'idiome de la patrie, nous nous sentons néanmoins naturalisés peu à peu dans des climats nouveaux. Citoyen du monde, l'homme en tout lieu finit par se familiariser avec ce qui l'environne [2].

Si l'homme se fie à son seul regard – mais au regard le plus profond, celui qui saisit les *formes* –, il aperçoit alors le regard que les choses elles-mêmes lèvent vers lui et, dans ce regard originel, il reconnaît le rayonnement intime de l'universalité de la nature. Il lui reste alors à conformer sa pensée et à ordonner son discours à cette raison du phénomène pour constater que

> la nature, considérée rationnellement, [...] est l'unité dans la diversité des phénomènes, l'harmonie entre les choses créées dissemblables par leur forme, par leur constitution propre, par les forces qui les animent ; c'est le Tout *(to pan)* pénétré d'un souffle de vie [3].

Pour von Humboldt le résultat le plus élevé d'une étude rationnelle de la nature est

> de saisir l'unité et l'harmonie dans cet immense assemblage de choses et de forces, d'embrasser avec une même ardeur ce qui est dû aux découvertes des siècles écoulés et à celles du temps où nous vivons, d'analyser le détail des phénomènes sans succomber sous leur masse.

1. *Ibid.*, p. 14.
2. *Ibid.*, p. 7-8.
3. *Ibid.*, p. 3.

> Sur cette voie, il est donné à l'homme, en se montrant digne de sa haute destinée, de comprendre la nature, de dévoiler quelques uns de ses secrets, de soumettre aux efforts de la pensée, aux conquêtes de l'intelligence, ce qui a été recueilli par l'observation [1].

À lire de tels passages du *Cosmos* d'Alexandre von Humboldt, on ne s'étonnera pas de la profonde estime réciproque qui le liait à Goethe. L'esprit est rigoureusement le même. Depuis l'empirisme rationnel jusqu'à l'attention pour la morphologie, un même souci d'universalité, de continuité et de constance dans les phénomènes gouverne le texte de von Humboldt. La nature est rigoureusement vraie, et cette vérité doit être saisie dans son universalité concrète. L'immense mérite de von Humboldt est d'avoir osé une tentative d'exposé systématique qui, par le sérieux et la prudence de son interprétation des phénomènes positifs observés, tranche nettement avec les systèmes spéculatifs de l'idéalisme ou d'une certaine *Naturphilosophie*. Ni naïveté, ni idéologie dans cet *Essai d'une description physique du monde*, mais seulement un exposé global des connaissances d'une époque, qui, par son ordonnancement général, témoigne d'un accès possible à la raison du monde et qui n'a d'autre prétention que de contribuer, à un moment donné de l'histoire des sciences et dans l'attente de nouvelles découvertes, à l'explicitation d'une vérité éternelle.

Alexandre von Humboldt cite Goethe à plusieurs reprises dans son *Cosmos*. De tels auspices ne sont pas usurpés. Lorsque Goethe écrit que « la nature n'a pas à se préoccuper d'une erreur éventuelle. Elle ne peut, quant à elle, agir qu'avec une rectitude éternelle, insoucieuse de ce qui s'ensuivra » [2], il exprime sans doute au mieux l'une des convictions profondes de von Humboldt, formée à l'observation des phénomènes. Tous deux accordent une valeur transcendantale à la manifestation du phénomène naturel. La nature est la norme, car elle se donne comme rationalité absolue et originaire, et par là comme universalité et constance. En ce sens, la nature n'est pas un corps ni un objet, mais, avant tout, notre sol, ce sol de vérité préalable à toute décision humaine et à tout projet, pratique ou théorique. La « solidité », au sens de la certitude que nous offre un sol transcendantal, est le caractère premier de la nature pour Goethe. Le fameux *Tobler-Fragment* (1782) l'affirmait déjà :

1. *Ibid.*, p. 3-4.
2. J.W. GOETHE, *Maximen und Reflexionen*, 7, H.A., XII, p. 365 ; trad. p. 135.

> [la nature] est à tout jamais vie, devenir et mouvement, et pourtant, elle ne se meut pas [1].

La nature ne peut être le cadre d'un mouvement qu'à condition de se donner, dans son immobilité même, comme norme du mouvement. Sa solidité ou son immobilité – sa pérennité – correspondent à ce statut de norme, à tel point qu'en toute rigueur, on ne peut pas plus parler d'immobilité que de mobilité de la nature. Elle n'est ni en mouvement, ni en repos ; elle est la condition de possibilité de tout mouvement comme de tout repos. Pour le dire en termes plus goethéens, si le visage de la nature peut être celui d'une vie et d'un devenir infinis, c'est qu'elle se donne d'abord comme norme absolue, fixe. Bien sûr, la norme ne prend sens que par ce qui est normé. C'est le sens même de sa normativité. Mais le mouvement infini de la nature ne peut, à l'inverse, prendre sens que si l'on découvre, au cœur même de sa manifestation, sa norme la plus intime et la plus universelle. Cette dimension normative de la nature lui assure son universalité et son unité : elle est une vérité éternelle qui permet d'évaluer toutes choses en fonction d'un champ d'apparaître unique et transcendantal. Sans doute peut-on ainsi soutenir que toute la *Naturphänomenologie* de Goethe se développe sous l'horizon d'une « géologie transcendantale » – au sens où sa description du phénomène de la nature fait droit à la norme la plus originaire de tout événement de nature. Goethe décrit cette norme dans tous les règnes de la nature, rendant compte ainsi de l'universalité normative qui garantit l'unité de la nature. La nature ne fait pas de bond parce qu'elle est tout entière régie par une même logique d'essence.

Le statut géologique de la norme naturelle

Ses travaux appliqués de naturaliste conduisent Goethe à donner un visage tout à fait particulier à cette géologie transcendantale. En effet, il

1. J.W. GOETHE, *Die Natur*, H.A., XIII, p. 46 ; trad. (modifiée) p. 303. Notons qu'il suffirait de substituer le terme *Erde* à celui de *Natur* pour que ces notes puissent passées pour des extraits du célèbre manuscrit D 17 de Husserl. Cf. E. HUSSERL, *Grundlegende Untersuchungen zum phänomenologischen Ursprung der Räumlichkeit der Natur*, in *Philosophical Essays in Memory of Edmund Husserl*, ed. by M. Farber, New York, 1968, p. 305-325 ; trad. de D. Franck : *L'arche-originaire Terre ne se meut pas. Recherches fondamentales sur l'origine phénoménologique de la spatialité de la nature*, in *La Terre ne se meut pas*, Paris, 1989, p. 11-29.

doit être possible de saisir cette normativité dans la constitution de chacun des moments objectifs et matériels de la nature. Par exemple, et au niveau le plus élémentaire, dans le règne géologique au sens strict. Goethe a ainsi consacré un certain nombre de ses recherches de naturaliste à la question de la constitution des couches géologiques. Ces travaux sont de deux ordres, à dire vrai étroitement liés. D'une part, en de multiples endroits de sa correspondance, de ses relations de voyage, de ses réflexions, de ses journaux personnels ou autres écrits à caractère auto-biographique, il multiplie les allusions à la question tout à fait générale de la constitution géologique. D'autre part, Goethe rédige simultanément de nombreux articles, dissertations ou brèves analyses qui portent sur des sites géologiques remarquables[1]. On pourrait citer des études sur la géologie de la Bohème en général ou sur la minéralogie de Thuringe, un catalogue des roches de Marienbad, une description détaillée et raisonnée du Luisenburg (dans le Fichtelgebirge, près de Bayreuth), du Kammerberg (près d'Eger) ou du Wolfsberg (près de Czerlochin, entre Prague et Eger).

Si l'on ne dispose pas d'écrit essentiel de la main de Goethe qui définirait systématiquement sa conception de la science géologique[2] – comme c'est le cas pour sa botanique ou sa chromatologie –, ces travaux descriptifs rigoureux et méthodiques sont suffisamment révélateurs du sens qu'il attribuait à de telles études. Il en va ainsi de sa description raisonnée du Luisenburg[3]. «Description raisonnée» parce que Goethe ne se contente pas de proposer le détail de la composition géologique et minéralogique de ce site, mais tâche d'en expliquer la constitution originale et singulière en fonction d'un certain nombre de lois naturelles auxquelles sont soumis les éléments qui le composent et participent de sa *totalité*. Il se livre à une étude morphologique et éidétique, sans réduire l'objet de son étude à un ensemble phénoméniste qui pourrait être dénombré comme «un amas de rochers au hasard abandonnés». Les quelques mots d'introduction de Goethe sont, de ce point de vue, tout à fait révélateurs :

1. Cf. J.W. GOETHE, *Schriften zur Geologie*, H.A., XIII, p. 251-303.

2. Tout au plus connaît-on un *Projet d'introduction aux problèmes géologiques*, d'à peine une page (cf. *Entwurf zu einer Einführung in geologische Probleme*, H.A., XIII, p. 299) et, à la rigueur, le texte *Sur le granit*, auquel on peut reconnaître un propos théorique plus général (cf. *Über den Granit*, H.A., XIII, p. 243-258).

3. Cf. J.W. GOETHE, *Zur Geologie, besonders der böhmischen – Luisenburg bei Alexandersbad*, J.A., XL, p. 49-51 ; trad. de Ch.-Fr. Martins : *Luisenburg près d'Alexandersbad (1820)*, in *Œuvres d'histoire naturelle...*, *op. cit.*, p. 407-409.

> La masse énorme de ces blocs de granit qui semblent avoir été jetés confusément les uns sur les autres sans qu'on puisse démêler une direction ou une loi d'arrangement quelconque, forme un tableau dont je n'ai trouvé le pendant dans aucun de mes voyages. Pour expliquer ce désordre véritablement chaotique, qui remplit l'âme d'étonnement, de crainte et de terreur, les observateurs ont appelé à leurs secours les tempêtes, les tremblements de terre, les volcans et tous les agents violents qui peuvent bouleverser la surface du globe. L'on ne saurait s'en étonner ; mais un examen plus approfondi et la connaissance de ce que peut l'action lente mais continue de la nature, nous conduisirent à une solution du problème que nous allons soumettre au lecteur [1].

Et Goethe d'expliquer à la suite comment la densité inégale de ces roches granitiques, jointe à l'efficacité des agents atmosphériques et au rapport d'inclinaison entre les rocs et la pente du terrain, ont contribué à la constitution d'un site à la forme certes insolite parce qu'extrêmement complexe, mais non point irrationnelle. Goethe s'enquiert d'une forme matérielle et tente de la saisir *en tant que forme*, avec les multiples paramètres qui la constituent – c'est-à-dire comme une totalité qui fait sens et qui répond à une raison naturelle plus ou moins évidente mais toujours réelle. À l'effroi que peut susciter ce que l'on prend trop vite pour une image du chaos, il oppose la saisie rationnelle d'une loi d'essence qui structure intimement le phénomène positif. La compréhension de cette structure donne la clé de la forme géologique ou minéralogique. Dans un telle optique, l'analyse des éléments constitutifs du site ne peut se passer de l'attention préalable et toujours confirmée pour la totalité de la forme. Aussi Goethe peut-il avancer que toute étude géologique doit tâcher de se faire

> une idée de la structure intérieure et de la forme extérieure des roches prises dans leurs parties et considérées dans leur ensemble [2].

L'observation rationnelle – au sens de l'« empirisme rationnel » – permet de saisir une loi qui est l'image d'une action lente et progressive de la nature, d'une activité continue bien plus que de surgissements chaotiques. La rationalité qui se révèle à l'esprit sagace d'un observateur humble et libre de toute inquiétude comme de toute méfiance à l'égard de la nature, permet de comprendre l'équilibre qui s'est établi entre les différentes forces qui concourent à la lente formation du site et donc d'en

1. *Ibid.*, p. 407-408.
2. J.W. GOETHE, *Zur Geologie, besonders der böhmischen*, H.A., XIII, p. 275 ; trad. p. 339.

expliquer la structure, précisément comme une figure d'*équilibre* – de *justice naturelle*. Le chaos n'est ici qu'apparent. Un ordre naturel bien défini lui demeure sous-jacent. À dire vrai, l'ordre rationnel construit l'apparence de l'intérieur jusqu'à faire de sa complexité phénoménale la concrétude de sa richesse formelle. L'ordre dans le chaos ou, comme le disait Héraclite, « un détritus au hasard abandonné : le plus bel ordre du monde »[1].

Par ailleurs, Goethe fait un rapprochement critique entre l'irrationalité naïve de la terreur humaine, qui naît de la confrontation à un décor exceptionnel, et le recours d'une certaine science aux « agents violents » de la nature en guise de schème explicatif. Au nombre de ces agents violents, Goethe compte les tremblements de terre et les éruptions volcaniques. Le contexte de sa référence à l'activité volcanique ne laisse guère planer de doute sur le reproche qu'il croit devoir faire aux « explications » scientifiques qui recourent à ce type de facteurs naturels. Il reproche à cette attitude d'abdiquer *de facto* toute prétention à l'explication. Invoquer de la sorte la force volcanique ou les secousses telluriques équivaut, en effet, à reconnaître que l'on a pas d'explication à donner, qu'un tel assemblage d'éléments ne se comprend pas, n'a nulle raison, mais résulte, tout au contraire, d'un événement irrationnel dont on ne peut rien dire puisqu'il est dépourvu de toute intelligibilité. Il ne s'agit pas de nier que la science volcanique qui s'est développée après Goethe ait pu élaborer une véritable science du « feu souterrain ». Mais dans le contexte historique de ses travaux de naturaliste, il apparaît évident que le recours à l'argument de l'éruption volcanique ou de la secousse tellurique, dont les lois – la rationalité – sont encore largement ignorées à l'époque, vise à attribuer à une *rupture* de la légalité naturelle le surgissement de phénomènes incompréhensibles qui, compte tenu de la vacuité explicative d'un tel schéma, sont appelés à le rester. De telles interprétations tendent à déconsidérer le phénomène puisque la complexité avec laquelle il nous apparaît ne conduit qu'à lui dénier sa forme et à rompre l'unité logique du *cosmos* en son règne le plus élémentaire.

La faiblesse du schème volcanique décidera de l'adhésion de Goethe – dans le cadre de la problématique géologique et minéralogique générale – au courant *neptuniste*. Les études géologiques en Allemagne ont été dominées, dans les dernières années du XVIIIe siècle, par une

1. HÉRACLITE, *Fragment CXXIV*, in *Les écoles présocratiques*, trad. de J.-P. Dumont, Paris, 1991, p. 94.

polémique d'école qui se cristallisait autour de la question de l'origine de la constitution de l'écorce terrestre. Le grand géologue de l'époque était Abraham Gottlob Werner (1750-1815). Il enseignait à Freiberg où il eut pour élèves Heinrich Steffens, Novalis ou encore Alexandre von Humboldt. Observateur perspicace et collectionneur minutieux des minéraux de l'Erzgebirge, Werner alliait initialement à une extrême rigueur empirique la conviction d'une unité sans faille du monde, à tel point qu'il pouvait aisément se convaincre de ce que le site de l'Erzgebirge, dans ses dimensions limitées, lui offrait l'image parfaite de la constitution géologique du macrocosme de la nature. Il ne se donnait pas même la peine d'élargir le champ de ses recherches et se contentait de prélever dans l'Erzgebirge des spécimens minéralogiques qui formaient une collection exceptionnellement riche. En somme,

> Werner allait à la minéralogie comme à une science descriptive qui doit faciliter le travail des mineurs et, en revanche, s'appuyer à leurs expériences. Dès 1774, le traité *Des caractères extérieurs des fossiles* – c'est-à-dire des minéraux, selon un sens qui se prolongera pendant tout le XVIIIe siècle –, avait défini sa méthode : une classification systématique, utilisant une terminologie rigoureuse dont il n'y avait pas d'exemple avant lui, et concluant une minutieuse observation des couleurs et des formes, de l'éclat et de la transparence, de la densité et de la dureté. Il enseignait à voir et récusait tout ce qui, dans la connaissance, tend à venir en supplément de l'œil exercé [1].

Un regard à ce point « phénoménologique » ne permettait pas de se contenter de buts pratiques. Très vite, la géologie de Werner pris la forme d'une science théorique qui, soucieuse d'expliquer l'origine de la constitution de notre globe terrestre et de témoigner de l'unité de la nature, ne sut pas toujours, à terme, se préserver de tentations spéculatives. Werner fit de sa géologie-minéralogie une *géognosie*. En effet,

> [...] une minéralogie simplement descriptive n'aurait pu apparaître comme la « clef de la nature ». Il y fallait encore une science où l'étude des minéraux proprement dits s'élargissait, devenait celle du globe terrestre, envisagé dans sa structure interne, à cause de la disposition qui y ont les minéraux et de ce qu'elle suggère quant à leur origine et à leurs rapports entre eux. [...] Car c'est vers des vues d'ensemble sur l'histoire de la terre, et d'où sa pensée irradiait comme d'un centre nouveau vers l'histoire des peuples et de leurs langages, que le dirigeait une religiosité naturelle, étrangère à toute orthodoxie mais

1. R. AYRAULT, *La genèse du romantisme allemand...*, I, *op. cit.*, p. 296.

constamment nourrie de la Bible, et prompte à s'élever de l'explication du monde créé jusqu'au créateur[1].

Le charisme naturel du savant professeur ainsi que l'ampleur de ses vues lui permirent d'exercer une énorme influence, qui a d'ailleurs conduit la minéralogie sur le devant de la scène scientifique. C'est dans un ce contexte qu'apparaît le débat autour du neptunisme et du plutonisme. La querelle a pris forme à l'occasion d'un concours académique, en 1787, dont la question était ainsi formulée: «Qu'est-ce que le basalte? Est-il volcanique ou n'est-il pas volcanique?»[2]. Werner ne se donna pas la peine de concourir. Il était représenté dans cette joute par l'un de ses disciples, J.F. Wiedemann, qui remporta le prix conjointement avec J.K.W. Voigt, ce dernier défendant des thèses opposées à celles de Werner. Le débat devait s'envenimer du fait de la polémique que ces derniers engagèrent dans une revue scientifique. Si Voigt y confirmait sa réponse positive à la question du concours, soutenant donc l'origine volcanique du basalte, Werner y précisait, quant à lui, ses thèses dites neptunistes – contre le vulcanisme ou le plutonisme de Voigt –, que viendraient raffermir, en 1789, la publication de son maître-ouvrage: l'*Essai d'explication de l'origine des volcans par l'inflammation de puissantes couches de charbon de terre*. La thèse de Werner s'appuyait sur des observations faites dans sa seule Saxe. Au départ d'un cas appliqué d'analyse géologique, il défendit l'idée d'une constitution de la configuration de l'écorce terrestre par l'activité lente et continue des océans. Il allait même jusqu'à soutenir qu'à l'origine aurait existé une mer universelle. Telle était donc le principe du neptunisme. Bien sûr, de nombreuses conclusions de Werner, sur des cas particuliers de configuration géologique, furent ultérieurement infirmées par de nouvelles études scientifiques, dont la rigueur n'était pas immédiatement débordée par les précipitations spéculatives. En outre, le fanatisme avec lequel Werner défendit son neptunisme dépendait, dans des proportions que lui-même ignorait probablement, de son inspiration biblique. On ne peut ignorer que son neptunisme trouvait une confirmation dans le début du récit de la Genèse et dans l'image de ces eaux que l'esprit divin sépare[3]. La géologie de la *Naturphilosophie* scelle donc ici

1. *Ibid.*, p. 296-297.
2. Cf. A. FAIVRE, *Entre l'Aufklärung et le romantisme: A.G. Werner ou la «géognosie»*, in *Les études philosophiques*, 1977, n° 1, p. 42.
3. Cf. R. AYRAULT, *La genèse du romantisme allemand...*, I, *op. cit.*, p. 297.

un pacte étonnant avec l'enseignement biblique et s'engage dangereusement dans la voie théologique.

Goethe éprouvait la plus grande méfiance à l'égard de ces théories de la *Naturphilosophie* qui mêlaient allègrement la spéculation la plus audacieuse – en l'occurrence d'inspiration chrétienne – à un souci du phénomène naturel. On peut alors s'étonner des propos qu'il tint à Eckermann en 1827, soit douze ans après la mort de Werner :

> [...] la minéralogie ne m'a intéressé qu'à deux points de vue : d'abord par sa grande utilité pratique, ensuite parce que j'espérais y découvrir un document sur les origines du monde, comme le faisait espérer les théories de Werner. Mais depuis la mort de ce grand homme, toute cette science étant désormais bouleversée, je ne m'aventure plus dans ce domaine, ou du moins je continue à garder mes convictions, mais à part moi [1].

Du professeur de Freiberg – qu'il rencontra en 1789 –, Goethe a retenu l'intérêt pratique de la minéralogie et de la géologie. L'univers des mines n'était pas étranger à l'Olympien, qui, en 1776, prit en charge la direction d'une tentative de réexploitation de mines abandonnées à Ilmenau et assura la présidence d'une Commission des Mines dont il avait suscité lui-même la création dans le Grand-Duché de Saxe-Weimar. Mais, de même que Werner avait dépassé son optique minière vers l'élaboration d'une science purement théorique de la constitution géologique, Goethe voulait se livrer à l'étude des roches en vue de lire à même la structure morphologique de celles-ci une écriture naturelle, un *logos* immanent à la matière en apparence la plus brute. Les « origines du monde » qu'évoque Goethe dans sa conversation avec Eckermann ne doivent bien sûr pas s'entendre en un sens chronologique : c'est de l'origine rationnelle des formes géologiques qu'il est question, de la raison des phénomènes géologiques donc. Mais son admiration pour le « grand homme » s'explique sans doute surtout par le fait que, de son propre aveu, il ne voit tout simplement pas d'alternative à la théorie neptuniste de Werner. Après la mort de celui-ci, laisse-t-il entendre, la science géologique a pris une tournure dont ne peut s'accomoder sa propension à l'analyse morphologique des roches. Werner était le dernier rempart contre la montée du plutonisme. Sa disparition laissait la voie ouverte à une appréhension du phénomène qui, plutôt que de décrire une forme géologique en vue d'en expliquer la logique interne, recourt à

1. J.P. ECKERMANN, *Gespräche mit Goethe...* (1 Februar 1827), *op. cit.*, p. 219 ; trad. p. 212.

un principe catastrophiste. L'école plutoniste apparaît à Goethe comme un courant «pseudo-scientifique» qui abandonne la nature à l'inintelligibilité. L'«explication» de la structure géologique de notre globe par l'activité volcanique était aussi inintelligible pour Goethe que ne l'est, pour nous, aujourd'hui, la théorie du «big-bang» originel. En l'occurrence, il s'agissait de proposer un modèle d'interprétation du phénomène qui dépendait moins d'une observation minutieuse en vue de saisir la logique immanente de celui-ci, que d'une propension à se payer de mots en soumettant le phénomène à l'irrationalité de cataclysmes hypothétiques.

Peu importe que l'adhésion de Goethe au neptunisme – d'ailleurs plus nuancée que celle de Werner – n'ait pas été, en définitive, l'option la plus perspicace au regard des acquis de la science géologique contemporaine. Elle lui a du moins permis de poursuivre dans la voie d'une description rationnelle des phénomènes géologiques et minéralogiques. L'option en faveur de la théorie de Werner revient à maintenir le projet d'une science rigoureuse de la nature et la conviction, éprouvée par de multiples études descriptives dans les différents règnes de la nature, de la raison intelligible qui lui donne forme. Goethe n'a jamais souscrit aux dérives spéculatives de la géognosie de Werner, mais il savait l'enrichissement que représentait, par exemple pour les sciences humaines, la connaissance de la composition minéralogique des sites où l'homme prend lieu. Une histoire des civilisations ne peut faire l'impasse sur la description des sols sur lesquels elles s'établissent. Ainsi écrit-il en 1790 à Schiller:

> Les fondements – minéralogie et géologie –, puis les débuts, les progrès et la ruine de la civilisation italienne, j'ai dû tout envisager, soit pour le construire de toutes pièces, de la base au sommet, soit pour l'embrasser d'un coup d'œil dans son ensemble [...] [1].

C'est que, pour lui,

> en dehors des propriétés innées de la race, *le sol* aussi bien que le climat, la nourriture et les occupations contribuent à déterminer le caractère d'un peuple [2].

1. *Briefwechsel zwischen Schiller und Goethe*, Goethe an Schiller (14 September 1795), Bd. I, *op. cit.*, p. 115; trad. p. 141.

2. J.P. ECKERMANN, *Gespräche mit Goethe...* (2 April 1829), *op. cit.*, p. 311; trad. p. 289 (nous soulignons).

L'explication plutoniste ne s'inscrivait pas dans un tel projet de connaissance, elle contredisait la notion même de *sol*.

On peut sans doute écrire, comme René Michéa, qu'« un instinct profond et ses convictions philosophiques poussaient Goethe à rejeter l'hypothèse de cataclysmes violents, et de brusques soulèvements produits par un feu intérieur, et à admettre des causes tranquilles et prolongées telles que l'action graduelle des eaux »[1]. Mais à condition de bien entendre, d'une part, que les convictions dont il s'agit ici sont nées d'une pratique constante et rigoureuse du phénomène naturel lui-même, et que, d'autre part, une opposition entre explication (le neptunisme) et hypothèse (le vulcanisme) se trouve ainsi en jeu. Dans des lignes acerbes, Goethe dénonce l'essence moderne de l'abord vulcaniste de la nature :

> Le vulcanisme absolu des modernes est, somme toute, une tentative hardie de rattacher le monde présent, inconcevable, à un monde passé, inconnu[2].

Une fois de plus, la pratique de l'hypothèse rend la nature inintelligible.

Même si le modèle neptuniste n'intervient pas explicitement dans la plupart de ses descriptions de sites géologiques, l'adhésion de Goethe à l'esprit d'un tel modèle lui permet de se livrer à des études morphologiques détaillées du Luisenburg, du Kammerberg, etc., et de lire à même ces sites la raison de la nature. Soit le problème proposé par la découverte, en 1750, du temple de Jupiter Sérapis à Pouzzoles, près de Naples. La singularité de ce monument (qui daterait du IIIe siècle) dégagé des terres et qui va éveiller la curiosité des savants pendant de nombreuses années, peut se résumer ainsi : on constate que sur les trois colonnes du temple qui sont encore debout, des trous ont été creusés, à une hauteur appréciable, par des petits mollusques bien connus, les pholades, mais qui ne vivent qu'à la surface des eaux de mer. Or, le temple déterré se trouve, certes, au bord de la mer, mais à 15 pieds au-dessus de son niveau. Comment des pholades ont-elles pu s'en prendre ainsi aux trois colonnes du temple de Pouzzoles ? La question paraîtra peut-être futile au métaphysicien, mais elle a passionné bon nombre de voyageurs, d'archéologues et de naturalistes de l'époque – pour cette simple raison qu'elle a cristallisé les oppositions des écoles géologiques. Goethe s'est rendu à Pouzzoles lors de son voyage en Italie, plus

1. R. MICHÉA, *Les travaux scientifiques de Goethe*, Paris, 1943, p. 29.
2. J.W. GOETHE, *Maximen und Reflexionen*, 602, H.A., XII, p. 453 ; trad. p. 178.

précisément en remontant de la Sicile. Il visita le site le 19 mai 1787. Goethe a soustrait à son *Italienische Reise* les réflexions qu'avait suscitées cette visite afin de leur donner la forme d'une dissertation qu'il publiera, en 1822, sous le titre: *Tempel zu Puzzuol. Architektonisch-naturhistorisches Problem*[1].

Goethe a écrit ce bref essai parce qu'il ne pouvait se convaincre de la pertinence des explications communes. En gros, celles-ci revenaient à soutenir que la Méditerranée avait dû, à une époque postérieure à la construction du temple, se soulever et noyer ainsi l'ouvrage architectural, avant de se retirer à nouveau, le tout, bien sûr, sous l'influence d'activités volcaniques ou telluriques, subites au point de provoquer des cataclysmes à répétition sous forme de plissements puis d'affaisements extraordinaires de la croûte terrestre en cet endroit. Goethe veut proposer une alternative à cette interprétation catastrophiste des faits et montrer «qu'un temple construit dans le troisième siècle n'a jamais pu être envahi à ce point par les flots de la mer»[2]. Son explication est pour le moins ingénieuse. Il ne remet nullement en cause les activités volcaniques dans la région. Elles sont tout à fait évidentes:

> Il n'est pas étonnant que le temple ait été enseveli sous des cendres vomies par un volcan, à une époque du Moyen Age qui nous est inconnue. Qu'on examine la carte des champs phlégréens, un cratère touche l'autre; c'est une succession d'élévations et de dépressions qui prouvent que cette contrée a été sans cesse bouleversée[3].

Néanmoins, Goethe ne concède pas à cette activité volcanique l'ampleur et l'efficacité que la plupart des naturalistes qui se sont intéressés à ce cas lui ont reconnues. D'une manière générale, il considère «le volcanisme comme une manifestation tardive et superficielle»[4], et il ne voit pas de raison de modifier son point de vue dans ce cas précis. Selon lui, l'activité volcanique n'a influé sur la constitution du site de Pouzzoles que dans la mesure où elle a sans doute provoqué un ensevelissement – incomplet – du temple sous une pluie de cendres. Celle-ci a dû, indirectement, provoquer la formation d'un étang. Il observe en effet, parmi les vestiges du temple, des tuyaux et des gouttières qui,

1. Cf. J.W. GOETHE, *Tempel zu Puzzuol. Architektonisch-naturhistorisches Problem*, H.A., XIII, p. 287-295; trad. de Ch.-Fr. Martins: *Le temple de Jupiter Sérapis. Problème d'architecture et d'histoire naturelle*, in *Œuvres d'histoire naturelle...*, *op. cit.*, p. 425-432.

2. *Ibid.*, p. 293-294; trad. p. 430-431.

3. *Ibid.*, p. 290; trad. p. 426-427.

4. R. MICHÉA, *Les travaux scientifiques de Goethe*, *op. cit.*, p. 34.

manifestement, servaient à canaliser un ruisseau à travers le temple, pour servir aux ablutions. Les cendres ont forcément interrompu le cours de ce ruisseau qui forma alors un étang, lequel

> pouvait avoir environ cinq pieds de profondeur, et dont les eaux baignaient les colonnes du portique à une hauteur égale [1].

C'est bien évidemment là, dans cette eau naturellement douce mais que la présence de cendres avait amenée à un certain degré de salinité, que les pholades se sont développées, avant d'attaquer les colonnes et de creuser ces trous mystérieux.

La démonstration de Goethe se base sur une étude minutieuse du site de Pouzzole. Elle ne laisse rien au hasard et refuse de livrer a priori la nature à des cataclysmes hypothétiques. Goethe est bien conscient qu'il renverse ainsi le modèle d'explication:

> Il paraît que dans cette circonstance, on s'est laissé induire en erreur, comme cela arrive souvent, en s'appuyant sur des prémisses inexactes. Les colonnes, a-t-on dit, sont rongées par des pholades; celles-ci vivent dans la mer, donc la mer a dû monter assez haut pour baigner le fût des colonnes pendant quelques temps. On peut faire le raisonnement inverse, et dire: puisque l'on trouve une preuve de l'existence de pholades à trente pieds au-dessus du niveau de la mer, et qu'on peut prouver qu'une mare s'est formée accidentellement à cette hauteur, les pholades de toutes espèces peuvent vivre dans l'eau douce ou dans celle qui a été salée par la présence de cendres volcaniques [2].

Cette explication peut paraître probante et a le mérite, à tout le moins, de substituer un raisonnement logique à une fiction catastrophiste, appelée d'urgence en renfort par le naturaliste ou le géologue interloqués. Et Goethe de poursuivre sans ménagement pour ses adversaires:

> Imaginez, au contraire, la Méditérranée s'élevant à trente pieds au-dessus de son niveau ordinaire dans les siècles chevaleresques et religieux du Moyen Age. Quel changement de tout son littoral! Que de golfes nouveaux, de terres emportées, de ports comblés! De plus, il faut admettre que l'eau est restée plus ou moins longtemps à cette hauteur; et aucune chronique, aucune histoire de prince, de ville, d'église ou de couvent n'en fait mention, tandis que la série des renseignements que nous avons sur tous les siècles qui ont suivi la

1. J.W. GOETHE, *Tempel zu Puzzuol...*, H.A., XIII, p. 290; trad. p. 427.
2. *Ibid.*, p. 293; trad. p. 430.

domination romaine, n'est jamais totalement interrompue. Cette supposition est complètement inadmissible [...] [1].

Goethe, inspiré par les thèses neptunistes, préfère les explications qui font valoir une modification lente du milieu, sous l'impulsion de forces concordantes dont l'action est parfaitement intelligible si l'on considère la globalité de la situation donnée, à l'invocation de révolutions géologiques qui font peser sur la nature le soupçon d'une dé-raison géologique. Commentant l'interprétation goethéenne du site de Pouzzole, René Michéa écrit:

> L'argumentation de Goethe est tout à fait caractéristique: mieux vaut conclure à un cas exceptionnel de portée restreinte que supposer une catastrophe dévastant toute une partie du globe; plutôt un détail contestable qu'une révolution [2].

Pour notre part, nous insisterions moins que Michéa sur l'aspect contestable du « détail » – à savoir la présence de pholades dans des eaux douces ou à un degré de salinité provoqué par la seule pluie de cendres. Non pas que nous soyons convaincu des capacités de développement des pholades dans un tel milieu. Mais Goethe, quant à lui, estimait qu'il y avait à Pouzzole une preuve de cette adaptabilité. On ne peut donc laisser croire que, pour Goethe, il vaut mieux maintenir un « petit vide » d'intelligibilité qu'un « gros vide » d'intelligibilité. La solution qu'il propose ne répond pas tant à un schéma du moindre défaut qu'elle oppose une intelligibilité réelle, fondée sur l'observation de toutes les données du site, à l'abandon d'une raison naturelle. C'est un modèle logique de part en part que Goethe soutient face à l'irrationnel. Tout au plus, son explication force-t-elle à admettre un fait nouveau, mais auquel il s'agit de donner une signification rationnelle, dans la mesure où il est intégré dans une logique naturelle qui s'en trouve, par là même, enrichie. Il importe peu ici que Goethe, finalement, se soit trompé, comme l'a montré la postérité en mettant en évidence une succession d'affaissements et d'exhaussements du terrain, suffisamment lents pour permettre aux trois colonnes de rester debout. L'aspect cataclysmique n'a pas été remis en valeur par cette dernière explication. Il s'agit toujours de mouvements lents dans une région dont Goethe lui-même reconnaissait la vie géologique tourmentée. Son erreur ne peut occulter, en fin de compte, la pertinence scientifique d'un modèle d'interprétation

1. *Idem.*
2. R. MICHÉA, *Les travaux scientifiques de Goethe*, *op. cit.*, p. 33.

qui lui permet de récuser, à juste titre, l'idée catastrophiste de soulèvements et plissements qui seraient indifféremment invoqués pour l'explication d'effets aussi singuliers qu'un trou de pholade dans une colonne ou pour l'explication de la configuration de notre terre et de la vie de la nature elle-même.

Ainsi, si notre monde est un et universel, c'est d'abord parce que, dès son niveau géologique, il se déploie et évolue selon une logique qu'aucune activité volcanique – par trop secondaire – ne peut venir remettre en cause. Cette terre « s'organise » en manière telle qu'elle peut nous être authentiquement un sol, c'est-à-dire le champ constant et assuré de notre vie, de nos actes, de nos recherches, de nos projets – de nos civilisations, en somme. À ce titre, la géologie que Goethe élabore, fût-ce de manière assez peu systématique, mérite aussi d'être considérée comme un élément constitutif d'une géologie transcendantale.

Les travaux d'anatomie comparée
la question de l'os intermaxillaire

La géologie transcendantale de Goethe repose sur le principe d'une rationalité géologique universelle, pérenne et absolue. Le mérite que l'on prétend lui reconnaître tient à ceci qu'elle fonde la vie même, jusques et y compris la vie humaine dans les plus hauts degrés de sa spiritualité. Dès lors, l'analyse de la vie organique proprement dite doit révéler une continuité semblable à celle qui nous assure que, déjà dans ses strates géologiques, « la nature ne fait pas de bonds ». L'organicité de la vie doit être en continuité avec la raison du règne géologique et témoigner d'une semblable universalité et unité rationnelle. Que la nature soit une uni-totalité géologique n'a de sens fondationnel qu'à condition que la vie organique, celle-là même qui se trouve fondée, s'ordonne et se développe selon le même modèle d'uni-totalité rationnelle.

De fait, les observations que Goethe va mener dans les différents règnes de la nature – végétal, animal et humain – confirment, dans l'intrication de l'empirie et de la raison, cette logique cosmique qui n'accomplit son universalité qu'à transir chaque créature du monde, quel que soit son degré de complexité. Mais l'unité de la vie, si elle peut se baser sur une unité-universalité transcendantale de notre sol géologique, semble pourtant pouvoir être mise à mal au sommet de l'échelle.

On pourrait être tenté de croire que la terre et la vie animale et végétale n'offrent qu'une matière première – un décor, pour ainsi dire – à l'exercice d'une spiritualité humaine, point de vue transcendant cette logique cosmique. Pour Goethe, le problème, qui se pose avec une urgence d'autant plus grande qu'à son époque se font jour les premières questions concernant l'anthropogénèse, est celui d'une inscription de l'homme, avec son corps d'homme mais aussi avec ses capacités intellectuelles d'abstraction, dans une nature qui est déjà par elle-même organique et rationnelle.

Goethe n'a jamais remis en cause la réalité de cette inscription naturelle et charnelle de l'homme. Le principe de connivence ontologique fonde son épistémologie dans une confiance inébranlable en l'accessibilité de la chose même. L'homme peut connaître la chose parce qu'il se constitue en un point de vue sur le monde qui participe au monde – à la manière d'une monade leibnizienne qui est toujours un point de vue irréductible sur le monde *parce qu'elle le constitue*. L'homme voit en perspective et, au contraire de ce qu'enseigne l'épistémologie cartésienne d'un *ego cogito* radicalement abstrait du monde, cette perspective lui garantit sa lucidité tant il est vrai que le monde est d'autant plus intime au sujet que le sujet lui appartient. Il va de soi que la fondation de la connaissance dans l'idée d'appartenance suppose l'unité ontologique du monde et ne peut donc s'accomoder d'aucune rupture définitive entre les modes d'exister naturel et humain. Mais un tel principe d'unité ontologique du réel peut bien aller de soi pour Goethe, il n'en reste pas moins qu'il faut pouvoir avancer des éléments empiriques qui témoignent de la condition naturelle de l'homme aussi bien que de l'irréductible organicité du vivant. Goethe a abordé cette question sur fond d'une problématique qui, depuis la dissection d'un chimpanzé par E. Tyson en 1699, n'avait cessé de se développer et de susciter un ensemble de recherches anthropologiques qui s'efforçaient de comprendre – mais en mobilisant souvent plus de préjugés et d'arguments polémiques qu'un véritable esprit scientifique – l'articulation entre l'*homo sapiens* et les formes animales qui lui sont les plus proches.

La question est donc celle de l'anthropogénèse et des rapports de proximité et de différence qu'entretiennent l'homme et le singe – plus précisément encore, l'homme et le chimpanzé, puisque, suite aux observations faites au cours de sa dissection, Tyson conclut que le chimpanzé, s'il est bien un animal, occupe pourtant une position intermédiaire privilégiée entre le singe et l'homme. À la suite de Tyson, Linné fit rebondir le débat en intégrant l'*homo sapiens* à son système de la nature, même s'il plaçait notre espèce au sommet de sa classification. La portée de cette nouvelle classification est ambiguë : soit on considèrera qu'elle implique l'homme dans la taxonomie de la nature en mettant à mal son originalité ; soit on retiendra que cette insertion de la forme humaine dans un plan général qui comprend les formes animales prend les allures d'une confrontation qui rend patente l'irréductibilité de notre espèce aux autres espèces animales. La première branche de l'alternative, surtout, suscitera maints débats de par sa charge provocatrice et placera pour un temps l'investigation anthropologique sur le plan de l'écart qui sépare l'homme de l'animal du point de vue des structures somatiques[1]. Il va s'agir alors de dégager les éléments probants d'un principe différent d'organisation du corps humain qui permettrait de fonder somatiquement l'originalité des possiblités humaines[2].

Ce qui nous apparaît aujourd'hui comme un détail anatomique sans portée fut retenu à l'époque comme l'indice d'une différence entre les organisations corporelles de l'animal et de l'homme. Les pères de l'anthropologie physique, P. Camper et J.F. Blumenbach, ont attiré l'attention sur l'absence d'un os intermaxillaire à la machoire supérieure de l'*homo sapiens*. Pour Camper, le fait que cet élément anatomique fasse défaut au crâne humain tout en étant bien perceptible chez les quadrupèdes, était la preuve d'une discontinuité irréductible dans le règne du vivant entre l'animal et l'homme. Camper refuse ainsi de soutenir jusqu'au bout le principe de continuité qu'il a pourtant toujours fait sien. Cette retenue marque la limite de l'influence heureuse qu'il put exercer sur les travaux d'anatomie de Goethe. Celui-ci a toujours éprouvé une sincère admiration pour Camper, en qui il reconnaissait, à juste titre, l'esprit le plus doué de son temps pour l'anatomie comparée, science qui mettait en évidence les rapports de ressemblance unissant les différentes espèces animales, ainsi que celles-ci à l'espèce humaine. Mais Camper voyait pourtant dans l'absence de l'os intermaxillaire à la mâchoire de l'homme une limite à la déduction d'une continuité naturelle au départ de ses observations menées selon le principe de l'anatomie comparée. À la fin de sa vie, alors que l'époque où il s'était

1. Avant que l'hypothèse de l'évolutionnisme ne force, sous l'effet d'un retour de balancier, à rechercher d'autres abîmes qui sépareraient l'homme de l'animal.

2. À ce propos, cf. Fr. TINLAND, *La différence anthropologique. Essai sur les rapports de la nature et de l'artifice*, Paris, 1977, p. 25 *sq.*.

trouvé le plus directement en opposition aux thèses de Camper était déjà loin, Goethe notait encore avec tristesse :

> Je ne saurais dire combien il me fut pénible de me trouver en opposition avec un homme auquel je devais tant, dont je tâchais de me rapprocher pour me proclamer son élève et apprendre tout de lui [1].

Non seulement Goethe ne pouvait se résoudre à suivre Camper sur ce terrain, bien souvent plus idéologique que scientifique, des différences insurmontables entre les structures somatiques – et plus précisément ostéologiques – de l'animal et de l'homme, mais il lui semblait, de surcroît, pouvoir avancer la preuve empirique du contraire : la présence de l'os intermaxillaire à la mâchoire de l'homme. Il fit à ce propos, comme il le dit avec une modestie un peu forcée, « une petite découverte » [2] dont la valeur est au demeurant encore reconnue par l'anatomie contemporaine. Cette découverte date de 1784, c'est-à-dire d'une époque où il balbutiait encore ses travaux de naturaliste à Weimar et Iéna – avant, donc, le voyage en Italie. L'enthousiasme qui accompagne cette découverte rend d'autant plus évidente la portée qu'il sait devoir lui attribuer. C'est à Herder qu'il communique – confidentiellement – sa découverte, étant bien conscient que celui-ci saurait en mesurer la juste valeur, tant la rédaction de ses *Idées pour la philosophie de l'histoire de l'humanité* contribuait à mettre en évidence le principe de continuité qui sous-tend l'organisation de la nature depuis ses formes les plus élémentaires jusqu'aux civilisations humaines. Ainsi Goethe écrit-il :

> [...] il faut que je te mette en toute hâte au courant du bonheur qui m'arrive. J'ai trouvé, non de l'or ni de l'argent, mais ce qui me procure une indicible joie,
> *l'os intermaxillaire chez l'homme.*
> Je comparais [...] des crânes d'hommes et des crânes d'animaux, je me suis trouvé sur la voie et tout à coup, m'y voilà. Seulement, je t'en prie, n'en dis rien à personne ; cela doit être tenu secret. Cela doit te réjouir également, car c'est comme la clé de voûte de l'homme ; ça ne manque

1. J.W. GOETHE, *Principes de philosophie zoologique... II. Abschnitt*, H.A., XIII, p. 236 ; trad. p. 168.

2. J.W. GOETHE, *Dem Menschen wie den Tieren ist ein Zwischenknochen der obern Kinnlade zuzuschreiben (Jena, 1786)*, H.A., XIII, p. 184 ; trad. de Ch.-Fr. Martins : *De l'existence d'un os intermaxillaire à la mâchoire supérieure de l'homme comme à celle des animaux (1786)*, in *Œuvres d'histoire naturelle...*, *op. cit.*, p. 79.

> pas, c'est aussi là ! Mais de quelle façon ! J'ai tout de suite pensé relier cela à ton ensemble, voir comment il y gagne [1].

Ce billet, écrit fébrilement dans la nuit même qui suit la découverte, trouve un écho dans une autre missive envoyée simultanément à Charlotte von Stein :

> Il m'est arrivé un plaisir exquis : j'ai fait une découverte anatomique importante et belle. Tu en jouiras, toi aussi, mais n'en souffle mot à personne. Je l'ai annoncée à Herder par une lettre, mais sous le sceau du secret. J'ai une telle joie que mes entrailles en sont toutes remuées [2].

Le besoin qu'éprouve Goethe de communiquer au plus tôt sa découverte, en usant de mystérieuses allusions pour accroître encore la curiosité de son correspondant, s'explique aisément. Il s'agit d'une découverte d'importance, pour la science en général, bien sûr, mais aussi pour lui-même, qui voit ainsi confirmée son intuition de la vie unitaire de la nature ainsi que l'efficacité de sa méthode de recherche. C'est bien le principe de continuité de la nature qui se manifeste à travers l'existence, chez l'homme, de ce petit os, tellement anodin en apparence. L'homme se trouve désormais réintégré dans un ensemble malgré les assertions hâtives de Camper et de l'anatomie physique en général. Cet ensemble est la totalité universelle de la nature qui semble ne pas vouloir abandonner à une inquiétante indépendance anatomique le dernier de ses fils. En outre, les circonstances de la découverte de l'os intermaxillaire plaident en faveur d'une méthode comparative qui travaille à même les analogies que l'observateur peut relever entre les êtres naturels appartenant à des espèces pourtant différentes. Goethe a découvert l'existence d'un os intermaxillaire en comparant des crânes animaux et humains. Il porte ainsi au crédit de l'ostéologie comparée la réduction d'une discontinuité présumée de la nature. L'insistance quelque peu grandiloquente sur l'importance du rôle joué par cet os – qui serait ni plus ni moins que la « clé de voûte de l'homme » – pourra paraître excessive, à moins que l'on veuille bien considérer que ce banal cartillage équivaut, pour Goethe et dans le contexte de l'époque, à une intégration de l'homme à la nature. Parler de clé de voûte se justifie si l'on soutient – et sans doute est-ce bien là le propos de Goethe – que l'homme ne peut

1. J.W. GOETHE, *Briefe*, 27 März 1784 (an Herder), H.A., I, p. 435-436 ; trad. (Fanta et Roëls) p. 78-79.

2. *Goethes Leben in seinen Briefen*, an Charlotte von Stein (27 März 1784), hrsg. von J. Bad, Bd. I, Berlin, s.d., p. 428 ; trad. (Fanta et Roëls) p. 79.

accomplir son essence qu'à ne point se déprendre, jusque dans ses déterminations somatiques, de sa Terre.

Durant deux années, Goethe étudia la portée de sa découverte, puis il rédigea un mémoire pour en rendre compte dans des termes plus mesurés que ceux qu'il utilisa dans ses billets du 27 mars 1784. Ce mémoire paraît en 1786 dans les *Acta naturae curiosorum*. La démonstration que développe Goethe prouve la rigueur de sa méthode autant que l'acuité de son regard de naturaliste. Il avertit ceux qui s'étonneraient de l'intérêt porté à un os apparemment tout à fait secondaire de l'enjeu d'une telle démonstration :

> [...] tout récemment [cet os] a acquis une grande importance, parce qu'on a voulu en faire le caractère distinctif entre le singe et l'homme ; on convenait de son existence dans les quadrumanes, tandis qu'on la niait dans l'espèce humaine [1].

Et comme s'il voulait dénoncer à mi-mots le motif idéologique qui pourrait soutenir la force qu'a acquis cette thèse dans les milieux scientifiques, Goethe invoque le principe même d'une connaissance de la nature – l'intuition :

> Si dans les faits matériels l'intuition n'emportait pas l'évidence avec elle, je pourrais craindre de m'avancer en disant que cet os se rencontre aussi chez l'homme [2].

Seule l'intuition originaire – intuition de la forme de la chose observée – peut fonder le jugement scientifique. Or, l'intuition rigoureusement exploitée par un travail comparatif manifeste que

> cet os, qui proémine si fortement chez les animaux, se retire en arrière, et se réduit à de petites dimensions dans l'homme [3].

Il tend dès lors à se soustraire à la vue de l'observateur, mais existe pourtant bel et bien. La démonstration de Goethe est particulièrement soignée et emporte, aujourd'hui encore, tout autant que la découverte elle-même, l'adhésion des anatomistes. Nous reprenons son résumé à Émile Callot :

> Chez l'animal, par exemple le cheval, l'os intermaxillaire, lui-même composé de deux éléments symétriques, est parfaitement distinct et peut être décrit dans ses trois parties : son corps, son apophyse

1. J.W. GOETHE, *Dem Menschen wie den Tieren...*, H.A., XIII, p. 185 ; trad. p. 79.
2. *Idem.*
3. *Ibid.*, p. 194 ; trad. p. 85.

> maxillaire et son apophyse palatine. Il en est de même chez le bœuf, le lion, le morse, dont les planches accompagnent le mémoire [de Goethe]. Mais il faut surtout insister sur les relations entre cet os et ses voisins avec lesquels il se soude selon certaines lignes. Ces sutures vont en effet permettre de l'identifier chez l'homme, où il se trouve tellement intégré à la masse de la mâchoire supérieure que, sans cette préparation par la méthode comparative, il est devenu parfaitement indiscernable. Si donc notre attention est fixée sur ces lignes de jonction, on les décèle alors sur la mâchoire et on les interprète aussitôt comme il convient: or, sur la face interne on constate une ligne qui correspond à la liaison attendue entre l'apophyse palatine de l'intermaxillaire et celle des deux maxillaires supérieurs [...] [1].

L'explication même de ce retrait et de cette réduction de l'os intermaxillaire chez l'homme est avancée avec autant de prudence mais aussi de perspicacité. Goethe observe que, chez l'homme, la position verticale de la dentition entraîne l'exercice d'une pression intense qui fait ressentir ses effets jusque sur les os. L'os intermaxillaire se situant au niveau des incisives, la pression qu'exercent celles-ci provoque la disparition quasi-complète de l'os dans la masse qu'il forme désormais avec les maxillaires supérieures. Pour ce qui est des animaux, par contre, une disposition différente de leur dentition («chez [l'animal], les canines sont tellement avancées que leur pression réciproque et celle qu'elles exercent sur les incisives est loin d'être aussi forte» [2]) évite une semblable fusion de l'os intermaxillaire dans les maxillaires supérieurs, de telle sorte qu'il demeure visible dans ses sutures.

L'intuition mise au service de l'ostéologie comparée permet à Goethe de conclure, tout à l'opposé de la discontinuité dont Camper et Blumenbach croyaient avoir exhibé une preuve évidente, que tous les vertébrés paraissent bien représenter les variations d'un même type ostéologique. Poussant encore plus loin son étude comparative, il suggère, en effet, que se forme une échelle progressive de la distinction des trois éléments de l'os intermaxillaire jusqu'à leur fusion, chez l'homme, dans la masse relativement unitaire des maxillaires supérieurs. Tous les vertébrés présentent donc cet os à différents degrés d'évidence, en manière telle que des formes intermédiaires relient les distinctions les plus nettes à la plus étroite des fusions:

1. E. CALLOT, *La philosophie biologique de Goethe*, *op. cit.*, p. 89.
2. J.W. GOETHE, *Dem Menschen wie den Tieren...*, H.A., XIII, p. 194; trad. p. 85.

> Quel abîme entre l'os intermaxillaire de l'éléphant et celui de la tortue ! et cependant on peut établir une série de formes intermédiaires qui les réunit ; et démontrer sur une partie du corps ce que personne n'est tenté de nier pour la totalité. Que l'on considère les effets de la nature vivante dans son vaste ensemble, ou que l'on analyse les restes inanimés des êtres dont le souffle de son esprit s'est retiré, elle est toujours identique, toujours admirable [1].

Le simple cas de l'os intermaxillaire permet de relever les indices probants d'une unité du plan de composition de la nature, du moins dans le règne des vertébrés. La nature témoigne, ici encore, de sa continuité et de son uni-totalité.

À dire vrai, la découverte de Goethe attira peu l'attention de ses contemporains, y compris des principaux intéressés, Camper et Blumenbach. La réaction de Camper est, de ce point de vue, symptomatique des réticences des naturalistes de l'époque à le reconnaître au nombre des leurs. Goethe a lui-même narré l'épisode qui précéda de peu la publication de son mémoire sur l'os intermaxillaire :

> [...] j'eus la naïveté d'envoyer mon mémoire traduit en latin et accompagné de dessins en partie achevés, en partie esquissés, à Pierre Camper lui-même. Il me fit une longue réponse pleine de bienveillance et d'éloges sur mon zèle anatomique. Sans critiquer précisément les dessins, il me donnait quelques conseils sur la manière de les rendre plus fidèles. Surpris de l'exécution de ce petit opuscule, il me demanda si je voulais le faire imprimer, me fit connaître les difficultés que je rencontrerais pour la gravure des planches, et m'apprit en même temps comment je pourrais les surmonter. Bref, il prit à la chose l'intérêt d'un protecteur et d'un père. Il n'avait pas le moins du monde soupçonné l'intention où j'étais de combattre son opinion, et ne voyait dans mon travail qu'un programme sans portée. Je répondis avec modestie, et reçus encore plusieurs lettres détaillées et toujours bienveillantes, contenant des faits matériels ; mais aucune d'elles n'avait trait au but que je me proposais. Je laissai tomber cette relation, et j'eus tort ; car j'aurais dû puiser dans les trésors de son expérience, et me rappeler qu'un maître ne se laisse pas convaincre d'erreur, précisément parce qu'il a été élevé à la dignité de maître qui légitime ses erreurs [2].

1. J.W. GOETHE, *Dem Menschen wie den Tieren...*, H.A., XIII, p. 195-196 ; trad. (modifiée) p. 86.
2. J.W. GOETHE, *Principes de philosophie zoologique... II. Abschnitt*, H.A., XIII, p. 236-237 ; trad. p. 168-169.

Goethe accepta difficilement ce manque de reconnaissance et alimenta à cette source un certain ressentiment à l'égard des scientifiques de son temps que le peu d'égard avec lequel on traita ensuite sa *Farbenlehre* ne fit qu'accroître. Paradoxalement, ce furent les *Naturphilosophen* qui eurent le plus de considération pour des recherches aussi minutieuses et aussi peu spéculatives. Ils étaient plus sensibles que les spécialistes d'anatomie physique au principe d'unité de plan de composition. À la fin de sa vie, Goethe aura du moins la consolation de voir Blumenbach et certains naturalistes français, d'ailleurs ouverts aux travaux des *Naturphilosophen* allemands, se ranger à son avis. À Eckermann, il confie :

> Lorsque j'envoyai mes premières vues sur l'os intermaxillaire à Pierre Camper, je restai, à mon grand chagrin, complètement ignoré. Avec Blumenbach il n'en alla pas mieux, quoi que, par suite d'un contact personnel, il se mit de mon côté. Mais ensuite je trouvai des adhérents en Sömmering, Oken, d'Alton, Carus et autres savants éminents. À présent Geoffroy de Saint-Hilaire s'est mis résolument de notre côté, et avec lui tous ses élèves et adeptes qui comptent en France [1].

Le nom d'Étienne Geoffroy Saint-Hilaire (1772-1844) n'apparaît pas par hasard sous la plume de Goethe. Une étroite parenté d'esprit unit ces deux naturalistes qui concentrent leurs études d'anatomie sur les vertébrés. Comme Goethe, Geoffroy Saint-Hilaire développe une recherche d'ostéologie comparée qui lui permet de mettre en évidence et de généraliser l'unité de la loi de composition du vivant. Non seulement en décrivant cette unité dans l'ensemble du squelette des vertébrés, mais encore, à partir de 1820, lorsqu'il

> voulut élargir sa théorie stipulant l'unité de plan d'organisation [...] à l'ensemble du règne animal ; emporté par sa fougue généralisatrice, Geoffroy émet l'hypothèse que la carapace des insectes comme celle des autres articulés correspondrait aux vertèbres... des vertébrés... [2].

Bien sûr, Goethe ne se permet pas de mêler aussi aventureusement des principes généraux à des conclusions empiriques. Ses multiples observations le confortant dans cette voie, il est tout à fait convaincu que la nature se présente sous la forme d'un tissu d'analogies entre les êtres qui l'actualisent. Mais il n'ira pas, néanmoins, jusqu'à soutenir

1. J.P. ECKERMANN, *Gespräche mit Goethe...* (2 August 1830), *op. cit.*, p. 698 ; trad. p. 608-609.
2. D. BUICAN, *La révolution de l'évolution*, Paris, 1989, p. 116.

l'équivalence des carapaces et des vertèbres. Il nc faut point forcer la nature à livrer le secret de ses rapports d'analogies ou d'organisation concrète et détaillée de sa loi de composition. Dans ce cas précis, Geoffroy Saint-Hilaire cède manifestement, quant à lui, à la précipitation.

LES TRAVAUX D'ANATOMIE COMPARÉE (SUITE) LA THÉORIE DE LA COMPOSITION VERTÉBRALE DU CRÂNE ET SA PORTÉE

Goethe ne se contenta pas de suggérer la loi d'unité de composition de la nature à travers la découverte de l'os intermaxillaire chez l'homme. Il en élargit indirectement la portée en énonçant la loi de composition vertébrale du crâne, sa seconde grande découverte ostéologique qui, si elle ne jouit pas, pour sa part, d'une confirmation de la science anatomique contemporaine, entrevoit pourtant ce que l'embryologie démontre, à savoir que le crâne est « construit dans le prolongement de l'axe vertébral et [présente] dans les phases de sa formation une métamérisation qui fait croire [...] que la partie postérieure du crâne constitue une partie du tronc absorbée par la tête »[1]. Cette découverte a exercé une profonde influence sur tout le développement des recherches de naturaliste de Goethe. Car, si elle n'apporte rien de neuf quant à l'idée même d'une unité du plan de composition de la nature, elle rend crédible sa généralisation et est ainsi susceptible d'emporter l'adhésion à la vision goethéenne de la nature. Que l'apport de cette seconde découverte – qui date de 1790 – n'est pas nécessairement comparable à celle de 1784 tient donc à ce qu'elle vient simplement confirmer la logique naturelle dont la première témoigne. Mais que, par ailleurs, elle joue pourtant un rôle à certains égards plus important, tient cette fois à ce que seule cette généralisation rend acceptable le poids que Goethe veut accorder à sa première découverte.En 1790, donc, Goethe entreprend un second voyage en Italie. À Venise, sur la plage du Lido, son attention est attirée par un crâne de mouton. Il l'observe longuement, et ses connaissances générales en anatomie et en ostéologie le conduisent à conclure que la boîte crânienne est composée de vertèbres modifiées. Il comprend aussitôt l'importance de cette découverte susceptible d'entraîner

1. E. CALLOT, *La philosophie biologique de Goethe*, *op. cit.*, p. 93.

l'élargissement de l'application de la loi d'unité de composition. Son enthousiasme est encore une fois à la mesure de la valeur scientifique – du moins pour l'époque – des conclusions auxquelles il parvient. Mais cet enthousiasme ne provoque pas la précipitation. Au contraire, il veut laisser mûrir longuement ses réflexions et répéter ce genre d'observations avant d'abandonner sa découverte aux risques de la publication. L'épisode de l'os intermaxillaire l'a quelque peu échaudé. Le mépris qu'avaient affiché il y a peu de nombreux spécialistes le retient de publier trop vite ses conclusions sur un point aussi décisif. À force de scrupules, Goethe semble se faire doubler par Lorenz Oken qui fait une observation semblable et qui, moins soucieux de rigueur scientifique que du prestige de la *Naturphilosophie* d'inspiration schellingienne, rend publique sa découverte en 1807. Cet épisode n'a pour conséquence que de retenir encore un peu plus Goethe d'informer le public à son tour. La trop grande propension d'Oken à la spéculation métaphysique et à l'interprétation audacieuse d'observations positives l'a entraîné beaucoup trop loin. Oken en vient à soutenir que l'homme n'est qu'une vertèbre infiniment modifiée. Goethe est effrayé par une telle ampleur de vue qui, encore une fois, ramène l'observation au rang de prétexte à des envolées spéculatives. Il craint, dès lors, que la publication de sa propre découverte, qui vient corroborer, à un niveau strictement empirique, celle de Oken, ne provoque un amalgame entre ses travaux et ceux du *Naturphilosoph* danois. Le souci d'une empirie rationnelle, rigoureuse et méthodique commande la réserve de Goethe. Il ne publiera qu'en 1822 les conclusions auxquelles l'a conduit sa découverte de 1790 – soit trente ans après ! Sa thèse peut s'énoncer ainsi :

> La tête des mammifères se compose de six vertèbres, trois pour la partie postérieure, enfermant le trésor cérébral et les terminaisons de la vie divisées en rameaux ténus qu'il envoie à l'intérieur et à la surface de l'ensemble. Trois composent la partie antérieure qui s'ouvre en présence du monde extérieur qu'elle saisit, qu'elle embrasse et qu'elle comprend [1].

Cette composition vertébrale du crâne vaut pour tous les mammifères. Elle exemplifie ainsi une loi unique de composition de la nature.

1. J.W. GOETHE, *Dem Menschen wie den Tieren ist ein Zwischenknochen der obern Kinnlade zuzuschreiben (1784-1820)*, J.A., XXXIX, p. 201 ; trad. de Ch.-Fr. Martins : *Histoire des travaux anatomiques de l'auteur*, in *Œuvres d'histoire naturelle...*, *op. cit.*, p. 112.

Le crâne humain lui-même est constitué au départ d'une loi qui vaut aussi pour les autres mammifères.

L'anthropologie naissante a souvent été tentée – sous l'impulsion du rationalisme moderne – de ne rendre compte de l'humain que par ses possibilités rationnelles qui paraissent le différencier de toute autre espèce animale. Pascal, compagnon amer du rationalisme, ne concevait point d'anthropologie qui ne s'assignerait pour but premier l'explicitation des formes de pensée de l'homme :

> Je puis bien concevoir un homme sans mains, pieds ni tête, car ce n'est que l'expérience qui nous apprend que la tête est plus nécessaire que les pieds. Mais je ne puis concevoir l'homme sans pensée : ce serait une pierre ou une brute [1].

La pensée qu'évoque ici Pascal à titre d'irréductible singularité humaine est indifférente à la structure somatique qui, cependant, la soutient et lui donne d'avoir lieu. La différence humaine est la contradiction en acte de la nature. Elle passe par une rupture totale entre la forme humaine – qui n'est que pensée ou raison – et les autres espèces animales. Ce rationalisme-là malmène singulièrement l'idée d'organisme – la pensée est indépendante du tout du corps – et nie l'unité de composition de la nature. À ce compte, l'insertion ultérieure de l'*homo sapiens* dans la nomenclature de Linné ressemble à un crime de lèse-majesté. Par contre, la théorie vertébrale du crâne engage Goethe dans une voie tout à fait opposée au rationalisme et qui le rapproche, bien plutôt, de son ami et maître de jeunesse, Herder. Celui-ci soutient, dans ses *Idées pour une philosophie de l'histoire de l'humanité*, que la différence anthropologique prend sa source dans une organisation originale du corps. Pour Herder, cette originalité du corps humain réside en une organisation du corps dépendante de l'acquisition de la station verticale.

> Herder remarquait que tout organisme forme une totalité synergique et harmonieuse et constatait que c'est dans la position verticale de l'homme que réside la principale différence qui le sépare du singe. En sorte que le faible écart que l'on peut remarquer dans l'angle formé par la colonne vertébrale et la verticale chez l'homme et chez l'anthropoïde suffit à instituer un abîme dans leur capacité – à entraîner « une nouvelle organisation des pouvoirs » [2].

1. Bl. PASCAL, *Pensées*, fr. 111, éd. de L. Lafuma, in *Œuvres complètes*, Paris, 1963, p. 513.
2. Fr. TINLAND, *La différence anthropologique*, *op. cit.*, p. 27-28.

Herder aborde la question anthropologique d'une manière fondamentalement originale. Il ne s'agit pas, bien sûr, de nier la différence anthropologique, c'est-à-dire de faire de l'*homo sapiens* une forme immédiatement dérivée de l'animalité, qui ne s'écarterait pas plus des espèces animales que chaque espèce animale ne se sépare des autres. Cependant, souligner une différence, dans le cas de l'originalité anthropologique, ne peut marquer une rupture qu'à risquer de nier l'évidence de la naturalité de l'homme, inscrite dans sa corporéité même. Entre ces deux écueils, Herder choisit de ne point dénigrer de prime abord notre corps, mais de s'interroger sur sa manière de rendre possible des déterminations anthropogènes. Herder veut trouver dans l'organisation globale du corps même les conditions de possibilité (le « sol ») de notre humanité. Par le choix de cette perspective, il refuse de réduire l'originalité de l'homme à sa seule capacité de pensée et par là s'oppose au rationalisme, lequel abandonne le corps de l'homme à une forme d'animalité qui reste extérieure à son essence. La contingence présumée de son corps ferait de l'homme, fondamentalement étranger à la nature, un seigneur en exil. En exhibant les conditions de possibilités de la différence anthropologique à même une organisation somatique singulière, Herder permet à l'humanité de révéler son originalité sur fond d'une appartenance fondamentale à la nature. La déhiscence humaine n'est plus un défi à la nature, mais bien une forme essentielle et irréductible de celle-ci, que la nature produit elle-même en façonnant un corps à nul autre pareil et en offrant ainsi à la pensée la chance d'émerger.

La théorie de la composition vertébrale du crâne, élaborée sur base de l'ostéologie comparée, s'inscrit dans une telle logique. Goethe y met en application ses principes morphologiques. Il s'efforce de saisir la forme qui définit un organisme et de mettre en exergue le rapport qu'entretient chaque organe avec la totalité du corps :

> Ainsi donc, quand je comparais entre eux des organes identiques dans leur nature intime, mais différents en apparence, j'avais toujours présente à l'esprit cette idée, que l'on doit chercher à déterminer la destination d'un organe en lui-même, et ses rapports avec l'ensemble ; reconnaître les droits de chaque organe isolé, sans méconnaître son influence sur le tout ; double point de vue duquel résultent la nécessité, l'utilité et la convenance de l'être vivant[1].

1. J.W. GOETHE, *Dem Menschen wie den Tieren... (1784-1820)*, J.A., XXXIX, p. 195 ; trad. p. 106.

Ce regard morphologique, s'il saisit l'organisation intime du corps vivant, permet d'établir un ensemble de comparaisons entre des organes ou des éléments ostéologiques qui témoignent, dans des organismes différents, d'évidentes analogies, mais aussi de modifications qui rendent plus manifestes encore la «nécessité», l'«utilité» et la «convenance» de l'être vivant. Goethe explicite ainsi sa méthode comparative:

> Pour multiplier, faciliter et faire saillir les points de comparaison qui peuvent être établis dans un champ aussi vaste, je plaçai différentes parties animales les unes à côté des autres, mais toujours dans un ordre différent [1].

Ce travail de comparaison et d'exhibition des analogies qui unissent les organes – et ainsi les organismes – par delà les différences spécifiques, doit permettre de dégager un type général de l'animalité:

> Je propose donc d'établir un type anatomique, un modèle universel contenant, autant que possible, les os de tous les animaux, pour servir de règle en les décrivant d'après un ordre établi d'avance [2].

Cet ordre est immanent à la structure ostéologique des organismes animaux comparés. Il correspond alors à l'*Urtier*, *Urphänomen* dans le règne zoologique, qui, dégagé par variations comparatives, permet ensuite une répétition éclairée des observations, lesquelles autorisent à leur tour une spécification ultérieure du type. Cette typologie ostéologique ouvre la voie à une élucidation de l'organisme dans sa globalité, Goethe n'ignorant pas, bien sûr, que la structure ostéologique ne prend tout son sens que par sa relation aux autres parties du corps:

> Le squelette est évidemment la charpente qui détermine la forme des animaux. Sa connaissance facilite celle de toutes les autres parties [3].

De proche en proche, il est ainsi amené à embrasser le règne entier de la nature par la découverte d'analogies qui toutes renvoient à un type idéal, parfaitement observable par la science comparative soucieuse de morphologie.

Ce type, c'est-à-dire la loi d'essence du squelette animal, correspond à la vertèbre – étant entendu qu'il s'agit ici d'une vertèbre idéale et non

1. *Ibid.*, p. 197; trad. p. 108.
2. J.W. GOETHE, *Erster Entwurf einer allgemeinen Einleitung in die vergleichende Anatomie, ausgehend von der Osteologie*, H.A., XIII, p. 172; trad. de Ch.-Fr. Martins: *Introduction générale à l'anatomie comparée, basée sur l'ostéologie*, in *Œuvres d'histoire naturelle...*, *op. cit.*, p. 26.
3. *Ibid.*, p. 180; trad. p. 34.

pas singulière, cette vertèbre qui fait que nous pouvons saisir sous le vocable « vertébrés » certaines espèces bien déterminées mais aussi radicalement différentes. La vertèbre, en tant qu'*Urphänomen* dans le règne des animaux dits « vertébrés », ne se donne que dans des concrétisations qui sont autant de modifications de la vertèbre idéale. La théorie de la composition vertébrale du crâne en témoigne. Le crâne est une vertèbre modifiée – et cela vaut, comme le démontre l'ostéologie *comparée*, pour toute espèce animale vertébrée. L'homme lui-même, à ce titre, participe d'un même type animal. Il ne peut être compris en tant que sujet corporel que s'il est saisi sur fond de ce type universel. Goethe fait d'abord de l'anthropologie une science du *corps* humain, c'est-à-dire une science qui doit saisir les déterminations anthropogènes à même la corporéité en sa détermination biologique. Ainsi, l'étude des structures somatiques humaines n'a pas pour seul but de faire droit à la part d'animalité en l'homme. Plus fondamentalement, Goethe attend d'une anthropologie authentiquement scientifique qu'elle mette en évidence l'originalité des structures somatiques humaines. Ce n'est qu'en faisant droit à l'originalité biologique de l'homme que l'on peut espérer saisir son essence et les conditions de possibilité de son existence éminemment terrestre, en chacune de ses figures constitutives comme dans son unité signifiante infrangible. La théorie vertébrale du crâne a l'immense mérite – au-delà de son caractère de fait erroné – de placer la question anthropologique sur le terrain de l'étude de l'organisation spécifique du corps humain par laquelle advient une inscription originale dans le monde. L'anthropologie de Goethe, parce qu'elle se nourrit d'anatomie et même d'ostéologie (comparées), est donc d'abord une étude de l'originalité somatique de l'homme, comme point d'ancrage de sa différence, comme foyer transcendantal de sa déhiscence et de ses facultés intellectuelles. En cela et parce qu'elle se déploie bien sûr sur fond d'une philosophie descriptive qui veut approcher la totalité du règne naturel, elle se tient au plus proche de celle de Herder, même si Goethe n'a pas été jusqu'à soutenir explicitement, à l'instar de Herder, que l'originalité biologique de l'homme réside dans la station droite. Il ne s'aventure pas volontiers sur des terrains aussi mouvants que ceux de la spécification explicite de la différence somatique propre à l'essence humaine. La théorie de la composition vertébrale du crâne ouvre la voie à une telle spécification, mais Goethe hésite à s'engager. Il semble vouloir se contenter d'indications programmatiques et confère à ses écrits d'anatomie comparée un ton essentiellement méthodologique. Que ce soit dans l'*Introduction générale à l'anatomie comparée basée sur l'ostéologie*, les *Leçons sur les trois premiers chapitres de l'introduction à l'anatomie comparée* ou encore l'*Histoire des travaux anatomiques de l'auteur*, il ne poursuit d'autres buts, pour ainsi dire, que de rendre manifeste la nécessité d'une anatomie comparée. Ce n'est pas rien, bien sûr, qu'un tel but, car cela revient à soutenir l'idée d'une loi de composition unique de la nature, ainsi que la nécessité, pour la science de la nature, de se baser sur des types idéaux *et* réels. Mais les illustrations et exemples de Goethe sont, en général, assez anecdotiques et il n'aborde l'énoncé de la théorie de la composition vertébrale du crâne qu'en fin de parcours, sans se donner vraiment le temps d'en formuler toutes les conséquences ni tous les prolongements [1]. Quoi qu'il en soit, il apparaît à la lecture de ces textes que la différence anthropologique dépend d'un processus d'encéphalisation qui trouve son origine dans une simple modification d'une structure morphologique commune à tous les vertébrés. Comme le note justement Rudolf Steiner, à force de pratiquer l'ostéologie comparée,

> un type unique, commun aux animaux et aux hommes, commence à se dessiner, mais avec une structure entièrement destinée, chez les premiers, aux fonctions animales, tandis qu'elle sert de base, chez le second, au développement de l'esprit [2].

Goethe restitue ainsi au corps une densité signifiante et éidétiquement constitutive de l'humanité. Même s'il ne pousse pas assez loin sa recherche pour que l'énoncé positif de ses conclusions puisse se garantir une pertinence durable dans l'histoire des sciences, il ouvre la voie aux études sur le rapport entre la colonne vertébrale et les os crâniens et suggère le rapport étroit entre eux comme condition d'épanouissement des organismes les plus avancés et les plus complexes. Il laisse entendre que les déterminations anthropogènes du corps et plus précisément de la charpente osseuse se situent essentiellement dans le mode de modification des vertèbres constitutives du crâne et donc dans le rapport qui s'établit entre la colonne vertébrale à proprement parler et la boîte crânienne. Il aperçoit manifestement l'intérêt qu'il faut accorder à l'angle du trou occipital, selon lequel le crâne s'adapte à la colonne vertébrale. Au plus cet angle se rapproche de l'horizontale, au plus la stature du corps se rapproche de la verticale.

1. Cf. J.W. GOETHE, *Dem Menschen wie den Tieren... (1784-1820)*, J.A., XXXIX, p. 199-202 ; trad. p. 110-113.
2. R. STEINER, *Goethe et sa conception du monde*, *op. cit.*, p. 103.

Goethe rencontre la thèse qui veut que l'homme ait « débuté par les pieds ». Il a le mérite de ne pas placer le processus d'encéphalisation au principe de l'humanité, mais de faire dépendre ce processus d'une modification du rapport entre crâne et colonne vertébrale. C'est la charpente ostéologique qui rend possible le processus d'encéphalisation et ainsi l'émergence d'une spiritualité.

Bien sûr, l'analyse de Goethe est pour le moins lacunaire et son originalité est toute relative aux travaux de Herder qui, avant lui, avait saisi l'importance de la station droite dans le processus d'encéphalisation. Il semble que Goethe ait voulu ajouter aux analyses menées par Herder un matériau empirique, fût-ce tardivement – Herder publia ses *Idées sur la philosophie de l'histoire de l'humanité* en 1794 tandis que Goethe ne publie effectivement sa découverte qu'en 1820. En effet, on ne peut ignorer que Goethe tenait les *Idées sur la philosophie de l'histoire de l'humanité* pour « ce qu'il y a de plus remarquable » et qu'il discutait souvent, avec Herder, à l'époque de la rédaction des *Idées*, « des premiers commencements de la terre liquide et des créatures organiques qui s'y sont développées depuis l'origine » [1]. Il faut donc lui faire crédit d'avoir apporté sa contribution à la démonstration empirique de la thèse avancée par Herder sur la signification anthropogène de la station verticale. Certes, leur compréhension commune des conditions somatiques de l'avènement de l'humanité reste encore incomplète. En effet, si, plus près de nous, André Leroi-Gourhan a bien montré que « dès que la station droite est établie, il n'y a plus de singe, et donc pas de demi-homme » [2], il a aussi souligné, dans le même temps, que seule la liberté ainsi gagnée par la main était indispensable pour le développement cérébral. La station verticale – qui rend possible une face courte – n'induit qu'indirectement le processus d'encéphalisation. Celui-ci dépend encore de la liberté de la main et de son corrélat : un rapport au monde modifié par l'acquisition de l'outil. En somme, la station droite ne suffit pas, il faut encore l'outil [3]. Goethe s'inscrit dans la logique de Herder, tire le plus grand profit de ses intuitions, mais en répète aussi les erreurs ou, du moins, l'incomplétude. N'ayant pas mené à leur meilleur terme ses propres recherches empiriques, il demeure prisonnier d'une

1. J.P. ECKERMANN, *Gespräche mit Goethe...* (9 November 1824), p. 114 ; trad. p. 123.

2. A. LEROI-GOURHAN, *Le geste et la parole. Tome I : Technique et langage*, Paris, 1964, p. 87.

3. À ce propos, cf. également Fr. TINLAND, *La différence anthropologique*, *op. cit.*, p. 40 *sq.*.

compréhension partielle de la formule anthropienne. Cependant, s'il reste ainsi très loin de l'enseignement que nous livre, par exemple, l'œuvre de Leroi-Gourhan, sa théorie de la composition vertébrale du crâne rendait déjà évident ce que confirment aujourd'hui tous les acquis de la paléoanthropologie :

Le plan général d'organisation de l'*homo sapiens* est celui des vertébrés. Même si les différences qui sur le plan anatomique le distinguent des autres représentants de l'ordre des primates sont plus profondes que ce que les voyaient Linné et ses successeurs, l'énumération des détails qui séparent hominiens et simiens ne fait nulle part paraître une rupture, ou même une distance supérieure à celle qui sépare deux sous-ordres ou deux familles zoologiques [1]. Et si Goethe méconnaît sans doute la teneur exacte de la différence anthropologique et ne s'engage jamais clairement dans un essai de sa formulation, il sait parfaitement qu'elle ne peut être approchée que par l'étude des structures somatiques qui fondent et définissent de manière basale l'humanité au monde.

L'« UNITÉ DU PLAN DE COMPOSITION » DE LA NATURE

Les travaux d'anatomie et d'ostéologie comparées de Goethe exemplifient empiriquement le principe d'un plan unique d'organisation de la nature. Cette idée d'une logique uni-totale nous ramène à Geoffroy Saint-Hilaire et à la profonde admiration que Goethe éprouvait pour ce naturaliste français hors normes, brillant professeur au muséum mais aussi penseur éclairé et foncièrement novateur. Cette admiration, qui découle immédiatement d'un accord de fond sur l'idée de l'unité du plan d'organisation de la nature, s'est notamment exprimée dans une célèbre conversation avec Frédéric Soret. Nous sommes le 2 août 1830 et les nouvelles de la révolution de juillet, à Paris, viennent de parvenir à Weimar. Soret arrive au *Frauenplan*. Goethe l'interpelle en ces termes :

1. *Ibid.*, p. 43.

> Eh bien, [...] que pensez-vous de ce grand événement ? Le volcan est en éruption ; tout est en flammes, et ce n'est plus désormais une affaire à huis clos ! [1].

Soret, bien entendu, commente alors les événements politiques qui secouent Paris, mais quelle n'est pas sa surprise en entendant son mentor lui objecter tout bonnement :

> Il me semble que nous ne nous comprenons pas, mon cher ami [...]. Je ne parle pas de ces gens-là ; il s'agit pour moi de tout autre chose. Je parle de la querelle qui vient d'éclater publiquement à l'Académie, entre Cuvier et Geoffroy Saint-Hilaire et qui est d'une grande importance pour la science ! [2].

Que l'événement parisien qui retient l'attention de Goethe au point de le mettre ainsi en émoi ne soit pas la situation révolutionnaire, mais un simple différend entre éminents naturalistes dont on débat à l'Académie des sciences au même moment laisse Soret sans voix. Mais Goethe n'en a cure et poursuit son propos comme si, de fait, cette querelle scientifique, bien plus que le bouleversement politique, méritait de fournir matière à conversation :

> La chose est de la plus haute importance [...] et vous ne pouvez vous imaginer ce que j'ai ressenti à la nouvelle de la séance du 19 juillet. Nous avons maintenant en Geoffroy Saint-Hilaire un allié puissant pour l'avenir. Mais je vois aussi par là quelle grande part le monde scientifique français a prise à l'événement, du fait que, malgré les terribles secousses politiques, la séance du 19 juillet a fait salle comble. Or, le grand avantage, c'est que la méthode synthétique introduite en France par Geoffroy Saint-Hilaire ne pourra plus désormais être considérée comme non avenue. Grâce aux libres discussions à l'Académie, en présence de nombreux auditeurs, la question est à présent rendue publique : elle ne sera plus reléguée dans des comités secrets et traitée à huis clos. À partir de maintenant, même en France, dans les sciences naturelles, c'est l'esprit qui dominera et sera maître de la matière. On jettera un regard sur de grandes lois de la création et dans le laboratoire mystérieux de Dieu ! Que seraient donc, au fond, tous les rapports avec la nature, si par la méthode analytique nous n'avions affaire qu'à des parties isolées de la matière et ne sentions pas le souffle de l'Esprit, qui prescrit sa direction à chacune de ces parties

1. J.P. ECKERMANN, *Gespräche mit Goethe...* (2 August 1830), *op. cit.*, p. 697 ; trad. p. 607.
2. *Ibid.*, p. 697 ; trad. p. 608.

> et réprime ou sanctionne toute déviation par une loi immanente ? [...] Cet événement est pour moi d'une valeur inouïe, et c'est à bon droit que j'acclame la victoire, enfin générale, d'une cause à laquelle j'ai consacré ma vie et qui est essentiellement mienne [1].

Le commentaire de Goethe est non moins célèbre que la discussion du 19 juillet 1830, à l'Académie des sciences de Paris. Cette « dispute académique » prend sa source dans la querelle qui opposa, déjà bien avant les fameuses séances de 1830, Étienne Geoffroy Saint-Hilaire à Georges Cuvier. Les personnalités de ces deux naturalistes étaient aussi opposées que leurs pensées. Le premier, professeur influent au muséum d'histoire naturelle, soutint le second pour l'obtention d'une chaire dans la même institution. Comme le remarque très justement Goethe dans son compte rendu des séances de l'Académie [2], cette collaboration de fait entre deux hommes qui entretiennent au départ des relations cordiales sur fond d'estime mutuelle va répéter le schéma des relations et des désaccords de leurs célèbres prédécesseurs, Buffon et Daubenton. Buffon, s'il n'avait pas toujours su prêter à sa taxonomie la logique de la nature, ne prétendait pas pour autant se contenter d'analyses particulières et ne voulait tempérer son désir de saisir le tout de la nature. Conscient des lacunes dont aurait pu témoigner son système s'il persistait seul dans cette voie, il parvint à faire nommer Daubenton, lequel était prêt à se vouer à l'étude de détails en nombre infini, tout en se détournant de la moindre visée universaliste, susceptible de l'égarer dans les limbes de la spéculation ou, tout simplement, de la philosophie de la nature. Ainsi,

> il s'attachait tellement aux détails, qu'il n'a pas su reconnaître les analogies les plus frappantes [3].

Si Buffon avait d'abord espéré que Daubenton puisse le soutenir concrètement dans les études préparatoires à son *Histoire naturelle* en élaborant avec rigueur les collections nécessaires, il dut pourtant se rendre à l'évidence que le point de vue de Daubenton était à ce point divergent du sien que leur soi-disante collaboration ne pouvait mener qu'à une opposition sans espoir de résolution.

1. *Ibid.*, p. 697-698 ; trad. p. 608-609.
2. Cf. J.W. GOETHE, *Principes de philosophie zoologique... II. Abschnitt*, H.A., XIII, p. 230-233 ; trad. p. 162-165.
3. *Ibid.*, p. 230-231 ; trad. p. 162.

> L'antagonisme de ces deux méthodes amena une rupture complète et depuis l'année 1768, Daubenton ne prit plus la moindre part à l'histoire naturelle de Buffon ; il continua cependant à travailler tout seul [1].

Pour le dire brièvement, le désaccord méthodologique qui éloigna ainsi Buffon et Daubenton correspond à l'opposition d'un point de vue synthétique, qui a toujours en vue l'unité de la chose même – à savoir, pour Buffon, la nature –, et d'un point de vue analytique, qui s'attache à des études de détail, à l'exhibition de particularités multiples, sans jamais entrevoir ni même se soucier d'un ordre logique englobant. À la mort de Buffon, Daubenton appela à ses côtés le jeune Étienne Geoffroy Saint-Hilaire , qui, à cette époque, n'avait sans doute pas encore clairement choisi son parti. Plus tard, ce dernier appela à son tour Cuvier. Et

> chose remarquable ! la même antipathie qui avait autrefois éloigné Buffon et Daubenton l'un de l'autre, renaît plus vive que jamais entre ces deux hommes éminents. Cuvier, ordonnateur systématique, s'en tient aux faits particuliers [...]. Geoffroy, fidèle à sa méthode, s'efforce de comprendre l'ensemble [...] [2].

Cependant, l'affrontement entre Cuvier et Geoffroy Saint-Hilaire a dépassé les questions purement méthodologiques pour engager les visions de la nature. Et, de fait, les deux hommes proposent chacun une compréhension de la nature qui, irréductible à celle de l'adversaire, décide de l'orientation générale de la science. Certains passages de l'analyse du débat que propose Goethe ne doivent pas ici induire en erreur. Lorsqu'il minimise la teneur réelle du désaccord, le mettant ainsi à charge d'un aveuglement des parties en présence [3], il le situe limitativement au niveau méthodologique, dans le souci de faire voir qu'idéalement, ces deux méthodes devraient se répondre et contribuer conjointement au progrès de notre connaissance de la nature. Il n'est de synthèse qui ne travaille aussi sur les parties de l'objet – les rattachant au tout –, mais il n'est aussi d'analyse qui puisse prétendre à la saisie d'une vérité naturelle sans soumettre toujours son travail minutieux à la vue préalable du tout – éminemment dans le cas des êtres vivants :

1. *Ibid.*, p. 231 ; trad. p. 163.

2. *Idem.*

3. « C'est un spectacle que l'histoire des sciences ne présentera peut-être jamais pour la seconde fois, que celui d'hommes aussi remarquables, habitant la même ville, professeurs à la même école et travaillant au progrès de la même science, qui au lieu de réunir leurs efforts pour atteindre un même but par la concentration de leurs forces, s'élèvent les uns contre les autres, en viennent à des discussions haineuses, *le tout parce que, d'accord sur l'objet, ils diffèrent dans la manière de l'envisager* » (*ibid.*, p. 232 ; trad. p. 164 – nous soulignons).

> Que chacun de nous se le persuade bien : séparer et réunir sont deux actes vitaux nécessaires ; ou plutôt on est forcé, qu'on le veuille ou non, d'aller du particulier au général, et du général au particulier. Plus ces fonctions intellectuelles, que je compare à l'inspiration et à l'expiration, s'exécuteront avec énergie, plus la vie scientifique du monde sera florissante [1].

Goethe paraît ici renvoyer les opposants dos-à-dos uniquement pour ne pas se poser comme le chantre d'une théorie synthétique et universaliste qui oserait se passer de toute analyse détaillée. Sans doute, Étienne Geoffroy Saint-Hilaire a-t-il commis, à certaines occasions, cette fatale erreur. Mais Goethe, cependant, ne s'y attarde pas. Une fois prises ces précautions méthodologiques, il choisit clairement son camp, comme il l'avait déjà fait dans les propos enthousiastes tenus à Soret. En effet, les visions du monde demeurent, elles, totalement divergentes et, de ce point de vue, Goethe n'aperçoit aucune possibilité de conciliation.

Il est vrai que la pensée de Cuvier et la compréhension de la nature qu'il défend sur base d'un travail analytique détaillé et minutieux semblent à tout le moins se nourrir de quelques paradoxes. En effet, Cuvier est d'abord animé par un souci positiviste, étranger à toute théorie comme à tout esprit de système. Il se méfie de toute réflexion philosophique qui prend en vue l'universalité de la nature ; il n'y voit que la faillite de la science. Mais pour autant, il n'oppose pas aux idéologies ambiantes l'élaboration d'une science en tout point rigoureuse – sans quoi, d'ailleurs, il se situerait au côté de Goethe plutôt que dans le parti opposé. Goethe lui-même dénonce comme en passant l'idéologie cachée de Cuvier :

> [...] il nourrit contre une méthode plus large, cette appréhension secrète qui ne l'a pas empêché d'en faire quelque fois usage à son insu [2].

L'idéologie ressurgit chez Cuvier par le biais du réductionnisme de l'objet. Dans son mépris de la théorie, Cuvier tend à ne reconnaître dans ce qui se montre qu'une succession de faits, abandonnée de toute logique immanente. Ce n'est qu'ainsi, d'ailleurs, qu'il a pu jeter les bases de la paléontologie et amasser, plus que n'importe quel autre naturaliste de son temps, des éléments qui témoignent en faveur de l'évolutionnisme, tout en s'obstinant dans son anti-Lamarckisme et dans un fixisme dont il

1. *Ibid.*, p. 232-233 ; trad. (modifiée) p. 164-165.
2. *Ibid.*, p. 232 ; trad. p. 164.

se fit le plus ardent défenseur[1]. Selon Cuvier, en effet, on peut bien découvrir autant de fossiles que l'on veut d'espèces de quadrupèdes manifestement disparues, on ne peut nullement en conclure une modification des espèces en faisant valoir les analogies de formes qui semblent lier les espèces disparues et les espèces actuelles :

> les espèces perdues ne sont pas des variétés des espèces vivantes[2].

Aveugle à toute analogie entre les espèces – autre que celle, tout extérieure pour lui, de la fonction –, Cuvier ne conclut en effet de ses découvertes paléontologiques qu'à une dynamique « catastrophiste » de l'univers. Les révolutions qui ont affecté l'histoire de notre globe explique la disparition de ces espèces. Goethe, en neptuniste nuancé mais pourtant convaincu, ne pouvait qu'éprouver une profonde aversion pour une théorie catastrophiste comme celle de Cuvier qui, plus que n'importe quelle variante du vulcanisme, abdique toute prétention à la mise en évidence d'une rationalité naturelle. Mais cette essence irrationaliste du fixisme de Cuvier se redouble encore d'un dogmatisme chrétien particulièrement encombrant chez un scientifique qui se veut attaché aux seuls faits positivement observables. En effet, comme A.G. Werner il y a peu, Cuvier est un grand lecteur de la Bible, soucieux de fidélité à la lettre du texte. Mais les temps ont déjà changé, et la Bible semble devoir moins inspirer une modification continue des couches géologiques sous l'action des eaux qu'une théorie fixiste des espèces face à la fascination naissante pour une notion d'évolution parfaitement étrangère à l'enseignement des textes sacrés. En somme,

> pour essayer de mettre d'accord les fossiles, observés et observables dans les entrailles de la terre, avec le fixisme inspiré par une lecture dogmatique de la Bible, Cuvier eut recours à sa théorie des catastrophes dont la dernière, le déluge, était déjà illustrée par la légendaire arche de Noé... Il est vrai qu'en parlant de cette dernière catastrophe Cuvier la couvre – scientificité oblige – de la feuille de vigne de mots... en l'appelant « la dernière inondation universelle ». Mais Cuvier ne borne guère son catastrophisme à cette dernière inondation universelle – le déluge biblique – car il trouve dans le passé de la terre beaucoup d'autres catastrophes ou révolutions – dans l'esprit du

1. C'est pourquoi l'on a pu parler du « fixisme paradoxal » de Cuvier. Cf. J.-M. DROUIN & Ch. LENAY (éd.), *Théories de l'évolution. Aspects historiques*, Paris, 1990, p. 31.

2. G. CUVIER, *Recherches sur les ossements fossiles de quadrupèdes. Discours préliminaire (1812)*, éd. par P. Pellegrin, Paris, 1992, p. 111.

baron Cuvier, ces deux mots couvrent les mêmes désastres - qui ont anéanti – en tout ou en partie – les espèces vivantes [1].

La Bible exige la théorie des catastrophes et la soutient en retour par l'imagerie du déluge. Cuvier s'engage sans hésiter dans cette voie et opposera ainsi à l'idée d'une unité de plan de composition de la nature le classement des animaux en quatre grandes classes, ultimement incommensurables, et qui laisse la nature à une division insurmontable :

> [...] je crois, je vois que les animaux aquatiques ont été créés pour l'eau et les autres pour l'air. Mais qu'ils soient les rameaux, ou les racines, ou du moins les parties du même tige, encore une fois, c'est ce que je ne puis pas comprendre [2].

Cuvier refuse de lire à même la nature une loi universelle d'organisation et se tourne vers l'arbitraire de la création divine pour justifier l'écart persistant entre les règnes de la nature. Dieu, dans sa grande sagesse, a créé des espèces pour l'air, d'autres pour les mers et les océans. Il faudrait être impie pour s'obstiner à jeter un pont entre les finalités choisies par Dieu seul et pour réaliser en pensée une uni-totalité de la nature au mépris des causes finales strictement déterminées. Cuvier réalise la synthèse du catastrophisme, du fixisme, du créationisme et du finalisme le plus métaphysique, et dépeint une nature éclatée, dépendante d'une logique qui lui est extérieure et demeure invisible – tout cela en se réclamant d'un idéal de scientificité que, selon lui, trahiraient ses adversaires.

Face à Georges Cuvier se dresse donc l'audace novatrice d'Étienne Geoffroy Saint-Hilaire , ses vues synthétiques et son attention pour les analogies qui régissent la constitution des organismes. Les deux hommes vont s'affronter publiquement à partir de février 1830 – mais il y a déjà longtemps que l'on évoque plus ou moins ouvertement le différend qui les oppose. L'occasion de la dispute publique est offerte par la discussion à l'Académie des sciences du mémoire de deux jeunes chercheurs influencés par Geoffroy Saint-Hilaire , où se trouvait démontrée l'analogie de structure anatomique entre les céphalodes et les vertébrés. Le rapport de l'Académie comportait une allusion polémique au caractère progressiste des travaux suscités par Geoffroy Saint-Hilaire par opposition au style dépassé de Cuvier :

1. D. BUICAN, *La révolution de l'évolution*, *op. cit.*, p. 111.
2. Lettre de G. Cuvier à Ch.H. Pfaff, citée par D. BUICAN, *La révolution de l'évolution*, *op. cit.*, p. 103.

> Aujourd'hui la science poursuit un autre but qu'alors ; à l'époque, il s'agissait de fonder la zoologie, maintenant on cherche une connaissance de la ressemblance philosophique des êtres [1].

Cette simple note mit le feu aux poudres. Les débats au sein de l'Académie seront désormais très animés et mettront rapidement en évidence l'abîme qui sépare les conceptions « analytiques » de Cuvier et celles, « synthétiques », de Geoffroy Saint-Hilaire . D'un côté, le monde est différencié en des règnes étanches, chacun ayant sa propre destination définie par la sagesse divine – c'est-à-dire par une « logique » absolument transcendante – selon le modèle des causes finales. De l'autre côté, la nature nous révèle un tissu d'analogies qui mettent les êtres et les essences en rapport étroit et témoignent d'une logique immanente, non point finaliste au sens commun, mais bien plutôt organique. Le point de vue de Geoffroy Saint-Hilaire souligne bien sûr l'unité de la nature et, corrélativement, son économie générale. Selon ces principes corrélatifs, la nature est une totalité qui toujours agit selon une logique unique et semblable, quelles que soient les particularités ou singularités observables. En bon connaisseur de Leibniz et de la loi de l'*optimum* et de l'harmonie préétablie, Goethe dépeint ainsi la nature de Geoffroy Saint-Hilaire , qui est aussi la sienne :

> [Geoffroy de Saint-Hilaire] s'est pénétré d'une [...] grande vérité, que nous devons énoncer ici : c'est que la prévoyante nature s'est fixé un budget, un état de dépenses bien arrêté. Dans les chapitres particuliers, elle agit librement, mais la somme générale reste toujours la même ; de sorte que si elle dépense trop d'un côté, elle retranche de l'autre [2].

La « justice » de la nature s'étend indistinctement sur l'ensemble de ses règnes, régit le cours de chacun et les met en rapport d'équilibre réciproque. La nature est donc un *cosmos*, une organisation unique dont la loi est éminemment concrète puisqu'elle prend toujours déjà corps par son immanence même. Cette compréhension organique de la nature, qui laisse être chacun des moments de celle-ci en les reconduisant sans cesse à la logique du tout, a encore pour mérite de faire en sorte qu'« on n'aura plus besoin de recourir à la pitoyable ressource des causes finales » [3]. Celles-ci, en effet, étaient appelées à la rescousse, que ce soit sur fond de créationnisme ou d'anthropomorphisme, par défaut d'un schème

1. Cité par D. BUICAN, *La révolution de l'évolution*, *op. cit.*, p. 119.
2. J.W. GOETHE, *Principes de philosophie zoologique... II. Abschnitt*, H.A., XIII, p. 244 ; trad. (modifiée) p. 176.
3. *Idem*.

explicatif qui aurait mis en exergue les rapports d'essence constitutifs de la totalité de la nature. L'organicité, saisie sous l'horizon de l'unité du plan de composition, supplée à ce manque et permet enfin de connaître la nature en elle-même.

Goethe est à ce point soucieux de la signification organique de la nature en sa totalité qu'il revient sur les termes utilisés par Geoffroy Saint-Hilaire et souligne combien les limites de la langue française gênent l'expression de sa pensée[1]. Ainsi, les mots « matériaux », « composition » et « plan » lui semblent inappropriés. Pour le premier, Goethe écrit ceci :

> Matériaux. Ce mot est employé [par Geoffroy Saint-Hilaire] pour désigner les parties d'un être organisé, dont la réunion forme un tout, ou une partie subordonnée au tout. C'est ainsi que l'os incisif, la mâchoire supérieure et les palatins, sont les matériaux dont se compose la voûte palatine[2].

Cette utilisation est ambiguë. Elle risque de faciliter la résurgence inopinée d'une forme de mécanisme :

> Dans l'acception la plus générale, on appelle matériaux des corps qui n'ont aucun rapport ensemble, qui sont indépendants l'un de l'autre, et se trouvent réunis par des circonstances fortuites[3].

Goethe n'accepte le terme dans le contexte intellectuel défini par Geoffroy Saint-Hilaire qu'à rappeler la signification organique qu'il faut lui attribuer et donc en prêtant à ce mot « un sens beaucoup plus complexe que celui qu'il a réellement »[4]. Le terme « composition » est issu d'un même esprit moderne et Goethe ne peut le laisser passer sans préciser, ici encore, la pensée de Geoffroy Saint-Hilaire et, du même coup, la sienne. Si « composition est encore un terme vicieux emprunté à la mécanique, comme le précédent [matériaux] », on doit cependant se convaincre de ce que « les organes ne se combinent pas, ne se réunissent pas, comme des objets finis et achevés séparément ; ils se développent l'un l'autre, en se modifiant, pour former une entité, qui tend néces-

1. « Geoffroy de Saint-Hilaire pénétra profondément l'esprit de l'organisation et des forces de la nature ; mais la langue française, pour autant qu'il est contraint à se servir des termes traditionnels, le laisse en plan » (J.P. ECKERMANN, *Gespräche mit Goethe...* (20 Juni 1831), *op. cit.*, p. 706 ; trad. p. 616).

2. J.W. GOETHE, *Principes de philosophie zoologique... II. Abschnitt*, H.A., XIII, p. 245 ; trad. p. 177.

3. *Idem.*

4. *Idem.*

sairement à constituer un tout»[1]. Ailleurs, Goethe confie volontiers l'aversion qu'il éprouve pour ce terme dans les questions esthétiques. Manifestement, il est aussi inadéquat pour la création naturelle que pour la création artistique. Enfin, le terme «plan» n'est pas plus approprié pour saisir l'unité logique immanente à la nature:

> [...] le mot plan sert à exprimer que les matériaux se disposent suivant un ordre combiné d'avance; mais ce mot rapelle à l'instant l'idée d'une maison, d'une ville dont la disposition, quelque admirable qu'elle soit, ne saurait se comparer, en aucune manière, à celle d'un être organisé[2].

Le «plan» de la nature n'est pas un projet qui précéderait ou transcenderait celle-ci, que ce soit à la manière d'une subjectivité qui s'arroge tous les droits sur la constitution du sens ou d'une création divine qui impliquerait un décentrement de la nature par rapport à son principe ultime. La logique universelle de la nature, qui soutient le tissu d'analogies – lequel la rend identique en chacun de ses lieux, en chacun de ses règnes –, est une logique concrète, investie dans la chair du monde, et à ce titre éminemment transcendantale. C'est pourquoi Goethe propose de substituer l'expression «unité de type» à celle d'«unité de plan». Le type est bien sûr l'*Urphänomen*, c'est-à-dire l'universel concret par excellence, l'essence sensible et transcendantale. L'unité de type est donc cette unité qui lie chaque essence aux autres et renvoie à l'essence dernière, unique – la logique du *cosmos*:

> L'idée est éternelle et unique; nous avons tort de parler d'elle au pluriel. Tout ce que nous percevons, tout ce que nous pouvons exprimer ne sont que des manifestations de l'idée unique [...][3].

Ces précisions apportées au vocabulaire de Geoffroy Saint-Hilaire révèlent la profondeur de l'accord entre la pensée du *Naturphilosoph* allemand et celle de l'adversaire de Cuvier. Au demeurant, ce dernier mesurait lui-même parfaitement l'enjeu du différend et définissait indirectement, au cours de l'une des séances houleuses à l'Académie, le fond de l'accord possible entre Goethe et Geoffroy Saint-Hilaire :

> Quelle nécessité aurait pu contraindre la nature à n'employer que les mêmes pièces et à les employer toujours? [...] Il y a derrière cette théorie des analogies une autre, fort ancienne, réfutée depuis

1. *Ibid.*, p. 245-246; trad. franç., p. 177-178.
2. J.W. GOETHE, *Principes de philosophie zoologique... II. Abschnitt*, H.A., XIII, p. 246; trad. p. 178.
3. J.W. GOETHE, *Maximen und Reflexionen*, 12, H.A., XII, p. 366; trad. p. 76.

longtemps mais que quelques Allemands ont reproduite au profit du système panthéiste appelé philosophie de la nature [1].

Au cours de premières études en Allemagne, Cuvier avait entretenu des relations suivies avec Kielmeyer et assisté à ses cours à Stuttgart. Il connaissait suffisamment la *Naturphilosophie* pour ne se méprendre ni sur l'essence de la pensée de Geoffroy Saint-Hilaire ni sur la communauté d'esprit qui faisait de lui le plus allemand des naturalistes français. En outre, trop critique pour le point de vue synthétique de son adversaire, il refusait de lui faire crédit d'une empirie suffisamment rigoureuse et le soupçonnait donc d'emboîter systématiquement le pas aux phantasmes spéculatifs de certains *Naturphilosophen*. Mais cependant, il situe avec raison dans le «panthéisme» le foyer de l'accord entre Geoffroy Saint-Hilaire et la *Naturphilosophie*.

Goethe avait pris connaissance des propos tenus par Cuvier au cours de la séance du 5 avril et les cite dans sa propre recension [2]. Et, sur ce point, il ne désavoue certes pas Cuvier. Il aurait plutôt tendance, compte tenu du contexte polémique, à ne point marquer de distance par rapport à la *Naturphilosophie* et même à se compter directement aux nombres des *Naturphilosophen*. Goethe se sent effectivement panthéiste et les réserves qu'il a souvent exprimées à l'égard d'une *Naturphilosophie* par trop spéculative sont ici d'autant plus aisément passées sous silence que ses compatriotes qui sont mentionnés nommément dans le débat – Carus, Kielmeyer, Meckel, Oken, Spix, Tiedemann –, s'ils ne peuvent se targuer d'être des positivistes, ne sont pas non plus de ceux qui ont failli le plus grossièrement à l'idéal de scientificité dont s'inspire Goethe. Il revendique donc tout à la fois son attachement à la *Naturphilosophie* et sa compréhension «panthéiste» de la nature, fondée sur l'observation. Le ton de son exposé liminaire le laisse déjà à penser :

> Cuvier ne se lasse pas de distinguer, de décrire exactement ce qu'il a sous les yeux, et d'étendre ainsi son empire sur une immense surface ; Geoffroy Saint-Hilaire étudie dans le silence les analogies des êtres et leurs mystérieuses affinités : le premier part d'existences isolées pour arriver à un tout qu'il présuppose, sans penser que jamais il puisse en avoir l'intuition ; le second porte en son for intérieur l'image de ce tout,

1. G. CUVIER à la séance du 5 avril 1830, à l'Académie des sciences de Paris. Cité par D. BUICAN, *La révolution de l'évolution*, *op. cit.*, p. 120.
2. Cf. J.W. GOETHE, *Principes de philosophie zoologique... I. Abschnitt*, H.A., XIII, p. 227 ; trad. p. 158-159.

> et vit dans la persuasion qu'on en pourra peu à peu déduire les êtres isolés[1].

Goethe choisit le parti de celui qui, travaillant sans relâche à l'exhibition des analogies qui tissent l'unité de la nature, a toujours déjà l'intuition de la nature en sa simplicité et sa cohérence universelle, contre celui qui dissèque la réalité et se condamne à des reconstructions d'un tout sans cesse fuyant à l'horizon d'un savoir analytique destructeur.

L'enthousiasme dont Goethe fait preuve le 2 août 1830, dans sa conversation avec Eckermann, est donc aisément compréhensible. La publicité accordée à ce débat en France confère sa dignité scientifique et académique à la méthode synthétique qui, pour lui, ne disqualifie pas l'analyse, mais la subsume sous l'horizon intuitif de la forme et, en définitive, de la totalité de la nature. La méthode synthétique de Geoffroy Saint-Hilaire promeut le discours de la forme, alors que Cuvier se borne aux faits singuliers et s'interdit par là[2] toute authentique morphologie. Ainsi, lorsque Goethe voit dans l'expression de ce différend et dans le prestige nouvellement acquis par la méthode et la science de Geoffroy Saint-Hilaire une victoire de l'esprit sur la matière, il n'évoque rien d'autre que le retour en grâce d'une logique de la nature et d'une harmonie immanente au monde sensible qu'avaient repoussées dans les limbes de l'obscurantisme le mécanisme et le matérialisme moderne. L'analyse moderne – dont Cuvier reste un épigone – renvoyait à l'incompréhensibilité d'un amas d'éléments disparates d'où ne pouvait naître que le sentiment d'une étrangeté de la nature. Goethe dit à Eckermann :

> Que seraient donc, au fond, tous les rapports avec la nature, si par la méthode analytique nous n'avions affaire qu'à des parties isolées de la matière et ne sentions pas le souffle de l'Esprit, qui prescrit sa direction à chacune de ses parties et réprime ou sanctionne toute déviation par une loi immanente ?[3].

Le souffle de l'Esprit désigne ici l'âme du monde ou, pour le dire en termes plus goethéens, l'éternité d'une organisation totale et unique qui est le fond transcendantal de toute essence comme de toute existence

1. *Ibid.*, p. 220 ; trad. p. 151.

2. « [...] une vue plus étendue l'aurait forcé inévitablement à ériger un type » (J.W. GOETHE, *Principes de philosophie zoologique... II. Abschnitt*, H.A., XIII, p. 231 ; trad. p. 163).

3. J.P. ECKERMANN, *Gespräche mit Goethe...* (2 August 1830), *op. cit.*, p. 698 ; trad. p. 608.

particulière. Cette harmonie naturelle étend l'empire de sa loi et de sa justice immanente sur chacune de ses créatures. Elle est la norme concrète de tout ce qui est. Lorsque Goethe, saluant la «victoire» du point de vue synthétique, rappelle emphatiquement à son interlocuteur que cette cause est celle à laquelle il a consacré «toute [sa] vie» et qu'elle est «essentiellement»[1] sienne, il veut souligner qu'il place la logique immanente d'une nature reconnue comme uni-totale au principe de ses propres recherches de naturaliste.

1. *Ibid.*, p. 698; trad. p. 609.

CHAPITRE II

L'INVENTION DE LA NATURE

EIDÉTIQUE ET TÉRATOLOGIE

La nature de Goethe est une nature logique, c'est-à-dire une nature qui met en œuvre une légalité absolue constituant sa totalité. Le risque est grand, dès lors, d'y reconnaître une nature figée, engoncée dans un corps de lois qui, pour toutes immanentes qu'elles soient, la réduirait à l'événement brut et opaque d'une rationalité qui, à force d'intangibilité et de rigidité, deviendrait aussi étrangère à l'homme que ne l'est l'absconse régularité d'un mécanisme. À ce compte, le panthéisme empirique de Goethe pourrait apparaître aussi statique que le panthéisme géométrique de Spinoza et il faudrait mettre à charge d'un anti-mathématisme primaire le souci de Goethe de se démarquer de son illustre prédécesseur.

À dire vrai, la nature de Goethe ne peut se réduire à aucun de ces schèmes rassurants d'une constance immédiatement intelligible dont la contemplation admirative ne serait qu'une forme voilée de maîtrise. La nature à laquelle fait droit son empirisme rationnel est une nature vivante, aussi jalouse de sa liberté que prodigue de ses formes. Goethe n'eut de cesse d'insister sur cette dimension d'invention qui est comme l'envers nécessaire d'une normativité organique. Cette idée est à ce point prégnante qu'il ne peut mettre en exergue la norme uni-totale sans faire droit aussitôt à cette vie de la norme, qui lui donne chair et lui permet d'investir réellement le sensible. Ainsi, lorsque, profitant de la querelle entre Cuvier et Geoffroy Saint-Hilaire et de la défense que ce dernier fit de la méthode synthétique, il insiste sur l'exigence d'un type universel en ostéologie comparée comme dans toutes les sciences particulières de la nature, il ne lui semble pas qu'il puisse rendre toute justice à l'idée de norme sans suggérer que l'homme de science doit observer la concrétisation de celle-ci jusqu'aux confins de son champ d'action :

> C'est ici le lieu d'observer que les naturalistes qui ont marché dans [la] voie [des réintégrations d'anomalies supposées sous l'universalité de la règle] sont les premiers qui aient compris la puissance de la loi et de la règle. En n'étudiant que l'état normal des êtres, on se persuade qu'ils doivent être ainsi, qu'ils l'ont été de tout temps et seront toujours stationnaires. Mais si nous apercevons des écarts, des anomalies, des monstruosités, alors nous ne tardons pas à entrevoir que la loi est fixe et invariable, mais qu'elle est vivante aussi ; que les êtres peuvent se transformer jusqu'à la difformité dans les limites qu'elle a déterminées, tout en reconnaissant toujours le pouvoir invincible de la loi qui les retient d'une main ferme et sûre [1].

Goethe pose sans doute ici les fondements d'une tératologie « positive », mais aussi d'une compréhension *bio-logique* de la nature. Loin de remettre en question la puissance de la loi, il sait qu'il n'est pas de plus sûr moyen pour rendre à celle-ci toute sa densité de sens que de la saisir aux limites dont sa dynamique l'approche. Deux idées sous-tendent son propos. D'abord, qu'il n'est d'anormalité qui ne doive se comprendre et s'interpréter en fonction d'une idée à laquelle elle paraît manquer. Ensuite, que l'essence elle-même se démontre le mieux dans ses cas d'application les plus extrêmes, c'est-à-dire dans les individualités les plus intenses. La première idée rapproche à nouveau Goethe de Leibniz, lequel soutenait qu'il n'y a de miracle – c'est bien là un exemple archétypal d'anormalité – que pour notre connaissance très partielle de la logique de l'harmonie préétablie et que, à vrai dire, tout miracle est un phénomène qui s'inscrit dans une logique plus large et a donc une raison [2]. Toute anormalité exige que nous portions un regard d'autant plus aigu sur le monde qu'il doit s'y trouver une raison plus large que celle que nous croyons déjà maîtriser par les forces de notre esprit :

> Même ce qui est le plus contre nature est encore nature [3].

En outre, l'anormalité nous apparaissant comme un défaut de rationalité et de loi, nous pouvons voir dans son phénomène une réaffirmation paradoxale de celles-ci. Lorsque Georges Canguilhem précise

1. J.W. GOETHE, *Principes de philosophie zoologique... II. Abschnitt*, H.A., XIII, p. 233-234 ; trad. p. 165-166.

2. Cf. G.W. LEIBNIZ, *Discours de métaphysique (§ 7)*, éd. par G. Le Roy, Paris, 1984, p. 42.

3. J.W. GOETHE, *Die Natur*, H.A., XIII, p. 46 ; trad. p. 304.

qu'« il faut réserver aux seuls êtres organiques la qualification de monstres »[1], il rappelle ainsi que la « monstruosité » ne fait sens que par rapport à une raison organique : « Le monstre, c'est le vivant de valeur négative »[2]. C'est bien pourquoi « il n'y a pas de monstre mécanique »[3]. La nature ne se trouve donc pas affectée principiellement par la figure difforme qu'elle aurait pu engendrer :

> La nature n'a pas à se préoccuper d'une erreur éventuelle. Elle ne peut, quant à elle, agir qu'avec une rectitude éternelle, insoucieuse de ce qui s'en suivra[4].

Par ailleurs, Goethe restitue à la tératologie qui s'efforce d'exhiber la rationalité des êtres trop vite jugés « difformes » le mérite de rendre d'autant plus patente la vie de la loi naturelle. Celle-ci n'est pas une légalité simple qui, dépourvue de tout esprit d'invention, répéterait toujours le même, sans tolérer le moindre écart par rapport à un type strictement donné et positivement figé. L'essence et la loi peuvent nous surprendre par l'infinité de leur puissance qui engendre des singularités toujours nouvelles, toujours plus radicales et intenses, lesquelles confirment la raison sous la figure de sa force générative plutôt qu'elles ne la fragilisent. Canguilhem a soutenu cette valeur intrinsèque d'une tératologie bien comprise :

> [...] le monstre n'est pas seulement un vivant de valeur diminuée, c'est un vivant dont la valeur est de repoussoir. En révélant précaire la stabilité à laquelle la vie nous avait habitués [...] le monstre confère à la répétition spécifique, à la régularité morphologique, à la réussite de la structuration, une valeur d'autant plus éminente qu'on en saisit maintenant la contingence. C'est la monstruosité et non pas la mort qui est la contre-valeur vitale. La mort c'est la menace permanente et inconditionnelle de décomposition de l'organisme, c'est la limitation par l'extérieur, la négation du vivant par le non-vivant. Mais la monstruosité c'est la menace accidentelle et conditionnelle d'inachèvement ou de distorsion dans la formation de la forme, c'est la limitation par l'intérieur, la négation du vivant par le non-viable[5].

1. G. CANGUILHEM, *La monstruosité et le monstrueux*, in *La connaissance de la vie*, Paris, Vrin, 1992, p. 171.
2. *Ibid.*, p. 172.
3. *Ibid.*, p. 171.
4. J.W. GOETHE, *Maximen und Reflexionen*, 7, H.A., XII, p. 365 ; trad. p. 135.
5. G. CANGUILHEM, *La monstruosité et le monstrueux*, *op. cit.*, p. 172-173.

La loi est contingente non au sens d'une remise en cause de sa nécessité – ce qui reviendrait à nier le caractère même de légalité –, mais au sens où il n'est de loi qui ne se risque dans les singularités. La contingence qui nous apparaît correspond à l'événement qui donne tout son sens à la loi, puisqu'il n'est de loi qui ne légifère. Dans l'échec de la normativité formelle – qui est toujours relatif à la norme et la confirme donc encore – se révèle l'aventure de la forme. Celle-ci ne se préserve pas dans une généralité abstraite et désincarnée, elle s'investit *nécessairement* dans la *contingence* du sensible et de l'événement. Elle est toujours déjà forme en mouvement et la distorsion possible atteste de cette vie de la forme *en formation*[1].

Goethe n'ignorait rien de cette aventure que représente pour la forme l'invention de la nature. C'est pourquoi il préférait d'ordinaire le terme de *Bildung* à celui de *Gestalt*. Pour mieux dire encore, la *Gestaltung* est la vérité ultime de la forme, et non la structure désespérément virginale d'une *Gestalt* confinée dans une abstraction cachée. Concéder cette capacité de confirmation de la légalité à l'événement particulier revient à faire de celui-ci un moment constituant du sens phénoménal de la loi immanente à la nature en tant que raison organique. À ce compte, l'essence s'invente dans chacun de ses événements, *elle forme*. Elle est acte de formation et même de transformation d'une raison que nous n'avons que trop tendance, dans notre précipitation, à juger établie. La raison de la nature est une raison vivante. À vouloir la figer dans une logique immuable, on la méconnaît et on en altère l'image vraie. On peut comprendre en ce sens la réflexion suivante: «Rien n'est plus inconséquent qu'un excès de conséquence, car il produit des phénomènes contre nature qui finissent par se retourner contre la logique»[2] – les phénomènes contre nature étant bien moins ici les «monstruosités difformes» que la vie pétrifiée d'un modèle statique. Goethe craint autant la résurgence, au cœur de la *Naturphilosophie*, d'une raison fixe, nécessairement abstraite, que l'irrationalisme spéculatif:

1. Ainsi, la pointe extrême de la vie des formes pourra parfois correspondre à des singularités qui sont sans lendemain mais qui ne remettent nullement en cause la logique principielle de la nature: «La nature tombe dans certaines singularités comme dans une impasse; elle ne peut aller plus loin et ne peut pas non plus revenir en arrière [...]» (J.W. GOETHE, *Maximen und Reflexionen*, 39, H.A., XII, p. 370; trad. p. 137).

2. *Ibid.*, 1050, H.A., XII, p. 513; trad. (modifiée) p. 32.

> Dans l'étude de la nature, rechercher partout l'ordre et le système, c'est profitable et nuisible à la fois [1].

Profitable, car seule l'étude du type ou de la structure éidétique du monde permet de comprendre l'universalité de la raison naturelle ; nuisible, car il n'est pas de plus grande tentation pour la raison que de se satisfaire de l'énoncé d'une évidence déterminée au mépris du mouvement qui anime – au sens primordial de l'*anima* – l'harmonie des formes.

Bien entendu, les deux idées que véhicule le principe goethéen d'une authentique tératologie participant de la science éidétique s'entremêlent. La vie de la raison naturelle est prise en vue, qu'il soit question d'une rationalité toujours plus large que nous le pensions – d'une rationalité qui *s'élargit* – ou du rapport de l'essence à l'événement que rend patent l'émergence du difforme comme situation-limite. Ces éléments constitutifs de la tératologie correspondent étroitement, jusque dans leur intrication même, à deux aspects du discours goethéen. Tout d'abord, l'idée d'un élargissement continu de la rationalité des formes naturelles est à la base de ce que l'on a parfois considéré comme la science goethéenne de l'évolution. Cette caractérisation est sans doute audacieuse. Goethe est resté réservé quant à l'hypothèse d'une évolution des espèces, une hypothèse qui commençait seulement à voir le jour à son époque. Il est, en fait, l'exact contemporain de ses premières formulations, ce qui ne lui donnait aucun recul pour pouvoir en mesurer toute la portée et encore moins le temps nécessaire à une évaluation de ses implications scientifiques aussi bien qu'idéologiques. En outre, l'un de ses rares manques de vigilance sur la vie scientifique de son temps réside dans son ignorance des travaux de Lamarck. Lamarck n'a jamais su attirer son attention alors qu'il était sans doute l'un de ses rares alliés potentiels. On ne s'étonnera pas, dès lors, de la parcimonie et de la prudence qui caractérisent les réflexions de l'Olympien sur un sujet aussi brûlant. Goethe, à dire vrai, apporte plus des éléments de réflexion sur le principe et la signification d'une théorie de l'évolution qu'il n'en expose la teneur. Mais pour incomplètes que soient ses réflexions sur la question, elles peuvent pourtant être d'un grand apport pour la réouverture d'un dossier de l'histoire des sciences et de la science contemporaine que

1. *Ibid.*, 1375, p. 546 ; trad. p. 135.

l'idéologie mécaniste et réductionniste en général et le darwinisme en particulier espèrent avoir définitivement clôturé à leur avantage [1].

Par ailleurs, l'idée d'une formation de la forme, si on en découvre déjà une théorie sous le motif de la transformation des espèces, se révéle encore être au principe d'une réflexion plus large de Goethe sur la vie de l'essence, où sont exploités avec acuité et profondeur les concepts de métamorphose, de polarité et d'intensification. Ces concepts sous-tendent les recherches de Goethe sur les différents règnes de la nature, mais ils ne furent jamais autant requis que par ses études de botanique. C'est donc l'analyse de celles-ci qui doit conduire le plus directement à une élucidation du sens de ces concepts décisifs.

LES LINÉAMENTS GOETHÉENS D'UNE THÉORIE DE L'ÉVOLUTION

L'intérêt que Goethe porta à la polémique entre Cuvier et Geoffroy Saint-Hilaire est étroitement lié à la question de son possible évolutionnisme. En effet, la pensée de Geoffroy Saint-Hilaire ne se réduit pas au principe d'unité de composition de la nature qui le rapprochait de l'uni-totalité goethéenne tout en l'opposant radicalement au souci exclusivement analytique de Cuvier. La querelle de 1830 n'avait pas pour seul mérite de révéler l'incommensurabilité du panthéisme de Geoffroy Saint-Hilaire et des règnes pluriels et incommensurables entre eux – hors toute référence à la volonté créatrice de l'« intelligence suprême » – défendus par Cuvier. À dire vrai, cette querelle portait encore sur le devant de la scène scientifique le débat entre le fixisme, soutenu par le dogme chrétien, et l'évolutionnisme naissant. Les deux aspects de la polémique sont bien sûr indissociables. L'évocation de l'affrontement entre les deux professeurs du muséum est aujourd'hui si intimement liée à la question de l'évolutionnisme que l'on ne peut plus faire écho à la théorie des analogues de Geoffroy, qui a entraîné à sa suite la théorie de l'« homologie », sans en faire un argument de poids en faveur de l'évolutionnisme. La théorie fixiste de Cuvier, qui refusait de voir dans les espèces actuelles des héritières d'espèces disparues dont l'existence

1. Des naturalistes se consacrant à des études morphologiques ont visiblement précédé dans cette voie les philosophes, comme en témoigne, par exemple, l'ouvrage de E.-M. KRANICH, *Von der Gewißheit zur Wissenschaft der Evolution. Die Bedeutung von Goethes Erkenntnismethode für die Evolutionstheorie*, Stuttgart, 1989.

passée est avérée par la découverte de nombreux fossiles, se voulait fixiste et défendait l'idée d'un schème explicatif «catastrophiste» pour justifier la disparition de certaines espèces. À l'inverse, l'unité de plan de composition de la nature que défendait ardemment Geoffroy Saint-Hilaire découvrait une homologie entre tous les êtres de la nature et affirmait ainsi que les espèces vivantes ne sont que des modifications, sous l'influence du milieu, des espèces disparues – les premières comme les secondes appartenant à un même type de structure animale. Il allait même jusqu'à suggérer que tout le règne animal, pourtant si fortement différencié, n'est, à dire vrai, que le résultat d'une modification progressive ou, si l'on préfère, historique, du type unique «animal».

Goethe paraît bien ne pas avoir ignoré cette portée des travaux de Geoffroy lorsqu'il compare les idées de celui-ci à celles de Buffon:

> Geoffroy, fidèle à sa méthode, s'efforce de comprendre l'ensemble, mais il ne se borne pas comme Buffon à la nature actuelle, existante, achevée; il l'étudie dans son germe, son devenir, son développement [1].

Pour autant, on ne peut en déduire que Goethe s'engage aussi résolument que Geoffroy Saint-Hilaire dans la voie d'une théorie de l'évolution. La question est des plus complexes et renvoie à la convergence d'une pluralité de paramètres. Quiconque entreprend la lecture des travaux d'anatomie de Goethe ne tarde pas à se convaincre qu'il s'est tenu au plus proche d'un certain transformisme. Mais l'évidence peut parfois être trompeuse et la précipitation des jugements s'autorisant souvent d'une ignorance des anachronismes, il n'est possible de trancher qu'en resituant les sympathies de Goethe pour le transformisme dans l'économie générale de sa pensée ainsi que l'émergence de l'idée évolutionniste dans son contexte historique global.

L'évolutionnisme était «dans l'air du temps». La prégnance du schème historique dans la pensée moderne et idéaliste, aussi bien que dans le cadre restreint des sciences de la nature, préparait le terrain à une telle interprétation des rapports entre les espèces. Par ailleurs, la nécessaire prise en compte de certains éléments positifs neufs, tels que la découverte de fossiles animaux, forçait, pour le moins, à formuler cette hypothèse, quitte à la rejeter, comme le fit Cuvier, en arguant d'une théorie catastrophiste. Enfin, la liberté croissante prise à l'égard de la lettre de l'Écriture Sainte permettait petit à petit de franchir l'obstacle

1. J.W. GOETHE, *Principes de philosophie zoologique... II. Abschnitt*, H.A., XIII, p. 231; trad. (modifiée) p. 163.

d'une conformité rigoureuse au récit de la Genèse. Si l'évolutionnisme mit du temps à s'imposer, s'il dut combattre le fixisme sous toutes ses formes et, au cours de cette âpre lutte, emprunter des voies parfois obscures, force est de constater que, dès les premières années du XIXe siècle, il disposa des conditions nécessaires pour qu'à tout le moins l'une de ses écoles acquît une position dominante dans l'univers de la réflexion scientifique. Mais un contexte scientifique favorable ne suffit pas pour conclure à l'adhésion pleine et entière de Goethe au schéma d'explication naissant. Goethe, sans doute, ne mesurait pas encore à sa juste valeur la portée des premières thèses évolutionnistes. Le fait que Lamarck n'ait jamais réussi à attirer son attention, alors que pourtant leurs modes de pensée étaient, à certains égards, très proches, est symptomatique. Pour que Goethe ait ainsi négligé un important naturaliste de son temps, il y faut quelques conditions, que les hasards d'une information parcellaire ne suffisent pas à remplir.

De prime abord, Goethe n'est pas passionné par la question évolutionniste, en tous cas dans sa formulation encore embryonnaire de l'époque. Elle n'est susceptible de retenir son attention que de manière secondaire. Il n'éprouve pas la tentation de rentrer dans ce débat et ne l'aborde donc qu'indirectement. Ainsi, il s'oppose à Cuvier non pas directement parce que celui-ci est fixiste, mais parce qu'il pratique une méthode analytique unilatérale qui induit une nature composée selon une rationalité transcendante; en outre, il se range derrière les idées de Geoffroy Saint-Hilaire , non pas directement parce que celui-ci pose les fondations d'une théorie évolutionniste, mais parce que son souci du synthétique lui permet de rendre justice à l'uni-totalité de la nature. À la limite, la question évolutionniste au sens strict n'appartient pas au champ thématique initial de Goethe, dans la mesure où il n'était susceptible de l'aborder que dans les termes de la continuité logique et non de la chronologie. «Goethe cherche avant tout à rendre intelligibles les formes individuelles ou passagères en les reliant à quelque chose de général et de permanent. Il ne pense pas généalogiquement. Il ne s'inquiète pas de savoir comment les espèces se sont constituées dans la suite des temps»[1]. Dans son intérêt pour la querelle de 1830 à l'Académie des Sciences, la question d'un panthéisme empirique basé sur une raison synthétique prévaut indubitablement et, de manière plus générale, la logique éternelle du monde l'occupe plus que le champ ouvert par l'histoire. Il n'y a dès lors pas lieu de s'étonner qu'une théorie

1. R. MICHÉA, *Les travaux scientifiques de Goethe*, *op. cit.*, p. 93.

évolutionniste, par exemple de type transformiste, n'ait pu profiter de ses travaux de naturaliste pour venir au jour. Cependant, le souci de la raison synthétique n'entraîne pas une attention exclusive pour le général et le permanent. L'évidence d'une typique immuable n'efface pas la pertinence de la dynamique et de la notion du devenir. Lorsque Goethe affirme que « de quelque côté que l'on se tourne la nature est féconde à l'infini »[1], il entend souligner le dynamisme interne de la nature et, par là même, la génération immanente du sens, comme pour contrebalancer la permanence de la typique universelle. C'est pourquoi il est tout à fait indispensable de concéder un intérêt égal au procès dynamique de constitution diachronique de la nature et à sa logique synchronique immanente. On ne peut donc se détourner de la question du transformisme goethéen comme si elle était non avenue. Certes, Goethe ne peut être, au sens strict, un transformiste, ne fût-ce que parce qu'il n'a jamais tenté d'élaborer une réflexion systématique sur l'évolution des espèces. Néanmoins, son attention pour la dynamique constitutive de la nature le prédisposait à tirer quelque profit de l'ambiance évolutionniste et, inversement, sa pensée de la diachronie du *cosmos* est parfaitement intégrable dans une théorie rationnelle et empirique de l'évolution – elle est même susceptible d'offrir une base « phénoménologique » à l'élaboration de celle-ci.

Paradoxalement, l'un des apports de Goethe à la théorie évolutionniste découle immédiatement de sa réserve préalable à l'égard du transformisme. En effet, le défaut de fascination pour la chronologie, ou même pour la question de l'origine en tant que telle[2], permet de penser qu'une théorie évolutionniste se doit moins de chercher le fameux « chaînon-manquant », c'est-à-dire le moment exact de la transition d'une espèce à l'autre – recherche sans doute vouée à l'échec, comme le montre *de facto* la paléoanthropologie – que de réfléchir à la fois sur la logique de formation des espèces et sur leur intégration *dynamique* dans le plan universel de la nature. Comment, d'ailleurs, Goethe aurait-il pu s'engager dans une autre voie ? Sa *Naturphilosophie* est une phénoménologie des types. Il n'est, selon lui, de connaissance qui ne fasse droit à

1. J.W. GOETHE, *Maximen und Reflexionen*, 5, H.A., XII, p. 365 ; trad. p. 135.

2. Interrogé sur les origines de l'homme, Goethe se contente de faire référence à la richesse, voire à la prodigalité de la nature, et soutient à la suite : « Mais quant à se creuser la tête pour savoir *comment* la chose advint, je le tiens pour une occupation oiseuse que nous laisserons à ceux qui passent leur temps à des problèmes insolubles et qui n'ont rien de mieux à faire » (J.P. ECKERMANN, *Gespräche mit Goethe...* (7 Oktober 1828), *op. cit.*, p. 267 ; trad. p. 251).

une typique universelle, laquelle, d'analogies en analogies, s'étend à l'ensemble de la nature, tout comme il n'est de perception du monde qui ne soit sous-tendue par la manifestation idéelle d'un *Urphänomen.* Les perceptions d'essence structurent notre rapport au monde et à la vérité. Il est dès lors absurde de se mettre en quête du moment d'entre-deux de l'essence, c'est-à-dire de ce moment où une essence a disparue sans en être déjà tout à fait une autre. Il n'est pas de chaînon-manquant parce qu'il n'est pas de singularité qui n'exemplifie, jusque dans sa particularisation la plus intense, une essence spécifique.

Mais la fondation de notre connaissance dans une logique des types et la contrainte que celle-ci impose à tout discours scientifique ne peuvent en aucun cas induire une profession de foi fixiste. Une science éidétique qui doit faire droit à la dimension dynamique constitutive de la vie même de l'essence ne peut en rester à une universalité établie. Il lui faut accepter la possibilité d'une *transformation* de la forme, c'est-à-dire d'une modification d'un type de rationalité dans un autre type de rationalité, étant entendu qu'il s'agit moins de saisir le pourquoi factuel et causaliste de cette mutation que le rapport logique ainsi tissé entre les essences et les circonstances globales de la transformation définies par l'uni-totalité de la nature. Comprendre la logique globale d'organisation de la nature ne revient pas à dresser un plan des types. Bien plutôt doit-il s'agir de décrire le mouvement des types par lequel se constitue la logique de la nature. On ne comprend la nature de manière éidétique qu'en engageant sa connaissance d'essence et en l'éprouvant au contact de son dynamisme :

> [...] si nous observons toutes les formes, et en particulier les formes organiques, nous constatons qu'il ne se trouve nulle part de constance, d'immobilité, d'achèvement et qu'au contraire tout oscille dans un mouvement incessant. C'est pourquoi notre langue se sert à fort juste titre du mot formation *[Bildung]*, tant pour désigner ce qui est produit que ce qui est en voie de l'être [1].

Noter cela n'équivaut pas à une relativisation de la science éidétique, mais, tout au contraire, à une reconnaissance de toute son amplitude [2].

1. J.W. GOETHE, *Die Absicht eingeleitet*, H.A., XIII, p. 55 ; trad. p. 76.

2. Husserl, au demeurant, l'avait bien compris – lui que l'on ne peut certes pas soupçonner d'avoir sous-évalué l'importance de l'essence dans l'élaboration de la connaissance. On lit, en effet, dans l'appendice IV aux *Ideen III :* « Tout au moins, je ne vois pas comment on parviendrait à fixer, ne serait-ce que dans le domaine des figures spatiales sensibles, tous les types possibles de figures ; ils ont toujours eux-mêmes nécessairement quelque chose de fluide, ils interviennent dans des figures transitives *[Übergangsgestalt]*

Goethe tâche de pousser l'éidétique aux limites de sa puissance explicative, sachant que ce n'est qu'à ce prix qu'elle peut acquérir une réelle conformité descriptive au phénomène de la nature.

Reste à comprendre la logique de cette fluidité ou de cette transition de formes. Or, le principe de la typique universelle permet de reconduire cette question à une donnée préalable, que l'on peut dire transcendantale : la nature se limite toujours à un même « budget ». Sous la forme anthropomorphique et en apparence naïve de sa formulation, ce principe exprime tout simplement la logique ou la normativité la plus universelle de la nature en tant qu'uni-totalité. L'absoluité normative de la nature nous assure de la relativité des mouvements de formes, c'est-à-dire des « transformations ». Quelle que soit leur ampleur, celles-ci ne prennent sens et ne se produisent que dans un cadre strictement délimité – le cadre de la nature. N'importe quelle transformation ne peut pas se produire. La nature ne tolère pas l'anarchie. Ainsi, toute transformation va répondre à une certaine normativité universelle : le Centaure relève du mythe, et non pas d'un inter-règne naturel ; il ne fait précisément sens pour nous que comme écart par rapport aux lois les plus concrètes de la nature. Cette structure normative de base précède logiquement toutes les transformations d'essences et leur permet de faire sens. Il doit doit donc lui être reconnu un rôle transcendantal par toute réflexion fondamentale sur l'évolution. Or, c'est précisément cette structure normative qui rapproche les pensées de Goethe et de Lamarck.

Lamarck, à l'instar de Geoffroy Saint-Hilaire , n'a développé son transformisme que sur fond de l'affirmation d'un ordre naturel. Il n'a d'autre souci, dans l'élaboration de son hypothèse transformiste et dans les démonstrations qu'il s'efforce d'en proposer, que de rendre évident un ordre naturel réel et normatif, et de ruiner ainsi les précédentes constructions taxologiques du XVIIIe siècle dont l'arbitraire ramenait, *de facto*, les espèces à de simples *flatus vocis*. Formé à l'école de Buffon, qui, s'il avait parfois entrevu l'unité de la nature, comme aime à le rappeler Goethe pour se placer sous les auspices du savant collection-

que l'on doit de nouveau être capable de comprendre typiquement » (E. HUSSERL, *Ideen zu einer reinen Phänomenologie und phänomenologischen Philosophie. Drittes Buch. Die Phänomenologie und die Fundamente der Wissenschaften*, *Hua* V, hrsg. von M. Biemel, Den Haag, 1952, p. 137 ; trad. de D. Tiffeneau : *Idées directrices pour une phénoménologie et une philosophie phénoménologique pures. Livre troisième : La phénoménologie et les fondements des sciences*, Paris, 1993, p. 172). Les transformations elles-mêmes, souligne Husserl, doivent être comprises de manière éidétique, elles confirment donc cette dernière plus qu'elles ne la mettent en porte-à-faux par rapport à la réalité naturelle.

neur, tendait aussi très souvent à ne défendre qu'une conception nominaliste des espèces, Lamarck en vient à reconnaître ce caractère purement nominaliste des classifications figées qu'il découvre. Mais il s'agit, dans son cas, d'une approbation critique. Pour Lamarck, ces taxologies, dès lors qu'elles sont figées et nominalistes, manquent la vie, l'ordre et l'unité de la nature. Il veut substituer à ce classement horizontal arbitraire un ordre vertical naturel :

> On est maintenant parfaitement fondé à reconnaître qu'un ordre établi par la nature existe parmi ses productions dans chaque règne des corps vivants : cet ordre est celui dans lequel chacun de ces corps a été formé dans son origine. Ce même ordre est unique, essentiellement sans division dans chaque règne organique, et peut nous être connu à l'aide de la connaissance des rapports particuliers et généraux qui existent entre les différents objets qui font partie de ces règnes. [...] C'est ce même ordre qui devra remplacer, à mesure que nous le connaîtrons, ces distributions systématiques ou artificielles que nous avons été forcés de créer pour ranger d'une manière commode les différents corps naturels que nous avons observés [1].

Un ordre unique et naturel, fondé sur des rapports d'analogies, doit permettre d'accéder à la vérité de la nature et de rejeter enfin l'arbitraire de classifications hasardeuses. Lamarck se propose de prolonger en zoologie les recherches menées en botanique par Jussieu sur la base d'une méthode naturelle. Optimiste, il se félicite de

> ce que l'on soit enfin convaincu [...] de la nécessité d'étudier la méthode naturelle, c'est-à-dire de rechercher dans nos distributions l'ordre même qui est propre à la nature ; car cet ordre est le seul qui soit stable, indépendant de tout arbitraire, et digne de l'attention du naturaliste [2].

Selon lui, le seul ordre réel que l'on puisse ainsi substituer aux « distributions systématiques » est un ordre vertical. L'ordre naturel qu'il reconnaît par le biais de la méthode naturelle est nécessairement un ordre de transformation, c'est-à-dire un ordre des espèces en devenir. Le principe lamarckien de l'ordre naturel consiste donc à substituer aux

1. J.-B. LAMARCK, *Philosophie zoologique* (Partie I, chapitre 1), éd. par A. Pichot, Paris, 1994, p. 80. Quelques lignes plus haut, Lamarck avait avancé la définition suivante : « J'appelle distribution systématique, soit générale, soit particulière, toute série d'animaux ou de végétaux qui n'est pas conforme à l'ordre de la nature, c'est-à-dire qui ne représente pas soit son ordre en entier, soit quelque proportion de cet ordre, et conséquemment qui n'est pas fondée sur la considération des rapports bien déterminés » *(idem)*.

2. *Ibid.*, p. 81.

classifications nominalistes l'ordre unique de la généalogie des espèces – l'ordre de la nature elle-même, dans son unité comme dans sa «chronologie»[1].

L'ordre naturel est un ordre en perpétuel devenir qui, plutôt que de se donner une fois pour toutes, ne cesse de s'accomplir diachroniquement. Pour autant, Lamarck ne se contente pas de basculer « [la] série horizontale (synchronique) pour l'imaginer verticalement, dans le temps (diachroniquement)»[2]. Il ne s'agit pas d'une pure et simple subsitution de la diachronie à la synchronie. L'idée même d'un ordre naturel interdit la récusation pure et simple de la synchronie et même sa subsidiarité principielle par rapport à la diachronie. Le mérite de Lamarck est de rendre le temps à la raison, le devenir à la logique, la dynamique à la forme. Mais toute forme, dans sa dynamique même, s'inscrit dans un rapport concomitant à toute autre forme et mobilise ainsi une logique synchronique qu'elle accomplit dans et par son devenir – qu'elle *complexifie*.

Or, le panthéisme phénoménologique de Goethe est fondamentalement dynamique. Il affirme que l'essence devient, dans le même temps qu'il maintient comme expérience transcendantale de notre rapport au monde l'originarité d'une uni-totalité de la nature – d'un ordre naturel, écrirait Lamarck. Goethe a sans doute résumé cette idée en une formule frappante:

> L'essence éternelle évolue en tous[3].

Dans cette formule de maturité, qui fait écho aux thèmes traités de manière plus aventureuse dans l'hymne de jeunesse *Die Natur*, il tente de saisir en un énoncé unitaire des paramètres qu'une naïveté positiviste ou logiciste estimerait sans doute ultimement inconciliables. Il soutient que la pérennité et le mouvement sont les éléments constituants de la nature. On peut bien penser une rationalité éidétique de la nature, on se doit même d'en faire l'expérience si l'on veut connaître la loi naturelle. Mais cette raison d'essence est en mouvement et doit être saisie comme telle – comme une synchronie qui, sous l'effectivité la plus manifeste, reste encore et toujours possible, donc diachronique. Dans un autre texte de la même époque, on lira encore:

1. Cf. A. PICHOT, *Histoire de la notion de vie*, Paris, 1993, p. 650.
2. *Ibid.*, p. 651.
3. J.W. GOETHE, *Vermächtnis*, H.A., I, p. 369; *Testament*, trad. (ici modifiée) de R. Ayrault, in *Poésies/Gedichte II...*, Paris, 1982, p. 747.

> [...] à transformer tout ce qui est formé, afin qu'il ne se fige pas dans une rigidité hostile, s'emploie une activité éternelle et vivante. Et ce qui n'était pas aspire à devenir, à s'épanouir en de purs soleils, en terres diaprées ; en aucun cas, il ne lui est permis de se reposer. Il faut qu'il se meuve, agisse et crée, prenant forme d'abord, se transformant ensuite ; s'il semble se reposer un instant, ce n'est qu'une apparence. L'essence éternelle se meut en toutes les choses ; car tout doit s'anéantir, s'il veut persévérer dans l'être [1].

Rien n'est plus goethéen que l'idée d'une formation-transformation de la raison éidétique naturelle. La logique du monde ne peut s'accomplir et s'enrichir qu'au prix du temps de son devenir infini, qui en fait une raison possible avant même que d'être une raison effective. Dans *Eins und Alles*, Goethe avance deux idées décisives de ce point de vue. Il souligne d'abord qu'une rationalité qui ne se transformerait pas, qui ne se mouvrait pas, serait caractérisée par une « rigidité hostile ». L'immobilité même de la nature rendrait celle-ci étrange à l'homme comme peut l'être une massivité incompréhensible, un existant désespérément opaque, dépourvu de sens pour celui qui le rencontre. L'hostilité d'une hypothétique nature figée dans sa raison éternellement répétitive équivaudrait à une inapprochable altérité, à une transcendance absolue qui ne serait pas même manifestation. Pour Goethe, *a contrario*, le mouvement immanent à la nature est le meilleure gage de sa familiarité à notre encontre – de sa manifestation à nos sens. Est ici prégnante l'idée d'une analogie entre la nature et l'homme, qui rend patent le rapport de fondation de la première au second et qui justifie le sentiment d'entr'appartenance vécu par l'homme dans son expérience la plus originelle du monde.

Par ailleurs, Goethe avance aussi l'idée d'une persévérance dans l'être :

> car tout doit s'anéantir, s'il veut persévérer dans l'être.

Or, dans *Vermächtnis*, juste avant que d'écrire la formule « l'essence éternelle évolue en tous », Goethe notait :

> Aucune essence ne peut s'anéantir ! [2].

1. J.W. GOETHE, *Eins und Alles*, H.A., I, p. 369.
2. J.W. GOETHE, *Vermächtnis*, H.A., I, p. 139 ; trad. (modifiée) p. 747.

Le rapprochement est d'autant plus important que les deux textes s'avèrent quasi-analogues, puisque l'énoncé du rapport entre persévérance et anéantissement, dans *Eins und Alles*, est précédé de la phrase :

> L'essence éternelle se meut en toutes les choses.

Il faut dès lors poser une équivalence entre « Aucun être ne peut s'anéantir » et « car tout doit s'anéantir s'il veut persévérer dans l'être ». Le paradoxe n'est levé qu'à comprendre cette équivalence comme suit : toute réalité persévère dans l'être, c'est là la loi intangible de son existence naturelle, de sa nature ; mais l'envers de cette persévérance est l'anéantissement, c'est-à-dire qu'une forme ne subsiste qu'à se nier pour prendre une autre forme – la transformation est la loi de la persévérance dans l'être au sens du devenir infini. Mais dès lors, cette transformation n'est pas seulement la disparition d'une forme, elle constitue une modification qui, pour être substantielle, n'en est pas pour autant aveugle. La transformation, étant sous-tendue par la persévérance dans l'être, joue comme une adaptation d'une rationalité éidétique aux exigences d'une raison plus large – la raison de la nature, avec son foisonnement d'autres essences et son « budget » bien délimité. Toute raison qui se transforme définit encore les modalités mêmes de la transformation, en manière telle que l'anéantissement d'une forme est le meilleur gage de sa persévérance. Goethe entrevoit ici qu'une théorie de l'évolution doit nécessairement être continuiste et, dès lors, révéler que la nature peut être dynamique sans jamais faire de bonds.

Or, ce principe de continuité de la nature dans la transformation des espèces est un principe lamarckien, lui-même sous-tendu par une figure déterminée de la persévérance dans l'être. Si le principe de continuité accompagne nécessairement une théorie transformiste basée sur l'idée d'ordre naturel – comme le démontrent à souhait les tendances évolutionnistes de Geoffroy Saint-Hilaire sur fond d'unité de plan de composition de la nature –, le principe de persévérance dans l'être ne jouit pas de la même évidence. On en découvre pourtant une évocation originale chez Lamarck avec le principe de la tendance à la complexification des individus et identiquement de l'espèce. Mais Lamarck est peu disert à ce propos et ne parle de ce principe « que pour l'opposer aux circonstances qui contrarient sa linéarité [...] »[1]. Il évoque pourtant une « cause qui tend sans cesse à composer l'organisation »[2] ou une

1. A. PICHOT, *Histoire de la notion de vie*, *op. cit.*, p. 661.
2. J.-B. LAMARCK, *Philosophie zoologique* (I,6), *op. cit.*, p. 151.

« progression dans la composition de l'organisation »[1], y reconnaissant « le produit d'une loi constante de la nature »[2]. Cette complexification de l'organisation doit manifestement correspondre à la concomitance d'un accroissement d'intensité de l'intégration des parties dans le tout et d'une augmentation de la différenciation et de la spécialisation des organes. Lamarck explique cette complexification par une théorie des fluides dans l'organisme dont les contenants – les vaisseaux – ne sont pas de simples canaux, mais *des structures que forment les mouvements mêmes des fluides en accélération constante*[3] sous l'effet d'une cause excitatrice. Le degré d'activité de la vie organique et donc sa complexification dépendent de ce mouvement qui révèle une unité foncière de l'être vivant dans l'intégration logique de chacun de ses moments constituants, en manière telle que l'on tenterait en vain de saisir le sens d'une activité partielle en l'arrachant à son horizon organique total. Le sens de ce développement relève donc de la forme et, en retour, la tendance à la complexification engage la forme même de l'individu. Cette tendance à la complexification correspond dès lors à une persévérance dans l'être dépendante de la légalité formelle qui sous-tend l'accomplissement de l'individualité. Les êtres vivants de Lamarck sont animés d'un désir d'être qui mobilise une finalité interne, quoique non-thématisée comme telle.

La logique lamarckienne de complexification organique rencontre le principe goethéen d'une persévérance dans l'être jusque dans l'idée d'intégration optimale des parties comme preuve de complexité accrue :

> La subordination des parties signale une créature d'une plus grande perfection[4].

Mais une ambiguïté demeure sur le statut exact que Lamarck, pour sa part, reconnaît à la tendance à la complexification. En effet, dans la *Philosophie zoologique*, la complexification semble concerner tout autant l'individu que l'espèce. L'individu tend à accomplir – en le complexifiant – son propre organisme, mais cette complexification ontogénétique paraît induire une complexification équivalente au niveau phylogénétique. Quel rapport, en somme, Lamarck établit-il entre

1. *Ibid.*, p. 153.
2. *Ibid.*, p. 150.
3. Cette constitution des structures *par* le mouvement des fluides est évidemment ce qui évite à l'explication de Lamarck de verser dans le mécanisme. Cf. A. PICHOT, *Histoire de la notion de vie*, *op. cit.*, p. 612.
4. J.W. GOETHE, *Die Absicht eingeleitet*, H.A., XIII, p. 56 ; trad. (modifiée) p. 77.

ontogénèse et phylogénèse? La chose n'est pas aussi claire qu'on le voudrait parce que Lamarck se croit naturellement autorisé à glisser de l'un à l'autre. Il est en effet convaincu de l'hérédité des caractères acquis [1]. Il confère même à cette hérédité le statut de loi fondamentale du transformisme :

> Tout ce que la nature a fait acquérir ou perdre aux individus par l'influence des circonstances où leur race se trouve depuis longtemps exposée, et, par conséquent, par l'influence de l'emploi prédominant de tel organe, ou par celle d'un défaut constant d'usage de telle partie ; elle le conserve par la génération aux nouveaux individus qui en proviennent, pourvu que les changements acquis soient communs aux deux sexes, ou à ceux qui ont produit ces nouveaux individus [2].

Notons que le principe de l'hérédité des caractères acquis est à ce point décisif que son énonciation est étroitement mêlée à celle de cet autre principe qui a depuis souvent été résumé – sans doute trop précipitamment – dans la maxime « la fonction crée l'organe ». Selon le premier principe, tout caractère acquis par l'individu au gré de son processus de complexification organique peut donc se transmettre par génération et contribuer, par là même, à une complexification de l'espèce. L'ordre naturel vit et devient en chaque organisme et, à travers celui-ci, œuvre au mouvement même de son éidétique par les transformations qui en résultent.

Il faut dès lors verser une nouvelle pièce au dossier de la proximité présumée des pensées de Goethe et Lamarck. De fait, si le premier ne s'est jamais risqué à une formulation du principe de l'hérédité des caractères acquis, il a toutefois établi un lien d'implication entre l'évolution éidétique et la génération, donc entre la transformation et le caractère héréditaire – donc, en fin de compte, entre la phylogénèse et l'ontogénèse :

> Nous pouvons donc soutenir que les êtres organisés, les plus parfaits [...], sont tous modelés sur un type primitif, dont les parties toujours les mêmes, et variant dans des limites déterminées, se développent ou se transforment encore tous les jours par la génération [3].

1. Quoi qu'il n'utilise jamais lui-même cette expression devenue depuis lors courante dans les théories évolutionnistes.

2. J.-B. LAMARCK, *Philosophie zoologique* (I, 7), *op. cit.*, p. 217.

3. J.W. GOETHE, *Vorträge über die drei ersten Kapitel des Entwurfs einer allgemeinen Einleitung in die vergleichende Anatomie, ausgehend von der Osteologie*, A.V., XVII, p. 275 ; trad. de Ch. Fr. Martins : *Leçons sur les trois premiers chapitres de*

Dans ces quelques lignes se concentre toute la pensée goethéenne du type. On y retrouve l'idée du type unique et donc de la normativité universelle dont dépend toute individualité, mais aussi la mobilité constitutive de la vie des formes, donc leur « transformation ». Goethe laisse entendre que les parties – les organes – jouent de ce point de vue un rôle tout à fait décisif. Or, elles ne peuvent remplir ce rôle que par la génération, c'est-à-dire par la transmission, d'une génération à l'autre, de modifications acquises. Par ailleurs, l'insistance sur les « limites déterminées » ne doit pas surprendre : l'ordre naturel suppose effectivement un « budget » restreint dans le cadre duquel les « dépenses » de la nature, dans toute l'étendue de leur variation, ne font que confirmer une rationalité cosmique transcendantale.

En lisant attentivement des écrits certes parfois sybillins, on peut conclure que Goethe se tient au plus proche des principes fondateurs du transformisme lamarckien. L'ordre naturel, la tendance à la complexification des organismes comme figure de la persévérance dans l'être, la continuité des formes fondée sur une prolongation spontanée des modifications ontogénétiques au niveau de la phylogénèse : tous ces éléments sont communs, à des degrés d'explicitation divers, à Goethe et Lamarck. Mais ceci ne permet pas de saisir la concrétude de la transformation des espèces, ni chez Lamarck, ni chez Goethe. Il faut encore expliquer les circonstances de l'invention des formes dans la *Philosophie zoologique* de Lamarck pour rechercher ensuite chez Goethe les éléments de sa *Naturphilosophie* qui permettent de penser ces circonstances dans la proximité de la théorie de Lamarck – sans réduire pour autant ces pensées l'une à l'autre puisque, à parler strictement, le transformisme est lamarckien et non pas goethéen.

Qu'en est-il du processus de transformation selon Lamarck ? Un premier élément de réponse a été avancé avec la loi de complexification organique. Un second élément réside dans l'hérédité des caractères acquis. Un troisième élément apparaît indirectement dans ce passage de la *Philosophie zoologique* où Lamarck formule sa loi d'hérédité des caractères acquis. Il évoque alors « l'influence des circonstances » sur la modification des organismes via l'emploi ou l'abandon d'un organe. Il ne suffit pas, affirme Lamarck, qu'un organe tende à sa complexification et que l'acquisition de nouveaux caractères s'inscrive dans une ligne héréditaire pour que les espèces se transforment. Il faut encore tenir

l'« Introduction à l'étude de l'anatomie comparée, basée sur l'ostéologie », in *Œuvres d'histoire naturelle...*, *op. cit.*, p. 66-67.

compte de la résistance que les circonstances opposent à la tendance linéaire à la complexification. L'organisme ne se développe pas selon une loi interne, pré-déterminée et indifférente à l'horizon de la nature qui l'entoure :

> Il sera, en effet, évident que l'état où nous voyons tous les animaux est, d'une part, le produit de la composition croissante de l'organisation qui tend à former une gradation régulière ; et, de l'autre part, qu'il est celui des influences d'une multitude de circonstances très différentes qui tendent continuellement à détruire la régularité dans la gradation de la composition croissante de l'organisation. Ici, il devient nécessaire de m'expliquer sur le sens que j'attache à ces expressions : les circonstances influent sur la forme et l'organisation des animaux, c'est-à-dire qu'en devenant très différentes elles changent, avec le temps, et cette forme et l'organisation elle-même, par des modifications proportionnées[1].

Le plan de la nature n'est donc pas réalisé avec l'évidence d'une linéarité préconçue, que l'on ne sait quelle intelligence suprême, telle une universalité abstraite, appliquerait *a posteriori*. La raison naturelle est continue mais ne se forme que par la confrontation d'une tendance à la complexification avec une résistance du milieu où cette tendance tâche de s'accomplir. Pour autant les circonstances n'influent pas directement sur l'organisme qui tend à se complexifier :

> Assurément, si l'on prenait ces expressions [circonstances, organisation, forme] à la lettre, on m'attribuerait une erreur ; car quelles que puissent être les circonstances, elles n'opèrent directement sur la forme et sur l'organisation des animaux aucune modification quelconque[2].

Encore une fois, il faut laisser à la nature et à ses formes le temps de devenir. Si les circonstances n'influent pas directement sur la transformation, le temps, lui, peut faire son œuvre et accorder aux circonstances un poids que l'instant tendrait à nier. Lamarck explique ce travail complexe du devenir au milieu de circonstances multiples :

> Mais de grands changements dans les circonstances amènent, pour les animaux, de grands changements dans leurs besoins, et de pareils changements dans les besoins en amènent nécessairement dans les actions. Or, si les nouveaux besoins deviennent constants ou très durables, les animaux prennent alors de nouvelles habitudes, qui sont aussi durables

1. J.-B. LAMARCK, *Philosophie zoologique* (I, 7), *op. cit.*, p. 207-208.
2. *Ibid.*, p. 208.

> que les besoins qui les ont fait naître. [...] Il est donc évident qu'un grand changement dans les circonstances, devenu constant pour une race d'animaux, entraîne ces animaux à de nouvelles habitudes. Or, si de nouvelles circonstances devenues permanentes pour une race d'animaux ont donné à ces animaux de nouvelles habitudes, c'est-à-dire les ont portés à de nouvelles actions qui sont devenues habituelles, il en sera résulté l'emploi de telle partie par préférence à celui de telle autre, et, dans certains cas, le défaut total d'emploi de telle partie qui est devenue inutile. [...] Nous verrons [...], d'une part, que de nouveaux besoins ayant rendu telle partie nécessaire, ont réellement, par une suite d'efforts, fait naître cette partie, et qu'ensuite son emploi soutenu l'a peu à peu fortifiée, développée, et a fini par l'agrandir considérablement; d'une autre part, nous verrons que, dans certains cas, les nouvelles circonstances et les nouveaux besoins ayant rendu telle partie tout à fait inutile, le défaut total d'emploi de cette partie a été cause qu'elle a cessé graduellement de recevoir les développements que les autres parties de l'animal obtiennent; qu'elle s'est amaigrie et atténuée peu à peu, et qu'enfin, lorsque ce défaut d'emploi a été total pendant beaucoup de temps, la partie dont il est question a fini par disparaître[1].

On pourrait être tenté de déceler ici les traces d'un mécanisme plus ou moins radical, les organes se modifiant sous l'infuence d'une extériorité circonstancielle et entraînant, par une logique d'implication naturelle, la modification de l'organisme puis de l'espèce elle-même. Pourtant, la théorie non-mécaniste des fluides prépare à une interprétation différente de ce texte, dans la mesure où, à son niveau, elle révéle un rapport d'entraînement réciproque entre l'organe (les vaisseaux) et la fonction (le mouvement des fluides). Le rapport transformiste entre organe et fonction au niveau de la phylogénèse est susceptible de revêtir une signification analogue. Les fils de cette problématique ne sont pas aisés à démêler. Le recours à la notion de *milieu* brouille les pistes. Cette notion est récurrente dans la *Philosophie zoologique* alors qu'elle est issue de la tradition mécaniste, puisqu'elle trouve son origine dans la physique newtonienne[2]. Newton évoquait le milieu à titre de fluide, par exemple l'éther, qui était censé justifier l'action à distance des corps, selon l'exigence née de la découverte de la gravitation universelle. Le milieu joue le rôle de véhicule de l'action mécanique et s'y trouve ainsi

1. *Ibid.*, p. 208-209.
2. À ce propos, cf. l'excellente étude de G. CANGUILHEM, *Le vivant et son milieu*, in *La connaissance de la vie*, *op. cit.*, p. 129-154.

engagé. Or, Lamarck reprend le terme « milieu » dans un sens identiquement mécaniste, mais tout en le « désacralisant ». Lamarck n'utilise la notion de milieu qu'au pluriel, « les milieux » désignant, comme chez Newton, des fluides (l'eau, l'air, le feu). Le pluriel tend à ramener l'idée de milieu à une signification moins englobante. Les milieux rentrent dans la catégorie des circonstances. Les « circonstances influentes » désignent alors l'ensemble des actions qui s'exercent sur le vivant : « [...] circonstances est pour Lamarck un genre dont climat, lieu et milieu, sont les espèces »[1]. Cette subsomption de la notion mécaniste de milieu sous la catégorie plus générale des circonstances conduit à comprendre celles-ci selon un modèle qui dépasse les limites du mécanisme.

De prime abord, le frein opposé par les circonstances à la tendance naturelle du vivant à la complexification de son organisme et l'adaptation du vivant à cette contrainte extérieure paraissent impliquer dans le discours lamarckien le modèle de ce que l'on pourrait appeler un « vitalisme nu »[2]. Il s'agit de vitalisme parce qu'un organisme auto-complexifiant est en jeu. Mais ce vitalisme semble être abandonné à lui-même au milieu d'une nature qui, dans l'indifférence à l'instance vitale qu'elle nourrit pourtant en son sein, s'oppose *de facto* à un développement organique linéaire – en ce sens, il peut être dit « nu ». « La vie et le milieu qui l'ignore sont deux séries d'événements asynchrones »[3]. La vie est alors prise dans une lutte perpétuelle et dramatique pour s'adapter au milieu. Seule la tension régit le rapport de l'un à l'autre, sans aucune forme de connivence, d'entr'appartenance, ni *a fortiori* d'harmonie. Le vitalisme lui-même emprunte alors les traits du dualisme : le milieu est extérieur à la vie. Mais cette lecture du vitalisme organiciste lamarckien n'est pas la seule possible. Un vecteur anime la pensée de Lamarck qui le pousse en direction d'une compréhension très aiguë des rapports qui unissent toujours le vivant à son milieu en commandant une prévalence de la réponse biologique sur la stimulation physique : dans le rapport au milieu, la vie elle-même l'emporte sur le rapport strictement physique. L'extranéité de l'organisme et du milieu est dépassée par le modèle d'une intimité développée par l'initiative suscitée de l'organisme. Le milieu provoque l'organisme, bien entendu. Mais il n'implique pas directement l'adaptation de l'organe, parce que l'ordre naturel de Lamarck est un ordre « qui prend son temps » : « [...] l'essentiel des idées

1. *Ibid.*, p. 131.
2. Nous reprenons cette expression à G. Canguilhem. Cf. *ibid.*, p. 136.
3. *Idem.*

de Lamarck [...] consiste à attribuer à l'initiative des besoins, des efforts et des réactions continues de l'organisme son adaptation au milieu. Le milieu provoque l'organisme à orienter de lui-même son devenir»[1]. Autrement dit, par sa lente adaptation, dépendante du besoin sous-tendu par la tendance à la complexification, l'organisme fait pleinement sien son milieu. Le milieu n'est plus, alors, en opposition à l'organisme. C'est bien plutôt l'organisme qui se constitue son milieu par sa faculté d'adaptation, de reprise et d'intégration des circonstances. «En enracinant les phénomènes d'adaptation dans le besoin, qui est à la fois douleur et impatience, Lamarck centrait sur le point où la vie coïncide avec son propre sens, où par la sensibilité le vivant se situe absolument, soit positivement, soit négativement, dans l'existence, la totalité indivisible de l'organisme et du milieu»[2]. Au demeurant, seule cette compréhension des rapports entre «circonstances influentes» et organisme s'accorde avec l'idée d'une logique de l'ordre naturel, tout en laissant à l'adaptabilité des organes selon les besoins – et donc les fonctions – un rôle réellement formateur.

Des travaux plus récents ont bien montré que l'on ne pouvait comprendre le vivant en l'abandonnant à un milieu étranger et pour ainsi dire hostile à l'organisme. Que l'on pense, par exemple, aux recherches extrêmement poussées de von Uexküll en psychologie animale[3], qui ont permis de mettre en évidence une *Umwelt* des formes animales. Par son mouvement et son comportement, l'animal lui-même forme son milieu, qui lui appartient dès lors intimement et au sein duquel il prend lieu. Le milieu exerce des influences sur l'animal, mais qui dépendent de son propre mouvement et ne font sens qu'à ce titre. Toutes les stimulations de l'«extérieur» sont provoquées par le mouvement de l'animal. En somme, l'action de l'animal conditionne l'action du milieu qui émerge comme une réponse, laquelle relance à son tour l'action animale. Le sens qui se noue à même la relation du milieu et du mouvement animal est l'*Umwelt* elle-même[4]. De même, les travaux en pathologie humaine de

1. *Ibid.*, p. 149.
2. *Idem.*
3. Cf. J. VON UEXKÜLL, *Umwelt und Innenwelt der Tiere*, Berlin, 1909; ainsi que *Streifzüge durch die Umwelten von Tieren und Menschen: ein Bilderbuch unsichtbarer Welten*, Hamburg, 1956.
4. Cf. la lecture de von Uexküll par M. MERLEAU-PONTY, in *La Nature...*, *op. cit.*, p. 229 *sq.*.

Kurt Goldstein[1] mettent en évidence l'unité de sens qui se noue dans l'entr'appartenance originelle du vivant et de son milieu. Goldstein a précisément montré que l'opposition du vivant à son milieu sont le signe d'une vie en danger. Même un réflexe, s'il est observé chez un vivant en bonne santé et dans le processus naturel de son épanouissement, est fonction d'une ouverture de l'organisme au milieu. Toute attitude de tension qui n'est que réaction est déjà, selon Goldstein, le signe d'une situation catastrophique et donc pathologique. Le rapport sain entre le vivant et son milieu est un débat (une *Auseinandersetzung*) par lequel le vivant s'accommode de son milieu au départ de ses propres normes d'évaluation et de comportement. Une vie saine est une vie en flexion[2]. Lamarck s'est efforcé de comprendre cette vie en flexion. Il récuse la figure catastrophiste d'une résistance du milieu à l'organisme autant que l'image de la lutte dramatique du vivant pour sa survie dans un ensemble de circonstances originellement contraires. En insistant sur l'adaptabilité initiée par le débat entre le milieu et le besoin, Lamarck rend son milieu à l'organisme et l'organisme à son milieu et, pour tout dire, fait de son transformisme une interprétation *holistique* du vivant.

Or, à ce niveau également, la communauté d'esprit entre Lamarck et Goethe s'affirme nettement, à tel point que certains textes du second permettent d'approfondir l'interprétation holistique de la vie organique, la signification et le statut qu'elle accorde au milieu, ainsi que son lien implicite avec une théorie de l'évolution de type lamarckienne. Une approche holistique de l'organisme vivant apparaît lorsque Goethe explique critiquement les termes français dont Étienne Geoffroy Saint-Hilaire usait par défaut:

> Les organes ne se combinent pas, ne se réunissent pas, comme des objets finis et achevés séparément; ils se développent l'un de l'autre, en se modifiant, pour former une entité, qui tend nécessairement à constituer un tout. On peut parler, à propos de cette création, de fonction, de forme, de couleur, de dimensions, de masse, de poids et d'autres propriétés; cela est permis à l'observateur qui cherche la

1. Cf. K. GOLDSTEIN, *Der Aufbau der Organismus : Einführung in die Biologie unter besonderer Berücksichtigung der Erfahrungen am kranken Menschen*, Den Haag, 1963; trad. de Burckhardt et Kuntz : *La structure de l'organisme*, Paris, 1951.

2. La même idée occupe une place importante dans la pensée Viktor von Weizsäcker pour qui le « cycle de la structure » forme le rapport sensé entre l'organisme et le milieu car « tous deux sont là dès le début » (V. VON WEIZSÄCKER, *Der Gestaltkreis : Theorie der Einheit von Wahrnehmen und Bewegen*, Stuttgart, 1947; trad. de M. Foucault et D. Rocher : *Le cycle de la structure*, Paris, 1958, p. 171).

> vérité: mais tout ce qui est vivant se développe, se propage, puis chancelle, et arrive enfin au dernier terme, la mort [1].

Anticipant sur les perspectives de Kurt Goldstein et de Viktor von Weizsäcker, Goethe ne conçoit pas que l'on puisse faire droit à l'organisme par une analyse de ses organes, de ses fonctions, etc. Seule la totalité de l'organisme – et non pas la somme des parties ou des éléments qui le constituent – en définit le sens. L'ignorer, c'est prétendre comprendre l'organisme hors son sens, le réduire à un composé physico-chimique et renoncer dès lors à l'intelligence du vivant. La conception holistique conduit nécessairement à élargir la zone de vie bien au-delà des limites d'un corps étendu. Parce que le vivant en tant que totalité est toujours un corps de chair avant que de devenir, par le processus abstractif d'une science réductrice, un corps physique, il s'étend spontanément à son environnement. Le corps organique du vivant, en tant que totalité, doit à son tour être compris comme partie de la totalité plus englobante de son *Umwelt*. «Du point de vue biologique, il faut comprendre qu'entre l'organisme et l'environnement, il y a le même rapport qu'entre les parties et le tout à l'intérieur de l'organisme lui-même. L'individualité du vivant ne cesse pas à ses frontières ectodermiques, pas plus qu'elle ne commence à la cellule» [2].

Un rapport entre les organes du vivant et son environnement s'établit ainsi: le sens de l'organe s'inscrit dans une totalité qui est celle du milieu aussi bien que celle de l'individualité organique avec laquelle l'organe se développe. Goethe peut exprimer ainsi la logique des formes vivantes:

> Dès qu'on parle de figures *[Abbildungen]*, il est évident qu'il s'agit de formes *[Gestalt]*; mais [...] nous devons aussi avoir égard aux fonctions des parties car la forme *[Gestalt]* d'une partie est en rapport avec l'organisation du tout auquel elle appartient, en rapport avec le monde extérieur dont l'être organisé n'est qu'une partie [3].

Il inscrit donc cette entr'appartenance du vivant et de son environnement dans une logique du tout et des parties qui conduit nécessairement à la question de la fonction. La fonction situe le vivant comme une partie dans le tout de son *Umwelt*. La théorie de l'évolution implicite

1. J.W. GOETHE, *Principes de philosophie zoologique... II. Abschnitt*, H.A., XIII, p. 246; trad. p. 178.
2. G. CANGUILHEM, *Le vivant et son milieu*, *op. cit.*, p. 144.
3. J.W. GOETHE, *Principes de philosophie zoologique... I. Abschnitt*, H.A., XIII, p. 238; trad. p. 170.

de Goethe ne peut sans doute endosser immédiatement l'adage lamarckien selon lequel «la fonction fait l'organe». Mais Goethe a le mérite d'apporter un certain nombre d'éclaircissements sur la notion de fonction. Ainsi, dans cet extrait des *Principes de philosophie zoologique*, il pose une équivalence entre les «fonctions de parties» et la «forme des parties» qui laisse entendre que la fonction est la forme d'un organe. L'extrait suivant le confirme:

> [...] l'on reconnaîtra que dans une partie ou dans l'autre, l'organe, dont l'existence se manifeste par la forme, se traduit fidèlement par la fonction [1].

L'organe, partie qui ne se développe que dans son rapport constant au tout de l'organisme, et selon la logique immanente à celui-ci, est tout entier dans sa fonction. L'organe est en mouvement et dans ce mouvement s'ouvre le milieu du vivant. Goethe défend [2] l'idée d'une fonctionnalité définie par un mouvement ou une attitude du corps vivant dans son rapport au monde environnant et qui, par là, est intrinsèquement signifiante. La fonction de l'organe est donc bien autre chose que le mécanisme de survie enclenché par le vivant dans les circonstances de sa confrontation à l'étrangeté des circonstances extérieures. La fonction implique nécessairement la forme dans le mouvement. Elle est le lieu où prend sens l'ouverture du vivant et son inscription dans la totalité de son *Umwelt*. D'où la définition suivante:

> La fonction, bien comprise, c'est l'existence *[Dasein]* pensée en tant qu'activité [3].

La fonction est l'investissement signifiant, selon sa forme, de l'organisme dans le monde. On ne peut être plus clair quant à l'entr'appartenance dynamique du milieu et de l'organisme. Il s'agit bien ici d'une forme dynamique de normativité biologique, selon la très juste expression de Georges Canguilhem [4]. La fonction de l'organe, de par sa charge *morphologique*, est le lieu où s'accomplit et se précise la norme du vivant. Par la fonction comme activité de l'organisme, la normativité de

1. *Idem*.
2. En anticipant, par exemple, sur les thèses de F.J.J. Buytendijk.
3. *Ibid.*, p. 241 ; trad. (modifiée) p. 172.
4. «S'il existe des normes biologiques, c'est parce que la vie, étant non pas seulement soumission au milieu, mais institution de son milieu propre, pose par là même des valeurs non seulement dans le milieu mais aussi dans l'organisme lui-même. C'est ce que nous appelons la normativité biologique» (G. CANGUILHEM, *Le normal et le pathologique*, Paris, 1966, p. 155).

la vie s'accomplit dans l'institution du milieu propre, c'est-à-dire dans l'établissement de valeurs qui déterminent la forme du milieu aussi bien que le devenir de la forme de l'organisme. L'organisme est activité ; en ce sens il *devient* dans l'institution même de son milieu et réalise ce qu'Aristote appelait son entéléchie. Goethe l'avait parfaitement compris qui explicitait ainsi la pensée grecque :

> Les Grecs appelaient entéléchie une forme dont la fonction ne cesse jamais [1].

L'activité fonctionnelle de l'organisme est toute sa forme, son essence et sa fin immanente.

La normativité biologique, comprise dans sa bilatéralité dynamique, permet de saisir les fondements du transformisme tels qu'ils sont exposés, avec plus ou moins de constance et de systématicité, par Goethe, mais qui ont surtout trouvé une explicitation détaillée chez Lamarck. Selon ce dernier, en effet, le temps permet l'accomplissement et le développement de l'ordre naturel par (et dans) le vivant. Plus précisément, ce temps est le temps *du* vivant, un temps qu'il structure dans son adaptation compréhensive au milieu. Tel est sans doute le sens, en dernière analyse, de l'adage « la fonction fait l'organe ». Dans son activité, régie par sa norme éidétique, l'organisme se forme et forme ses organes dans l'échange avec le milieu – autrement dit : en élargissant logiquement sa forme à la rationalité toujours plus large de la totalité de l'environnement habitée des autres formes. Une raison organique n'est jamais recluse en elle-même mais est toujours déjà, au départ de sa norme biologique propre, ouverture compréhensive à la totalité de son *Umwelt*. Son adaptabilité est alors le signe de sa vitalité, de sa santé et de l'harmonie de son inscription dans l'uni-totalité de la nature. La transformation des formes est, à ce compte, la pointe extrême de l'étude de la norme universelle :

> Mais tout en nous attachant constamment à ce qui est constant, nous devons faire varier nos idées quand il s'agit d'organes variables, afin de pouvoir suivre habilement le type dans toutes ses métamorphoses, et ne jamais laisser échapper ce protée toujours changeant. Si l'on demande quelles sont les circonstances qui déterminent une destination si variable, nous répondrons que les modificateurs ambiants agissent sur l'organisme, qui s'accommode à leur influence. De là sa perfection

1. J.W. GOETHE, *Maximen und Reflexionen*, 44, H.A., XII, p. 371 ; trad. (modifiée) p. 23.

intérieure, et l'harmonie que présente l'extérieur avec le monde objectif[1].

Il n'est d'étude de l'organique, de la vie et, en fin de compte, de la nature qui ne conjoigne l'étude de la norme et de ses variations. Ces dernières nous reconduisent nécessairement à l'ordre uni-total et à la normativité puisqu'elles en sont l'investissement dynamique. En effet, la transformation des organismes dépend de leur activité entéléchique qui implique un rapport d'intégration au milieu ambiant. Ce rapport, au centre duquel s'inscrit la fonction comme forme en mouvement de l'organe, accomplit l'harmonie du vivant avec la nature et identiquement la «perfection intérieure» de l'organisme. Goethe veut donc saisir la norme biologique de l'organisme dans sa relation dynamique au monde comme harmonie entéléchique – et par là comme le devenir ou l'invention de la norme.

Goethe se tient donc au plus proche de Lamarck et de son transformisme. Que ce soit au niveau de l'ordre naturel, de l'idée d'une tendance à la complexification, de la compréhension du rapport entre le vivant et son milieu ou encore de la séquence organisme-organe-fonction, sa pensée de la dynamique des formes et de l'organisme paraît pouvoir fonder un transformisme de type lamarckien, tout comme, à l'inverse, le transformisme de Lamarck semble pouvoir prolonger, sous la forme d'une théorie évolutionniste explicite, l'éidétique dynamique de Goethe. Cette proximité s'accompagne, à l'inverse, d'une incommensurabilité de la *Naturphilosophie* de Goethe et de l'autre grande théorie évolutionniste du XIXe siècle: la théorie de la sélection naturelle proposée par Darwin. Bien sûr, la situation historique est tout autre. Goethe aurait pu connaître Lamarck ou subir son influence. Par contre, *L'origine des espèces* ne fut publiée qu'en 1859. Le monde de Darwin n'est déjà plus celui de Goethe. Mais l'essentiel ne se situe pas là. De manière plus fondamentale, la pensée de la nature de Goethe ne pouvait en aucun cas fonder une théorie évolutionniste de type darwinien. Selon celle-ci, l'évolution est moins fonction d'une adaptabilité du vivant à son milieu que d'une lutte des espèces entre elles pour la survie dans une nature aux ressources trop limitées, lutte qui conduit, en fin de compte, à la sélection des espèces les plus «fortes». La sélection naturelle se joue entre individus et non dans la confrontation au milieu. Ce qui est en cause, ce n'est pas une aptitude à s'inscrire dans le milieu, mais bien

1. J.W. GOETHE, *Erster Entwurf einer allgemeinen Einleitung...*, H.A., XIII, p. 177; trad. p. 31.

plutôt une capacité *plus ou moins grande selon les individus* à résister aux conditions environnementales. La sélection dépend d'une concurrence entre individus engendrée par l'insuffisance des ressources naturelles, hors tout rapport d'intégration dynamique de l'individu au milieu. Il n'y pas d'ordre naturel pour Darwin, aucune rationalité qui régisse, fût-ce au cours du temps d'un devenir, les rapports entre les individus, ni entre les individus et la nature. Une nature est *là*, à ce point étrangère à la vie qui se développe dans son décor qu'elle ne lui offre pas assez de ressources. Aucune dynamique d'adaptation n'engage dans l'action la forme de l'organisme. Il n'y a que la situation fortuite, l'avènement sans pourquoi d'une forme qui répond mieux qu'une autre aux exigences imposées par les circonstances et qui s'impose aux autres formes. Corrélativement, la tendance à la complexification disparaît dans le discours darwinien. Le principe lamarckien engageait une logique qualitative – l'organisme étend le champ de ses possibilités tout en renforçant, en tant que totalité, son pouvoir d'intégration des parties – ; Darwin y substitue un principe quantitatif de multiplication à l'infini des êtres vivants. Il concède sans hésitation que ce principe est nécessaire à sa thèse de l'évolution par la sélection naturelle :

> La lutte pour l'existence résulte inévitablement de la rapidité avec laquelle tous les êtres organisés tendent à se multiplier. [...] comme il naît plus d'individus qu'il n'en peut vivre, il doit y avoir, dans chaque cas, lutte pour l'existence, soit avec un autre individu de la même espèce, soit avec des individus d'espèces différentes, soit avec les conditions physiques de la vie [1].

La vie selon Darwin est proliférante, dépourvue de toute rationalité. Elle émerge et se trouve, en fonction de critères purement quantitatifs, « inadaptée » à la pauvreté des ressources naturelles. La vie selon Lamarck est une vie qui est *possible*, qui peut produire de nouvelles formes, mais toujours selon une logique diachronique-synchronique que l'on peut comprendre et décrire. La notion d'*Umwelt*, telle que l'a thématisée von Uexküll, demeure tout à fait étrangère à Darwin. Parce qu'il n'a aucun égard pour l'adaptabilité de l'organisme, il ne peut comprendre qu'une nature puisse devenir un *milieu*, c'est-à-dire un

1. Ch. DARWIN, *The Origin of Species by Means of Natural Selection or the Preservation of Favoured Races in the Struggle for Life*, ed. by J.W. Burrow, Harmondsworth, 1975, p. 116-117 ; trad. de D. Becquemont et E. Barbier : *L'origine des espèces au moyen de la sélection naturelle ou la préservation des races favorisées dans la lutte pour la vie*, présentation de J.-M. Drouin, Paris, 1992, p. 112-113.

monde centré sur l'organisme qui se l'accommode dans le cadre d'une *Auseinandersetzung* constitutive d'un rapport harmonieux. Merleau-Ponty, soulignant l'incapacité principielle du discours darwinien à expliquer l'*Umwelt* de la forme animale, écrit :

> Comment comprendre [l']activité qui montre une *Umwelt*? Selon la pensée darwinienne, il n'y a là rien à comprendre. Différents éléments fortuits se sont soudés les uns aux autres parce que tout autre arrangement, ou tout du moins tout mauvais arrangement, n'expliquerait pas la survie de l'animal. Seuls les animaux qui présentent des arrangements extraordinaires ont pu survivre. Les conditions de fait excluent tout animal qui ne présente pas de telles dispositions. Mais, ce faisant, une pensée de type darwinien supprime le problème. On ne nous montre pas comment cette activité se constitue [...]. La pensée darwinienne donne au monde actuel le pouvoir de déterminer le seul possible[1].

Le modèle darwinien est, en toute rigueur, un modèle inintelligible – tout comme l'est sans doute aujourd'hui le modèle des « mutations génétiques ». Seul un mécanisme hypothétique d'opposition, débouchant nécessairement sur la destruction d'une part de vie, permet de « résoudre » le face-à-face de deux données brutes : les ressources insuffisantes et la vie foisonnante.

L'écart infranchissable entre les conceptions lamarckienne et darwinienne sépare également la théorie de la sélection naturelle et la *Naturphilosophie* goethéenne. Goethe est un penseur de l'invention des formes qui sait ne pouvoir étudier celles-ci et celle-là que selon une description éidétique. Il observe donc une rationalité qu'il découvre dynamique. La normativité biologique s'invente au gré de ses transformations, mais s'affirme toujours comme norme et esquisse le plan d'une nature fondamentalement cohérente avec elle-même. Il n'est rien de tout cela chez Darwin, dont l'évolutionnisme n'aurait pu apparaître à Goethe que comme une dé-raison en marche, une répétition aveugle de catastrophes qui maintiennent le chaos d'un hasard infini par le biais d'une lutte dramatique pour une survie sans fondement naturel. Tout au contraire, le transformisme lamarckien, malgré les scories mécanistes qui lestent de-ci de-là son discours, paraît bien pouvoir prolonger l'éidétique dynamique de Goethe dans la direction d'une théorie de l'évolution jusqu'à laquelle l'Olympien ne s'était pas risqué.

1. M. MERLEAU-PONTY, *La Nature...*, *op. cit.*, p. 230.

Son poème *Metamorphose der Tiere*, rédigé en 1806 mais qu'il retravailla jusqu'en 1827, dessine l'horizon de ce prolongement :

> [La nature] fixa la loi suprême, à toute vie assigna des limites,
> Lui donna des besoins mesurés, répandit sans mesure des dons
> Faciles à trouver ; et elle favorise avec tranquilité
> Les allègres efforts de ses enfants en vue de leurs divers besoins [...].
> Chaque animal a sa propre fin en lui-même, et quand il sort du sein
> De la nature il est parfait et les enfants qu'il procrée sont parfaits.
> Tous les membres ont leur plein développement sous d'éternelles
> | lois,
> Et la plus rare entre les formes en secret conserve l'archétype.
> Chaque bouche a ainsi une aptitude à se saisir de l'aliment
> Que le corps est fondé à recevoir ; et donc que la mâchoire soit
> Ou faible et édentée ou puissament armée de dents, pour chaque
> | cas
> Un organe adapté fait que la nourriture arrive aux autres membres.
> De même chaque pied, qu'il soit long ou qu'il soit court, se meut
> | entièrement
> En harmonie avec les sens de l'animal et avec ses besoins.
> C'est ainsi que la Mère a pour chacun de ses enfants déterminé
> Une santé totale et pure ; car jamais ne vont se contredire
> Tous les membres vivants et ils vont agir tous dans le sens de la vie.
> Partant chez l'animal la forme détermine une façon de vivre
> Et la façon de vivre, elle agit en retour puissamment sur les formes.
> Telle en sa fixité se montre la figure ordonnée qui incline
> Au changement grâce à des êtres agissants sur elle du dehors [...] [1].

L'ESSENCE ET L'ÉVÉNEMENT

L'attention de l'éidétique goethéenne pour la dimension inventive des formes ne se limite pas à la formulation d'un certain nombre d'observations anticipant la théorie de l'évolution. Si l'on peut lire en ce sens le poème *Métamorphose des animaux*, il n'en va sans doute pas de même de son pendant botanique, le poème *La Métamorphose des plantes*. Même si, au demeurant, rien dans le règne botanique n'interdit *a priori* la pertinence d'une approche évolutionniste, Goethe emprunte

1. J.W. GOETHE, *Metamorphose der Tiere*, H.A., I, p. 201-202 ; trad. de R. Ayrault : *Métamorphose des animaux*, in *Poésies/Gedichte II..., op. cit.*, p. 529-531.

moins spontanément cette voie lorsque son regard de naturaliste se porte sur les plantes. Pourtant, le même concept de « métamorphose » doit exprimer la dynamique de la vie végétale. Le sens qu'il lui attribue dans le contexte botanique complète celui de l'approche évolutionniste et en constitue même le premier soubassement logique. De ce point de vue, il n'est pas superflu de noter que la rédaction de *Die Metamorphose der Pflanzen* précède celle de *Metamorphose der Tiere*, puisqu'elle date de 1798.

Dès les premiers vers de *La métamorphose des plantes*, Goethe assume une ambivalence de l'idée de métamorphose en botanique :

> Un trouble te saisit, ma bien-aimée, devant le mélange infini
> De ces fleurs répandues en un foisonnement à travers le jardin ;
> Cela fait bien des noms dont tu es à l'écoute et sans cesse l'un
> | deux
> Par sa sonorité barbare vient à ton oreille chasser l'autre.
> Toutes ces formes se ressemblent et aucune à l'autre n'est
> | pareille [...]
> Mais observe à présent la plante en devenir, vois comme peu à
> | peu,
> Conduite par degrés, elle se forme et donne et des fleurs et des
> | fruits [1].

Les « métamorphoses » dont il est ici question sont tout autant celles de la plante individuelle, exemplifiant chaque fois une essence typique, que celles de l'*Urpflanze*, *Urphänomen* du règne botanique. Goethe observe la multiplicité de formes végétales qu'engendre l'idée unique et la plus universelle de la plante originelle. Sans ouvrir la perspective évolutionniste, il souligne ainsi la puissance éidétique d'un type originel, lequel se ramifie en une infinité de formes qui toutes dépendent de la rationalité de ce type. L'approche est essentiellement synchronique ou horizontale. Pourtant, la diversité qu'engendre le type originel laisse déjà entrevoir le champ des possibilités éidétiques par delà l'effectivité des formes présentes. Le type originel semble recéler une puissance de formes auquel le temps pourrait laisser libre cours. Mais Goethe ne s'engage pas plus loin dans cette voie. Son discours glisse immédiatement vers l'individualité, à laquelle il reviendra de faire voir la raison diachronique de l'essence. Sans que s'ouvre la perspective phylogénétique, ses études botaniques s'attacheront prioritairement à

1. J.W. GOETHE, *Die Metamorphose der Pflanzen*, H.A., I, p. 199 ; trad. de R. Ayrault : *La métamorphose des plantes*, in *Poésies/Gedichte II*..., *op. cit.*, p. 451-453.

l'ontogénèse ou, plus précisément, au rapport de l'ontogénèse à l'essence dans son universalité synchronique. Il sera moins question de *transformation* de la forme que de *formation* de la forme. À dire vrai, les deux perspectives ne sont nullement contradictoires. Il y a bien plutôt continuité entre elles. La formation de la forme engage la question de l'investissement de l'essence dans l'individualité elle-même et dans l'histoire du développement de cette individualité. Il s'agit de voir comment une essence s'exemplifie chaque fois originalement dans chacune des individualités qu'elle produit comme son visage à la fois le plus concret et le plus singulier. Or, cette présence de l'essence dans l'événement est une formation au sens le plus immédiat, au sens d'une *Bildung* – d'une éducation à la vie. Toute individualité a une histoire: l'histoire de son développement. Au cours de celui-ci, elle exemplifie l'essence tout en accomplissant radicalement son individualité propre. L'histoire d'une individualité est dans le même mouvement le processus de son individualisation et l'accomplissement (bien évidemment singularisé) de l'universalité éidétique dont elle est porteuse. Cette ontogénèse, puisqu'elle est porteuse d'une charge éidétique, peut se prolonger, sous l'influence d'un certain nombre de paramètres, vers une phylogénèse de la transformation. La formation est donc la condition de possibilité de la transformation. Elle en est le fondement, si nous faisons crédit à Goethe d'avoir aperçu les principes d'un évolutionnisme de type lamarckien, dépendant du principe d'hérédité des caractères acquis.

La science botanique de Goethe, plus que n'importe quel autre de ses travaux de naturaliste, s'attache *au processus de différenciation de l'essence dans les singularités* de manière à remonter[1] de l'*Urphänomen* jusqu'aux cas singuliers de notre expérience quotidienne. Pour autant, il n'est pas question de décrire l'histoire du développement de chaque individualité végétale ni l'originalité de chacune dans sa représentation événementielle de l'essence. La tâche serait aussi absurde qu'infinie. Il convient de faire droit à la dimension *vivante* de l'essence, de montrer selon quels *principes* l'essence *vit en chaque individualité* au gré de son histoire. De même qu'il fallait s'attacher à une interprétation *éidétique* des *transformations* d'essence dans le cadre des perspectives évolutionnistes, il faut à présent saisir *éidétiquement*, c'est-à-dire dans le registre des lois d'essence, le mouvement de différenciation propre à la *formation* de l'essence dans le cadre des rapports entre l'événement et l'*Urphänomen*.

1. Comme l'exige le paragraphe 175 de la *Farbenlehre* (cf. *supra*, p. 101).

Goethe s'efforce de mettre en lumière les principes de la différenciation de l'essence. Ils sont au nombre de trois : la métamorphose elle-même *(Metamorphose)*, l'intensification *(Steigerung)* et la polarité *(Polarität)*. L'analyse de ces trois concepts-clés permet de saisir la dimension diachronique de l'engagement toujours nécessairement événementiel de l'essence.

L'idée de métamorphose

En 1790, Goethe publie sa grande œuvre de botanique, le traité *Die Metamorphose der Pflanzen* – huit ans avant d'écrire le poème du même nom. L'objectif poursuivi par ce traité justifie son intitulé : révéler le « cheminement régulier de la nature » et apprendre

> à connaître les lois de la variation *[Umwandlung]* par lesquelles elle produit une partie grâce à l'autre, et les formes les plus diverses par la modification *[Modifikation]* d'un organe unique [1].

Il s'agit bien de faire apparaître une norme éidétique, de rendre plus manifeste encore la régularité de la nature, mais *dans son cheminement* : Goethe décrit dans sa *Métamorphose des plantes* la logique de formation par laquelle les plantes individuelles modifient une idée végétale de base, au sens propre *typique*, au point de la rendre toujours nouvelle sous les répétitions de sa légalité. Cette modification se produit, de la manière la plus concrète, au gré de la croissance de la plante et des variations de ses parties. La plante exemplifie l'*Urpflanze* en croissant et en modifiant ses parties selon la logique de son accomplissement – selon son *entéléchie* [2]. Le quatrième paragraphe de *La métamorphose des plantes* est encore plus précis :

> [...] on a nommé *métamorphose des plantes* l'action par laquelle un seul et même organe se montre à nous diversement modifié [3].

La métamorphose est une activité. Sa compréhension permet de saisir la continuité du réel dans son processus de particularisation ou de différenciation de l'universel normatif. Par l'idée de métamorphose, le naturaliste peut saisir d'un seul tenant l'universel et le singulier, le

1. J.W. GOETHE, *Die Metamorphose der Pflanzen (1790)*, § 3, H.A., XIII, p. 64 ; trad. (modifiée) de H. Bideau : *La métamorphose des plantes...*, *op. cit.*, p. 109.

2. L'étude de la notion de *Steigerung* montrera que cette terminologie n'est pas usurpée.

3. *Ibid.*, § 4, p. 64 ; trad. (modifiée) p. 110.

général et le particulier, la présence à soi de la norme et sa différenciation dans le foisonnement du réel particularisé. L'étude à laquelle il se consacre ne peut pas plus en rester à l'universalité d'une plante primordiale qu'au constat d'une nature prolixe, surabondante sans raison apparente. Entre l'écueil d'une essence abstraite et celui d'une particularité anarchique, les métamorphoses étudiées à même le développement des plantes permettent de découvrir l'ordre vivant du réel. Le *jeu* de la nature (ses métamorphoses) devient alors la preuve de son *sérieux* (sa norme). Pietro Citati a remarquablement dépeint l'expérience que fait le naturaliste goethéen :

> Au début, notre regard demeure désemparé devant cette incroyable versatilité ; puis il apprend à discerner sous ces infimes formations la marque d'une loi, il admire comment l'ordre de la nature se déploie dans les cadences d'un rythme, comment répétition et variété s'entrelacent, comment la gravité sait revêtir les apparences d'un jeu sans contrainte. [...] sous ses apparences fastueuses, la nature est infiniment sage et équilibrée, et ne gaspille, ne dissipe jamais ses forces propres – plus circonspecte qu'un homme d'affaires expérimenté ou une maîtresse de maison avisée [1].

À dire vrai, il ne faut point parler d'une sagesse qui serait « sous » le jeu, lequel, pour sa part, serait « apparent ». La sagesse elle-même joue. Le jeu est sage car jamais il ne s'affranchit d'une certaine raison, d'une logique immanente aux formes de la nature ; et la sagesse est ludique, car loin de se complaire dans la répétition du même, elle invente sans cesse et témoigne ainsi de l'étendue de son pouvoir, du champ de ses possibles. C'est lorsque Citati dit que « l'ordre de la nature se déploie dans la cadence d'un rythme » qu'il est au plus proche de la vérité de la nature goethéenne. « Cadence d'un rythme » : l'expression est presque contradictoire, tant il est vrai que la cadence répète là où le rythme invente [2], mais elle tente de serrer au plus près cet entrelacement de la répétition et de la variété. La loi de la nature n'est pas *sous* ses variations, elle *est* ses variations, parce que la loi varie. La loi, c'est le rythme.

1. P. CITATI, *Goethe*, trad. de B. Pérol, Paris, 1992, p. 41.

2. À la suite des études de Benveniste sur la signification du mot grec *ruthmos* et, plus précisément, du radical *rû*, Henri Maldiney a bien montré que ce qui se joue dans le rythme, c'est « la configuration assumée à chaque instant déterminé par un "mouvant" » (H. MALDINEY, *L'esthétique des rythmes*, in *Regard Parole Espace*, Lausanne, 1973, p. 157). Il y a dans le rythme une mouvance qui est raison réassumée, c'est-à-dire réinventée, à chaque instant : le « sens de la forme en formation, en transformation perpétuelle, est proprement le sens du rythme » *(idem)*.

Goethe nomme donc ce rythme «métamorphose». Chaque plante modifie, en chaque moment de son ontogénèse, l'*Urpflanze*. Chaque plante répond à un même principe de développement d'un même «organe originel». Cet organe originel qui se modifie en chacune des parties de la plante, à chaque moment de son développement, n'est autre que la feuille. La feuille est au principe de la plante. Goethe l'avait compris dès son voyage en Italie. Le 17 mai 1787, il écrit à Herder:

> Il me faut en outre te confier que je suis tout près de découvrir le secret de la conception et de l'organisation des plantes, et que c'est la chose la plus simple à laquelle on puisse penser. Sous ce ciel, on peut faire les observations les plus belles. J'ai trouvé tout à fait clairement et sans équivoque possible, le point principal où se trouve le germe; le reste aussi, je le vois dans l'ensemble, et seuls quelques points doivent être définis de façon plus précise [1].

Peu de temps après l'épisode du jardin de Palerme [2], Goethe a déjà saisi la teneur de la plante originaire. Le traité de *La métamorphose des plantes* va apporter les précisions qui lui font encore défaut en Italie, en démontrant comment la feuille se modifie à chaque moment et en chaque partie de la plante, depuis les feuilles séminales ou cotylédons (§§ 10-18) jusqu'au fruit (§§ 74-81) et à la graine (§§ 82-83), en passant par ce que nous nommons le plus communément une feuille, à savoir la feuille caulinaire.

L'*Urpflanze* n'est pas la feuille caulinaire. Celle-ci n'est qu'une modification particulière de celle-là.

> À vrai dire, sous toutes ces apparences la feuille n'est plus que le symbole de quelque chose dont la feuille habituelle (la feuille caulinaire) n'est qu'une manifestation: il s'agit en fait d'un organe indéterminé qui n'existe pas à l'état réalisé et qui est le type idéal capable de subir toutes ces modifications tout en restant lui-même [...] [3].

Le privilège qui est accordé à la *feuille* comme symbole [4] s'explique par l'évidence de sa manifestation caulinaire. Celle-ci, plus que tout autre partie de la plante, frappe l'œil. Mais au fond, ce qui constitue la légalité dernière de la plante, c'est le mouvement logique de son devenir, lequel établit la continuité entre toutes les parties de la plante. La feuille

1. J.W. GOETHE, *Italienische Reise*, 17 Mai 1787, H.A., XI, p. 324-325; trad. p. 609.
2. Cf. *supra*, p. 94 *sq.*
3. E. CALLOT, *La philosophie biologique de Goethe*, *op. cit.*, p. 78.
4. Si l'on comprend le symbole au sens strictement goethéen, tel que défini *supra*, p. 98 *sq.*

en tant qu'*Urpflanze* doit donc désigner une loi de métamorphose qui n'est jamais aussi apparente que si l'on établit les rapports entre les parties autour de la feuille caulinaire. Au paragraphe 120 de *La métamorphose des plantes*, Goethe écrit :

> Il va de soi que nous devrions avoir un terme général par lequel nous puissions désigner cet organe métamorphosé en des formes si différentes, et lui comparer toutes les formes qu'il prend : mais présentement nous devons nous contenter de comparer entre elles les manifestations de la métamorphose vers l'aval et vers l'amont. Car nous pouvons dire aussi bien de l'étamine qu'elle est un pétale contracté, ou du pétale qu'il est une étamine à l'état d'expansion, et du calice qu'il est une feuille caulinaire contractée parvenue à un certain degré d'affinement, ou de la feuille caulinaire qu'elle est un sépale étendu par l'afflux de sucs moins délicats [1].

La feuille idéale est un concept génétique : le mouvement de métamorphose, observable dans la continuité du devenir et de la formation des parties, constitue le phénomène primordial. Ce qui revient à dire ceci : l'essence est la métamorphose, on ne saisit point d'essence hors la métamorphose, tant il est vrai que c'est *la loi du devenir lui-même* qui est la raison éidétique de la plante. Dès lors, le sens de la métamorphose comme développement ontogénétique et le sens de la métamorphose comme modification de l'essence dans l'individualité de la plante existante doivent être compris dans un rapport de dépendance réciproque. Pour que l'essence devienne dans l'« histoire » de l'accomplissement d'une plante individuelle, il faut qu'elle s'y engage concrètement. Puisque l'essence devient, puisqu'elle équivaut à un mouvement de métamorphose ontogénétique, elle est nécessairement à chaque fois individuée. Elle est une loi de mouvement qui doit être prise en charge par chaque individualité. Il reste à voir à présent en quoi consiste cette prise en charge.

L'idée d'intensification

Dans une lettre de mai 1828 adressée au Chancelier von Müller, Goethe confie qu'il distingue deux « principes moteurs » [2] de la nature, qui agissent toujours simultanément et définissent la modalité des

1. J.W. GOETHE, *Metamorphose der Pflanzen*, § 120, H.A., XIII, p. 101 ; trad. p. 173.
2. *Goethes Leben in seinen Briefen*, an Friedrich von Müller (24 Mai 1828), *op. cit.*, Bd. IV, p. 124.

métamorphoses. Ces deux principes sont la *Steigerung* et la *Polarität*. De la première, Goethe dit qu'elle correspond à la

> continuelle aspiration vers quelque chose de plus haut [1].

Une telle définition est sujette à bien des interprétations. La répulsion que Goethe éprouvait à l'égard de toute métaphysique autant que sa critique sévère du finalisme interdisent de s'égarer dans la voie d'une cosmologie eschatologique. Son empirisme le rend plutôt attentif à la cohérence sans cesse accrue de l'individualité à mesure qu'elle se développe. La suite de la lettre à von Müller confirme cette orientation de la pensée de la *Steigerung*. Goethe y insiste sur l'entr'appartenance de la matière et de l'esprit pour attirer l'attention de son correspondant sur le fait que

> comme la matière ne peut ni exister ni agir sans l'esprit, pas plus que l'esprit sans la matière, la matière est aussi capable d'un degré plus grand d'intensité [2].

Autrement dit, du fait de sa nécessaire intrication avec l'esprit, « la matière s'intensifie » [3]. Le binôme matière/esprit peut être compris dans un sens hylémorphique. L'esprit n'est autre que la forme en tant que raison toujours déjà incarnée et même matérielle. L'intensification de la matière correspond à sa plus grande spiritualisation – c'est-à-dire à la plus grande intégration de sa forme. En définitive, l'intensification conduit l'accroissement de la correspondance entre la matière et la forme : la matière elle-même tend, parce qu'elle est toujours déjà formée, à sa plus grande in-formation. Tout être est animé d'une tension vers l'accomplissement de son unité infrangible. L'intensification n'est donc pas un surcroît de spiritualisation, comme si l'esprit tâchait de s'extraire progressivement de la matière jusqu'à réaliser la pureté d'un universel désincarné, mais une intégration progressive au prix de laquelle seulement la forme peut elle aussi se réaliser pleinement en un être particulier.

On peut donc reconnaître dans l'intensification la dynamique de complexification de l'être vivant qui favorise l'accroissement de ses possibilités en même temps que l'intégration des parties dans la totalité de l'organisme. L'être individuel témoigne d'une *vis formativa* (de l'action formatrice d'une raison incarnée individuellement) en inten-

1. *Idem*.
2. *Idem*.
3. A. SCHMIDT, *Goethes herrlich leuchtende Natur*, *op. cit.*, p. 146.

sifiant son existence. L'ontogénèse de toute individualité organique est sous-tendue par ce procès d'intensification équivalant au désir d'être, à la persévérance logique de l'individu pour l'existence. L'histoire de l'individu est celle d'un effort en vue de l'accomplissement de lui-même, de la correspondance individuelle à sa forme dans l'échange dialectique avec le milieu[1]. En parfait accord avec la compréhension goethéenne de la finalité[2], l'intensification se définit comme la tension de l'individu vers sa fin – effort qu'il produit, par la nécessité de son être propre, en vue de sa *formation*. Sur ce point, Goethe se réclame explicitement d'Aristote:

> La persistance de l'individualité [...] est pour moi la preuve qu'il existe quelque chose comme l'entéléchie[3].

L'intensification doit alors s'entendre comme logique de l'histoire de l'individu. Évoquant avec Eckermann son second séjour à Rome, Goethe confie:

> D'après les lettres que j'ai écrites à cette époque, je vois très clairement que tout âge de la vie, comparé aux années passées ou à venir, présente certains avantages et certains désavantages. Ainsi, j'étais à quarante ans aussi parfaitement éclairé sur certaines choses que je le suis maintenant, et même à d'autres égards je l'étais mieux; j'ai, en revanche, à quatre-vingt ans des avantages que je ne voudrais pas échanger contre ceux d'alors[4].

Une longue pratique de la conversation avec Goethe permet à Eckermann de prolonger la pensée du maître et de pousser celui-ci à révéler la signification profonde que voile le ton badin et la banalité d'apparence du sujet.

> Au moment où vous me le dites, j'ai présente à l'esprit la métamorphose des plantes, et je comprends fort bien qu'on ne voudrait pas, à l'époque de la floraison, revenir à celles des feuilles vertes, ni à l'époque de la graine et du fruit, revenir à celle de la floraison[5].

Ce rapprochement suggéré entre la métamorphose de la plante et le devenir de la personne humaine recueille l'assentiment de Goethe:

1. Au sens défini *supra*, p. 188 *sq.*.
2. Au sens d'une finalité interne et organique. Cf. *supra*, p. 33-36.
3. J.P. ECKERMANN, *Gespräche mit Goethe...* (3 März 1830), *op. cit.*, p. 374; trad. p. 340.
4. *Ibid.* (12 April 1829), p. 340; trad. p. 312.
5. *Idem.*

> Votre comparaison [...] exprime parfaitement ma pensée. Imagineriez-vous qu'une feuille bien dentelée, ajouta-il en souriant, veuille jamais, à l'état de plein développement en revenir à l'existence morne et renfermée du cotylédon ? Or il est bien réjouissant de savoir qu'il existe une plante qui peut être considérée comme le symbole de l'âge le plus avancé, en tant que, même après la floraison et la fructification, elle continue de pousser hardiment sans se soucier de produire [1].

La valeur reconnue à chaque âge du développement de l'histoire de l'individualité ainsi qu'à la logique même de ce développement confirme que la métamorphose de l'individualité engage une dynamique qui lui donne sens et lui permet de s'accomplir, mais la conception goethéenne du rapport entre éidétique et métamorphose permet aussi de concevoir que l'individualité qui évolue n'est point dépourvue d'une teneur d'essence, elle-même engagée dans le processus de développement. La notion de polarité achève d'éclairer ce rapport dynamique de l'essence et de l'individualité.

La polarité

Comme il avait inspiré les *Naturphilosophen*, Kant a aussi inspiré Goethe dans sa réflexion sur la notion de polarité :

> L'histoire naturelle de Kant m'avait appris que les forces d'attraction et de répulsion faisaient partie intégrante de la matière et que le concept de la matière suppose nécessairement leur union inséparable. De là, à mon sens, la polarité primitive de tous les êtres, qui pénètre et anime l'infinie variété des phénomènes [2].

Pour autant, Kant ne peut être tenu pour sa seule source d'inspiration. Goethe découvrit sans doute déjà la logique de l'attraction et de la répulsion en s'intéressant aux plus récentes découvertes dans le domaine du magnétisme. Sa lecture de jeunesse de Jakob Böhme l'avait également mis en contact avec une pensée de la contraction et de l'expansion qui accompagnera sa réflexion sur la polarité [3]. Ces intérêts en

1. *Idem.*
2. J.W. GOETHE, *Campagne in Frankreich* (Pempelfort, November 1792), H.A., X, p. 314 ; trad. de H. Loiseau : *La campagne de France. Suivie du siège de Mayence*, Paris, 1933, p. 210.
3. À ce propos, cf. R.D. GRAY, *Goethe the Alchimist*, Cambridge, 1952 ; R.C. ZIMMERMANN, *Goethes Polaritätsdenken im geistigen Kontext des 18 Jahrhunderts*, in *Jahrbuch der Deutschen Schiller-Gesellschaft*, Bd. XVII, 1974 ; M. ÉLIE,

apparence subsidiaires ont permis à Goethe de tirer le meilleur profit de sa lecture de Kant. Par ailleurs, il aurait pu trouver chez Schelling une ample confirmation de sa lecture de polarité. De tous ses contemporains, ce dernier a sans doute le plus profondément retravaillé les concepts d'attraction et de répulsion en les élevant au rang de principe de la vie de la nature. Goethe, cependant, ne semble pas avoir voulu s'en inspirer. Cette réticence doit être mise au compte de la faute spéculative de Schelling. Goethe, en effet, s'il confirme empiriquement l'idéal schellingien d'une nature vivante et dynamique, confère aussi à la polarité une raison bien plus concrète et empirique.

Dans l'extrait cité de la *Campagne de France*, Goethe soutient qu'il n'est de matière qui ne soit animée du rythme de la polarité. Or, la matière est pour lui, à la suite d'Aristote, toujours déjà in-formée, et à ce titre « spirituelle ». Sans doute convient-il alors de poser une équivalence entre forme et polarité. Mais l'insistance de Goethe sur la matérialité de la forme et la densité formelle de la matière interdisant une compréhension abstraite de la forme, on ne peut voir dans la polarité un pur principe qui « animerait » la matière. La polarité est la raison dynamique de la matière : elle est tout à la fois ce qui la singularise et l'universalise, ce qui lui confère son individualité à chaque fois irréductible autant que sa légalité, c'est-à-dire son inscription dans l'universalité de la nature. À ce titre, la polarité est « primitive », puisqu'elle structure le phénomène dans chacun des aspects de sa signification. Elle est universelle puisqu'elle est propre à « tous les êtres » et en même temps individualisante puisqu'elle engendre « l'infinie variété des phénomènes ».

Goethe explicite son principe de polarité en tâchant de mettre en évidence les rapports qui unissent la théorie chromatique et la physique générale. On lit en effet au paragraphe 739 de la *Farbenlehre* :

> De fidèles observateurs de la nature, si différent que soit par ailleurs leur mode de pensée, tomberont pourtant d'accord sur ce point : tout ce qui doit apparaître, se présenter à nous comme phénomène, doit annoncer ou bien une dualité originelle susceptible d'être résolue, ou bien une unité originelle qui peut arriver à se scinder ; et le phénomène apparaîtra selon ce mode. Dissocier ce qui est uni, unir ce qui est dissocié, c'est la vie de la nature ; c'est l'éternelle systole et diastole,

Lumière, couleurs et nature. L'optique et la physique de Goethe dans la « Naturphilosophie », Paris, Vrin, 1993.

> l'éternelle syncrisie et diacrisie, l'aspir et le respir du monde dans lequel nous vivons, sommes actifs, dans lequel nous sommes[1].

Tout naturaliste fidèle à son objet et respectueux de la densité de l'empirie reconnaîtra la pertinence du principe de polarité, pense Goethe, tant sa portée est universelle. Mais ce principe révèle le foyer de la nature en tant qu'unité organique et dynamique. La nature, pensée et perçue comme vie, est un mouvement d'attraction-répulsion. Goethe reprend ainsi les propos de la *Campagne de France* en les complètant par le binôme systole-diastole qui, récurrent sous sa plume, ouvre un champ thématique complémentaire. La polarité est alors rapprochée d'un phénomène de contraction et dilatation alternées. Toute réalité vivante, c'est-à-dire naturelle, est au cœur d'une action, d'une alternance de resserrement et de prolongement, de confirmation et d'expansion. Toute réalité s'engage dans le mouvement alterné d'une persistance et d'un déploiement qui sont comme son respir et son aspir. Ce mouvement s'accomplit sur fond d'unité et de division. Le phénomène de dualité, donc de division, doit pouvoir être résolu, car aucune réalité ne peut à ce point s'engager dans l'expansion de soi-même qu'elle briserait tout rapport logique avec ce qui l'entoure et par là avec l'universalité de ce qui est. À l'inverse, toute unité des phénomènes doit aussi pouvoir être scindée, tant il est vrai que la nature ne s'abîme jamais dans l'indistinction de ce qu'elle engendre, mais produit des différences qui résultent de la richesse qu'elle confère à la moindre des singularités de son règne. La polarité définit le rythme de la nature parce que son principe réside dans l'unité de la réunion et de la division, de la répétition du même et de l'invention du neuf.

La pensée humaine se conforme à la manifestation de la nature lorsque, dans le cadre d'un empirisme rationnel, elle conjoint la *réunion* que met en œuvre la *synthèse* et la *division* que pratique l'*analyse* :

> Si la vie, de toute éternité, consiste à séparer, puis à réunir des éléments, il s'ensuit qu'en observant ce processus prodigieux, l'homme ne peut aussi que composer et décomposer tour à tour[2].

L'équilibre maintenu entre les deux méthodes – contre l'analyse unilatérale de la modernité et la synthèse spéculative des grands systèmes idéalistes et de la *Naturphilosophie* – permet de saisir la vie même de la nature dans la mesure où elle fait droit à la normativité la plus

1. J.W. GOETHE, *Zur Farbenlehre...*, § 739, H.A., XIII, p. 488 ; trad. p. 250-251.
2. J.W. GOETHE, *Maximen und Reflexionen*, 411, H.A., XII, p. 421 ; trad. p. 23.

concrète, celle qui s'engage dans la particularisation. Le mouvement de polarité implique la co-appartenance des pôles de l'unité et de la différence dans le mouvement d'oscillation de l'un à l'autre. La norme, principe d'unité, se différencie, tout comme la singularité, lieu de la différence, exemplifie la norme. Goethe écrit :

> Qualité fondamentale de l'unité vivante : la faculté de se diviser et de se réunir, de se déployer dans l'universalité et de persister dans la particularité [...] [1].

Il souligne une double équivalence, d'une part entre la division et le déploiement (la diastole) et, d'autre part, entre la persistance et la réunion (la systole). Mais l'originalité de son approche réside dans l'insistance sur le chiasme des deux pôles, puisqu'il affirme en effet que le déploiement (de la particularité) se fait dans l'universalité même, tandis que la persistance (de l'universel) a lieu dans la particularité. L'universalité se trouve enrichie par la manifestation des individus qu'elle suscite, et cela jusque dans la tension pour la plus grande singularisation. Goethe conclut :

> Aussi le fait *le plus particulier* se présente-t-il toujours comme l'image et le symbole de l'universel [2].

La vie se situe donc dans la dialectique complexe de l'universel et du singulier qui interdit que l'essence puisse être comprise dans une universalité fixe et abstraite, et qui interdit en même temps que la singularité soit interprétée comme une résistance irréductible à l'universalité.

Toute vie mobilise la systole de sa typique dans sa singularité même, tandis que la diastole de sa particularisation présente la normativité qui la sous-tend. À l'instar de la *Steigerung*, la polarité définit la modalité de la métamorphose des êtres vivants : les métamorphoses de la réalité naturelle (animale comme végétale) correspondent à une intensification de l'individu par oscillation entre son essence typique et sa singularité irréductible. L'histoire du développement d'un individu est donc l'histoire d'une exacerbation de la singularité en dialogue constant avec l'universalité éidétique. L'individu tente de se singulariser et d'exemplifier ainsi son essence sous une figure radicalement originale. Le développement de l'individualité est l'accomplissement d'une

1. *Ibid.*, 21, p. 367 ; trad. p. 22.
2. *Ibid.*, p. 367-368 ; trad. p. 22 (nous soulignons).

singularité *et* d'une essence dans un seul et même mouvement – le mouvement de la *Steigerung*. Portée par l'essence qui définit sa normativité et ses possibilités (sa logique et sa finalité internes), l'individualité se développe dans une tension perpétuelle en direction d'une irréductible singularité, mais sans jamais faire le pas qui l'affranchirait de tout rapport éidétique aux autres individus et de l'horizon d'une universalité. La réalité individuelle est toujours une individualité à la limite. La tension vers la limite, qui semble propre à l'individualité elle-même, est, en fait, le meilleur garant de la richesse éidétique, puisqu'elle témoigne de l'ampleur du champ d'effectuation d'une essence.

On pourrait évoquer ici une tendance simultanée des organismes à la stabilité et à la variation. L'« allure de la vie » emprunte le chemin des métamorphoses en étant à la fois dans un état d'équilibre relatif et dans un état de déséquilibre. La *Bildung* de l'individu engage un rapport entre stabilité et variation, entre type et singularisation du type. Une « fluctuation auto-régulatrice » [1] définit le devenir du vivant qui conjoint la dynamique singulière et la permanence normative du type. La formation de l'individu est une « marche en avant », une histoire initiée et soutenue par la *Steigerung*, et que rythme la polarité. « Ce n'est pas un être positif mais un être interrogatif qui définit la vie » [2], c'est-à-dire un être qui n'est jamais donné comme tel mais qui est dans un perpétuel déséquilibre, dans l'effort de singularisation de son essence, entre son présent et son avenir. La notion de métamorphose montre qu'il faut reconnaître dans l'organisme un principe d'absence, au sens où le caractère dynamique de l'individu vivant interdit que la vie se fige, soit à la manière d'une essence ou d'une universalité abstraite, soit à la manière d'une individualité donnée dans une irréductibilité, anarchique et factuelle, à toute logique de la nature. L'organisme est vivant et donc dynamique parce qu'il tend à se constituer, dans son développement continu, en un point de vue singulier sur le monde. La pensée de la monade de Leibniz, dans son rapport à la théorie de l'harmonie

1. Nous reprenons cette expression aux travaux d'éthologie de A. GESELL et C.S. AMATUDRA (*L'embryologie du comportement*, Paris, 1953). Présentant les thèses d'Arnold Gesell, Merleau-Ponty montre que « le mouvement en avant [d'un être vivant] doit son caractère à ses conditions réconciliant dans son avance les tendances à la stabilité et à la variation » (M. MERLEAU-PONTY, *La Nature*..., *op. cit.*, p. 199). Notons en outre que Gesell invoque également un « principe de tendance optima » des organismes, patent dans l'organisation biologique de leurs comportements, qui rejoint la *Steigerung* goethéenne.

2. M. MERLEAU-PONTY, *La Nature*..., *op. cit.*, p. 180.

préétablie, sert manifestement de modèle à Goethe qui rapproche[1] spontanément la monade de l'entéléchie aristotélicienne. L'organisme se développe par le concours d'un principe d'intensification qui ouvre la tension vers un devenir, et un principe de polarité qui engage l'individu dans une singularisation toujours accrue de l'essence qu'il exemplifie. Il réalise ainsi sa finalité interne.

La métamorphose revêt donc bien un double sens. Elle définit d'abord la logique de développement de l'individualité organique. Chaque stade de son développement historique correspond à une métamorphose de l'idée propre qui sous-tend l'organisme. Mais ce développement, par la conjonction des principes d'intensification et de polarité, singularise toujours l'essence jusqu'aux confins de son universalité possible. Par là, chaque organisme individuel métamorphose l'essence au sens où il lui confère un visage toujours neuf. La métamorphose est *conjointement* l'histoire de l'individu – qu'il faut comprendre selon une *loi* de développement, donc de manière éidétique – et la *formation* de l'essence à même la singularité de l'individu – par l'effort de singularisation de son essence qu'engage tout individu comme moteur de son développement. La vie est le chiasme sans cesse confirmé et inventé de l'essence et de l'événement.

Conclusion

Goethe décrit une nature puissante et inventive. La logique du monde, pour normative qu'elle soit, n'est pas étrangère au mouvement. Bien sûr, elle constitue le fond du mouvant, le champ de constance normateur. Mais cette normativité n'est pas abstraite. Elle pétrit la nature en chacun de ses instants et, à ce titre, ne peut être « dégagée » de son inventivité. La normativité doit initier l'inventivité même de la nature et s'engager dans le mouvement, comme une essence qui se singularise et n'accomplit son sens qu'en se portant ainsi aux limites de sa généralité, pour que chaque individu soit, en lui-même, la preuve manifeste de sa puissance toujours nouvelle et infinie. Lorsque Goethe défend ainsi une éidétique qui ne se garde de rien autant que d'une fixité abstraite, il s'efforce de rendre compte de l'extraordinaire et principielle fécondité

1. Sans se soucier, il est vrai, des problèmes que pose pourtant la monadologie leibnizienne, entre préformationnisme et déterminisme.

de la nature. Son empirisme rationnel est trop scrupuleux et vigilant que pour céder à la facilité d'une « inertie ontique de l'essence »[1]. Il veut élaborer une éidétique qui fasse droit au principe ontologique dynamique de l'essence, comprise dès lors comme *Gestaltung* plutôt que comme *Gestalt*. La formation de l'essence est sa vérité principielle, dont la reconnaissance permet à une éidétique phénoménologique de décrire rationnellement la vie de la nature, d'une part en renonçant à enclore une fois pour toutes la nature dans la généralité abstraite d'un concept, et d'autre part en abdiquant, dans le cadre même de son intention descriptive, toute prétention à poser un jour un terme à son entreprise. La description rationnelle infinie semble seule capable de rendre *scientifiquement* compte de la vie de la nature, c'est-à-dire avec toute la rigueur qui doit présider à l'observation du phénomène naturel et à l'énonciation de son sens.

Goethe observe en toute modestie la formation du sens à même le phénomène :

> De quelque côté que l'on se tourne, la nature est féconde à l'infini[2].

Cette fécondité de la nature ne cède à aucune exubérance qui substituerait l'anarchie du surgissement à la logique des formes. Seule une éidétique peut approcher cette fécondité. À condition toutefois que soit concédée toute l'étendue de son champ d'application à l'éidétique et à l'essence toute sa puissance dynamique. La vie et le sens du phénomène apparaissent alors au croisement de l'essence (comprise comme structure universelle, *Gestalt*) et de l'événement (compris comme singularité). Le croisement lui-même, dans la mesure où il est approché éidétiquement, revèle la vérité ultime de la *Gestalt* dans la *Gestaltung*, tout en insistant sur la valeur d'essence de la moindre des singularités en tant que force exemplative d'une vérité universelle. Il ne peut être question de concéder un quelconque avantage de l'universel sur le singulier, pas plus que du singulier sur l'universel. La réalité signifiante de la vie n'a que faire de ces partis pris métaphysiques.

> Le particulier est toujours subordonné au général ; le général doit toujours s'accommoder du particulier[3].

1. *Ibid.*, p. 31.
2. J.W. GOETHE, *Maximen und Reflexionen*, 5, H.A., XII, p. 365 ; trad. p. 135.
3. *Ibid.*, 492, p. 433 ; trad. p. 33.

L'échange entre ces deux pôles génère la vie parce qu'aucun des deux ne se trouve *a priori* confiné dans une subsidiarité qui implique toujours dévalorisation et dénigrement de l'efflorescence du singulier ou, à l'inverse, refus idéologique de l'universel et abandon de la rationalité. Entre ces deux écueils d'une pensée trop précipitée, Goethe tâche de décrire le paradoxe (pour une pensée abstraite) et l'évidence (pour l'expérience) de l'investissement de l'essence dans le singulier, au point d'interdire toute scission définitive entre la norme et le normé :

> Comment l'inconditionné peut se conditionner soi-même et se rendre semblable au conditionné. Que le conditionné est en même temps inconditionné. Fait inconcevable, bien que nous en ayons tous les jours l'expérience [1].

La pensée peut se trouver désarçonnée par la complexité du phénomène et la richesse des liens qu'il tisse entre le général et le particulier parce que, trop souvent oublieuse de l'essence descriptive de la démarche scientifique, elle prétend soumettre la nature aux catégories de son entendement plutôt que de la laisser être et de constater combien sa puissance génératrice de sens peut toujours nous surprendre *sans pour autant* se départir d'une logique immuable. La nature est le règne du possible avant d'être celui de l'effectif. Son observation ne peut que nous révéler l'ampleur des possibilités que sa raison abrite. Goethe l'a souvent répété : « Nul ne se rend maître de la véritable force productrice ; il faut se borner à la laisser agir à sa guise » [2] – et ainsi l'observer et la comprendre.

En somme, la nature témoigne de sa liberté par la constitution d'une raison sans cesse plus complexe, toujours nouvelle sous la figure de ses singuliers. L'invention de sa raison à même le phénomène est le gage d'une liberté que ne peut se soumettre aucun des projets de l'homme, mais dont celui-ci doit plutôt avouer qu'il se reçoit comme d'un sol qui le soutient tout en lui interdisant d'assouvir inconsidérément ses fantasmes de puissance.

> La nature s'est réservé assez de liberté pour que nous n'arrivions jamais à l'atteindre complètement par la science ou le savoir, ni à la pousser dans ses derniers retranchements [3].

1. *Ibid.*, 493-494, p. 433 ; trad. p. 33.
2. *Ibid.*, 758, p. 472 ; trad. p. 131.
3. *Ibid.*, 245, p. 399 ; trad. p. 135.

Cette liberté de la nature force l'homme à reconnaître son absolue prédonation, puisqu'il ne peut prétendre l'expliquer ni même la comprendre dans ses moindres ramifications. La prédonation de la nature aux projets de l'homme est absolue parce que la première est libre et n'est donc réductible à aucun des principes – théoriques ni pratiques – qui gouvernent les seconds. Dans le même esprit d'étude rigoureuse et descriptive de la nature, Alexandre von Humboldt a formulé, lui aussi, cette thèse qui occupe une place centrale dans la compréhension goethéenne de la nature :

> La nature est le règne de la liberté [1].

1. A. VON HUMBOLDT, *Cosmos. Essai d'une description physique du monde*, *op. cit.*, p. 1.

CHAPITRE III

LA NATURE DE L'AFFECT

ANGOISSE ET RESPECT

Hugo von Hoffmannstahl disait de la réalité qu'elle est une *signifiance insignifiable*[1]. On pourrait définir de la même manière la nature de Goethe au sens où, alors même que son phénomène est pour nous une manifestation toujours intelligible et par là signifiante, elle n'en demeure pas moins ultimement irréductible à son expression achevée dans le corps de concepts que l'homme mobilise en vue d'une explication d'entendement. L'expérience précède le jugement et en même temps en dépasse les potentialités. L'infinie puissance génératrice de la nature est un appel à la connaissance, mais elle impose aussi des bornes à ses prétentions puisque, lui interdisant de se complaire dans l'énonciation définitive d'une normalité fixe et indifférente au mouvement de la vie, elle la contraint à suivre son mouvement et à se reprendre toujours et à l'infini dans l'approche de son inventivité. En ce sens donc, la nature est bien insignifiable car intraduisible en termes définitifs. Toute science de la nature, si elle prétend être rigoureuse, doit aussi reconnaître à titre principiel les limites que son objet lui impose – l'irréductibilité de la physionomie naturelle. Comme le dit l'*Élégie de Marienbad*, la nature peut en nous, tout au plus, « balbutier son mystère »[2]. Si jamais nous ne perdons pied en ce monde, jamais non plus nous n'en acquérons la maîtrise, fût-elle conceptuelle. Celui qui ne se ferme point à la nature se trouve, au sens le plus fort, affecté par elle. Seul celui qui, à l'instar de Faust avant le lever de rideau, prétend à une maîtrise absolue, peut se voiler à lui-même le pâtir qui se trouve au

1. Cité par H. MALDINEY, *Naissance de la poésie dans l'œuvre d'André du Bouchet*, in *L'art, l'éclair de l'être*, Seyssel, 1993, p. 95.
2. Déjà cité *supra*, p. 18.

principe de son ouverture au monde. Les acquis de l'éidétique permettent de comprendre l'affect fondamental (la *Grundstimmung*) qui saisit celui qui approche la vérité manifeste de la nature :

> Les phénomènes originels qui se révèlent à nos sens inspirent une crainte *[Scheu]* qui va jusqu'à l'angoisse *[Angst]*[1].

Ce fragment peut étonner dans la mesure où il associe la perception de l'*Urphänomen* à un sentiment d'angoisse alors que les thèses de la *Naturphilosophie* de Goethe s'appuient sur des notions de connivence ontologique ou d'intimité qui se noue à la faveur de la manifestation signifiante. Comment donc la perception de l'*Urphänomen* pourrait-elle nous livrer à une menace quelconque ou nous abandonner à l'incompréhensibilité de l'étranger ? L'angoisse dont il s'agit ici n'appartient pas au registre de l'absence de fond ou de la perte d'évidence. Tout à l'inverse, il faut comprendre comment l'angoisse naît de ce qui reste une présence intime au réel. Goethe écrit encore ceci :

> La vue immédiate des phénomènes originels nous plonge dans une sorte d'angoisse. Nous sentons notre insuffisance ; seul le jeu éternel de l'empirie nous réjouit[2].

Goethe complexifie son propos. Il surajoute à la thématique de l'angoisse celle de l'insuffisance *(Unzulänglichkeit)* humaine et du contraste de l'angoisse avec la joie que procure le «jeu de l'empirie». L'insuffisance à laquelle il fait ici allusion dépend manifestement de cette puissance infinie par laquelle la nature s'affirme en transcendant toujours nos projets. Dans un autre fragment, il écrit laconiquement :

> Le monde empirique ; son accroissement illimité ; de là l'espoir d'une aide, le désespoir de ne jamais épuiser le sujet[3].

Le monde empirique nous offre une aide parce qu'il prononce une parole que nous pouvons entendre et qui est pour nous signifiante. Voilà qui nous préserve d'une angoisse de l'effondrement du sens et qui nous justifie d'avoir lieu en cette nature. Mais cette empirie est à ce point surabondante, dans sa logique même, qu'elle ne nous laisse aucune chance d'en devenir maître. Nous ne comprenons le monde que si nous acceptons, de manière définitive, de nous abandonner à lui et si nous

1. J.W. GOETHE, *Maximen und Reflexionen*, 17, H.A., XII, p. 367 ; trad. (modifiée) p. 50.
2. *Ibid.*, 16, p. 367 ; trad. (modifiée) p. 51.
3. *Ibid.*, 15, p. 366 ; trad. p. 51.

renonçons, dans le même mouvement, à toute prétention de maîtrise. Nous n'advenons à nous-mêmes qu'à nous dessaisir de nous-mêmes. Cette abdiquation de la valeur universelle, définitive et contraignante de nos projets peut engendrer le désespoir. L'angoisse naît de ce dessaisissement de soi que la parole inextinguible de la nature exige de celui qui ne veut pas forclore son écoute. Elle est le sentiment qui nous prend devant l'apparition du phénomène originel car il ne se donne qu'à renvoyer l'observateur à l'insuffisance de sa propre existence. Cette insuffisance n'implique pas que la chose même soit pour nous incompréhensible. Dans *Der Versuch als Vermittler von Objekt und Subjekt*, Goethe souligne que dès qu'il se tourne vers un objet, l'homme est apte à le connaître. Cependant, avoir accès à la chose même ne signifie point que l'on s'en saisisse sans partage ni réserve, comme si, dès lors que nous l'intuitionnions, elle n'avait déjà plus rien à nous apprendre. C'est bien là l'enseignement majeur de l'éidétique goethéenne : l'essence, si elle est pour nous signifiante, est également porteuse d'une telle puissance d'inventivité qu'elle exige de notre connaissance qu'elle la suive plus qu'elle ne la précède. En définitive, l'« insuffisance » de l'homme est un autre nom pour cette finitude qui le conduit à trouver dans la nature plutôt qu'en lui-même la mesure des choses. L'angoisse est celle de l'être fini qui découvre l'absoluité tout à la fois manifeste (signifiante) et transcendante (immaîtrisable) d'une nature que structurent des essences de chair. La finitude de l'homme est l'envers de la puissance infinie de la nature. La crainte qui naît dans la présence immédiate et sensible au phénomène est l'effroi que l'on ressent parfois devant la beauté même et qui, au fond, nous révèle la part de notre indignité tout en nous élevant. L'angoisse est alors l'acceptation la plus authentique de la phénoménalité.

C'est pourquoi l'angoisse a un équivalent dans le couple sérénité-résignation :

> Si dans la contemplation du phénomène originel je parviens à la sérénité, cette sérénité n'est sans doute que de la résignation [1].

L'angoisse peut devenir sérénité dans la mesure où celle-ci équivaut à la paix de l'âme qu'offre la résignation à sa propre finitude. La sérénité de celui qui sait percevoir l'*Urphänomen* est la vertu de l'homme de connaissance comme de tout ceux qui savent que connaître n'est pas réduire à un projet intellectuel mais d'abord laisser être, dans le retrait

1. *Ibid.*, 20, p. 367 ; trad. (modifiée), p. 51.

qui s'attache à la manifestation de la vérité de la nature. Le même fragment poursuit :

> Il n'y en a pas moins une grande différence entre se résigner aux bornes qui sont celles de l'humanité, ou aux limites étroites qui sont par hypothèse celles de mon individualité [1].

Les limites qui incitent à la résignation sont bien les limites principielles de la finitude humaine, laquelle est reconduite, dans la contemplation de l'essence toujours déjà incarnée, à la donation originaire et infinie du monde.

Par ailleurs, Goethe évoque comme envers de cette angoisse, ou de cette sereine résignation, la joie que fait naître «le jeu éternel de l'empirie». La joie est l'envers immédiat de l'angoisse et non un sentiment contraire. La *puissance* de l'essence est la source d'une angoisse pour l'être fini. Or, le «jeu éternel de l'empirie» est la différenciation concrète de la raison du monde sur fond de cette force naturelle infinie qui fait du monde un champ de possibles – en ce sens un jeu, en effet. La source de sentiments à ce point contraires, du moins en apparence, est donc identique. Entre la joie et l'angoisse, il n'y a qu'une différence d'accent. Nous sommes authentiquement présents au monde dans l'oscillation perpétuelle de l'une à l'autre, tant il est vrai que la nature nous force à nous dessaisir de nous-mêmes par la transcendance de son apparaître et nous invite à nous réjouir de l'ampleur et de l'efflorescence de son phénomène. Cette ambivalence du rapport de l'homme fini à la nature infiniment puissante et universellement normative commandait déjà l'attitude de Faust, lorsque, réveillé de ses rêves de connaissance absolue et de maîtrise de la vie, il signait le pacte de Méphistophélès et se vouait à la finitude dans la joie, l'angoisse et la résignation.

Certains textes de Heidegger rejoindront sur ce point l'enseignement de Goethe et permettent sans doute de mieux en apprécier la portée. Goethe associe à l'angoisse la *Scheu* – que l'on peut traduire par «crainte» ou «crainte mêlée de respect». Heidegger évoquera à son tour cette *Scheu* en lui reconnaissant le mérite de nous mettre dans la disposition propre à entendre la vérité dans sa retenue même, puisqu'en elle, nous nous tenons dans une attitude de réserve respectueuse [2] :

1. *Idem.*

2. Cf. M. HEIDEGGER, *Beiträge zur Philosophie (Vom Ereignis)*, in *Gesamtausgabe*, Bd. 65, hrsg. von Fr.-W. von Hermann, Frankfurt a.M., 1989, p. 396 *sq.* ; et «*Andenken*», *Erläuterung zu Hölderlins Dichtung*, in *Gesamtausgabe*, Bd. 4, hrsg. von Fr.-W. Hermann,

> La pensée qui, faisant retour à la source, pense à l'origine est ce qu'il y a de plus difficile. C'est pourquoi plus d'un a de la crainte respecteuse *[Scheu]*, non parce qu'il a peur de cette tâche la plus difficile, mais parce qu'il l'aime [1].

La crainte respecteuse est le nœud affectif du pressentiment de la vérité autant que de sa transcendance. S'y joue un abandon de soi au profit d'une manifestation à laquelle on se voue comme à ce qui s'offre dans la beauté d'un apparaître originel. Heidegger poursuit :

> La crainte respectueuse est assurément autre chose que la timidité qui en toute rencontre reste hésitante et mal assurée. La crainte respectueuse au contraire est retenue par l'Unique, clairement unique, qu'elle craint et respecte. La crainte respecteuse ne devient pas mal assurée et reste pourtant réservée. Mais sa réserve échappe au danger de voir ceux qu'elle habite se nouer dans le souci d'eux-mêmes comme font les peureux [2].

Celui qui éprouve la *Scheu* est toujours déjà en dehors de lui-même, radicalement éloigné de toute complaisance solipsiste. Plutôt que de demeurer dans le souci de lui-même, celui qui éprouve la crainte respectueuse se dessaisit de soi dans sa tension vers la vérité, laquelle se donne dans une liberté la préservant de tout assujettissement. Mais la *Scheu* est aussi attente :

> La lenteur de la crainte respectueuse est celle d'un courage [...]. La crainte respecteuse est cette réserve, ce courage lent, cette provision d'étonnement d'une pensée qui se souvient de ce dont elle s'approche comme de cela même qui était proche et le demeure, d'une proximité qui se consume à tenir un lointain loin dans sa plénitude [...] [3].

La crainte respectueuse n'anticipe pas mais demeure ouverte à ce qui va survenir et accepte, dirait Goethe, d'être surprise par l'invention de la nature. L'homme authentiquement présent à la vérité lui est proche – car il s'y voue – tout en la respectant dans la distance qui la constitue en norme absolue jusque dans son inventivité même. C'est parce que la *Scheu* est une attente que, dans un même mouvement, elle est respect et proximité. En tant qu'affect, elle révèle la transpassibilité à l'événement du phénomène. En ce sens, l'immédiateté de l'affect annonce déjà la

Frankfurt a.M., 1981, p. 79-151 (trad. de J. Launay : *Souvenir*, in *Approche de Hölderlin*, Paris, 1962, p. 99-194).

1. M. HEIDEGGER, «*Andenken*»..., *op. cit.*, p. 131 ; trad. (modifiée) p. 167.
2. *Idem* ; trad. (modifiée) p. 167-168.
3. *Idem*.

non-immédiateté de la connaissance de la nature, l'attente nécessaire à la compréhension du monde et l'infinité de la démarche scientifique. La crainte respectueuse est un savoir paradoxal :

> elle sait que l'origine ne se laisse pas immédiatement reconnaître [1].

Avec la *Scheu*, nous sommes dans une présence immédiate à la nature qui, tout à la fois, nous la rend intime et étrange. Intime, d'abord, parce que nous y sommes livrés, présents avant même d'en avoir fait le projet. Étrange, ensuite, parce que nous ne pouvons pas intégrer cette nature, parce que toujours déjà elle nous transcende et se dérobe à nous. Dans la crainte mêlée de respect se joue une nouvelle forme de polarité, la polarité du proche et du lointain. En effet, l'éloignement de la nature n'est pas plus une étrangeté dernière, une transcendance opaque, que sa proximité n'est une adhérence, une immanence fusionnelle. Dans la présence affective à la nature, Goethe découvre la proximité d'une nature qui est aussi ouverture du lointain, tout comme le lointain se donne comme ce qui peut devenir proche. La nature ne s'offre à aucun accaparemment mais seulement à la découverte attentive de ses possibles. Ainsi la polarité du proche et du lointain, qui définit le rapport affectif de l'homme à la nature, répond à la polarité qui régit les métamorphoses du phénomène et la différenciation de l'essence naturelle. Parce que la nature s'ouvre comme un espace où nous prenons lieu et non comme un plan que nous projetons arbitrairement, sans reste ni opacité pour nous résister, il nous faut *découvrir*, aller sans cesse du proche au lointain et du lointain au proche. L'existence affective de l'homme peut alors se comprendre comme un « être-perdu », pour reprendre un concept cher à Erwin Straus [2]. Notre expérience affective du monde nous situe d'emblée dans un paysage – c'est-à-dire dans un rapport à l'espace qui précède toute détermination géographique, toute structure objective qui permettrait de s'y retrouver, dans un plan sans horizon. Dans le paysage, justement, il y a un horizon qui est l'ouverture à notre marche et, dans le même temps, le signe de l'insaisissable, l'annonce d'une aventure infinie. L'horizon ne clôt rien mais ouvre l'espace à mon mouvement qui, petit à petit, le découvre. Dans ce paysage, je suis *perdu*. L'être-perdu tient à ce que, dans notre présence sensible au paysage, nous ne pouvons ultimement anticiper l'espace, mais seulement en faire

1. *Idem*.
2. Cf. E. STRAUS, *Vom Sinn der Sinne : ein Beitrag zur Grundlegung der Psychologie*, Berlin, 1935, p. 335 *sq.* ; trad. de G. Thinès et J.-P. Legrand : *Du sens des sens. Contribution à l'étude des fondements de la psychologie*, Grenoble, 1989, p. 513 *sq.*.

l'expérience par les mouvements de notre corps. La nature qui s'esquisse dans le paysage plus qu'elle ne s'y livre est une ouverture que nous devons éprouver dans l'expérience progressive, selon un mouvement qui, donnant une forme active à l'attente, suit la nature et se soumet à la légalité de sa puissance. Être-perdu signifie donc se dessaisir de soi-même pour mieux se recevoir du paysage qui s'offre à nous dans son in-clotûre même.

La crainte respectueuse est l'affect d'une attente qui fait de notre présence à la nature une protention fondamentale, ouvrant autant le temps que l'espace. Elle rend possible le futur parce qu'elle est attente qui sait ne pouvoir fixer la nature dans un présent massif, figé dans une instantanéité intangible, ni l'anticiper absolument dans un futur déjà connu. La *Scheu* détermine le temps du sentir. Elle ouvre le temps en orientant le présent, dans son immédiateté même, vers l'attente de ce qui va survenir, de cela que l'homme ne peut anticiper, mais qu'il peut seulement se disposer à attendre dans l'« angoisse ».

En reconnaissant à la *Scheu* un rôle à ce point fondamental dans le registre de l'affectivité, Goethe souligne que, dans notre rapport premier au monde, nous sommes en attente de ce qui va survenir comme de cela que nous ne pouvons déterminer. Ce qui ne signifie pas que nous acceptions que n'importe quoi survienne : la nature se donne à nous telle une raison absolue. À ce titre, elle ne peut se nier. Si l'horizon du paysage ouvre à l'attente, c'est qu'il donne aussi confiance, il ouvre un espace, non le vide ; il incite au mouvement, à l'écoute, il ne force pas à la paralysie ni ne conduit au repli sur soi. La crainte respectueuse ne peut être qu'à cette condition une sereine résignation. Le lointain est l'envers du proche. La polarité dépend d'une égale pertinence de l'intimité et de la surprise. L'essence de notre rapport affectif à la nature doit bien correspondre à cette attente faite d'approximation, d'amour du phénomène et de résignation à notre propre finitude. Le voyage pourrait en être l'archétype. S'il se lance vers l'horizon sans jamais prétendre l'épuiser mais en découvrant les possibles que sa fuite à l'infini laisse paraître au fur et à mesure de notre « perdition », le voyage est le plus bel hommage que l'être fini puisse rendre à la nature en tant que puissance et raison. Selon Erwin Straus lui-même[1], c'est ainsi qu'il faut comprendre le récit que Goethe donna de son voyage en Italie.

1. Cf. *ibid.*, p. 338 ; trad. p. 516.

LA COULEUR DU MONDE

Le phénomène ne se manifeste jamais aussi clairement à nous que lorsqu'il se préserve dans son altérité. En effet, pour que nous puissions reconnaître la dynamique originelle de l'apparaître, il faut que celui-ci nous arrache à l'illusion d'être les maîtres de ce qui constitue le décor de notre existence, et nous renvoie, au contraire, à sa propre transcendance ou à sa propre altérité. Mais si nous sommes ainsi ramenés à la transcendance de l'apparaître, nous sommes aussi rendus attentifs au mouvement de manifestation qui suscite notre regard, qui le rend même possible et lui donne sens. La transcendance du phénomène est la source d'une manifestation originelle qui s'adresse à nous et nous situe immédiatement dans un rapport d'appartenance transcendantale à l'apparaître. Dès lors, aussi paradoxal que cela puisse paraître de prime abord, le respect de l'altérité du phénomène permet d'en saisir la familiarité. La chose nous apparaît, nous la comprenons et lui faisons droit en reconnaissant le regard qu'elle lève vers nous. Sa densité n'est pas une opacité absconse, elle est une signifiance immédiatement familière. Goethe est déjà phénoménologue en ce sens qu'il est tout particulièrement attentif à la constitution du phénomène, aux lois de sa manifestation aux sens et à la conscience de l'homme. La radicalité de son point de vue le conduit à guetter la genèse du phénomène depuis son origine indépassable, là où se noue le plus étroitement le rapport entre la transcendance de l'apparaître et sa familiarité : dans la matérialité même du donné [1]. En plus de déterminer la teneur d'une tonalité affective telle que la *Scheu* ou l'angoisse, Goethe s'est efforcé de saisir l'affectivité au cœur même de sa genèse sensible dans la présence immédiate à la matérialité du phénomène.

La chromatologie de Goethe analyse les conditions de l'affection de la conscience percevante par l'apparaître sensible des couleurs et laisse dès lors entrevoir les modalités selon lesquelles la manifestation du phénomène à ce sens particulier qu'est la vue définit notre rapport au monde. Tout en faisant droit à l'originalité indépassable du rapport vue-couleur et à l'irréductibilité des conditions de la vision, Goethe sait que la chromatalogie en tant que science de l'être-affecté de l'homme par l'apparaître de la nature en général et de la couleur en particulier ne vaut qu'en tant qu'elle nous renseigne sur notre rapport unitaire et

1. Au sens de cette *hylè* que Husserl pointera dans les *Ideen* I tout en déclinant son analyse (cf. E. HUSSERL, *Ideen I...*, *Hua* III,1, *op. cit.*, p. 191-196 ; trad. p. 287-294).

synesthésique au monde. Dans son *Avant-propos*, il précise que la nature elle-même se révèle à la vue et ajoute immédiatement :

> De même c'est la nature tout entière qui se révèle à un autre sens. Fermons les yeux, ouvrons et affinons nos oreilles, et du souffle le plus ténu jusqu'au bruit le plus sauvage, du son le plus simple à l'harmonie la plus haute, du cri passionné le plus violent à la parole raisonnable la plus douce, ce n'est que la nature qui parle, et révèle son existence, sa force, sa vie, ses structures ; de telle sorte qu'un aveugle à qui l'infini visible est interdit peut saisir dans l'audible une vie infinie [1].

Lorsque, dans le cours même de son traité, Goethe évoquera les « rapports de voisinage » [2] entre l'optique et l'acoustique, il rappellera encore que :

> La couleur et le son ne peuvent être en aucune façon comparés entre eux ; mais tous deux peuvent être ramenés à une formule qui leur est supérieure, et dont ils peuvent être déduits, chacun pour soi cependant. La couleur et le son sont comme deux fleuves qui prennent leur source sur une montagne, mais coulent dans des conditions tout à fait différentes vers deux contrées entièrement opposées, si bien qu'en aucun point de leur double cheminement ils ne peuvent être comparés l'un à l'autre. Tous deux sont des effets élémentaires généraux, obéissant à la loi générale de l'association et de la tendance à l'union, du flux et du reflux, du va-et-vient, mais dans des directions tout à fait différentes, selon un mode différent, agissant sur des éléments intermédiaires différents et pour des sens différents [3].

La fin de ce paragraphe renvoie les phénomènes acoustiques et optiques, selon l'évidence d'une synesthèse bien comprise, au même principe de manifestation de la nature. Goethe fait ici allusion à la loi générale de la polarité des phénomènes naturels qui détermine la vie des couleurs autant que celle des sons. Les différences de mode qui séparent les couleurs des sons ne sont donc que des différences secondes par rapport à la loi générale de la nature. En conséquence, les modalités de l'être-affecté de l'homme sont en leur fond identiques, qu'elles dépendent de manifestations acoustiques ou optiques. Toute analyse d'un sens particulier en sa matérialité première doit pouvoir ouvrir à la signification de la présence humaine au monde et de la manifestation

1. J.W. GOETHE, *Zur Farbenlehre...*, H.A., XIII, p. 315 ; trad. p. 71-72.
2. D'après le titre de la cinquième section. Cf. *ibid.*, p. 482-493 ; trad. p. 243-256.
3. *Ibid.*, § 748, p. 491 ; trad. p. 253.

naturelle, signification que viendrait confirmer par d'autres voies l'analyse d'un autre sens. Se référant à Goethe, Erwin Straus note :

> Couleur et son sont strictement séparés l'un de l'autre comme objets de perception, mais ils sont réunis dans la vue de la couleur et dans l'audition du son qui sont des modes différents de communication empathique entre le Je et le monde [1].

Cette communication empathique est le meilleur gage d'une familiarité affective, car elle suppose un rapport charnel immédiat et esthésiologique. Notre sentir engage l'entièreté de notre être dans le pâtir du monde, sans que nos sens puissent être distingués, si ce n'est subsidiairement. L'analyse de notre rapport optique au monde est donc susceptible de révéler l'essence de cette empathie originelle.

La construction de la *Farbenlehre* est, à cet égard, très révélatrice. Sa partie didactique comprend six sections. Les trois premières sont les plus importantes : la première traite des couleurs dites physiologiques, la seconde des couleurs dites physiques et, enfin, la troisième des couleurs dites chimiques. Celles-ci appartiennent à la matière même des objets – il s'agit essentiellement des pigments. Par contre, les couleurs physiologiques sont déterminées par l'œil du sujet – ce sont des couleurs « subjectives ». Les couleurs physiques, quant à elles, résultent de la rencontre de la lumière avec des objets eux-mêmes non colorés et occupent une position médiane puisque, si elles n'ont pas une origine subjective, elles n'appartiennent pas plus, à proprement parler, à l'objet et ne jouissent donc pas de la stabilité des pigments chimiques « objectifs ». Il est tout à fait remarquable que Goethe ouvre son traité sur le phénomène des couleurs physiologiques. Il revendique d'ailleurs le bien-fondé de ce seuil audacieux pour un penseur qui, échaudé par la modernité et un certain idéalisme, ne craint rien autant que le subjectivisme :

> À juste titre nous commençons notre étude par ces couleurs, car elles appartiennent soit totalement, soit pour la plus grande part, à l'œil, c'est-à-dire au sujet lui-même. Elles constituent la base même de tout le Traité et nous révèlent cette harmonie chromatique qui est si souvent controversée [2].

Le recentrage sur la subjectivité que provoque l'intérêt pour les couleurs physiologiques n'est nullement subsidiaire. Et même, les

1. E. STRAUS, *Vom Sinn der Sinne*, *op. cit.*, p. 211-212 ; trad. p. 337.
2. J.W. GOETHE, *Zur Farbenlehre...*, § 1, H.A., XIII, p. 329 ; trad. p. 88.

couleurs physiologiques ne jouent un tel rôle dans l'économie du texte que *parce qu'elles entraînent ce retour à la subjectivité*. En outre, Goethe suggère que le recentrage du discours sur la subjectivité permet de saisir l'«harmonie chromatique», c'est-à-dire la légalité qui régit l'apparaître des couleurs. On a dès lors toutes les raisons de penser que l'analyse des couleurs physiques puis chimiques découle directement des acquis de l'étude des couleurs physiologiques. Goethe poursuit l'élucidation des raisons qui président au choix de la structure de son traité en expliquant le qualificatif «physiologique»:

> Nous les avons nommées couleurs physiologiques parce qu'elles appartiennent à l'œil sain et normal, et parce que nous voyons en elles les conditions nécessaires de la vision. Elles font apparaître l'interaction vivant aussi bien entre la vision et le monde extérieur qu'entre les effets internes à l'œil lors des perceptions [1].

D'une part, Goethe souligne que les phénomènes optiques et chromatiques subjectifs qu'il se propose d'étudier dans ce contexte appartiennent à l'œil sain, donc à ce qui fait la vision, selon la loi naturelle de son fonctionnement. L'analyse des couleurs physiologiques doit donc livrer quelque chose d'essentiel sur la vision et le phénomène coloré qui lui correspond. Goethe ne se désintéresse pas des phénomènes pathologiques qui peuvent altérer la vision, en modifier les conditions aussi bien que l'objet. Il leur consacrera un prolongement de son étude des couleurs physiologiques dans les couleurs dites pathologiques, mais il confirme aussi par là le caractère subsidiaire des cas pathologiques de couleurs physiologiques et, *a contrario*, la valeur principielle des couleurs physiologiques en tant que telles. En outre, il soutient que les conditions de possibilité de la vision se trouvent dans les couleurs physiologiques. Elles font apparaître, dans leur unique activité de constitution des couleurs, la relation qui s'établit entre, d'une part, la vision en tant qu'activité de l'œil et le monde qui se manifeste dans le chatoiement de ses couleurs, et, d'autre part, l'organisation interne de l'œil. C'est dans le comportement spontané de l'œil à l'égard de la genèse des couleurs (de la «chromagénésie») que Goethe sait pouvoir découvrir la logique du phénomène chromatique. Il s'attache ici à l'œil comme condition de possibilité de la vision mais aussi, en définitive, comme condition de possibilité de la couleur elle-même, dans la mesure où celle-ci est toujours déjà une manifestation *pour l'œil*. Il décrit donc la

1. *Ibid.*, § 3, p. 330; trad. p. 89.

constitution de la couleur par l'œil, étant entendu que cette constitution déterminera la loi de l'apparaître chromatique en toutes circonstances, qu'il s'agisse de couleurs dites «subjectives» ou de couleurs dites «objectives». Plutôt que de se situer dans le rapport objectivant de la perception de l'extériorité naturelle par l'œil, Goethe porte directement son analyse sur la vie interne de l'œil – là où il n'y a pas même de différence entre l'organe percevant et la réalité perçue. Sa chromatologie ne peut réellement débuter qu'aux prix d'un détour par l'immanence de la conscience percevante. Son but est de retrouver ainsi les conditions les plus originelles de l'apparaître en exhibant la légalité du phénomène dans cette sphère de l'existence qui précède toute polarisation de la réalité en subjectivité et objectivité.

Sans être parvenu à la compréhension expresse de ce que serait une réduction transcendantale au sens de la phénoménologie contemporaine, Goethe nous offre un exemple très pointu de ce que peut être un travail d'analyse phénoménologique dans l'immanence d'une conscience percevante. Il montre ainsi comment cette analyse de l'immanence de la conscience percevante peut révéler la légalité du monde de l'apparaître dans toutes ses dimensions, «extérieures» aussi bien qu'«intérieures». Cependant, il n'attribue pas à cette entreprise la puissance fondationnelle ni, partant, la nécessité méthodologique absolue, que lui octroiera la phénoménologie contemporaine. En effet, il fonde l'abord initial des couleurs physiologiques et la primauté à tout le moins méthodologique qui leur semble ainsi reconnue, sur une position épistémologique réaliste qui trouve elle-même sa raison dans une évidente connivence ontologique, noyau *métaphysique* de sa pensée. Selon lui, l'organe peut percevoir parce qu'il est préformé à la perception et destiné à celle-ci par la vie même de la nature dont l'essence humaine n'est qu'une exemplification éminente. L'analyse des couleurs physiologiques reçoit son sens de ce principe à la fois métaphysique et épistémologique. L'œil n'accomplit sa fonction et ainsi son essence qu'en *voyant* la nature. Son organisation interne doit donc logiquement répondre aux exigences de la vision en général et des couleurs en particulier. Les phénomènes de perception – notamment chromatiques – qui semblent ne dépendre que de la vie même de l'œil, quoi qu'il en soit de la manifestation réelle de l'extériorité, doivent forcément répondre eux-mêmes à ces exigences, y être ordonnés, et donc porter valablement témoignage des lois de la manifestation optique. Ce n'est qu'à ce compte que la vie immanente de l'œil est un senti immédiat – et donc «affectif»

– de la loi de la nature et que les couleurs physiologiques peuvent être le point focal de la constitution de la couleur. Puisque l'œil se conforme au monde visible, il est l'une des conditions de possibilité de la couleur et son affection par les phénomènes chromatiques les plus immanents offre la base de toute vision : « La couleur est donc toujours “physiologique” : rapport de l'œil à la matière du monde. La couleur est ce par quoi le visible commence, *archê* du visible : elle est affect. Si donc le premier chapitre s'intitule “couleurs physiologiques”, ce n'est pas pour séparer certaines couleurs d'autres couleurs qui ne seraient pas physiologiques, mais pour repérer et cerner l'affect du visible, le côté-affect du visible »[1].

Le fondement physiologique de tout phénomène chromatique – c'est-à-dire la préformation de l'organe au phénomène – est tout à la fois présupposé et démontré par le début de la *Farbenlehre*. Goethe le présuppose car il n'a d'autre raison de débuter ainsi son traité, trop méfiant à l'égard de toute méthode « subjectiviste » ou « idéaliste » pour emprunter cette voie sans être assuré qu'elle le ramènera sans faillir au monde « extérieur » et à la nature. Mais il le démontre aussi, tant il est vrai que l'analyse des couleurs physiologiques révèlera la tension de la vie la plus immanente de l'œil vers le monde « extérieur » et les conditions d'une affection par une exigence chromatique que définit le jeu de la lumière.

La première section de la *Théorie des couleurs* se déploie en vue de la conclusion suivante : « Ainsi la nature se trouve-t-elle en parfait accord avec elle-même »[2], qui sera confirmée et étayée par les sections ultérieures. Goethe analyse d'abord, en leur accordant une réelle importance, les réactions de l'œil à l'obscurité la plus opaque et à la lumière la plus éblouissante. Dans ce type de situations limites, l'œil manifeste la vie qui l'anime et la légalité de celle-ci. Dans le cas de l'obscurité, il ressent « une certaine privation », il

> lui manque avec le monde extérieur ce contact stimulant et bienfaisant qui fait de lui un tout[3].

Dans le cas de la lumière éblouissante, il est tout aussi désarçonné :

> Si nous nous tournons vers une surface blanche fortement éclairée, l'œil sera aveuglé et, pendant un certain temps, incapable de discerner des objets modérément éclairés[4].

1. É. ESCOUBAS, *Imago mundi. Topologie de l'art*, Paris, 1986, p. 153.
2. J.W. GOETHE, *Zur Farbenlehre...*, § 78, H.A., XIII, p. 349 ; trad. p. 109.
3. *Ibid.*, § 6, p. 330 ; trad. p. 90.
4. *Ibid.*, § 7, p. 330 ; trad. p. 90.

Comme le suggère déjà le paragraphe 6 en évoquant une notion de «tout», l'œil ne peut se satisfaire de ces situations limites et tâche de reconstituer une totalité harmonieuse, un équilibre. La recherche d'équilibre se produit selon une tendance à l'«antagonisme»:

> Une tendance à une sorte d'antagonisme le [l'œil] contraint qui, opposant l'extrême à l'extrême, l'intermédiaire à l'intermédiaire, réunit instantanément les contraires et s'efforce de constituer une totalité aussi bien quand les phénomènes se succèdent que lorsqu'ils coexistent dans le temps ou dans l'espace [1].

Ce qui vaut pour les situations limites vaut aussi pour les phénomènes «intermédiaires» – l'œil vise la totalité d'équilibre qu'il doit pouvoir se donner à lui-même:

> Nous croyons trouver [...] un nouvel exemple de la vive mobilité de la rétine, et de l'antagonisme tranquille que tout organisme vivant est contraint de manifester lorsqu'on le place dans une situation déterminée: l'inspiration appelle l'expiration, et toute systole une diastole. C'est la formule éternelle de la vie qui se manifeste ici aussi. Aussitôt qu'à l'œil on présente l'obscur, il demande le clair; il recherche l'obscur si on lui présente le clair, exprimant ainsi qu'il est vivant et justifié à saisir l'objet puisque produisant lui-même un état opposé à celui de l'objet [2].

Ce paragraphe rapproche explicitement le principe qui gouverne la formation des couleurs physiologiques et les lois de constitution du phénomène naturel en général. L'œil est un élément de la vie de la nature qui, dans son rapport au phénomène visuel, s'organise lui-même en fonction d'une légalité qu'il a en partage avec la nature. L'oscillation entre systole et diastole, polarité qui régit les rapports dynamiques entre l'essence et son événement, est ici mobilisée à titre de loi d'équilibre. Toute systole exige, par principe, la diastole – comme tout phénomène visuel extrême appelle nécessairement son contraire dans une visée d'équilibre. L'aptitude à connaître de l'œil autant que la vie elle-même se révèlent dans cette oscillation physiologique. L'œil est vivant, c'est-à-dire régi par la polarité, et il est, en tant que tel, digne de son objet, puisque sa vie immanente démontre une faculté d'adaptation à la réalité matérielle de l'objet, lui-même vivant puisque apparaissant. La vie unit l'objet perçu et l'organe percevant, comme en témoignent les procès

1. *Ibid.*, § 33, p. 336; trad. p. 96.
2. *Ibid.*, § 38, p. 337; trad. p. 97-98.

immanents de la conscience percevante dans la constitution de ces couleurs dites « physiologiques ».

L'activité physiologique de la rétine est donc tout aussi remarquable dans des cas de manifestations visuelles moins extrêmes que l'éblouissement ou les ténèbres :

> Les figures colorées mettent encore mieux en relief la vive irritabilité de la rétine, sa tendance à l'opposition et à la réalisation d'une totalité par la production du contraire [1].

Une expérience extrêmement simple, que nous faisons « dans la vie courante bien plus souvent qu'on ne le pense » [2], peut servir d'exemple :

> Tenons un petit morceau de papier de couleur vive ou un morceau de tissu de soie devant un fond blanc peu éclairé, fixons-le sans bouger et, toujours sans mouvoir l'œil, enlevons-le au bout d'un certain temps ; on percevra sur le fond blanc l'image d'une autre couleur. On peut également laisser le morceau de papier à sa place et déplacer les yeux sur le fond blanc : on verra aussi cette autre couleur ; car elle provient d'une image qui désormais appartient en propre à l'œil [3].

La réaction physiologique de l'œil témoigne bien ici de cette organisation immanente dont la vie est excitée par la présence immédiate et matérielle de la couleur du phénomène.

Pour comprendre la légalité concrète de la physiologie de la rétine, il faut « se reporter [au] cercle chromatique » [4], exposé aux paragraphes 809 et 810 :

> Pour s'en instruire avec le plus de facilité, on imaginera dans le cercle chromatique que nous avons établi un diamètre mobile qu'on déplacera tout autour du cercle ; les deux extrémités en désigneront progressivement les couleurs qui s'appellent, celles-ci étant certes finalement ramenées à trois oppositions simples [5].

Et Goethe d'énoncer :

> Jaune appelle bleu-rouge,
> Bleu appelle jaune-rouge,

1. *Ibid.*, § 48, p. 340 ; trad. p. 100.
2. *Ibid.*, § 51, p. 340 ; trad. p. 101.
3. *Ibid.*, § 49, p. 340 ; trad. p. 100-101.
4. *Ibid.*, § 50, p. 340 ; trad. p. 101.
5. *Ibid.*, § 809, p. 502 ; trad. p. 265.

> Pourpre appelle vert,
> et inversément[1].

L'œil excité par l'apparition d'une couleur «entre en activité»[2] et produit, selon ce cercle, la couleur complémentaire en vue de reconstituer la totalité chromatique de l'apparaître. Le cercle chromatique

> peut nous rendre ici [...] de bons services, car les couleurs qui s'y trouvent diamétralement opposées sont celles qui s'engendrent alternativement dans l'œil : le jaune demande le violet, l'orange le bleu, le vert le pourpre et inversément. Toutes les nuances s'appellent l'une l'autre alternativement, la couleur plus simple appelle la plus complexe, et inversement[3].

La pulsation qui accorde la vie de la rétine à celle de la nature en sa globalité est la loi même de l'apparaître, du voir et de leur entr'appartenance. «Le contraste est donc la fondation du "voir"»[4], écrit Éliane Escoubas. Mais il faut bien entendre que ce contraste – ou, si l'on préfère, cette polarité – renvoie sans cesse à la totalité d'équilibre, aux rapports harmonieux des couleurs tels qu'ils se donnent dans le phénomène global de la nature. Le cercle chromatique, dans ses rapports, ses renvois et sa totalité en formation, se trouve «dans l'œil», en manière telle que la pulsation physiologique de l'œil est la condition de possibilité de l'accès de celui-ci à la nature en sa totalité. Plus radicalement encore, il faut soutenir que la loi immanente à la vie physiologique de l'organe oculaire ouvre à la loi de manifestation physique de la couleur. L'alternance vitale des systoles et des diastoles vaut pour le macrocosme comme pour le microcosme[5]. L'ouverture au monde qui se joue ainsi à même la constitution des couleurs physiologiques a une double implication : d'une part, elle est confirmée par la signification *affective* de la couleur, la mise en évidence de cette dimension pathique de la couleur constituant même un moment essentiel de la chromatologie goethéenne ; d'autre part, la signification cosmique de la pulsation immanente à l'œil permet de dégager les modalités de la constitution *physique* de la couleur.

Les couleurs physiologiques (préalables à toute polarisation du réel apparaissant en sujets et objets) situent d'emblée la didactique de la

1. *Ibid.*, § 810, p. 502 ; trad. p. 265.
2. Cf. *ibid.*, § 805, p. 501 ; trad. p. 265.
3. *Ibid.*, § 50, p. 340 ; trad. p. 101.
4. É. ESCOUBAS, *Imago mundi...*, *op. cit.*, p. 155.
5. Cf. M. ÉLIE, *Lumière, couleurs et nature...*, *op. cit.*, p. 63.

chromatologie sur le terrain de l'affect. La section inaugurale trouve un complément dans la sixième section, consacrée à l'« effet sensible-moral *[sinnlich-sittlich]* de la couleur» [1]. Le paragraphe 760 établit d'ailleurs explicitement le rapport avec la section consacrée aux couleurs physiologiques:

> Les couleurs perçues sur les corps ne sont pas, comme on le penserait peut-être, une chose complètement étrangère à l'œil, en vertu de laquelle cette impression lui serait en quelque sorte imposée. Non, l'organe lui-même est prédisposé à produire des couleurs ; et il éprouve une sensation agréable lorsque de l'extérieur quelque chose s'offre à lui qui correspond à sa nature, lorsque sa déterminabilité se trouve orientée dans une certaine direction [2].

Que l'œil soit physiologique signifie qu'il est toujours déjà affecté par la couleur, c'est-à-dire prédisposé à l'impression chromatique ainsi qu'au sentiment qu'elle fait naître et avec lequel elle se confond:

> Nous ne serons pas surpris des effets qu'elle [la couleur] exerce sur l'œil, auquel elle est vouée par excellence – et par l'intermédiaire de l'œil sur la sensibilité *[Gemüt]* dans ses manifestations élémentaires les plus originales, sans que les déterminations ou la forme d'un matériau à la surface duquel nous la percevons y soit pour quelque chose. Elle exerce, lorsqu'elle est seule, un effet spécifique, et en combinaison un effet d'une part harmonieux, d'autre part caractéristique, aussi souvent disharmonieux, mais toujours incontestable et important ; cet effet touche directement la nature morale *[sittliche]* [3].

L'adjectif «*sittlich*» n'évoque pas ici un ensemble de préceptes ou de lois de l'agir humain «bon». Goethe ne présuppose aucune philosophie de la valeur. La moralité dont il est question renvoie aux fondements de la vie pratique, c'est-à-dire à notre manière d'avoir lieu et d'avoir corps, d'habiter le monde. C'est le rapport entre notre liberté d'agir et notre situation prédonnée à toute action qui est en cause dans ce contexte. Comme le note fort justement Henri Maldiney,

1. Cf. J.W. GOETHE, *Zur Farbenlehre...*, § 758-920, H.A., XIII, p. 494-521 ; trad. p. 257-283.
2. *Ibid.*, § 760, p. 494 ; trad. p. 258-259.
3. *Ibid.*, § 758, p. 494 ; trad. (modifiée) p. 258

le titre de cette section « Effet sensible-moral de la couleur » recouvre en fait une étude des structures de la réceptivité et du comportement induites par la vision des couleurs [1].

Ce paragraphe de la *Farbenlehre* énonce le principe d'une détermination originelle de notre être-au-monde par la dimension chromatique de l'apparaître. La radicalité de l'effet de la couleur est suggérée par l'emploi que Goethe fait du terme « *Gemüt* ». Ce qui est affecté, c'est le cœur même de notre existence, son centre organique – et donc notre être-au-monde total [2]. La couleur nous affecte avant la formation de toute objectivité. S'inspirant toujours de Goethe, Henri Maldiney écrit en ce sens :

> [...] les couleurs appartiennent d'abord à l'ensemble de l'image, comme événements d'espace, avant d'appartenir au fond ou à la figure selon l'opposition du dehors et du dedans. Elles ne sont pas indicatives d'objets [...] mais sont des moments de la phénoménalité anté-objective [3].

Ce n'est pas le « *quoi* » de l'objet coloré qui nous affecte, mais bien le pur apparaître de la couleur elle-même, dans son immédiateté sensible, à raison de l'appartenance de l'œil à la couleur.

La première section de la *Farbenlehre* a apporté les éléments qui rendent empiriquement justifiable cette affection. L'affect de la couleur est patent dans l'organisation de la vie immanente de l'œil par le cercle chromatique :

> De l'idée de contraste incluse dans le phénomène, de la connaissance que nous avons acquise de ce qui détermine particulièrement cette opposition, nous pouvons déduire que les impressions colorées particulières ne peuvent être confondues, qu'elles exercent un effet spécifique et doivent provoquer dans l'organe vivant des états bien déterminés [4].

1. H. MALDINEY, *L'équivoque de l'image dans la peinture*, in *Regard Parole Espace*, *op. cit.*, p. 243.

2. Le terme « *Gemüt* » acquiert ici une signification pathique qui suggère que le cœur (l'une des innombrables traductions possibles de ce mot) est aussi à la périphérie de notre vie naturelle (ce qui explique que H. Bideau, dans sa traduction, ait retenu le mot français « sensibilité »).

3. H. MALDINEY, *L'équivoque de l'image dans la peinture*, *op. cit.*, p. 245.

4. J.W. GOETHE, *Zur Farbenlehre...*, H.A., XIII, § 761, p. 494-495 ; trad. (modifiée) p. 259.

La polarité à l'œuvre dans la constitution des couleurs physiologiques démontre que l'œil est dépendant de la variation des couleurs et que celles-ci le contraignent à passer d'un état à l'autre. La sixième section explicite ces contrastes du cercle chromatique par la dimension proprement affective. Goethe poursuit :

> Il en va de même pour la sensibilité *[Gemüt]*. L'expérience nous enseigne que les couleurs font naître des tonalités affectives dans l'âme *[Gemütsstimmungen]*[1].

La polarité chromatique structure un rapport fondamentalement affectif à la couleur. L'effort vers la totalité est lui-même porteur d'une signification affective. L'œil a en effet *l'amour* de la couleur et recherche celle-ci dans l'équilibre et l'étendue de toutes ses variations :

> En général, les humains éprouvent un grand bonheur à voir la couleur. L'œil a besoin d'elle, comme il a besoin de la lumière[2].

Mais chaque couleur en particulier a une signification affective qui confère une tonalité à notre rapport pathique au monde : le monde dans sa totalité se donne dans l'apparaître d'une couleur, nous offrant ainsi un visage toujours neuf. Ces dimensions affectives de la couleur doivent être analysées et classées en fonction des rapports établis par le cercle chromatique. Les deux couleurs fondamentales que sont le jaune et le bleu sont au principe d'une distinction parmi les valeurs affectives des couleurs. Dès la quatrième section (consacrée à des « vues générales internes »[3]) de la *Farbenlehre*, Goethe anticipait sur ses analyses de la valeur « morale » de la couleur en affinant sa présentation de la polarité chromatique :

> Considérée en général, [la couleur] se détermine dans deux directions. Elle représente un contraste que nous appelons polarité et que nous pouvons fort bien désigner par un Plus et un Moins.

Plus	*Moins*
Jaune	Bleu
Activité	Dépouillement
Lumière	Ombre
Clair	Obscur
Force	Faiblesse

1. *Ibid.*, § 762, p. 495 ; trad. (modifiée) p. 259.
2. *Ibid.*, § 759, p. 494 ; trad. p. 258.
3. Cf. *ibid.*, § 688-715, p. 476-481 ; trad. p. 234-242.

Chaleur	Froid
Proximité	Éloignement
Répulsion	Attirance
Affinité avec les acides	Affinité avec les bases [1].

Les couples force-faiblesse, chaleur-froid, proximité-éloignement, et répulsion-attirance, surtout, confèrent sa signification affective à la couleur, en insistant sur sa valeur «indivisiblement spatialisante et climatique»[2]. L'affect de la couleur nous donne d'avoir lieu dans un espace qu'elle structure en révélant le monde. La section consacrée à l'effet sensible-moral n'a plus qu'à développer ce qui est déjà contenu dans cette présentation de la polarité chromatique. Ainsi Goethe explique-t-il que

> les couleurs de la zone Plus [...] nous inclinent vers l'animation, la vivacité, l'effort[3].

Par contraste,

> les couleurs appartenant au côté Moins [...] font naître un sentiment d'inquiétude, de douceur et de nostalgie[4].

Il justifie ensuite cet énoncé liminaire de la valeur affective générale des deux groupes de la polarité chromatique par une analyse des effets affectifs de chacune des couleurs, simple ou composée, relevant des deux zones distinctes. «Toute la spatialité climatique des couleurs» est ainsi détaillée, jusqu'à démontrer que «toute couleur comporte un type spécifique de spatialité»[5].

Goethe dit du jaune que

> dans sa pureté la plus grande, il porte toujours en lui la nature du clair et possède un caractère de serein enjouement et de douce stimulation[6].

La couleur jaune donne une proximité et même une présence, mais aussi une impulsion à l'action dans la joie. Le paragraphe 768 ajoute:

1. *Ibid.*, § 696, p. 478; trad. p. 238.
2. H. MALDINEY, *L'équivoque de l'image dans la peinture*, *op. cit.*, p. 244.
3. J.W. GOETHE, *Zur Farbenlehre...*, H.A., XIII, § 764, p. 495; trad. p. 259.
4. *Ibid.*, § 777, p. 497; trad. p. 261.
5. H. MALDINEY, *Comprendre*, in *Regard Parole Espace*, *op. cit.*, p. 77.
6. J.W. GOETHE, *Zur Farbenlehre...*, H.A., XIII, § 766, p. 495; trad. p. 259.

> Il est [...] conforme à l'expérience d'affirmer que le jaune donne tout à fait une impression de chaleur et de bien-être. Ce pourquoi aussi, en peinture, il apparaît du côté éclairé et actif [1].

Et un peu plus loin :

> Cette couleur est, dans sa pureté et à l'état clair, agréable et égayante ; dans toute sa force elle a quelque chose d'enjoué et de noble [...] [2].

À propos de l'autre pôle chromatique, le bleu, Goethe affirme :

> Cette couleur fait à l'œil une impression étrange et presque informulable. En tant que couleur, elle est une énergie ; mais elle se trouve du côté négatif, et dans sa pureté, elle est en quelque sorte un néant attirant. Il y a dans ce spectacle quelque chose de contradictoire entre l'excitation et le repos [3].

L'attirance est l'*é-motion* prioritaire que génère le bleu, cette attirance qui met en mouvement le désir nostalgique et par laquelle on éprouve le manque et l'aspiration :

> Comme nous suivons volontiers un objet agréable qui fuit devant nous, nous regardons volontiers le bleu, non parce qu'il se hâte vers nous, mais parce qu'il nous attire [4].

Les autres couleurs dérivées du jaune et du bleu sont analysées de manière analogue et livrent à chaque fois une signification affective particulière qui suggère l'infinité de nos manières d'être présents à la spatialité de la nature par l'« effet » qu'ont sur nous les couleurs du phénomène.

La dimension affective du cercle chromatique goethéen apparaît encore par l'attention qui est portée, dans cette sixième section, à la couleur rouge. Celle-ci ne peut être que seconde pour une chromatologie physique ou même pour une chromatologie physiologique dont on aurait omis la dimension proprement affective. Le rouge peut être obtenu par l'intensification du jaune [5] ou du bleu [6]. Elle est à ce titre une couleur dérivée. Néanmoins, elle mobilise dans sa constitution le procès d'une *Steigerung*, laquelle joue bien sûr un rôle essentiel dans la *Naturphilo-*

1. *Ibid.*, § 768, p. 496 ; trad. p. 260.
2. *Ibid.*, § 770, p. 496 ; trad. p. 260.
3. *Ibid.*, § 779, p. 498 ; trad. p. 262.
4. *Ibid.*, § 781, p. 498 ; trad. p. 262.
5. *Ibid.*, § 772, p. 496 ; trad. p. 260.
6. *Ibid.*, § 786, p. 498 ; trad. p. 262.

sophie de Goethe. Dès lors, le rouge accède à un rang éminent dans l'analyse de l'effet sensible-moral de la couleur.

> À l'énoncé de ce terme [« rouge »], on éliminera tout ce qui, dans le rouge, pourrait donner l'impression du jaune ou du bleu. On imaginera un rouge absolument pur, un carmin parfait ayant séché sur une coupelle de porcelaine blanche [...] [1].

La solennité du rouge est sa dimension affective essentielle :

> L'effet de cette couleur est unique comme l'est sa nature. Elle donne une impression de gravité et de dignité aussi bien que de bienveillance et de grâce. La première lui est propre lorsqu'elle est concentrée et sombre, la seconde lorsqu'elle est diluée et claire. Ainsi la dignité de l'âge et la gentillesse de la jeunesse peuvent-elles s'habiller de la même couleur [2].

Un « effet de brillant » [3] fait du pourpre une intensification de la couleur par l'activité d'une lumière que l'on aimerait dire intérieure. Jamais la couleur ne veut à ce point paraître, se manifester, que lorsqu'elle se teinte de rouge pur. La vie la plus intérieure de la couleur est le mouvement même de la lumière. Le rouge est la radicalité du phénomène naturel, il confère au monde et à son apparaître le visage sublime de l'étincelant. L'affect sans doute le plus saisissant des couleurs nous révèle l'essentialité de la lumière dans le procès de leur constitution.

La relation qui s'établit entre la première et la sixième section de la *Farbenlehre* est déjà prise, quoiqu'implicitement, dans la polémique de Goethe avec l'optique de Newton. Certes, le véritable affrontement aura lieu sur le terrain des couleurs physiques. Mais toute la chromatologie de Goethe est logiquement comprise dans l'analyse des couleurs physiologiques (pour des raisons méthodologiques, transcendantales et métaphysiques entrelacées). Dès lors, l'opposition à Newton doit y être pour le moins latente. Et de fait, la prétention de l'étude des couleurs physiologiques à saisir la dimension pathique de la couleur et les figures de l'affectivité qui s'ensuivent, situe d'emblée le discours goethéen aux antipodes de l'optique physique de Newton. Cette dernière, en tant que branche paradigmatique de la physique moderne, et même, de manière plus générale, des sciences modernes de la nature, recourt d'emblée à un processus d'objectivation qui contraint la couleur dans un face-à-face

1. *Ibid.*, § 792, p. 499 ; trad. p. 263.
2. *Ibid.*, § 796, p. 500 ; trad. p. 263.
3. É. ESCOUBAS, *Imago mundi...*, *op. cit.*, p. 161.

sujet-objet et, ainsi, place toujours déjà l'objet «couleur» dans un au-delà de la subjectivité plutôt que dans un rapport d'intimité et de familiarité. La nature en général et la couleur en particulier sont face au sujet percevant qui conserve son point de vue transcendant et donc réifiant sur le phénomène. Le phénomène subit ainsi une réduction apriorique à la positivité d'un fait extérieur qui l'ampute de sa «puissance d'affection». Logiquement, Newton n'a alors aucun égard pour la question de l'effet sensible-moral de la couleur.

L'acquis de l'étude des couleurs physiologiques prépare la saisie de la légalité des couleurs physiques. La lutte que Goethe mène contre Newton se développera également dans l'étude de cette légalité-là – et cette fois de manière explicite. L'optique de Newton est une optique mathématique. Elle devait donc être étrangère à l'univers de pensée de Goethe. En son temps, Newton avait donné à la tradition optique anglaise, d'essence empiriste et défendue par Boyle et Hooke, une nouvelle impulsion en la rapportant à une méthode strictement mathématique, laquelle allait faire de sa théorie des couleurs un élément fondamentalement novateur dans sa physique générale. Comme le note Alexandre Koyré, «la différence, en bref, peut être réduite à un trait extrêmement caractéristique, à savoir au fait que Newton mesure, alors que Boyle et Hooke ne le font pas. Ils décrivent, admirent et expliquent», mais cette explication «n'est pas basée sur des mesures»[1]. La méthode mathématique découvrira que la lumière blanche est composée de rayons dont les différents angles de réfrangibilité génèrent des sensations chromatiques distinctes[2]. «Dépassant les données de la perception sensible, [Newton] procède à des mesures exactes des angles de réfraction et il découvre ainsi que "diverses couleurs" sont liées de manière inséparable avec "diverses degrés de réfrangibilité" et que ni les couleurs, ni les degrés de réfrangibilité ne peuvent être modifiés par aucun moyen à sa disposition, c'est-à-dire ni par réflexion, ni par réfraction»[3]. Cette découverte, communément admise depuis lors, est basée sur la célèbre expérience qui soumet un rayon lumineux de couleur déterminée à un passage par deux prismes – selon l'expression consacrée, l'*experimentum crucis*: Newton constate en effet qu'une

1. A. KOYRÉ, *L'hypothèse et l'expérience chez Newton*, in *Études newtoniennes*, Paris, 1968, p. 65.

2. Pour une approche critique, cf. M. BLAY, *La conceptualisation newtonienne des phénomènes de la couleur*, Paris, Vrin, 1983 et D.L. SEPPER, *Goethe contra Newton. Polemics and the project for a new science of color*, Cambridge, 1988.

3. A. KOYRÉ, *L'hypothèse et l'expérience chez Newton*, *op. cit.*, p. 65-66.

lumière colorée simple, en passant par le double prisme, reste simple et conserve la même couleur, de telle manière qu'« entre la réfrangibilité et la couleur s'instaure une relation biunivoque »[1]. Les rayons eux-mêmes ne sont pas, à proprement parler, colorés. Ils n'ont d'autre définition que leur degré de réfrangibilité mesurable, tandis que la couleur est un effet sur la sensation qui est simplement lié au degré de réfrangibilité du rayon[2]. La couleur est ramenée à une détermination purement mathématique et la chromatologie se trouve intégrée, sans reste aucun, à une optique elle-même dépendante de la physique mathématique. Newton progresse ainsi vers l'idée d'un caractère corpusculaire de la lumière. La lumière étant composée de rayons dont le degré de réfrangibilité est à l'origine de notre sensation de la couleur, Newton suggère, dans sa *Théorie sur la lumière et les couleurs*, mais avec quelque prudence cependant, que la lumière est un corps.

Chacun des éléments déterminants de la « chromatologie » de Newton, aussi bien que sa méthodologie et le réductionnisme mathématique qui l'accompagne, sont en profonde contradiction avec l'esprit dans lequel Goethe aborde le phénomène de la couleur. Cette opposition se nourrira, tout au long de la vie de Goethe, d'une verve polémique particulièrement prolixe, mais aussi d'expériences auxquelles il procèdera à sa manière. Des *Contributions à l'optique* publiées en 1791 et 1792 aux trois parties (historique, polémique et didactique) de la *Farbenlehre* de 1810, il attaque de front l'optique newtonienne qui, selon lui, représente mieux que toute autre théorie scientifique de son époque le fourvoiement de la science moderne. Bien sûr, son attaque contre Newton est d'abord censée porter contre toute science physique mathématique. Newton, soutient Goethe, a pu imposer sa chromatologie parce qu'il était mathématicien et bénéficiait dès lors du prestige qui s'attache, tout au long de la modernité, à la maîtrise de cette science. Par la suite, cette théorie a pu se maintenir et pénétrer les esprits – à l'abri de toute critique un tant soit peu poussée – grâce aux mathématiciens :

> Newton a une telle réputation de mathématicien que l'erreur la plus grossière, celle qui veut que la lumière claire, pure, éternellement limpide, soit composée de lumières troubles, s'est conservée jusqu'à ce

1. M. BLAY, *La conceptualisation newtonienne des phénomènes de la couleur*, *op. cit.*, p. 75.

2. Cf. I. NEWTON, *Optics or a Treatise of the Reflections, Refractions, Inflections and Colours of Light* (Book I, Part II, Definition), in *Opera quae existant omnia*, Faksimile – Neudruck der Ausgabe von S. Horley (London 1779-1785), Bd. IV, Stuttgart – Bad Cannstadt, 1964, p. 80-81.

> jour ; et ne sont-ce point des mathématiciens qui défendent aujourd'hui encore cette absurdité et la répètent comme le plus vulgaire auditeur, en formules sous lesquelles on ne se représente rien ?[1].

Goethe polémique volontiers contre cette aura des mathématiques qui empêche qu'on remette en cause leur privilège, indûment étendu à la réalité physique sensible, et qui fait de cette science qui se veut universelle une idéologie toute-puissante. Une fois Goethe diabolise la méthode mathématique, une autre fois il la raille de ne véhiculer que des idées reçues, indignes d'un véritable discours scientifique :

> L'erreur de Newton est si agréablement exposée dans les encyclopédies courantes qu'il suffit d'en apprendre par cœur une page in-octavo ; on n'aura plus toute sa vie à s'occuper de la couleur[2].

Selon lui, il faut reprocher à l'application chromatologique de la théorie mathématique de Newton de nous détourner du phénomène lui-même, à force d'hypothèses, de pétitions de principes et de malhonnêteté intellectuelle. Il reconnaît ainsi que,

> en vérité, la polémique avec Newton se meut dans une région très basse. On lui conteste un phénomène mal vu, mal développé, mal appliqué, mal interprété théoriquement. On l'accuse d'imprudence dans ses premières expériences, d'intention tendancieuse dans les suivantes, de hâte excessive dans la théorie, d'opiniâtreté dans sa défense, et au total d'une malhônneteté ni pleinement consciente, ni tout à fait inconsciente[3].

Mais Goethe est trop convaincu de la nécessité d'une telle polémique pour ne pas se salir les mains. Sans céder au découragement, il s'emploie à raser cette « Bastille », comme il le dit dans l'*Avant-propos* à la *Farbenlehre*, et lorsque le monument de la théorie newtonienne lui paraît résister, pour l'heure, à ses assauts répétés, c'est de la postérité qu'il espère la reconnaissance :

> Je sais que ces paroles sont vaines, mais je souhaite qu'elles soient notées pour l'avenir, comme un mystère d'évidence[4].

Au cœur de la polémique anti-newtonienne, la thèse de la simplicité de la lumière blanche s'oppose à la démonstration mathématique de la

1. J.W. GOETHE, *Maximen und Reflexionen*, 660, H.A., XII, p. 457 ; trad. p. 174.
2. *Ibid.*, 689, p. 463 ; trad. p. 174.
3. *Ibid.*, 690, p. 463 ; trad. p. 174.
4. *Ibid.*, 686, p. 462 ; trad. p. 172.

composition de la lumière par des rayons de « lumières troubles » – c'est-à-dire par des rayons « colorés ». Goethe voit dans cette soi-disant nature composite de la lumière le centre de l'idéologie newtonienne. Newton n'est jamais aussi infidèle au phénomène, à lire l'Olympien, que lorsqu'il fait de la lumière un corps complexe, plutôt que d'en saisir l'originarité dans le processus de composition de la couleur :

> Ceux qui composent de lumières colorées la lumière unique et essentiellement blanche, voilà les vrais obscurantistes [1].

Goethe récuse d'abord cette thèse newtonienne pour son caractère mathématique qui implique la réduction d'un phénomène aussi qualitatif que la couleur à une donnée mesurable – le degré de réfrangibilité d'un rayon. La réduction du phénomène à un corps mathématique suffisait à provoquer sa réaction. Mais il lui fallait encore porter la contradiction sur le terrain même des expériences effectuées par Newton. L'expérience pouvait-elle justifier son opposition ? Dans sa *Konfession des Verfassers*, qui conclut la partie historique de la *Farbenlehre* [2], Goethe explique comment son refus de principe de l'optique mathématique newtonienne s'est très tôt nourri d'une suspicion à l'égard de la rigueur des expériences prismatiques sur lesquelles repose la théorie de la composition de la lumière. N'ayant jamais eu l'occasion d'assister à la répétition par des physiciens des expériences newtoniennes, il se décida à procéder lui-même à ces expériences et emprunta à un physicien de Iéna le matériel nécessaire. Mais Goethe se livra finalement à l'expérience prismatique avec précipitation, en manière telle que ses conclusions prirent un tour intuitif original, plutôt que de se calquer sur le procédé newtonien. Il plaça le prisme et fit pénétrer la lumière par un orifice dans la chambre qu'il s'était préparé à cet effet. Bien sûr, il savait que tout devait lui paraître irisé. Or, le phénomène qui lui apparut ne pouvait que le surprendre. Goethe raconte :

> Mais combien je fus étonné de constater que le mur blanc restait blanc lorsque je le regardais à travers le prisme, que seulement là où il y avait des bords sombres se montrait une couleur plus ou moins nette et que finalement les chassis de fenêtre apparaissaient le plus vivement

1. *Ibid.*, 691, p. 463 ; trad. p. 173.
2. Cf. J.W. GOETHE, *Materialien zur Geschichte der Farbenlehre (Konfession des Verfassers)*, H.A., XIV, p. 251-269.

colorés, tandis que, dehors, à la lumière grise du jour, aucune trace de couleur n'était visible[1].

Il en conclut, pour ainsi dire intuitivement, que la formation d'un phénomène coloré exige une juxtaposition de parties claires et foncées et que, en conséquence, la théorie newtonienne doit être tenue pour fausse[2].

Bien sûr, le procédé de Goethe peut surprendre à son tour. La précipitation dans laquelle il a réalisé son « expérience » l'a conduit à oublier un certain nombre de paramètres décisifs des expériences menées par Newton dans ce que l'on peut considérer comme un environnement de laboratoire. Goethe, quant à lui, ne soumet pas le phénomène à la « chambre de torture empirique » et se laisse aller à l'observation du phénomène dans les circonstances ambiantes. Ainsi, en faisant son expérience « d'inspiration newtonienne », Goethe a tout simplement « oublié en chemin sa chambre obscure, et regarde en outre "subjectivement" le mur à travers son prisme. Il ne projette pas objectivement le faisceau lumineux sur la surface d'un écran »[3]. Un newtonien aurait le droit de sourire à la lecture de l'observation relatée par Goethe. Celle-ci, en effet, ne répète nullement les conditions newtoniennes et, en toute rigueur, ne peut donc prétendre démontrer le caractère erroné des conclusions de Newton. L'épisode que relate Goethe, si l'on veut lui conserver une quelconque pertinence scientifique, doit plutôt être compris sous l'horizon d'une phénoménologie des couleurs qui, d'emblée – et par sa méthode même –, se distingue de l'optique physique. En somme, l'objet traité n'est tout simplement pas le même. La méthode mathématique de Newton situe d'emblée la couleur dans une sphère exclusivement physique et mécaniste, tandis que Goethe veut saisir la couleur dans toute la complexité et la richesse de son processus d'apparition. Que lui-même n'ait pas toujours été conscient de la portée de cette différence de principe est indiscutable. Mais on ne peut guère lui reprocher, par contre, d'avoir prétendu se tenir plus près de l'objet chromatique que Newton : pour sa part, il ne réduit pas *a priori* cet objet aux exigences d'une physique mathématique et préserve donc la possibilité de saisir cette dimension essentielle de la couleur qu'est sa puissance d'affection. Cette différence d'objet n'empêche donc pas la chromatologie « phénoméno-logique » de Goethe de mettre en question

1. *Ibid.*, p. 259.
2. Cf. M. ÉLIE, *Lumière, couleurs et nature...*, *op. cit.*, p. 31 *sq.*.
3. *Ibid.*, p. 32.

l'optique physique et mathématique de Newton. Si, manifestement, elle n'est pas à même de la contredire sur son terrain (celui de l'expérimentation), elle use cependant d'une méthode qui met en évidence le réductionnisme qui sous-tend la conception mathématique. Elle ouvre ainsi une brèche critique dans ce monument de l'optique [1].

Cette opposition de principe se systématise dans la partie didactique de la *Farbenlehre*, et plus particulièrement dans la section consacrée aux couleurs physiques. L'approche du phénomène des couleurs physiques étant dépendante des résultats de l'analyse des couleurs physiologiques, la polarité mise en évidence dans la première section doit trouver son correspondant dans le traitement des couleurs physiques. La thèse d'une lumière blanche simple, non décomposable en rayons générateurs de la multiplicité des couleurs, s'inscrit dans cette logique de la polarité qui est au principe de l'organisation de la nature dans son uni-totalité vivante. Or, Goethe avait déjà constaté, aux paragraphes 39 à 46 de sa première section (sur les couleurs physiologiques), qu'une lumière éblouissante provoque de la part de l'œil la production, une fois que la lumière a disparu, de couleurs qui se différencient selon une gradation correspondante à l'effet, plus ou moins durable, de l'éblouissement. Goethe décrit ce phénomène aux paragraphes 40, 41 et 42 [2], montrant, comme auparavant aux paragraphes 25 et 26 [3],

> comment la rétine se rétablit par un mouvement de balancier lorsqu'elle a reçu une violente impression [4].

Il est ainsi amené à penser que

1. Il ne nous revient pas ici de poser plus avant la question de la pertinence scientifique comparée des chromatologies goethéenne et newtonienne. Une telle analyse exige des compétences dont nous ne pouvons nous prévaloir – des connaissances particulièrement pointues par exemple en optique et en physique. En guise de complément à notre approche, nous renvoyons aux ouvrages déjà cités de M. BLAY *(La conceptualisation newtonienne des phénomènes de la couleur)* et D.L. SEPPER *(Goethe contra Newton. Polemics and the project for a new science of color)*, ainsi qu'aux articles de G. BÖHM (*Ist Goethes Farbenlehre Wissenschaft?*, in *Studia Leibnitiana*, Bd. IX/1 (1977), p. 27-54), de H.M. KÖLBING (*Newton's and Goethe's colour theories – contradictory or complementary approaches?*, in D. BATENS & J.P. VAN BEDEGEM (eds.), *Theory and Experiment*, Cambridge, 1988, p. 189-206) et de W. HEISENBERG (*Die Goethesche und die Newtonsche Farbenlehre im Lichte der modernen Physik*, in *Goethe im zwanzigsten Jahrhundert. Spiegelungen und Deutungen*, hrsg. von H. Mayer, Frankfurt a.M., 1987, p. 681-703).

2. Cf. J.W. GOETHE, *Zur Farbenlehre...*, H.A., XIII, p. 337-338; trad. p. 98-99.

3. *Ibid.*, p. 334; trad. p. 94.

4. *Ibid.*, § 40, p. 338; trad. p. 98.

> la couleur, état intermédiaire entre la clarté et l'obscurité, résulte d'un affaiblissement de la lumière[1].

Cette découverte, que viendront confirmer de nombreuses expériences relatées tout au long de la *Farbenlehre*, s'inscrit en faux contre la thèse newtonienne de la décomposition de la lumière. Newton considérait que toute chromatologie s'appuyant sur la thèse d'une lumière blanche homogène et, corrélativement, d'une couleur dépendant d'un trouble de cette lumière blanche, appartenait à la préhistoire de la théorie des couleurs[2]. C'est précisément pour contrer ce type d'interprétations, par trop étrangères au modèle de la scientificité moderne, que Newton a étendu les principes de la physique mathématique au domaine de la chromatologie. *A contrario*, Goethe ressuscite cette compréhension de la constitution de la couleur qui préserve l'originarité simple de la lumière, mais en lui donnant une assise empirique qui faisait le plus souvent défaut aux théories anciennes. Parmi les tenants de cette approche non-mathématique de la chromatologie, on citera bien sûr Aristote, qui, dans les *Météorologiques*, formule le premier une théorie que Goethe fera sienne au cœur de la modernité. Ces thèses seront répétées tout au long de l'histoire antique, médiévale et même durant les premiers siècles de la modernité, avec une rigueur parfois défaillante qui exigera ensuite une «reprise en main» par la physique mathématique[3]. La *Farbenlehre* se présente à maints égards comme une réhabilitation de l'aristotélisme, mais avec un détour méthodologique par la subjectivité, au sens où l'acquis d'une «phénoménologie» de la constitution des couleurs physiologiques détermine immédiatement la «phénoménologie» de la chromatologie physique. L'aristotélisme de Goethe, en matière chromatologique comme pour l'ensemble de sa *Naturphilosophie*, est moins l'expression d'une naïve piété cosmique que d'une option scientifique en faveur du phénomène dans toutes les dimensions et dans toute la densité de son apparaître. Goethe le revendiquait dès l'*Introduction* de la *Farbenlehre* en écrivant:

> Nous croyons mériter la reconnaissance du philosophe pour avoir cherché à remonter jusqu'aux sources premières des phénomènes, là

1. R. MICHÉA, *Les travaux scientifiques de Goethe*, *op. cit.*, p. 120.
2. Cf. M. BLAY, *La conceptualisation newtonienne des phénomènes de la couleur*, *op. cit.*, p. 76.
3. Cf. M. BLAY, *Genèse de la théorie newtonienne des phénomènes de la couleur*, in L. COULOUBARITSIS & J.J. WUNENBERGER (éd.), *La couleur*, Bruxelles, Ousia, 1993, p. 253 *sq.*.

où simplement ils apparaissent et sont – sans que rien de plus ne soit en eux à expliquer[1].

Cette « phénoménologie » de la chromatologie physique veut saisir à même l'apparaître de la couleur la polarité qui la constitue comme elle régit les réactions de la rétine. Ainsi, la polarité physique se développe au départ d'une lumière simple. La lumière est l'unicité, le pôle de la simplicité, tandis que la couleur est le composé. Goethe annonce :

> Pour naître, la couleur exige lumière et obscurité, clarté et ombre ou, si l'on veut user d'une expression plus générale, lumière et non-lumière. La couleur la plus proche de la lumière est celle que nous nommons jaune, la plus proche de l'obscurité celle que nous désignons par le mot bleu[2].

La couleur est le dérivé de la lumière, provoqué par une rencontre avec un élément d'obscurité :

> Si nous devons encore formuler une propriété générale, nous dirons qu'il faut considérer les couleurs absolument comme des demi-lumières, des demi-ombres[3].

Dans toute la seconde section de sa *Farbenlehre*, Goethe développe ainsi de nombreuses expériences qui se tiennent toujours au plus près des conditions naturelles de nos perceptions chromatiques. Les paragraphes 150 et 151, où est décrit l'*Urphänomen* chromatique, sont essentiels :

> 150 – La lumière la plus intense est éblouissante et incolore comme celle du soleil ou du phosphore lorsqu'il brûle dans une atmosphère d'oxygène. Ainsi la lumière des étoiles fixes nous parvient-elle aussi incolore la plupart du temps. Mais vue à travers un milieu même faiblement trouble, elle apparaît jaune. Si la qualité trouble de ce milieu s'accentue, ou si son épaisseur augmente, la lumière prend progressivement une teinte jaune rouge qui s'intensifie finalement jusqu'au rouge rubis.
> 151 – Lorsque par contre nous regardons l'obscurité à travers un milieu trouble recevant la lumière, une couleur bleue apparaît ; au fur et à mesure que croît le degré du trouble *[die Trübe]*, le bleu s'éclaircit et pâlit ; à l'inverse le bleu devient plus intense et saturé lorsque le trouble évolue vers la transparence, et l'œil perçoit le plus beau violet quand le trouble le plus pur est au degré minimum d'intensité[4].

1. J.W. GOETHE, *Zur Farbenlehre...*, H.A., XIII, p. 327 ; trad. p. 83.
2. *Ibid.*, p. 326 ; trad. p. 82.
3. *Ibid.*, p. 326 ; trad. p. 83.
4. *Ibid.*, § 150-151, p. 362 ; trad. p. 125-126.

Il est ici question des couleurs atmosphériques, par exemple les brumes ou les ombres colorées. Mais cette description vaut pour tous les phénomènes. Elle saisit l'une des exemplifications les plus évidentes de la loi que la nature se donne dans son apparaître coloré. L'idée de « turbidité » – terme par lequel on traduit parfois *die Trübe*, pour en souligner la puissante signification théorique – rend compte du phénomène d'une lumière qui ne se colore et donc ne se diversifie que dans la rencontre avec l'opacité. La turbidité, à titre d'intermédiaire entre la lumière et l'obscurité, rend la lumière *visible*. L'obscurité doit donc être agissante, elle aussi. Elle est un pôle actif de résistance qui produit la couleur au gré de la lumière qui vient à sa rencontre. L'*Urphänomen* de la couleur, et par là de la visibilité la plus riche, est donc dans la sortie de soi de la lumière : son affrontement à l'opacité. Le paragraphe 175 définit l'*Urphänomen* de la couleur, précédemment décrit aux paragraphes 150 et 151 :

> D'une part nous avons la lumière, la clarté, de l'autre les ténèbres, l'obscurité ; nous plaçons un milieu trouble entre les deux. De ces oppositions et avec l'aide de l'intermédiaire mentionné, naissent les couleurs qui, en s'opposant elles-mêmes entre elles et agissant les unes les autres, nous font aussitôt et directement pressentir une essence commune [1].

L'optique newtonienne a manqué cet *Urphänomen* en inversant l'ordre logique de la constitution de la couleur :

> Ainsi nous estimons que la science a commis une grande erreur en considérant comme primordial un phénomène dérivé et en lui subordonnant le phénomène premier ; elle a même inversé le sens du second, et présente sa nature composite comme simple, et le simple comme un composite ; intervention qui a causé dans les théories scientifiques les complications et les confusions les plus singulières dont elles souffrent encore [2].

L'essence même du visible (ses conditions transcendantales) est inatteignable pour l'optique newtonienne, tandis que l'analyse « phénoménologique » des couleurs physiques livre, quant à elle, la clé de la constitution du monde visible, le processus qui rend la lumière visible par l'avènement de la couleur : « [...] le chapitre de la *Farbenlehre* sur les "couleurs physiques" n'est pas tant l'étude d'une catégorie de couleurs

1. *Ibid.*, § 175, p. 368 ; trad. p. 130.
2. *Ibid.*, § 176, p. 368 ; trad. p. 130.

que la description du mode fondamental du visible, du mode même du paraître »[1].

Dans l'échange médiatisé de la lumière et de l'ombre – ou de la non-lumière *(Nichtlicht)* – se manifeste la polarité, loi éternelle d'une nature vivante, par laquelle le visible advient. La couleur est l'aventure vécue de la lumière et ses variations infinies sont la possibilité d'une vie dont la puissance ne connaît pas de bornes. Autant la lumière, dans sa simplicité première, est une universalité pleine, autant elle n'advient au monde que dans le procès de sa différenciation. Le phénomène visible est, en son fond éidétique, une lumière qui se différencie. Il appartient à la loi même de l'apparaître que l'universalité sublime de la lumière soit déjà en attente de la couleur, qu'elle la produise dans son chatoiement composé. « La *Farbenlehre* inscrit donc [...] la différence comme *Urphänomen* »[2]. La couleur est une polarité en acte de la lumière et de l'ombre, échange perpétuel par lequel la lumière se réaffirme dans ses modifications qui font que le monde nous apparaît et nous émeut. Le cas des couleurs chimiques, censées être les plus stables – il s'agit des couleurs pigmentaires –, ne fait que confirmer, dans la troisième section de la *Farbenlehre*, cette légalité dynamique et qualitative du chromatisme. La couleur n'est pas plus un phantasme du sujet qu'elle n'est un fait figé dans une objectivité étrangère. La couleur est l'invention de la lumière qui sort d'elle-même à la rencontre de son autre et invente ses possibles. Dans la couleur, la lumière se fait chair et inaugure toujours à nouveau l'apparaître. La vérité du phénomène chromatique réside dans la différence cosmologique : le phénomène de la couleur est dans la différenciation de l'essence qui, ouvrant la puissance de celle-ci, en constitue la manifestation signifiante autant que la transcendance. La couleur est alors un événement qui nous émeut parce que s'y livre, dans la singularité affective la plus radicale, le monde en son universalité. Par là, la couleur a bien statut d'affect, un affect qui est la condition même de notre ouverture au monde dans sa légalité la plus universelle. La *Naturphilosophie* de Goethe, attentive à la concordance de l'essence et de l'événement, est amenée à rendre toute sa valeur de vérité à l'instant de l'affect – là où la liberté de la nature nous touche le plus immédiatement.

1. É. ESCOUBAS, *Imago mundi...*, *op. cit.*, p. 157.
2. *Ibid.*, p. 163.

CONCLUSION

LA *NATURPHILOSOPHIE* DANS L'ESTHÉTIQUE

La *Naturphilosophie* de Goethe peut être considérée comme une *Naturphänomenologie* qui donne à voir la vérité du phénomène sans l'enclore dans une conceptualité qui en nierait le jeu organique. Son esthétique s'appuie sur la compréhension de la nature que dégage cette *Naturphilosophie* descriptive. S'il a souvent affirmé que son œuvre de naturaliste était plus importante que son œuvre de poète, c'est que, pour lui, seule la vérité que livre la description du phénomène peut ultimement justifier son art. Nous ne soutenons pas que l'art de Goethe ne possèderait pas sa vérité en lui-même, mais sa création de poète, selon ses propres vues, ne pouvait s'accorder qu'avec une vision descriptive du phénomène. À ce titre, la *Naturphilosophie* de Goethe fonde son art. Ce rapport de fondation apparaît très clairement dans sa réflexion esthétique qui est autant une réflexion sur l'art en général et sur son art en particulier qu'une prolongation implicite des acquis de sa *Naturphilosophie*[1].

LE GÉNIE ET SA LYRE

Sa théorie du génie, que Goethe sait très proche de celle de Kant, sinon de Schelling, ouvre d'emblée le champ commun de l'esthétique et de la *Naturphilosophie* :

1. Pour une étude complète de l'esthétique de Goethe, on se reportera à l'ouvrage de référence de E. STAIGER, *Goethe*, *op. cit.*

> La première et la dernière chose que l'on exige du génie, c'est l'amour de la vérité [1].

La première, parce que c'est de la manifestation authentique qu'il reçoit sa puissance, et la dernière, car c'est cette même vérité qu'il lui revient d'exhiber dans son œuvre. On ne doutera que cette vérité est celle de la nature – du *monde qui nous apparaît*. Goethe le souligne expressément :

> Nous ne connaissons le monde que par rapport à l'homme. Nous ne voulons d'autre art que celui qui est l'expression de ce rapport [2].

La création géniale – puisque c'est de cette création artistique au plus haut degré qu'il s'agit – exhibe cela-même qui lui donne lieu : son rapport transcendantal à la nature en tant que condition de possibilité de sa propre mise en œuvre. La création géniale réside tout entière dans l'expression de ce qui la fonde. En outre, la généralité du propos permet de comprendre que le génie incarne l'essence de l'*humanité* dans sa création. Goethe n'attend pas du génie qu'il révèle narcissiquement la teneur d'un rapport *privilégié* à la nature. Le seul privilège du génie est sa capacité à révéler à l'humanité le rapport qu'elle-même, dans toute son étendue, entretient avec la manifestation vraie. Il échoit au génie de dire une vérité – mais une vérité dont son art n'est pas la norme. L'art du génie même se trouve toujours déjà décentré. Le génie se reçoit d'une puissance qui le précède. Comme tout homme, il est un *être-porté* [3] : soutenu par le monde à mesure que celui-ci le dessaisit de lui-même. Le privilège du génie est de ressentir au plus profond de son être cette fondation de la nature et de la proclamer par delà toutes les sédimentations de sens qui la voilent. Le génie ne se complaît pas dans l'expression de son privilège, il dit ce qu'il souffre, ce qu'il endure, pour s'en dessaisir tout aussitôt : pour révéler à l'humanité l'essence même de son rapport à la nature.

La *Trilogie de la passion* [4] a remarquablement médité l'essence d'un art génial auquel il reviendrait d'exhiber la vérité de notre présence au monde. Cet ensemble de trois poèmes comprend *An Werther*, *Elegie* et

1. J.W. GOETHE, *Maximen und Reflexionen*, 759, H.A., XII, p. 472 ; trad. p. 80.
2. *Ibid.*, 725, p. 467 ; trad. p. 76.
3. À propos de cette notion d'« être-porté » *(Getragenheit)*, cf. O. BECKER, *La fragilité du beau et la nature aventurière de l'artiste. Une recherche ontologique dans le champ des phénomènes esthétiques*, trad. de J. Colette, in *Philosophie*, n° 9, 1986, p. 43-69.
4. Cf. J.W. GOETHE, *Trilogie der Leidenschaft*, H.A., I, p. 380-386 ; trad. de R. Ayrault : *Trilogie de la passion*, in *Poésies/Gedichte II...*, p. 669-681.

Aussöhnung. Au-delà de la mélancolie que suscite la déception d'un amour de vieillesse, Goethe s'approche du cœur même de notre pâtir de la réalité. Le visage de l'aimée est celui de ce qui s'offre et donne la chance de vivre.

> La passion nous fait pâtir[1].

Ainsi s'ouvre le troisième poème, *Réconciliation*. Mais Goethe ne parvient à cette énoncé de l'essence même de notre existence comme pâtir du monde qu'après avoir chanté les souffrances d'un cœur qui, cruellement éprouvé, en vient à douter du monde :

> Le monde n'est-il plus là ?[2].

Mais ce doute se ridiculise aussitôt exprimé. La question inquiète se mue en une dérision qui dit plutôt l'étonnement que le monde soit toujours là, malgré la souffrance endurée :

> [...] Les pans de roches,
> Est-ce qu'ils ne sont plus couronnés d'ombres saintes ?
> Ne mûrit-elle pas, la moisson ? Près du fleuve
> N'est-il pas entre prés et bois un terrain vert ?
> Ne décrit-elle pas son arc surnaturel,
> La grande voûte riche en formes ou sans formes ?[3]

Ces vers disent : « Tout cela demeure pourtant ! », comme si, même dans la souffrance la plus cruelle, la nature nous offrait encore son sol – quand bien même serait-ce le sol d'une existence tragique. La souffrance est une figure du pâtir du monde. Elle est un affect où se disent encore la présence et sa puissance de fondation. Elle peut alors évoquer pour elle-même les temps heureux où la plénitude du sentiment laissait à la joie la plus franche l'expérience confiante du réel à travers la proximité de l'aimée :

> Tu la vis être ainsi dans la joie de la danse,
> Forme la plus charmante entre les plus charmantes[4].

Par delà cette présence si immédiate, la souffrance apprend aussi la résignation à la finitude – et la confiance en la présence de la nature et de ses formes demeure dans un cœur éprouvé. Goethe confesse :

1. *Ibid.*, p. 385 ; trad. p. 681.
2. *Ibid.*, p. 382 ; trad. p. 675.
3. *Idem.*
4. *Idem.*

L'image de l'aimée reste, mouvante et claire,
Écrite dans mon cœur fidèle en traits de feu [1].

L'image ici ne supplée pas à un réel qui se serait dérobé sans espoir de retour. Elle est la présence perdurante du réel, comme retenue dans sa plénitude toujours tout juste passée, qui constitue encore le présent; elle est cette lame de fond qui accompagne l'existence, la soutient, tel un pâtir dont se nourrit le présent. Elle met le présent en situation et donne sens à la durée, sur le mode d'une présence rétentionnelle. L'image est alors l'épreuve d'une présence qui s'estompe mais à mesure qu'elle fonde; elle devient une présence qui se meut dans le tout juste passé, et qui par là meut encore le présent, au sens où elle l'*é-meut* et lui donne donc d'exister. La présence de l'image est une présence dans la profondeur et le temps. La souffrance permet de vivre la durée dans la confiance et la joie mêlées de résignation qui préparent la *Réconciliation* de la *Trilogie*. Goethe se laisse encore aller au doute avant d'écrire les derniers vers de *Réconciliation*, disant sa crainte mélancolique du temps qu'exacerbe l'épreuve de la distance :

[...] mais le signe
que je dois m'en aller loin de toi me fait peur –
À quoi me sert d'apprendre aussi haute sagesse ? [2]

La voix de l'aimée enseigne la sagesse du temps et de la finitude :

[...] joyeux d'être sage,
Regarde dans les yeux l'instant ! Ne tarde pas !
En hâte, bienveillant et dispos, va vers lui ;
Que ce soit pour agir, réjouir l'être aimé !
Où que tu sois, sois tout entier comme un enfant,
Alors tu seras tout, tu seras invincible [3].

Cette sagesse de l'instant ouvrant à la durée effraie le cœur meurtri qui interroge, inquiet :

Comment promettraient-ils le moindre réconfort,
Ce flux et ce reflux, cette allée et venue ? [4]

Mais si le poète a pu vaciller sous les coups du destin et se tourner, amer, vers la figure de Werther en lui disant :

1. *Ibid.*, p. 383 ; trad. p. 675.
2. *Ibid.*, p. 384 ; trad. p. 679.
3. *Idem.*
4. *Ibid.*, p. 385 ; trad. p. 679.

Pour demeurer j'étais élu, toi pour partir,
Tu a pris les devants et n'as guère perdu [1],

il avoue pourtant que son cœur ne saurait se défaire de cette confiance inébranlable en la présence, fût-elle fuyante et insaisissable, de l'aimée – amante ou nature :

Dans ce cœur qui, puissant comme un mur crénelé,
Pour elle se conserve et la conserve en soi,
Se sait pour elle heureux de sa propre durée,
Se connaît seulement quand elle se révèle,
Se sent plus libre en des limites tant aimées,
Et ne bat que pour lui rendre grâces de tout [2].

Amour du temps et de la durée, liberté dans les limites et donc dans la finitude : telle est la « haute sagesse » dont est habité le cœur qui se résigne dans la joie à la souffrance du monde, au pâtir d'une nature qui n'est présence que dans la profondeur et ne se manifeste à nous qu'à concurrence de notre dessaisissement. Connaître est alors possible [3], vivre est possible et la souffrance elle-même fait sens. La plainte de Goethe, mélancolique certes, mais surtout lucide et, pour tout dire, « olympienne », se clôt par ces vers de la *Réconciliation* :

Et ainsi, allégé, le cœur vite remarque
Qu'il vit encore, et bat, et désirerait battre
Pour s'offrir de plein gré en réponse lui-même,
Par pure gratitude envers ce don sans prix.
Il sentirait alors – que ce fût à jamais ! –
Le bonheur des sons et de l'amour [4].

« La passion nous fait pâtir », affirme le premier vers de *Réconciliation*. Le pâtir du monde est cette épreuve tour-à-tour joyeuse et tragique d'une présence qui ne s'offre que dans le flux du temps et nous donne ainsi d'exister dans la durée. Le poète chante donc la fondation de notre existence, notre présence transcendantale au réel. Or, la *Trilogie de la passion* unit explicitement le poète (le génie) et le plus commun des

1. *Ibid.*, p. 380 ; trad. p. 669.
2. *Ibid.*, p. 383 ; trad. p. 675.
3. Que l'on se souvienne des vers déjà cités (*ibid.*, p. 385 ; trad. p. 681) :
« Et vous, allez ! Le monde est ouvert devant vous,
Vaste est la terre, grand et sublime le ciel ;
Observez, étudiez, rassemblez les détails ;
Que la nature en vous balbutie son mystère ».
4. *Ibid.*, p. 386 ; trad. p. 681.

hommes. Goethe sait qu'il dit dans ces vers la souffrance de l'humanité en tant que telle, et il reconnaît dans cette parole même l'accomplissement de sa « génialité », la réalisation de son être créateur. En effet, à la fin de *An Werther*, il dit du poète que du moins il doit jouir de ce privilège

> [...] que d'un dieu,
> Il tienne ce pouvoir : dire ce qu'il endure [1].

Et de répéter à la suite, en guise d'exergue à l'*Élégie* :

> Et si l'homme se tait dans ses tourments, un dieu
> M'a donné ce pouvoir : dire ce que je souffre [2].

Le poète est un «élu» parce qu'il lui revient de dire ce que tout homme endure dans son rapport au monde. Au noyau de son chant, cette intrication avec le monde, cette présence *transcendantale* de la nature, motive seule le génie et justifie son existence. Thomas Mann a reconnu cette situation du génie goethéen dans le monde et au sein de l'humanité. Dans son roman *Lotte à Weimar*, il se souvient de la *Trilogie de la passion*, et prête à son Goethe vieilli, qui s'adresse à la Charlotte « historique », ces mots en guise d'adieu :

> L'Unité, bien-aimée, la mutuelle permutation, l'échange, la substitution des choses, et comment la vie nous montre un visage tantôt naturel, tantôt composé, comment le passé se mue en présent, celui-ci faisant un retour vers celui-là et préludant à l'avenir, que tous deux contenaient déjà en puissance. Sentiment tardif, pressentiment, tout est sentiment. Que notre regard se dilate et nos yeux s'ouvrent sur l'unité du monde, s'ouvrent tout grands, sereins et conscients. Tu veux une expiation ? Laisse donc, je la vois qui, en robe grise, s'en vient à cheval au-devant de moi. Alors sonnera de nouveau l'heure de Werther et du Tasse, tout de même que les coups de minuit sonnent pareils à ceux de midi ; et qu'un dieu m'ait accordé d'exprimer ce que je souffre, cela seul me restera, ce premier bien, le dernier. Alors il n'y aura plus que l'adieu du départ, l'adieu à jamais, la lutte mortelle du sentiment, l'heure pleine d'affres comme celles qui, sans doute, précèdent la mort, et qui sont l'agonie, sinon déjà la mort. La mort, ultime vol vers la flamme. Dans le grand Tout, comment ne serait-elle pas, elle aussi, une méta-morphose ? [3].

1. *Ibid.*, p. 381 ; trad. p. 673.
2. *Idem.*
3. Th. MANN, *Lotte in Weimar*, in *Gesammelte Werke*, *op. cit.*, Bd. II, p. 764 ; trad. de L. Servicen : *Lotte à Weimar*, Paris, 1945, p. 379-380.

Ce texte de Thomas Mann est remarquable à bien des égards. La citation quasi-littérale de la *Trilogie de la passion* entraîne avec elle tout le monologue de ce Goethe de fiction dans l'ambiance de l'*Élégie*. Les thèmes traités sont à peu près les mêmes et le motif général est identique[1]. Thomas Mann ressource les propos de Goethe à sa *Naturphilosophie* – longuement exposée dans les chapitres précédents du roman. C'est l'expérience d'une nature toute entière dans son unité et dans ses formes en métamorphose qui situe existentialement le poète. La manifestation le convoque au dire. Goethe lui-même affirmait :

> L'homme à qui la nature commence à révéler son mystère manifeste éprouve un attrait invincible pour l'art, qui en est le plus digne interprète[2].

Goethe laisse ici planer une ambiguïté – qui est attiré par l'art, le créateur ou le spectateur ? – qui n'est pas confusion : la nature fait naître l'attrait de l'art aussi bien pour celui qui crée que pour celui qui observe. Mais, à s'en tenir au texte de Thomas Mann, la manifestation exige de l'artiste la parole d'une souffrance ou, pour suivre l'ordre de la citation, d'un sentiment. Or, ce sentiment est avant tout celui du temps, d'un temps qui met en situation. Le flux du temps constitue notre épreuve de la manifestation sur la stance du passé. La nature, bien sûr, n'est pas seulement espace, mais aussi ce temps du flux et du reflux des choses, dont parle l'*Élégie*, et dont le « sentiment » nous ouvre à l'existence, « sereins et conscients ». Sa finitude dans l'éternel recommencement de la nature donne confiance au génie et lui offre le motif de sa création. Reconnaissant dans sa mort l'ultime métamorphose, il se place sous l'égide de la nature et sait que le sol qu'elle a offert à sa création ne se dérobera jamais.

La temporalité est ici mobilisée à la faveur de l'une de ses « *ek-stases* », pour nous en remettre à la terminologie heideggérienne[3]. En effet, l'*ek-stase* du passé est privilégiée dans le texte de Thomas Mann. Son Goethe fictif entretient son interlocutrice du sentiment de sa situation temporelle. Ce sentiment n'est bien sûr pas le re-souvenir, la remémoration intentionnelle de quelque événement passé. Thomas

1. À tel point que la fin de *Lotte à Weimar* est, pour ainsi dire, un commentaire éclairé de la *Trilogie de la passion*, commentaire qui nous révèle combien ce poème de vieillesse est paradigmatique de l'esthétique et de l'art goethéens.

2. J.W. GOETHE, *Maximen und Reflexionen*, 720, H.A., XII, p. 467 ; trad. p. 67.

3. Cf. M. HEIDEGGER, *Sein und Zeit*, 17. Auflage, Tübingen, 1993, p. 336 *sq.* ; trad. de E. Martineau : *Être et Temps*, Paris, 1985, p. 236 *sq.*.

Mann n'envisage ici le passé que dans sa mutation en présent, c'est-à-dire dans sa capacité à sous-tendre le présent – à le mettre en situation. Le présent fait retour sur le passé, insiste-t-il. Il s'y appuie, se construit immédiatement sur lui. Il n'est pas besoin de retour intentionnel. Le passé est toujours déjà-là. L'ek-stase temporelle dont il s'agit ici prend sens par notre disposition affective dans le monde, laquelle précède toute intention. La fondation transcendantale du présent – et par là, bien sûr, du futur auquel présent et passé ouvrent – se situe dans cette épreuve du toujours déjà là.

Or, dans l'*Élégie*, la figure de l'aimée qui s'estompe tout en perdurant, parce que, telle la nature qui signifie tout en restant insignifiable, elle est toujours déjà passée et donc présente parce que toujours présupposée, correspond très précisément à cette mise en situation affective qui convoque, depuis sa stance fondationnelle, à l'instant dans toute sa profondeur. L'épreuve de la finitude se situe essentiellement dans cette prédonation du réel qui ouvre le temps de la métamorphose :

> Cette vie n'est que mutation de la forme, unité dans la pluralité, durée dans la métamorphose. Toi, elles, vous toutes ne faites qu'un dans mon amour – et dans ma faute [1].

Le Goethe fictif de Thomas Mann, combien révélateur de la pensée du « vrai » Goethe, réalise cette unité de l'aimée et de la nature – comme dans la *Trilogie de la passion* – dans l'amour, ce pâtir du réel et du temps qui est l'avers de la souffrance que chantaient d'abord *An Werther* et *Elegie*. La présence toujours déjà affective est, dans son unité même, le fondement de la faute, de la *Schuld*, c'est-à-dire de la finitude.

Pour Goethe, l'être en situation, la souffrance du monde qui est aussi l'amour *dans* et *de* la finitude, est une forme d'être-porté, cela que nous n'attendons jamais, sur quoi nous n'avons jamais de prise, mais qui nous constitue toujours déjà affectivement – à savoir notre rapport transcendantal à la manifestation de la nature dans son espace-temps. Le poète chante le passé qui constitue si bien notre présent qu'il nous garantit « l'éternellement présent » de la manifestation dont l'évidence et l'advenue même précèdent toujours déjà l'historicité de nos projets. Tel est encore l'enseignement du poème *Dämon* :

> Tel était, en ce jour qui t'a donné au monde,
> Le soleil quand eut lieu le salut des planètes,
> Tel aussitôt tu t'es développé sans cesse

1. Th. MANN, *Lotte in Weimar*, *op. cit.*, p. 762 ; trad. p. 377.

Au gré de cette loi qui réglait ta venue.
Il te faut être ainsi, tu ne peux pas te fuir,
C'est ce qu'ont dit déjà sybilles et prophètes ;
Et nul temps, nul pouvoir ne morcelle la forme
Marquée d'un sceau et qui, en vivant, évolue [1].

Au cœur de la création, il y a la *Stimmung* – la disposition affective. Nous pourrions dire que l'art selon Goethe (celui qu'il pratique aussi bien que celui qu'il théorise) est *lyrique* en son fond. Pour le germaniste suisse Emil Staiger, les genres lyrique, épique et dramatique recouvrent autant de « significations idéales » de l'agir poétique[2]. Il y a dans la poésie une manière lyrique, une manière épique et une manière dramatique que nous percevons, telle une idée incarnée, dans les œuvres singulières que toutes trois déterminent. Nous avons une intuition de ces essences à la lecture d'une œuvre poétique. Le lyrique, l'épique et le dramatique constituent à chaque fois, et sans s'exclure, le sens de l'œuvre poétique en la structurant selon une modalité de cet être-au-monde dont, selon Goethe, l'expression doit être le motif même de la création géniale. Le fondement anthropologique de cette tripartition des genres poétiques se situe plus précisément dans la tridimensionnalité du temps originaire, tel qu'il est analysé par Heidegger dans *Sein und Zeit*. Les trois ek-stases de la temporalité vécue en son niveau existential sont l'être-déjà-avant (le « passé »), l'être-auprès-de (le « présent »), l'être-en-avant-de-soi (le « futur »). À suivre les conclusions de Staiger, la poésie lyrique mettrait en forme notre manière ontologique d'être-au-monde selon la disposition affective – temporellement : l'être-déjà-avant. Staiger ouvre sa description du style lyrique par une analyse détaillée de poèmes de Goethe, notamment du *Wandrers Nachtlied* dont il souligne qu'il passe « pour l'un des exemples les plus purs de style lyrique »[3]. Une analyse analogue d'*Auf dem See* renforce l'impression que la poésie de Goethe constitue un archétype de la poésie lyrique. Qu'il y ait des poèmes de Goethe qui puissent incarner avec excellence le style lyrique ne surprendra pas, mais ne prouve pas non plus que le foyer même de sa création soit lyrique. Or, selon nous, le principe de l'esthétique goethéenne réside dans le style lyrique, et est donc aussi à

1. J.W. GOETHE, *Urworte. Orphisch – Dämon*, H.A., I, p. 359 ; trad. de R. Ayrault : *Paroles premières. Orphisme – Le démon*, in *Poésies/Gedichte II...*, *op. cit.*, p. 599. Cf. la lecture de ce texte par O. BECKER dans *La fragilité du beau...*, *op. cit.*, p. 66.

2. Cf. E. STAIGER, *Grundbegriffe der Poetik*, Zürich, 1968 ; trad. de R. Célis et M. Gennart : *Les concepts fondamentaux de la poétique*, Bruxelles, 1990.

3. *Ibid.*, p. 13 ; trad. p. 11.

l'œuvre – à titre de condition de possibilité – dans des écrits à dominante épique ou dramatique. En effet, le passé sur lequel se bâtit la parole du génie goethéen est une stance qui précède, au sens où elle fonde notre présent. Or, l'analyse descriptive du style lyrique par Emil Staiger recoupe très précisément cette dimension temporelle de la création géniale selon Goethe. Le titre de la première partie des *Grundbegriffe der Poetik* est : « Le style lyrique : le souvenir ». Le souvenir n'est pas tant ici la remémoration, que ce que Husserl nommait le souvenir primaire *(primäre Erinnerung)*[1] ou rétention, auquel Staiger adjoint plus explicitement une signification affective (sous l'influence de Heidegger) :

> Le poète lyrique est perpétuellement à l'écoute de la tonalité affective qui a résonné un jour ; il l'engendre une nouvelle fois, de même qu'il l'engendre chez son lecteur[2].

Quelle que soit la tonalité affective *(Stimmung)* que dit le poète lyrique, c'est toujours de sa disposition affective *(Befindlichkeit)* qu'il se souvient. Le poète lyrique s'abandonne à ce qui s'offre à son acte créateur comme le soubassement même d'une existence prise dans la durée :

> Le poète lyrique ne « produit » rien. Il s'abandonne – ce qui est à entendre au sens littéral – à l'inspiration *(Ein-gebung)*[3].

Bien sûr, l'événement de la tonalité affective tend à être immédiatement occulté par le cours même de notre existence, par les objectivations qu'elle pratique, par les représentations sur lesquelles elle s'appuie, quels qu'en soient les indices temporels. Il revient donc au génie lyrique « d'engendrer à nouveau » le moment – sans cesse répété, bien sûr – de fondation de notre existence finie et située.

Cette souvenance du tout juste passé ne peut être dite qu'au temps présent, soutient Staiger. Le « temps grammatical du lyrique »[4] est le présent : le poème lyrique chante au présent ce qui le précède parce qu'il lui est présent dans cette précession même, à titre de fondation. Staiger concède que, parfois, le prétérit est aussi d'usage dans la poésie lyrique. Mais cette exception révèle d'autant mieux le sens que revêt la prévalence principielle du présent grammatical. En effet,

1. Cf. E. HUSSERL, *Zur Phänomenologie des inneren Zeitbewußtseins*, *Hua* X, hrsg. von R. Böhm, Den Haag, 1966, p. 29 *sq.* ; trad. de H. Dussort : *Leçons pour une phénoménologie de la conscience intime du temps*, Paris, 1964, p. 43 *sq.*.
2. E. STAIGER, *Grundbegriffe der Poetik*, *op. cit.*, p. 24 ; trad. p. 19-20.
3. *Idem.*
4. *Ibid.*, p. 55 ; trad. p. 45.

le passé [que ces prétérits] visent n'est ni lointain, ni fini. Non structuré, non conçu, ce passé se meut encore, il meut le poète et nous-mêmes [1].

Ce passé qui ouvre le temps plutôt qu'il n'est déjà situé et objectivé dans le temps, qui fonde la durée plutôt qu'il n'en représente une portion en tant que remémoré, est bien le motif même de l'œuvrer lyrique. En somme,

> l'homme qui est dans une disposition lyrique *(der lyrischen Gestimmt)* ne prend pas position. Il se laisse glisser dans le flux de la présence [2].

Il se laisse porter par le flux du temps qui le précède et le soutient dans l'acceptation de sa finitude, selon diverses tonalités affectives – amour ou souffrance, par exemple, comme dans la *Trilogie de la passion*.

Si de nombreux poèmes de Goethe peuvent incarner paradigmatiquement l'œuvrer lyrique, c'est qu'une dimension lyrique détermine la signification de la génialité comme principe premier de son esthétique. La création en tant que telle jouira toujours, chez lui, d'un fond lyrique, parce que celui-ci correspond à la portée transcendantale que la théorie du génie reconnaît à la manifestation spatio-temporelle qui « dispose » affectivement l'être fini.

Cette conception de la génialité trouve une confirmation dans le célèbre *Essai sur la peinture de Diderot*, malgré quelques détours que nous allons nous donner la peine de suivre. Goethe commente l'essai de Diderot en des termes souvent sévères, reconnaissant au mieux en l'auteur « un ami et adversaire » [3] – lui reprochant, au pire, « sa malignité sophistique bien connue » [4]. Il s'efforce essentiellement de préciser sa position esthétique par rapport à l'anti-académisme de Diderot. L'idée du génie apparaît au centre de son propos :

> [...] il faut que le génie, l'artiste qui a la vocation, agisse selon des lois, des règles, que la nature elle-même lui a prescrites, qui ne la contredisent pas ; ces lois sont la plus grande richesse de l'artiste, parce qu'elles lui permettent d'apprendre à maîtriser et à utiliser aussi bien l'opulence de la nature que la richesse de son âme [5].

1. *Ibid.*, p. 55-56 ; trad. p. 46.
2. *Ibid.*, p. 57 ; trad. p. 47.
3. J.W. GOETHE, *Diderots Versuch über die Malerei*, A.V., XIII, p. 211 ; trad. de J.M. Schaeffer : *L'essai sur la peinture de Diderot*, in *Écrits sur l'art*, Paris, 1983, p. 173.
4. *Ibid.*, p. 228 ; trad. p. 186.
5. *Ibid.*, p. 211 ; trad. p. 173.

L'ancrage de la génialité dans la manifestation de la nature spatio-temporelle se trouve ici invoquée contre le naturalisme que Diderot lui-même opposait au maniérisme dominant l'art français de son temps. À plusieurs reprises, Goethe avoue sa perplexité devant les outrances que présente le texte de Diderot, entraîné sans doute par son plaidoyer de circonstance. L'encyclopédiste prend le contre-pied du maniérisme d'école en exigeant un retour à la nature elle-même. Mais cette « nature elle-même » n'est pas, loin s'en faut, la chose même au sens où l'entend Goethe. La lecture de Diderot lui inspire les pages les plus radicalement anti-naturalistes de son œuvre esthétique. La voie toute tracée qui s'ouvre alors à Goethe est celle du néo-classicisme de Winckelmann et, accessoirement, de Lessing. L'estime même qu'il porte à l'art antique en général et à l'art grec en particulier le rend particulièrement sensible à l'apologie de l'art des Anciens que Winckelmann mène avec beaucoup de persuasion. Cependant, la valorisation de l'art grec n'a pas la même signification pour Goethe [1]. Selon Winckelmann, l'artiste moderne doit imiter l'art grec, dont les œuvres incarnent et présentent « une règle parfaite de l'art » [2]. La réponse néo-classique à la tentation naturaliste de l'époque consiste à substituer des œuvres grecques à la nature elle-même. Il faut imiter les premières plutôt que la seconde. La raison même de cette substitution explique la distance qui sépare l'esthétique de Winckelmann de celle de Goethe. En effet, selon Winckelmann, le créateur moderne ne jouit plus des conditions de création tout à fait favorables qu'a connu l'artiste grec :

> En Grèce [...], la belle nature se montrait sans voiles, au grand profit des artistes [3].

La nature n'apparaît plus aux modernes avec la même simplicité organique. La noblesse de la nature, qui habitait les corps dont s'inspirait la statuaire classique, semble avoir quitté les corps modernes :

> La belle nudité des corps se montrait ici en des attitudes et des positions si variées, si naturelles et si nobles qu'on ne peut les faire prendre aux modèles de métier engagés dans nos académies [4].

1. Cf. J.W. GOETHE, *Über Laokoon*, H.A., XII, p. 56-66 ; trad. de J.-M. Schaeffer : *Sur Laocoon*, in *Écrits sur l'art*, *op. cit.*, p. 142-154.
2. J.J. WINCKELMANN, *Gedanken über die Nachahmung der griechischen Werke in der Malerei und Bildhauerkunst – Réflexions sur l'imitation des œuvres grecques en peinture et en sculpture*, trad. de L. Mis, Paris, 1954, p. 97.
3. *Ibid.*, p. 109.
4. *Idem.*

Winckelmann conjoint ici en un même constat tranchant la critique de l'académisme et celle du naturalisme. À l'instar de Goethe, il n'aurait donc pas suivi Diderot dans sa volonté d'emprunter la voie du naturalisme contre l'académisme maniériste. Mais il ne rencontre pas pour autant l'option goethéenne. Une telle rencontre eût été impossible pour cette simple raison que Goethe ne pouvait penser comme Winckelmann que la nature ne se manifestait plus au moderne comme au Grec. Que l'homme moderne se soit voilé la manifestation de la nature, voilà ce que Goethe ne niera pas, bien entendu. Il n'est que de se rapporter à ses critiques de la science moderne pour s'en convaincre. Cependant, la nature éternelle est animée du même mouvement d'apparition et il est toujours possible à l'homme de s'en aviser et de faire à nouveau droit à cette manifestation qui peut bien être occultée, mais n'en reste pas moins présente, de par son caractère transcendantal, en tant que condition de possibilité de toute existence – y compris de celle qui la nie. Or, l'artiste, à tout le moins le génie, est précisément celui qui sait reconnaître la manifestation transcendantale puisqu'il en reçoit les règles de son action. Le *génie* moderne acquiesce à la nature belle comme jadis l'artiste grec. L'imitation des œuvres grecques, si elle n'est pas condamnée par Goethe, ne peut donc avoir un rôle semblable à celui que lui attribuait Winckelmann: elle n'est pas le seul art possible – l'art authentique est celui du génie qu'inspire la nature elle-même.

Goethe répond au naturalisme de Diderot en invoquant un génie qui, décentré de lui-même par la préséance transcendantale qu'il accorde à la manifestation naturelle, se trouve en état de dire la vérité pâtie de la finitude de l'homme dans son rapport à la nature. Seul le génie peut prétendre à l'authenticité de la création, en évitant le double écueil du naturalisme et de l'académisme – et sans se complaire dans la seule imitation d'œuvres anciennes. Que ce génie soit en son fond lyrique, voilà ce que Goethe laisse d'ailleurs entendre lorsqu'il rappelle que

> [...] le génie et la tonalité affective *[Stimmung]* sont deux conditions indispensables lorsqu'il s'agit de produire une œuvre d'art [1].

Et d'insister à la suite sur l'ampleur de l'investissement créateur de cette génialité qui est aussi affectivité:

> [...] tous les deux [le génie et la disposition affective] ils sont nécessaires, pour ne parler que de la peinture, aussi bien lors de l'in-

1. J.W. GOETHE, *Diderots Versuch über die Malerei*, A.V., XIII, p. 228; trad. (modifiée) p. 187.

> vention que lors de l'arrangement, pour l'éclairage aussi bien que pour le coloriage, pour l'expression et la finition [1].

Parce qu'à chaque étape de la création, le génie et la *Stimmung* sont requis, tous deux sont intriqués et, en définitive, se confondent, la génialité s'élevant sur le sol de la disposition affective et la *Stimmung* s'élevant à l'œuvre par la génialité de la création.

À faire droit à cette fondation lyrique de l'esthétique et de l'art, on se convaincra que pour Goethe comme pour l'essentiel de l'esthétique moderne, l'art est un lieu de déploiement de la vérité, mais aussi que le déploiement de la vérité par l'art ne s'assimile pas à une simple représentation ni à une stricte imitation du réel présumé vrai. C'est bien sûr toujours le génie qui, au plus haut degré d'implication et d'intégration de la nature et de la liberté, définit le rapport de l'art à la vérité.

Par ailleurs, si la manifestation naturelle est l'instance d'une vérité absolue et transcendantale, c'est bien du rapport entre art et vérité que traite l'entretien que Goethe imagina en 1798, autour d'un spectacle auquel il avait assisté à Francfort :

> Le spectateur : [...] expliquez-moi pourquoi [...] une œuvre d'art parfaite apparaît comme une œuvre de la nature.
> Le défenseur [du spectacle] : Parce qu'elle s'accorde avec votre nature supérieure, parce qu'elle est surnaturelle [übernatürlich] mais non pas extra-naturelle *[außernatürlich]*. Une œuvre d'art parfaite est une œuvre de l'esprit humain et en ce sens elle est aussi une œuvre de la nature [2].

Ce texte recoupe le propos de l'*Essai sur la peinture de Diderot*, non seulement parce que son horizon est la question du naturalisme et du statut de l'imitation, mais aussi parce que l'on retrouve au cœur de l'approche de cette problématique la figure du génie (quoique ce soit cette fois de manière implicite). Lorsque le spectateur affirme que l'œuvre d'art lui apparaît comme une œuvre de la nature, il invoque une création géniale dont la légalité est celle que le décentrement de l'artiste puise dans l'immédiateté de la manifestation naturelle, faisant de sa liberté la plus haute réalisation de la liberté de la nature elle-même. La discussion prend dès lors la tournure d'un débat sur le statut du génie et, à travers ce statut, sur la portée de la vérité que l'œuvre exhibe, représente

1. *Idem.*
2. J.W. GOETHE, *Über Wahrheit und Wahrscheinlichkeit der Kunstwerke. Ein Gespräche*, H.A., XII, p. 72 ; trad. de J.-M. Schaeffer : *Du vrai et du vraisemblable dans les œuvres d'art*, in *Écrits sur l'art*, *op. cit.*, p. 161.

ou imite… Le spectateur s'offusque, en effet, de ce que le décor de la représentation théâtrale à laquelle il vient d'assister ne fût pas du tout vraisemblable, qu'il ne représentât rien de naturel et expulsât dès lors l'œuvre considérée hors de la sphère de vérité que déterminent les bornes de la nature. Le défenseur du spectacle, quant à lui, s'oppose à une conception aussi étroite du vrai et du vraisemblable en art, argant de ce que l'œuvre d'art ne se réduit pas à une œuvre de la nature, au point d'être la copie d'une réalité empirique précédant, dans son objectivité figée, l'acte créateur.

La position du « spectateur » de l'entretien est des plus ambiguës et ressortit, même si Goethe n'en souffle mot, à une forme métaphysique-platonicienne d'interprétation de l'art. Tout en affirmant que l'œuvre d'art est une œuvre de la nature, il établit pourtant une rupture ontologique entre l'art et la nature. En effet, l'œuvre n'étant que le reflet d'une chose réelle – la nature –, elle se situe d'emblée au niveau d'une réalité de second rang, comme l'affirmait le platonisme. Avant même que l'acte créateur ait été interrogé pour lui-même ou l'œuvre décrite pour elle-même, tous deux se trouvent dépossédés d'une vérité propre : s'il peut encore s'agir, dans ce cas, d'un déploiement de la vérité par l'art, ce dernier n'a cependant pas sa vérité en lui-même mais la reçoit de sa conformité, jugée selon la rigueur et l'exactitude de sa réalisation, à une vérité « naturelle » qui la précède en son ordre. L'art naturaliste est, en ce sens, représentation ou imitation dont le paradigme ne serait autre que le reflet dans le miroir. L'art vise la représentation la plus fidèle d'une réalité qui lui est extérieure et pourtant le norme – ainsi, il ne peut jamais prétendre au premier rang de l'étantité et est victime d'une dévalorisation ontologique plus ou moins explicite [1]. Toute esthétique de la représentation dépouille l'art de sa vérité. Mais la représentation naturaliste, au surplus, sous couvert de proximité et même de confusion entre art et nature, pose des frontières infranchissables – parce que métaphysiques – entre ces deux pôles de la réalité humaine.

1. À ce propos, cf. les analyses très pertinentes de E. FINK, dans *Spiel als Weltsymbol*, Stuttgart, 1960, p. 66-124 ; trad. de H. Hildenberg et A. Lindenberg : *Le jeu comme symbole du monde*, Paris, 1966, p. 67-123.

Goethe est conscient du risque qu'encourt ainsi l'art et que Pascal exprimera au mieux en s'exclamant :

> Quelle vanité que la peinture qui attire l'admiration par la ressemblance des choses dont on admire point les originaux ! [1].

Le paradigme mimétique du miroir avait déjà trouvé sa thématisation chez Shakespeare, dans cet *Hamlet* que Goethe admirait tant. S'adressant aux comédiens qui viennent d'arriver à Elseneur, Hamlet soutient qu'il ne faut point s'écarter

> de l'intention du théâtre dont l'objet a été dès l'origine, et demeure encore, de présenter pour ainsi dire un miroir à la nature et de montrer à la vertu son portrait, à l'ignominie son visage, et au siècle même et à la société de ce temps quels sont leurs aspects et leurs caractères [2].

Mais du moins Hamlet attend-il de l'art qu'il le fasse passer de l'autre côté du miroir quand il monologue en ces termes :

> [...] Je dois fonder
> Sur plus que je n'ai vu... Le théâtre est le piège
> Où je prendrai la conscience du roi [3].

« Sur plus que je n'ai vu... » : l'art doit rendre évident ce qui ne se montre pas de prime abord, ce qui reste voilé à la perception la plus commune des faits empiriques. Shakespeare laisse une faille dans l'esthétique du miroir, par laquelle va s'échapper Goethe afin de développer une esthétique qui, pour ne pas rejeter sans nuance l'idée aristotélicienne de *mimèsis*, est cependant anti-naturaliste, sans concession aucune.

Dans le texte de 1798, le « défenseur » (la voix de Goethe) veille à ce que l'on ne réduise pas la vérité de l'art à une communion trop immédiate avec une nature strictement factuelle. Si l'art peut échapper à la réduction naturaliste, il le doit à la génialité de la création. Le « défenseur » affirme :

> ce n'est qu'au spectateur inculte qu'une œuvre d'art peut apparaître comme une œuvre de la nature ; l'artiste affectionne et sait apprécier aussi un tel spectateur, bien qu'il se situe à l'échelon le plus bas. Malheureusement, ce dernier ne sera satisfait qu'aussi longtemps que

1. Bl. PASCAL, *Pensées*, fr. 40, *op. cit.*, p. 504.
2. W. SHAKESPEARE, *Hamlet* (Acte III/Scene 2) ed. by H. Jenkins, London and New York, 1994, p. 288 ; trad. de Y. Bonnefoy : *Hamlet* (Acte III/Scène 2), Paris, 1988, p. 95.
3. *Ibid.* (Acte II/Scène 2), p. 273 ; trad. p. 84.

l'artiste s'abaissera jusqu'à lui, jamais il ne s'élèvera avec l'artiste véritable lorsque celui-ci, poussé par son génie, entreprend son vol et doit accomplir son œuvre dans toute son ampleur [1].

Il reste à préciser la teneur de l'élévation de l'œuvre « *übernatürlich* » pour comprendre comment cette génialité s'investit concrètement dans l'œuvre.

L'ŒUVRE ET SA *DARSTELLUNG*

Goethe ne peut admettre que l'énigme de l'œuvrer soit neutralisée par une esthétique dont les axiomes dépendent de principes métaphysiques. De même que sa *Naturphilosophie* se veut description et par là contribution à une science rigoureuse par réaction aux idéologies métaphysiques de tous bords, son esthétique ne peut soumettre l'événement irréductible de l'œuvre d'art aux applications de ces idéologies. Mais il ne peut pas plus accepter une vérité échue à l'art depuis la certitude du sens commun dont la foi naïve en une factualité brute et objective du réel n'est qu'une autre figure de décision arbitraire à l'égard du phénomène. De la même manière, sa *Naturphilosophie* lui donne la certitude scientifique que la nature ne se réduit pas à un ensemble de faits. La nature n'est pas «tout ce qui est le cas *[was der Fall ist]*», comme le prétend Wittgenstein dans le *Tractatus*. Goethe s'appuie donc sur ce qui est pour lui désormais une évidence: le naturalisme part d'un faux postulat, à savoir que la nature serait une somme d'objectités factuelles que l'art devrait ensuite s'efforcer d'imiter pour acquérir le statut du vrai ou du moins du vraisemblable. Si sa *Naturphilosophie* le convainc du vice originaire du naturalisme en art, il faut néanmoins que son esthétique s'emploie à proposer l'alternative qui achèverait d'en démontrer la caducité.

Pour autant, son opposition au naturalisme n'a pas entraîné Goethe dans la voie radicalement opposée d'un art qui serait à lui-même sa propre fin et sa propre norme et s'affranchirait dédaigneusement des réalités mondaines. Cette voie est celle qu'empruntèrent les romantiques d'Iéna à la suite de Friedrich Schlegel. Goethe avait déjà écrit quelques uns de ses textes esthétiques les plus importants lorsque parut le premier

1. J.W. GOETHE, *Über Wahrheit und Wahrscheinlichkeit...*, H.A., XII, p. 70; trad. p. 159.

volume de la revue *Athenäum* (1798). La conception romantique de l'art, du moins à l'époque de Iéna[1], a pour sa thèse centrale l'autotélie de l'œuvre. Le langage poétique, puisque c'est avant tout de lui qu'il s'agit, est en soi position de la vérité parce qu'il est production de la vérité[2]. À ce compte, la poésie cesse d'être la représentation langagière d'une réalité prédonnée. Elle se fait *expression* de la vérité. Elle est pour elle-même et à elle-même nature absolue. Comme le note très justement Jean-Marie Schaeffer, dans le romantisme d'Iéna, « le langage doit en quelque sorte devenir lui-même nature, au lieu de se concevoir comme ce qui parle de la nature. Il s'agit de reconnaître que dans les rets du langage on ne saurait capter que du langage. Encore faut-il voir que le langage est alors le monde concentré en un point d'intensité et de signification. Inversement la nature devient langage : l'Univers est un poème infini »[3]. L'absolu lui-même se fait donc littérature.

Or, Goethe a très tôt multiplié les petites phrases assassines dans ses jugements sur les romantiques, et ce jusqu'au célèbre :

> J'appelle classique ce qui est sain et romantique ce qui est malade[4].

Au-delà de la formule quelque peu péremptoire, il apparaît en effet que les esthétiques respectives sont bel et bien radicalement opposées, parce que les visions du monde dans lesquelles elles s'intègrent sont incommensurables et parce que la teneur même de leurs conclusions sont, à certains égards, totalement contraires – malgré un accord de base sur l'insuffisance d'une compréhension de l'art en général et de la poésie en particulier en termes de représentation.

L'autotélie romantique de l'œuvre poétique est exigée par le diagnostic ontologique de Friedrich Schlegel sur ce monde moderne, marqué par la scission, le désenchantement et l'étrangeté. Une rôle rédempteur est alors reconnu au langage poétique dans la mesure où lui seul peut assurer le dépassement de toutes les apories et de toutes les scissions que le langage moderne et philosophique, celui de l'analyse qui scinde à l'infini, a instaurées au cœur du monde de l'homme, dans sa relation à l'être et à la réalité phénoménale, comme dans sa relation à lui-

1. Nous nous permettons de renvoyer à notre *Introduction au romantisme d'Iéna*, Bruxelles, 1997.

2. C'est pourquoi on a pu parler d'une *poïesie* romantique (cf. Ph. LACOUE-LABARTHE & J.-L. NANCY, *L'Absolu littéraire*, Paris, 1978, p. 21).

3. J.-M. SCHAEFFER, *La naissance de la littérature. La théorie esthétique du romantisme allemand*, Paris, 1983, p. 25.

4. J.P. ECKERMANN, *Gespräche mit Goethe...* (2 April 1829), *op. cit.*, p. 310 ; trad. p. 287.

même. La subjectivité romantique, inspirée du Moi fichtéen, doit poser elle-même le monde. Le subjectivisme moderne est donc assumé et radicalisé au point de se retourner en effort de position poétique du monde, poétisation qui se veut totalisatrice. Là où, pour Goethe, le fond même de la réflexion sur le monde, sur la modernité et sur l'exigence d'une restauration de la vie, réside dans la *Naturphilosophie* comprise comme science rigoureuse du phénomène, le souci romantique trouve son origine dans une philosophie de l'Histoire qui confère à celle-ci une puissance ontologique définissant les axiomes d'une réflexion «post-moderne». La nature brisée que nous livre la modernité ne se manifeste que comme manque, au mieux comme un chaos dont l'unique étincelle de vie réside dans cette attente de rédemption que devrait lui apporter la parole poétique en suppléant à sa carence ontologique. L'Histoire prend le pas sur la nature, laissant celle-ci exsangue et promouvant l'homme et son langage comme instance historiale de position du sens.

Que l'on se souvienne des propos de l'*Avant-propos* à la *Farbenlehre*:

> Pour le témoin attentif, [la nature] n'est nulle part morte ou muette [1].

La remarque pourrait porter contre les romantiques d'Iéna qui n'étaient pas, aux yeux de Goethe, de ces «témoins attentifs» de la nature, sans quoi ils n'en auraient pas désespéré au point de lui substituer l'Histoire et d'investir leur subjectivité prométhéenne (inspirée de Fichte) d'une mission rédemptrice. La méfiance de Goethe à l'égard de toutes les formes de subjectivisme exacerbait son aversion pour de telles thèses. Sans doute est-ce en ce sens qu'il opposait à son classicisme, empreint de santé, un romantisme pathologique. De la même manière que la dialectique hégélienne était considérée comme une maladie de l'esprit dont le plus puissant remède résidait dans l'étude de la nature, de même la «pathologie romantique» peut-elle être diagnostiquée au départ de cette perte de confiance dans la manifestation signifiante du monde.

Les divergences de vues *esthétiques* entre les romantiques d'Iéna et le classique de Weimar trouvent plus précisément leur foyer dans le statut que les premiers accordent à la *critique*. Walter Benjamin situe remarquablement le problème:

1. J.W. GOETHE, *Zur Farbenlehre...*, H.A., XIII, p. 315; trad. p. 72.

> En matière de philosophie de l'art, tout le travail des romantiques peut donc se résumer à ceci qu'ils ont cherché à démontrer que, par principe, l'œuvre est critiquable. La théorie goethéenne de l'art est en revanche tout entière commandée par son intuition du caractère non critiquable des œuvres. Ce n'est pas qu'il fait beaucoup plus que de souligner, en passant, cette manière de voir ou qu'il se soit lui-même abstenu d'écrire des critiques. L'exploitation conceptuelle de cette intuition ne l'intéressait pas, et, jusque dans sa dernière période, [...] il a rédigé bon nombre de critiques. Mais on discerne dans la plupart d'entre elles une certaine retenue ironique, tant à l'égard de l'œuvre que de sa propre activité, et de toute façon ces critiques n'avaient qu'une visée exotérique et pédagogique [1].

Selon les thèses de l'*Athenäum* et, tout particulièrement, de Friedrich Schlegel, la critique de l'œuvre est fondamentalement interne : la critique appartient à l'œuvre et la constitue. Le principe de la poétisation du monde à même les tropes d'un langage que l'on veut totalisateur s'appuie sur une subjectivité libre parce que réflexive. Seule une subjectivité réflexivement consciente de son acte peut s'engager dans un projet de rédemption. La conscience réflexive de l'acte de position poétique doit être immanente à l'œuvre, dépassant la réflexion philosophique en la réintégrant dans le projet de rédemption « poïétique » du monde. La liberté réflexive est la condition de l'advenir de l'Absolu en l'œuvre et doit donc sans cesse s'y réaffirmer. Le projet romantique est celui du maintien conjoint de la liberté consciente d'elle-même en sa subjectivité et de l'universalité posée poétiquement. La critique de l'œuvre en l'œuvre est la figure romantique de la réflexivité moderne « dépassée » (au sens d'une *Aufhebung*). Elle est donc une détermination interne de l'œuvre romantique. Walter Benjamin soutient :

> La catégorie sous laquelle les romantiques saisissent l'art est l'Idée. [...] Par « Idée » il faut entendre dans ce contexte l'a priori d'une méthode [...] [2].

L'art romantique est soumis à la préséance réflexive du concept. Sans doute Goethe pressentait-il confusément ce risque qui s'attachait à la thèse de la critiquabilité interne de l'œuvre. Peut-être comprenait-il

1. W. BENJAMIN, *Der Begriff der Kunstkritik in der deutschen Romantik*, in *Gesammelte Schriften*, Bd. I/1, hrsg. von R. Tiedemann und H. Schweppenhäuser, Frankfurt a. M., 1980, p. 110 ; trad. de Ph. Lacoue-Labarthe et A.-M. Lang : *Le concept de critique esthétique dans le romantisme allemand*, Paris, 1986, p. 165-166.

2. *Ibid.*, p. 110-111 ; trad. p. 166.

que seuls le subjectivisme et la tyrannie de la réflexivité pouvaient la justifier. Dès lors,

> [...] la « critiquabilité » en tant que moment essentiel de l'œuvre d'art, Goethe la récuse [1].

Il y a quelque paradoxe à ce que les *Wilhelm Meisters Lehrjahre* furent pour le romantisme l'un des meilleurs exemples de critique appliquée. Pour Fr. Schlegel, toute œuvre poétique peut être réfléchie et critiquée à l'infini, à la manière d'une prolongation constante et répétée de son effort de totalisation réflexive. Toute analyse d'une œuvre en constitue donc un prolongement qui à la fois s'y intègre et l'élargit. Ainsi en va-t-il, en principe, de son *Sur le Meister de Goethe* [2]. Si Goethe apprécia certains éléments de cette critique, il ne pouvait cependant en goûter toute la saveur puisque son principe même correspond à la critiquabilité interne et son projet n'est rien moins que de contribuer à l'achèvement du roman. Friedrich Schlegel va même jusqu'à *réfléchir* dans sa critique la *réflexivité* qu'il prétend déjà découvrir dans *Wilhelm Meister*. Il met sur le compte de cette réflexivité, présumée romantique,

> le fait que [Goethe] lui-même paraît traiter les personnages et les événements avec tant de désinvolture et d'enjouement – et son héros jamais sans quelque ironie –, son esprit supérieur semblant considérer son chef-d'œuvre d'en haut avec un sourire [3].

Certes, l'ironie qui « plane au-dessus de la totalité de l'œuvre » [4] peut s'assimiler à un recul de l'auteur par rapport à son œuvre. De même, on peut souligner la part importante que l'analyse d'*Hamlet* prend dans le cours du roman. Mais on restera néanmoins perplexe devant la précipitation avec laquelle Friedrich Schlegel se charge d'en faire l'archétype même de la critique romantique en écrivant :

> Les considérations sur Hamlet [...] n'ont pas seulement le statut d'une critique : elles sont aussi de la grande poésie. En effet, lorsqu'un poète

1. *Ibid.*, p. 119 ; trad. p. 177.

2. Cf. Fr. SCHLEGEL, *Über Goethes Meister*, in *Kritische Ausgabe*, Bd. II, hrsg. von E. Behler, München/Paderborn/Wien, 1967, p. 126-146 ; trad. de Cl. Hary-Schaeffer, précédé d'une présentation de J.-M. Schaeffer : *Sur le Meister de Goethe*, in *Traverses*, n° 6, 1993, p. 90-109.

3. *Ibid.*, p. 133 ; trad. p. 103.

4. *Ibid.*, p. 137 ; trad. p. 107.

> appréhende et décrit en tant que poète une œuvre poétique, que peut-il en résulter sinon un poème ?[1].

C'est bien ainsi que Friedrich Schlegel peut conclure, mais abusivement, à la volonté goethéenne d'une critique interne qui se serait située à l'origine de sa création comme au centre de son œuvre :

> [...] il s'agit justement d'un de ces livres qui se jugent eux-mêmes[2].

En suivant toujours Walter Benjamin, il faut plutôt penser, bien au contraire, que cette ironie et cette critique du *Wilhelm Meister* ne sont que secondes par rapport à un motif de création qui relève de la génialité – au sens de Goethe – et à une œuvre qui doit se comprendre au départ de sa logique immanente et non point selon le paradigme d'une réflexivité historiale qui la dépouille de sa liberté d'émergence pour la soumettre à la liberté d'un sujet qui a transformé « son instinct en arbitraire souverain »[3].

Cependant, la radicalité des thèses de Friedrich Schlegel quant au statut de la critique et donc, à travers elle, de la poésie, s'est très vite altérée. Dès les premiers *Fragments* de l'*Athenäum*, une ambiguïté se fait jour, essentiellement autour du statut de la nature que lègue la modernité au romantisme. Les romantiques d'Iéna hésiteront à considérer la nature comme une pure étendue déréalisée et tendront plutôt à reconnaître dans sa *manifestation tragique* la source de leur nostalgie et le motif premier de leur entreprise poïétique. L'« arbitraire souverain » se décentre alors vers la manifestation naturelle – même si celle-ci demeure essentiellement marquée d'une carence de sens et que, dès lors, le génie romantique, s'il se rapproche, dans une certaine mesure, du génie goethéen, est moins affecté par la patence de son être-porté que par sa latence. Cet aspect de sa poétique peut conduire à considérer le romantisme moins comme un contraire de Goethe que comme la face tragique de son esthétique.

La prise de conscience de ce vecteur plus ou moins caché du romantisme permet seule de comprendre comment Friedrich Schlegel a pu lui-même mettre anticipativement un terme à l'entreprise de l'*Athenäum* en publiant dans son avant-dernière livraison, en 1800, les *Ideen*. Celles-ci infléchissent le projet romantique vers un réalisme qui, sous le titre de « religion » (qui est un autre nom pour la pensée de l'âme du monde),

1. *Ibid.*, p. 140 ; trad. p. 109.
2. *Ibid.*, p. 133 ; trad. p. 103.
3. *Ibid.*, p. 131 ; trad. p. 101.

atténuera le subjectivisme fichtéen à mesure qu'est reconnue une prédonation naturelle du sens. Or, dès 1798, Friedrich Schlegel avait aperçu ce nécessaire retournement du projet romantique lorsqu'il écrivait à Novalis :

> La synthèse de Goethe et Fichte peut-elle donner autre chose que la religion ?[1].

À dire vrai, Fichte sera quasiment absent des *Ideen* de 1800. Dès lors, toute la part critique de l'esthétique romantique s'estompe au point que sa valeur principielle est fondamentalement remise en cause.

Il est tout à fait révélateur que Fr. Schlegel se rapproche de Goethe au moment même où l'exigence de la critique subit une réelle déflation, comme s'il reconnaissait par là, a posteriori, l'inadéquation de son projet initial à l'esthétique goethéenne, contrairement à ce que laissait penser le *Sur le Meister de Goethe*. Les retrouvailles authentiques avec Goethe sont célébrées dans un fragment que ce dernier aurait pu lui-même écrire :

> L'homme est un coup d'œil créateur de la nature se retournant sur elle-même[2].

Les *Ideen* de Fr. Schlegel prouvent par l'absurde l'inadéquation des esthétiques de Goethe et du romantisme d'Iéna. La réponse du premier à la représentation du naturalisme ne peut donc correspondre à une autotélie de l'œuvre comme la pensent les romantiques. À l'inverse, il se confirme que l'esthétique de Goethe, sans verser dans le naturalisme, ne se développe pourtant qu'à définir le rapport de l'œuvre avec la manifestation naturelle. *Du vrai et du vraisemblable dans les œuvres d'art* affirme clairement que si l'œuvre d'art n'est pas une simple œuvre de la nature, c'est qu'elle est *surnaturelle* et non pas *extranaturelle*. Elle doit donc se comprendre sous l'horizon de sa relation à la nature. À ce compte, l'esthétique peut difficilement échapper au registre de la mimétique. Mais il faut définir le sens de cette « imitation de la nature ». Goethe a traité cette question avec beaucoup de rigueur dans un texte de

1. Fr. SCHLEGEL, *Briefe von und an Friedrich und Dorothea Schlegel – Die Periode des Athenäums*, Brief an Novalis (2 Dezember 1798), in *Kritische Ausgabe*, Bd. XXIV, *op. cit.*, p. 207.

2. Fr. SCHLEGEL, *Ideen*, 12, in *Kritische Ausgabe*, Bd. II, *op. cit.*, p. 257 ; trad. de Ph. Lacoue-Labarthe & J.-L. Nancy : *Idées*, 12, in *L'Absolu littéraire*, *op. cit.*, p. 254.

1789, *Simple imitation de la nature, manière et style*[1], qui a le mérite de tenter un éclaircissement complet des concepts auxquels il recourt le plus souvent dans l'éboration de son esthétique. Il y analyse trois concepts-clés, présenté selon un ordre hiérarchique, et dont le parcours conduit, à terme, vers l'art proprement « génial ». La valeur des *trois* niveaux d'art est reconnue. À propos de la *simple imitation* de la nature, Goethe écrit :

> Lorsqu'un artiste, à condition qu'il dispose d'un talent naturel, se tourne très tôt vers les objets de la nature [...], lorsqu'il copie au plus près les figures et couleurs de celle-ci en faisant preuve de fidélité et d'application et en s'efforçant de ne jamais s'en éloigner, lorsqu'il commence et termine chaque nouveau tableau en se tenant auprès d'elle, nous sommes toujours en face d'un artiste estimable. Car en vérité il ne peut manquer de produire des œuvres affermies, vigoureuses et riches[2].

La surprise que l'on peut éprouver à la lecture de ce texte provient surtout du contraste par rapport à *Du vrai et du vraisemblable dans les œuvres d'art* et à *L'Essai sur la peinture de Diderot*, qui, tous deux, polémiquent avec le naturalisme et conduisent sans doute Goethe à accuser le trait. Cet aspect polémique est tout à fait absent de *Einfache Nachahmung der Natur, Manier und Stil* où il débat moins avec des positions qu'il récuse qu'il ne s'explique sur ses propres thèses et sa propre terminologie. L'artiste qui se contente d'une *simple imitation* de la nature ne s'écarte en rien de ce motif, dont il exploite les déterminations formelles et chromatiques – il attribue donc à la nature objective la préséance de fait sur le procès de création et sur l'œuvre elle-même. Le mépris de Goethe apparaît incidemment à la suite :

> Lorsqu'on réfléchit bien à ces conditions, on voit facilement qu'un homme doué d'une nature talentueuse mais bornée, peut traiter de cette façon des objets agréables mais limités[3].

La *simple imitation* de la nature n'est qu'un exercice technique pour la maîtrise du matériau, exercice qui ne porte que sur les objets de la nature, dans leur objectité factuelle et positive. Les objets de la nature les plus appropriés pour ce genre d'exercices sont « des objets morts ou

1. Cf. J.W. GOETHE, *Einfache Nachahmung der Natur, Manier und Stil*, H.A., XII, p. 30-34 ; trad. de J.-M. Schaeffer : *Simple imitation de la nature, manière et style*, in *Écrits sur l'art, op. cit.*, p. 82-87.

2. *Ibid.*, p. 30 ; trad. p. 83.

3. *Ibid.*, p. 30-31 ; trad. p. 83.

inanimés»[1]. Leur objectité est donc bien réduite à des déterminations spatiales et chromatiques sans profondeur ni ombre, sans perspective ni liberté. Goethe conclut avec condescendance :

> Sa nature [de la simple imitation] n'exclut pas un degré élevé de perfection[2].

La perfection dont il s'agit ici est moins le fait d'une excellence artistique que d'une adresse d'artisan. L'estime de Goethe s'efface donc rapidement pour laisser place à un diagnostic froid sur ce qui ne forme sans doute rien d'autre qu'une propédeutique nécessaire à l'art génial. La *simple imitation* travaille encore «dans le vestibule»[3] et prépare le passage du « seuil du sanctuaire »[4] sans pouvoir faire elle-même le pas.

La naïveté esthétique de la *simple imitation* est proche du sens commun, non pas tant que le sens commun prendrait nécessairement pour de l'art toute imitation servile de la nature, mais parce que celle-ci n'entretient de rapport avec la nature que dans le cadre de son objectivation. De même, elle contraint l'homme à suspendre ses facultés d'imagination. Le créateur ne peut se satisfaire longtemps d'une entreprise aussi peu gratifiante :

> [l'homme] est contrarié d'en être réduit à épeler en quelque sorte dans son dessin les lettres tracées par la nature [...][5].

L'insuffisance de la *simple imitation* de la nature a donc une double origine : dans le sentiment de dépouillement de sa propre puissance qu'éprouve l'«artiste» ; et, corrélativement, dans l'épreuve de l'indigence, qu'une intuition esthétique authentique découvre aisément, des singularités objectives factuelles. D'où la nécessaire transition :

> [L'homme] invente sa propre manière et son propre langage, afin d'exprimer à sa façon ce que son âme a saisi[6].

Là où la *simple imitation* devait se contenter des lettres de la nature – c'est-à-dire d'éléments épars –, la *manière* ouvre la possiblité d'exhiber une totalité signifiante. Cependant, le prix de ce renversement de la particularité factuelle en universalité signifiante est une émancipation de

1. *Ibid.*, p. 31 ; trad. p. 84.
2. *Idem.*
3. *Ibid.*, p. 33 ; trad. p. 86.
4. *Ibid.*, p. 33-34 ; trad. p. 86.
5. *Ibid.*, p. 31 ; trad. p. 84.
6. *Idem.*

l'âme et un affranchissement par rapport à la nature, puisque, cette fois, l'artiste s'engage dans le processus de création

> sans avoir en face de lui [...] ni la nature, ni même son souvenir vivace [1].

Le passage de la *simple imitation* à la *manière* correspond donc à un retour de balancier du pôle objectif vers le pôle subjectif. Bien sûr, le sujet qui se veut libre à l'égard des « lettres de la nature » est toujours un *sujet au monde* ; il n'est pas une intériorité qui épancherait ses phantasmes en s'extériorisant dans la création d'une œuvre. Il est une perspective sur le monde (en ce sens, il engage encore une certaine forme d'imitation), mais qui décide elle-même de la cohérence de ce qu'elle représente et donc, en dernière analyse, constitue le sens de l'apparaître. Si la matière de l'inspiration peut venir d'une manifestation naturelle, la totalisation dépend de la subjectivité créatrice. En définitive, l'œuvre révèle moins la nature que l'esprit même de la subjectivité créatrice :

> Ainsi naît un langage dans lequel l'esprit de celui qui parle s'exprime et se désigne directement [2].

L'apparition du monde n'est alors plus que prétexte à la manifestation d'une perspective forcément relative :

> Et de même que les opinions concernant des objets moraux s'alignent et se forment différemment dans l'âme de tout un chacun, de même chaque artiste de cette nature saisira le monde d'une manière différente et le représentera différemment. Il saisira ses apparitions de façon plus réfléchie ou plus légère et les reproduira de manière plus pondérée ou plus fugitive [3].

La transition de l'objet au sujet est en même temps transition de la particularité à l'universalité (posée).

Un double paradoxe annonce cependant l'insuffisance de la *manière*. D'une part, la subjectivité de la *manière* revient à elle-même du fait de son insatisfaction à l'égard de la factualité de l'objet, comme si celle-ci lui était étrangère. Or, il va de soi qu'il n'y a d'objet que pour un sujet. La simple imitation est déjà prise dans un procès de polarisation qui implique nécessairement tout autant le sujet que l'objet. Le sujet revient à soi alors qu'il a précédemment posé lui-même l'objet – ce qu'il oublie. Le renversement vers la subjectivité est l'envers d'une attitude

1. *Idem.*
2. *Idem.*
3. *Idem.*

naturelle qui s'ignore et se voile le procès de polarisation qu'elle initie toujours déjà. La subjectivité de la manière prétend se libérer d'une objectivité qu'elle a elle-même posée et reste donc, en somme, tout à fait prisonnière d'une logique de polarisation. La pauvreté de l'objet que cette subjectivité découvre ne peut donc que se répéter à l'intérieur d'elle-même. La subjectivité de la *manière* n'est que l'envers de la factualité positive et morte de l'« objet-nature ». C'est pourquoi Goethe, lorsqu'il analyse la *manière*, parle encore d'objets *(Gegenstände)* : ainsi, par exemple, du « grand objet »[1] de la *manière*, par opposition aux objets particuliers de la *simple imitation*. D'autre part, là où la *simple imitation* s'exercait avec prédilection et même avec succès sur des « objets morts ou inanimés », la *manière* privilégiera les

> objets qui constituent une vaste totalité contenant beaucoup d'-éléments plus petits et subordonnés[2].

Et Goethe ajoute immédiatement :

> Ces derniers doivent être sacrifiés si on veut atteindre l'expression universelle du grand objet, comme par exemple dans le cas d'un paysage, où on manquerait complètement son but si on s'attachait scrupuleusement au particulier au lieu de tenter plutôt de retenir le concept de la totalité[3].

L'artiste de la *manière* trouve donc dans le paysage son objet de prédilection. À dire vrai, la totalité du paysage n'apparaît pas comme telle dans le cadre d'une polarisation de la manifestation en sujet-objet. Il appartient à la subjectivité créatrice de la donner à voir en la constituant par sa perspective et son langage propres. Les particularités qui « meublent » ce paysage doivent être subordonnées à la visée constituante puisque, comme le révèlent les limites de la *simple imitation*, elles n'ont pas de langage propre mais demeurent étroitement prises dans leur factualité immédiate. Le paradoxe réside en ceci que l'universalité est déniée à la manifestation même de la nature, dont seules les particularités factuelles sont prises en vue, par une subjectivité qui prétend poser elle-même cette universalité. Or, cette universalité n'est jamais que celle que décide une perspective en s'inventant son langage. Elle est donc incommensurable à d'autres, parce que toutes n'ont d'autre fondement

1. *Idem.*
2. *Idem.*
3. *Ibid.*, p. 31-32 ; trad. p. 84.

que subjectif. En définitive, l'universalité de la *manière* est celle qu'institue un point de vue, dans l'autotélie arbitraire de son langage.

Bien entendu, il y a quelque similitude entre l'esthétique de la *manière* et les thèses les plus radicales de la poétique romantique d'Iéna. Dans un cas comme dans l'autre, un arbitraire de la subjectivité est requis en vue de poser une universalité qui supplée à la carence de sens de la manifestation objective en inventant un langage. Il serait pourtant abusif de soupçonner dans *Einfache Nachahmung der Natur, Manier und Stil*, qui date de 1789, une anticipation critique de certaines des thèses du premier romantisme. Ce texte est loin de gratifier la *manière* de l'ampleur de vue qui fait toute la valeur de l'*Athenäum*. On ne peut voir dans la *manière* une ontologie historiale latente et encore moins une esthétique de la critiquabilité interne de l'œuvre. Cependant, ce n'est pas sans raison que l'on soupçonne une proximité. Puisque la *manière* s'appuie sur un renversement de l'attitude naturelle plus qu'elle ne s'en affranchit, elle mobilise une forme d'attitude naturelle qui sous-tend aussi la réflexion romantique – d'ampleur tout à fait métaphysique, quant à elle – sur l'art en général et la poétique en particulier. Le repliement du sujet sur son arbitraire et son langage en vue de restaurer une universalité qui fait prétendûment défaut à la manifestation, représente un retournement du rapport sujet-objet que le romantisme d'Iéna opère lui-même, au niveau métaphysique, en réagissant à l'analyse philosophique moderne qui a laissé le monde exsangue de son universalité concrète. De même que l'objectivisme cartésien nourrit en lui l'idéalisme à venir et donc, indirectement, le romantisme, l'attitude naturelle qui fonde la *simple imitation* de la nature (où prévaut la particularité objective) contient en elle son retournement dans la *manière* (où prévaut l'arbitraire subjectif visant la totalité).

Goethe ne peut admettre que l'art génial se limite à l'une de ces deux formes de création. Cependant, malgré la critique plus ou moins explicite de la *simple imitation* et de la *manière*, il ne cède pas à la facilité de les récuser sans nuance mais tâche de leur octroyer un rôle intégré dans le *style*, « le plus haut sommet que [l'art] puisse atteindre »[1]. En effet, il leur reconnaît une valeur propédeutique. L'art, suggère-t-il, parvient au *style* « à travers *[durch]* »[2] la *simple imitation* et la *manière* : « l'étude précise et approfondie des objets »[3], d'une part, et « l'effort de

1. *Ibid.*, p. 32 ; trad. p. 85.
2. *Idem.*
3. *Idem.*

se constituer un langage universel»[1], d'autre part, contribuent à l'élaboration d'un *style*. La connaissance des objets de la nature est nécessaire pour créer «génialement», mais, pour autant, Goethe refuse de limiter la connaissance du *style* à l'objectivité que prend en vue, pour sa part, la *simple imitation*. En effet, plutôt que de parler d'objets *(Gegenstände)*, il évoquera cette fois

> les propriétés des choses et leur manière d'être *[die Art wie sie bestehen]*[2].

Le glissement lexical révèle que le *style* s'affranchit des rapports objectivants à la nature et revient en deçà du procès de polarisation de l'attitude naturelle. C'est aussi pourquoi la dimension subjective, que mobilisait, quant à elle, la manière, n'est point rejetée mais modifiée – «réduite». De la subjectivité de la *manière*, le *style* conserve l'effort

> d'exprimer avec légèreté ce qui frappe et éblouit les sens[3].

Le *style* exprime la modalité (le *Wie*) de l'apparaître sensible de la chose elle-même, non pas dans son face-à-face avec le sujet, mais dans la présence immédiate de celui-ci à la manifestation, là où les sens sont encore «éblouis» – avant même, donc, que se soit établie une subjectivité constituante.

Nous inspirant de la pensée d'Henri Maldiney[4], nous pourrions dire que le style réduit le *factum* de l'objet, le met en suspens. La réduction de l'objectité que pratique l'œuvre géniale reconduit ainsi le regard au paraître de la chose. Mais elle atteint aussi la subjectivité constituante, en la reconduisant aux conditions de possibilité de son être-subjectif, dans sa mise en situation charnelle par l'apparaître du monde et des choses. La révélation de la manifestation de la chose dans son laisser-être dépasse, en la réduisant, la polarisation qui régit notre rapport ordinaire – mais non pas originaire – avec le monde. Goethe précise :

> [...] le style repose sur les fondements les plus profonds de la connaissance, sur l'essence des choses pour autant qu'il nous soit permis de la connaître sous forme de figures visibles et tangibles[5].

1. *Idem*.
2. *Idem*.
3. *Ibid*., p. 33 ; trad. p. 86.
4. Cf. notamment H. MALDINEY, *Le faux dilemme de la peinture : réalité ou abstraction*, in *Regard Parole Espace*, *op. cit.*, p. 1-20.
5. J.W. GOETHE, *Einfache Nachahmung der Natur...*, H.A., XII, p. 32 ; trad. (modifiée) p. 85.

L'essence des choses est la loi de leur apparaître, qu'elle soit évoquée dans un texte de théorie esthétique ou dans une étude de *Naturphilosophie*. L'art génial prend en vue, à la faveur de son *style*, cette essence et la présente dans des formes « visibles et tangibles », comme en propose, par exemple, l'art pictural. En ce sens, l'art goethéen est un art symbolique, en accord avec sa conception «scientifique» du symbole[1]. Le symbole est dans l'art l'équivalent de l'*Urphänomen* dans la *Naturphilosophie*. Le style de l'art est la présentation d'une universalité. Henri Maldiney écrit:

> [...] choisir quelques foyers actifs du réel, qu'ils se situent sur la courbe d'une épaule ou sur la courbe d'une colline et retrouver leur communication profonde – non dans le tracé déjà vu, déjà su de leur économie domestique mais dans une pulsion du monde entier – et de la seule façon qui soit opérante, sur le mode rythmique, telle est la tâche essentielle de l'Abstraction [que nous pouvons entendre ici au sens de la réduction que pratique l'art]: rendre chaque chose à soi en la dépassant vers son style[2].

Le *style* ouvre à une présence mondaine totale, celle-là même que la *manière* pensait devoir constituer par l'arbitraire de sa subjectivité. Or,

> le style d'une chose c'est le style du monde dont elle est le point de contact avec nous. Il est incompatible avec l'isolement de la chose[3].

Le *style* rend grotesque la prétention de la subjectivité de la *manière* à constituer le sens de la totalité. Cette prétention ne s'autorise que de l'isolement des objets particuliers qu'exploite la *simple imitation*. Le renversement de celle-ci dans la *manière* occulte la mondanéité concrète de l'apparaître d'avant la polarisation. La réduction à cette mondanéité concrète, que pratique le *style*, dénonce la mystification sur laquelle s'appuie la *manière*. L'art génial pratique une réduction analogue à celle de la *Naturphilosophie* qui remonte du phénomène empirique à l'*Urphänomen*.

Henri Maldiney rapproche cette «réduction stylistique» du rythme de la chose dans son apparaître. Or, le rythme est pour Goethe la métamorphose – figure de l'invention dans la répétition – de la chose apparaissante. Par ailleurs, Goethe souligne que l'œuvre géniale gagnera encore en puissance si au talent de l'artiste

1. Cf. *supra*, p. 75-76.
2. H. MALDINEY, *Le faux dilemme de la peinture...*, *op. cit.*, p. 19.
3. *Idem*.

> se joignent les connaissances d'un botaniste bien informé, lorsqu'en partant des racines, il reconnaît l'influence des différentes parties sur l'épanouissement et la croissance de la plante, lorsqu'il prend connaissance de leurs effets réciproques et qu'il réfléchit au développement successif des feuilles, des fleurs, de la pollinisation, du fruit et du nouveau germe. Alors son goût ne se manifestera pas uniquement à travers les choix qu'il opère en partant de l'apparition extérieure : par la présentation *[Darstellung]* adéquate des caractéristiques des plantes, il provoquera notre admiration et en même temps il nous instruira. Dans ce cas, on pourrait dire qu'il s'est forgé un *style* [...] [1].

À force d'insister sur l'élément de connaissance qui participe de l'œuvre géniale, Goethe confondrait-il le métier d'artiste et celui de botaniste ? Nous ne le pensons pas. En effet, en 1799, dans son analyse de *L'Essai sur la peinture de Diderot*, il précisera :

> Que nous connaissions ou non les lois de la nature organisatrice, que nous les connaissions mieux qu'il y a trente ans, époque où notre adversaire [Diderot] écrivait, si nous les connaîtrons mieux dans l'avenir et jusqu'à quel point nous pourrons en percer les secrets, – de tout cela l'artiste créatif n'a guère à se soucier. Sa force réside dans l'intuition et la saisie d'un tout signifiant et dans la perception des parties ; elle consiste dans le sentiment qu'un savoir acquis par l'étude est nécessaire ; et elle consiste surtout dans le sentiment qui indique quel savoir d'étude est nécessaire afin que l'artiste ne s'éloigne pas trop de sa sphère, qu'il n'assimile pas le superflu et ne néglige pas le nécessaire [2].

L'artiste de génie ne se confond pas avec le botaniste, puisqu'il demeure indifférent à l'état des connaissances dans cette science, mais il ne peut pour autant se passer d'une certaine connaissance de la nature. Sur quoi porte donc cette connaissance ? Goethe ne répond jamais directement à cette question. Seul un détour par son opposition au naturalisme peut permettre d'éclairer le problème. Toujours dans *L'Essai sur la peinture de Diderot*, il écrit :

> L'art ne se propose pas de rivaliser avec la nature dans son ampleur et sa profondeur, il se maintient à la surface des phénomènes naturels. Mais il possède sa propre profondeur, sa propre puissance. Il fixe les moments les plus élevés de ces phénomènes de surface, en

1. J.W. GOETHE, *Einfache Nachahmung der Natur...*, H.A., XII, p. 33 ; trad. (modifiée) p. 86.
2. J.W. GOETHE, *Diderots Versuch über die Malerei*, A.V., XIII, p. 208 ; trad. p. 171.

> reconnaissant ce qui en eux correspond aux lois, en reconnaissant la perfection de la proportion fonctionnelle, le sommet de la beauté, la dignité de la signification, l'élévation de la passion[1].

L'affirmation selon laquelle l'activité artistique se place à la « surface des phénomènes naturels » n'entre-t-elle pas en contradiction avec la définition du *style*, formulée en 1789, qui exigeait de l'artiste qu'il dépasse un choix portant sur la « seule apparition extérieure » ? Le texte allemand recourt au même terme : *Erscheinung*. Pourtant, la différence d'accent, générée par les contextes respectifs, peut expliquer cet usage en apparence contradictoire d'un même terme. Dans *Einfache Nachahmung der Natur, Manier und Stil*, Goethe définit le *style* après avoir suggéré les limites de la polarisation sur laquelle s'appuient tout autant la *simple imitation* que la *manière*. L'*Erscheinung* qu'il faut dépasser n'est autre que la factualité objective dont les règles d'apparaître sont fixées par la polarisation elle-même. Par contre, dans *L'Essai sur la peinture de Diderot*, il n'est pas tant question d'opposer deux attitudes artistiques en fonction de leur rapport respectif à la manifestation de la nature que d'opposer la teneur de l'œuvre géniale – le *style* en 1789 – à la nature elle-même. Goethe ne veux pas concéder à l'art la même profondeur concrète qu'à la nature dont le statut normatif est révélé par la *Naturphilosophie*. Pour le dire à la manière d'Eugen Fink, le jeu humain n'est pas le jeu du monde[2]. L'injonction faite à l'artiste de s'en tenir à la surface des phénomènes naturels est dès lors en parfait accord avec la *Darstellung* du *style*[3] : il ne doit pas décrire, à la manière d'une science de la nature, l'organisation immanente de la réalité naturelle dans toute son ampleur, dans toute la profondeur que nourrit l'universalité de l'essence, mais bien plutôt s'en tenir à une présentation de ce que Fink nomme « le débordement de la vie », c'est-à-dire le pur paraître qui nous éblouit et d'où jaillit

1. *Ibid.*, p. 210 ; trad. p. 172-173.
2. Cf. E. FINK, *Spiel als Weltsymbol*, *op. cit.*, p. 227 ; trad. p. 225.
3. Goethe reprend la distinction de 1789 dans *L'Essai sur la peinture de Diderot*, valorisant comme précédemment le style. Son analyse est cependant moins précise en 1799 et s'appuie plus sur celle de 1789 qu'elle ne la développe. Il écrit notamment ceci : « On appelle style le résultat d'une méthode juste, à l'opposé de la manière. Le style élève l'individu jusqu'au sommet le plus haut qu'il soit donné d'atteindre à l'espèce humaine, et c'est là la raison pour laquelle les grands artistes se rapprochent les uns des autres dans leurs meilleures œuvres » (J.W. GOETHE, *Diderots Versuch über die Malerei*, A.V., XIII, p. 245 ; trad. p. 200).

le plaisir des sens, le plaisir mystérieux de l'apparence, de la fascination, de l'éclat des couleurs et du velours des choses [1].

Mais, et c'est en cela que l'insistance de *Einfache Nachahmung der Natur, Manier und Stil*, sur la connaissance de l'essence des choses conserve toute sa valeur, ce plaisir de la surface des choses se redouble d'une profondeur propre à l'attitude esthétique. Pour le dire à nouveau avec Fink, ce plaisir

> [...] met l'être humain en contact avec la puissance cosmique de l'« apparence » dans une profondeur particulièrement superficielle ou dans une superficialité profonde [2].

En ce sens, Goethe peut affirmer que l'art « possède sa propre profondeur, sa propre puissance ». La simple imitation – incapable de prendre en vue pour elle-même l'apparence originaire – ne peut nous donner à voir cette profondeur-là :

> Une imitation parfaite de la nature n'est possible en aucun sens, l'artiste est appelé uniquement à présenter l'enveloppe d'une chose qui apparaît [3].

Dans la superficialité même du paraître sensible que l'œuvre présente se creuse une profondeur qui, si elle n'équivaut pas à la profondeur concrète de la nature elle-même, en exhibe pourtant la légalité profonde – celle qui, selon le *style* du texte de 1789, structure avant même la polarisation.

L'art est connaissance parce qu'il trouve sa source dans un génie qui, toujours décentré de lui-même, doit pouvoir reconnaître la vie interne de la nature autant que cette évidence qu'il se trouve immédiatement affecté par elle. L'art, soutient Goethe, ne produit « pas une chimère mais un idéal » [4] – un *idéal*, c'est-à-dire, à en croire l'enseignement de la *Naturphilosophie*, une universalité concrète et perceptible. En 1789, lorsqu'il insiste sur le gain que des connaissances botaniques peuvent représenter pour l'artiste, Goethe met surtout l'accent sur la reconnaissance de « l'influence *des différentes parties* sur l'épanouissement et la crois-

1. E. FINK, *Spiel als Weltsymbol*, *op. cit.*, p. 227 ; trad. p. 225.
2. *Ibid.*, p. 228 ; trad. p. 227.
3. J.W. GOETHE, *Diderots Versuch über die Malerei*, A.V., XIII, p. 206 ; trad. p. 169.
4. *Ibid.*, p. 215 ; trad. p. 176.

sance de la plante »[1] ; le même motif apparaît en 1799 quand il est dit que l'intuition esthétique correspond à

> la saisie d'une totalité signifiante *et dans la perception des parties*[2].

La saisie corrélative de la totalité et de la perception des parties est donc constitutive de l'intuition esthétique et du *style* qui la présente. Cette corrélation est appelée, du moins dans le texte de 1789, par le dépassement de la *simple imitation* et de la *manière*, puisqu'autant la première s'en tenait aux particularités objectives, autant la seconde constituait une totalité. Mais le *style* va bien au-delà d'une synthèse de ces deux attitudes esthétiques élémentaires. Alors que la totalité que constitue la *manière* par sa perspective irréductible ne rencontre pas de données universelles concrètes de l'apparaître, l'intuition de la totalité mise en œuvre par le *style* s'appuie nécessairement sur une universalité éidétique donnée qui, si elle n'est point extérieure à la perspective de celui qui perçoit, ne dépend pas plus de son initiative de constitution. Cette universalité est, dans sa concrétude même, le soubassement transcendantal de la subjectivité. Parallèlement, les particularités objectives ne sont pas les parties. Alors que celles-là restaient figées dans une singularité morte, celles-ci sont toutes entières dans leur intégration à la totalité. Le *style* retrouve la dynamique de vie de l'apparaître qui se joue dans l'intégration des parties à la totalité *dont* elles se nourrissent et *qu'*elles nourrissent. L'allusion à la botanique, dans le texte de 1789, est bien plus puissante qu'on pourrait d'abord le croire : Goethe y renvoie le style à la *métamorphose*, avec tout ce qu'elle suppose quant au rapport entre l'universel et le singulier – c'est-à-dire, en somme, à la légalité la plus immanente, la plus intégrative et la plus libre.

En outre, *L'Essai sur la peinture de Diderot*, soulignant la corrélation de la saisie de la totalité et de la perception des parties dans l'intuition esthétique, rapproche cette profondeur de l'apparaître esthétique de l'idée de la « nature organisatrice »[3]. Ce thème y est longuement développé, plus que dans n'importe quel autre écrit esthétique. Dès les premières pages, Goethe rappelle un élément décisif de sa réflexion sur l'organisation naturelle :

1. J.W. GOETHE, *Einfache Nachahmung der Natur...*, H.A., XII, p. 33 ; trad. p. 86 (nous soulignons).
2. J.W. GOETHE, *Diderots Versuch über die Malerei*, A.V., XIII, p. 208 ; trad. p. 171.
3. *Idem*.

> [...] l'esprit de la nature organisatrice, à l'état sain aussi bien que malade, dépasse notre entendement [1].

La *Naturphilosophie* permet de comprendre cette assertion : la nature en tant qu'organisme ne peut être cernée par des lois d'entendement, lesquelles figent ce qui, par définition, est vivant plutôt que mort, en mouvement plutôt qu'inerte, en puissance plutôt qu'effectif. Par contre, une science authentiquement descriptive peut expliciter la raison organique du phénomène et inspirer alors une démarche esthétique. C'est là que se trouve le fondement même de la double entreprise de Goethe, celle d'un poète et d'un naturaliste. Si l'entendement peut être dépassé par la raison descriptive, l'art, lui aussi, peut à bon droit viser une forme de connaissance de la vie elle-même, de cette vie qui résiste aux catégories de l'entendement. Le *style* opère dans l'intuition esthétique la réduction que la science réalise par le passage du phénomène empirique au phénomène originaire. Dans un cas comme dans l'autre, la réduction ne débouche sur rien d'autre que sur la vie inventive qui constitue la dimension proprement organique du phénomène naturel. Pour Goethe, la nature est un jeu, au sens d'une invention de la raison – le jeu d'une forme qui s'invente. L'art aussi doit pouvoir être un jeu, une forme en devenir, une *Gestaltung*. Il devient alors le symbole du jeu du monde, car l'essence qu'il présente, parce que nécessairement universelle *et* inventive, *présente* la logique de la nature – la libre raison du phénomène.

En 1799, Goethe développe cette idée lorsque, à la suite de son insistance sur la profondeur de l'*Erscheinung*, il note :

> Oui, c'est l'extérieur que l'artiste doit présenter ! Mais l'extérieur d'une nature organique qu'est-il d'autre que l'apparition éternellement changeante de l'intérieur ? Cette extériorité, cette enveloppe est ajustée avec une telle précision à la construction interne, variée, compliquée et délicate, qu'elle en devient elle-même interne ; car les deux déterminations, l'intérieure et l'extérieure, sont toujours en rapport direct, qu'il s'agisse de l'état de repos complet ou du mouvement le plus violent [2].

Dans la *Darstellung*, la profondeur de l'apparence réside en ceci qu'elle ne s'inscrit dans aucune dichotomie de l'extérieur et de l'intérieur, comme celle qu'exploitait la *simple imitation* de la nature en

1. *Ibid.*, p. 205 ; trad. p. 169.
2. *Ibid.*, p. 217 ; trad. p. 178.

centrant son propos sur l'apparence objective factuelle et donc opaque. L'apparence qu'exhibe le *style* a toute la profondeur d'une vie qui s'invente, qui se produit et, dans le même mouvement, se manifeste. Dès lors, les catégories d'extérieur et d'intérieur n'ont de sens que si elles peuvent être sans cesse échangées, l'intérieur devenant extérieur et l'extérieur intérieur. L'intégration des parties au tout et l'échange perpétuel de l'intérieur et de l'extérieur sont bien deux des éléments constitutifs de la vie du phénomène ou, pour le dire autrement, de son organicité comme «loi» d'auto-production. Le principe d'organisation de la nature à même le phénomène est ce que présente un art dont le génie permet d'atteindre au *style*.

Dès lors, le *style* n'est pas totalement étranger à la mimétique. Mais si *mimèsis* stylistique il y a, elle n'est pas réductible au schème du miroir ou de la copie qu'exploite l'*einfache Nachahmung*. La *mimèsis* du *style* opère une réduction et n'est dès lors plus une simple imitation de la nature. La *Darstellung* de l'œuvre a pour motif l'organicité de la nature comme vie du phénomène, et non pas le phénomène figé dans son objectivité. August Strindberg a approché, sans doute sans le savoir, le cœur de l'esthétique de Goethe lorsqu'il définissait ainsi «l'art à venir»:

> imiter à peu près la nature, et avant tout sa manière de créer [1].

L'art génial «présente» la création de la nature. En ce sens, la liberté du génie est aussi celle de la nature et la création géniale est libre parce que naturelle. Lorsqu'il parvient au *style*, l'artiste présente la vérité ultime de la nature en tant que phénomène auto-organisateur parce qu'il a su en percevoir la donation:

> L'artiste qui continuellement contemple, sent et pense, apercevra les choses dans leur noblesse suprême, dans leur activité la plus vivante, dans leurs rapports les plus purs; lors de l'imitation, une méthode lui facilitera le travail, qu'il l'ait élaborée lui-même ou qu'il l'ait reçue de la tradition en l'assimilant dans une réflexion autonome, et même si la mise en œuvre de cette méthode fait intervenir son individualité, il sera, grâce à elle et à l'emploi le plus pur de ses facultés sensibles et spirituelles les plus hautes, rehaussé toujours de nouveau vers

1. A. STRINDBERG, *Über den Zufall im künstlerischen Schaffen*, cité par G. SÖDERSTRÖM, *Strindbergs Malerei*, in *Der andere Strindberg*, éd. par A. Gundlach, Frankfurt a. M., 1981, p. 237.

l'universalité, de sorte qu'il peut atteindre les limites de ce qui est possible[1].

La technique de l'artiste vient soutenir concrètement la mise en œuvre de l'intuition esthétique du génie. Goethe définit cette mise en œuvre comme une « imitation ». Il préserve ainsi une mimétique au cœur même du *style* et relativise du même coup l'autotélie de l'œuvre. La *simple imitation* de la nature est dépassée, mais aussi la *manière*, tout autant dans sa visée d'autotélie de l'œuvre que dans l'arbitraire de la subjectivité qu'elle mobilise. Goethe insiste en effet sur la dimension d'universalité – concrète – qui se trouve au centre de cette *Darstellung*, laquelle, pourtant, s'appuie sur l'individualité du génie. Parce que la subjectivité géniale n'est pas arbitraire et parce que la *Darstellung* du *style* ne se réduit pas à l'expression d'une perspective, la génialité de l'œuvrer ouvre à l'universalité du phénomène, celle qui est si concrète et réelle que nous la reconnaissons tous – celle que nous pouvons dire belle et qui ouvre au monde du possible. La génialité investit dans le *style* une individualité qui ne pose pas le monde dans une objectivité statique. La notion de perspective garde sa pertinence pour le génie, non plus au sens de la *manière*, mais au sens que définit la dimension lyrique de la génialité. Le génie est une perspective sur le monde qui appartient au monde, et qui l'enrichit en retour, tant il est vrai qu'il assure la reprise de sa légalité. Cette perspective sur le monde n'est pas celle d'un sujet mais d'un moment du monde qui, depuis l'originarité de son ouverture, advient à la vérité de la manifestation – et par là à l'universalité du phénomène.

Une esthétique de la monade

Si la théorie du génie avère le fond lyrique de l'esthétique et de l'art de Goethe, le statut qu'il octroie à la *Darstellung* de l'œuvre redouble cette dimension lyrique fondamentale d'un aspect plus épique, au sens où, pour E. Staiger,

1. J.W. GOETHE, *Diderots Versuch über die Malerei*, A.V., XIII, p. 244 ; trad. p. 200.

> Il s'agit toujours dans l'épique d'élucider, de montrer, de rendre visible[1].

De fait, la *Darstellung* de l'art goethéen exhibe la vérité du phénomène. Staiger écrit encore:

> Ce dont le poète lyrique se souvient, le poète épique le présentifie[2].

Si le lyrique situe le créateur dans la rétention de la manifestation qui toujours le précède, l'épique est une dimension poétique qui relève bien plus de la connaissance de ce qui est face à nous, dans l'instance du présent. Ce «face à nous» reconduit l'art dans la sphère de la polarisation, mais pourtant sans que soit niée la réduction du *style* ni le fond lyrique de la création géniale. L'épique vient se greffer sur le lyrique – il ajointe au vecteur affectif fondamental de toute création, une visée de connaissance qui dévoile la teneur d'universalité du phénomène, présente y compris dans notre rapport intentionnel au réel. En venant se greffer sur une dimension lyrique parfaitement assumée, l'épique réhabilite la polarisation parce qu'il n'en occulte nullement le fond transcendantal. L'art est autant épique que lyrique parce que, s'appuyant sur cette seconde détermination, il peut développer la première sans que la chose présentée soit dépouillée de son libre mouvement d'apparaître. Au contraire de la *simple imitation*, l'art génial présente la chose en exhibant sa phénoménalité, parce que cette présentation, soutenue par la dimension lyrique, ne peut ignorer le statut transcendantal du phénomène alors même qu'il est constitué en objet. L'art goethéen n'est donc pas seulement un art de l'affectivité, mais il est aussi un art de la connaissance. Il ne présente pas seulement nos dispositions affectives (comme c'est surtout le cas dans les *Lieder*), mais aussi la chose même de la nature. En somme, ce n'est pas seulement une *Stimmung* que dégage la réduction opérée par le *style*, mais aussi toute la richesse de la *chose* perçue, dans son aspect plein et effectif comme dans sa dimension fuyante et puissancielle. Dans un cas comme dans l'autre, la vie organique est le motif et le but de la *Darstellung*.

Goethe reconnaît donc dans l'art une instance de connaissance. Ainsi, le génie, bien souvent, «aime à s'approcher du théoricien»[3] – le contexte suggérant ici que le «théoricien» n'est point tant celui qui pense l'esthétique que celui qui pratique la *theoria* dans toute son

1. E. STAIGER, *Grundbegriffe der Poetik*, *op. cit.*, p. 93; trad. p. 73.
2. *Ibid.*, p. 218; trad. p. 156.
3. J.W. GOETHE, *Diderots Versuch über die Malerei*, A.V., XIII, p. 231; trad. p. 189.

ampleur, notamment à la faveur de l'étude de la nature. L'art est une forme de connaissance qui entretient nécessairement des relations profondes avec les autres types de connaissance, telle la science du *Naturphilosoph*. Une lettre à Jacobi livre la clé de la théorie goethéenne de la connaissance artistique :

> Quant à moi, les tendances si multiples de mon être ne me permettent pas de m'en tenir à une vue unique des choses ; comme poète et comme artiste, je suis polythéiste ; je suis panthéiste au contraire comme naturaliste et l'un aussi nettement que l'autre [1].

Goethe dresse son propre portrait, mais surtout il justifie ses deux intérêts majeurs en jetant entre eux un pont qui les relie mais aussi les fixe chacun sur leur rive. Qu'il se dise panthéiste n'étonnera pas, surtout si l'on préserve ce terme de toute connotation métaphysique pour y reconnaître l'expression spontanée d'une expérience phénoménologique de la valeur absolue et transcendantale de la manifestation naturelle. Le polythéisme poétique revendiqué doit alors être compris en contre-point. Rudolf Steiner commente cette lettre en ces termes :

> Artiste, Goethe s'intéresse aux phénomènes où la présence de l'idée est immédiatement perceptible. [...] Poète, il trouve l'appaisement dans la multiplicité du divin ; savant, il recherche les idées de la nature dans leur unité d'action. [...] Beauté objective que l'artiste, chez Goethe, aspire à contempler dans toutes les créatures une à une ; tandis que le naturaliste, en lui, veut « connaître les lois selon lesquelles la nature procède en général » [2].

Là où le *Naturphilosoph* décrit l'universalité de la manifestation naturelle absolue, l'artiste, quant à lui, présente chaque individu, chaque événement, comme une concentration d'acte divin – une puissance naturelle concentrée en l'individu. L'art présente le singulier dans toute sa puissance, la beauté de chacun des instants de la nature, scrutant leur multiplicité pour mieux saisir la dimension événementielle de l'apparaître. L'esthétique de Goethe met donc en cause le statut de l'universel au cœur même de l'individualité événementielle la plus radicale.

Georg Simmel a présenté avec justesse la théorie goethéenne de l'individualité dans un article paru en 1912 sous le titre *Goethes*

1. J.W. GOETHE, *Briefe*, 13 Januar 1813 (an Jacobi), H.A., III, p. 220 ; trad. (Fanta et Roëls) p. 202.
2. R. STEINER, *Goethe et sa conception du monde*, *op. cit.*, p. 79.

Individualismus, dans la célèbre revue *Logos*[1]. Selon lui, l'individualisme de Goethe est un individualisme qualitatif, au sens où :

> Ce n'est pas l'autonomie de l'être chez des êtres identiques par principe, mais le caractère incomparable de la façon d'être chez des êtres différents par principe, qui est pour cet individualisme aussi bien la réalité la plus profonde que l'exigence idéale du cosmos et finalement du monde des hommes[2].

L'individualisme de Goethe est donc centré sur la différence principielle du sens de l'individualité (de l'événement). Par là, il s'oppose à ce que Simmel appelle l'individualisme formel, mais que l'on pourrait tout aussi bien dire «quantitatif», en référence à l'univers cartésien. L'individualisme qualitatif octroie au contenu de sens de l'individu sa propre différence – sa modalité d'être. L'individualisme formel, au contraire, envisage l'individualité comme une différence accidentelle entre des individus qui ont pourtant tous la même modalité d'être – c'est-à-dire comme une autonomie factuelle. Les corps cartésiens, étendues principiellement indistinctes, sont le meilleur exemple de cette autonomie-là, leur différence ne pouvant être envisagée qu'au départ d'une évaluation mathématique. Ces individualités sont formelles car elles ne se soutiennent d'aucune différence concrète. Tout à l'inverse, l'individualisme qualitatif est à ce point concret et principiel que ses différenciations ne répondent pas seulement aux exigences des choses mêmes, mais encore à celles du *cosmos*. Chaque individualité, depuis sa différenciation irréductible, contribue à l'accomplissement de la loi cosmique ; elle œuvre à la constitution de la totalité. L'individualité formelle, elle, loin de participer à la constitution de la totalité, s'inscrit dans un système prédonné à l'individualité elle-même par l'hypothèse axiomatique qu'élabore le projet de *mathesis universalis*.

Le modèle de cet individualisme qualitatif de Goethe se trouve chez Leibniz. Les textes de ce dernier ont souvent été pour lui une importante source d'inspiration. Comme Leibniz, Goethe se veut particulièrement attentif à l'irréductibilité de l'individuel et découvre dans la pensée de la monade l'affirmation la plus puissante d'une autonomie concrète et indéclinable. Lorsque Simmel souligne que, pour Goethe, la vie – et il faut ici entendre la vie individuelle – « n'admet comme contenu aucune

1. Cf. G. SIMMEL, *L'individualisme de Goethe*, in *Philosophie de la modernité*, 2, Paris, 1990, p. 69-104. Simmel a par ailleurs consacré toute une étude au « sens spirituel de l'existence goethéenne » dans son *Goethe* (Leipzig, 1923).

2. G. SIMMEL, *L'individualisme de Goethe*, *op. cit.*, p. 72.

valeur qui lui serait étrangère »[1], il semble commenter Leibniz. En effet, le principe de la monade, laquelle, selon l'expression consacrée, est « sans porte ni fenêtre »[2], exige une autonomie absolue. Mais que signifie cette expression que l'on comprend souvent d'autant plus mal que l'on cherche à résumer à tout prix la pensée de Leibniz ? Certainement pas que la monade est repliée sur elle-même, prisonnière d'un solipsisme principiel, mais bien que, en tant qu'elle est vie, rien ne lui est extérieur – elle est d'emblée le monde ou, plus précisément, sa vie et son développement sont un développement du monde. La monade ne garantit son individualité irréductible que par sa contribution à l'harmonie préétablie.

Goethe l'avait bien compris. À l'opposé de Herder qui s'efforce d'affranchir le monadisme leibnizien de la thèse, jugée métaphysique, de l'harmonie préétablie[3] (au risque de briser l'équilibre de cette pensée et d'abandonner ainsi la monade à une pulsion irrationnelle), Goethe sait que l'individualité ne peut s'accomplir qu'à participer de cette harmonie cosmique (l'exigence du *cosmos* dont parle Simmel). La monade de Leibniz comme l'individualité vivante de Goethe sont toutes deux dynamiques. L'une et l'autre *deviennent*. Dans ce devenir, « l'individu se produit lui-même d'une façon évolutive »[4]. L'individualité se développe au gré de ses métamorphoses. C'est pourquoi Goethe la qualifiera d'entéléchie. Leibniz avait lui-même souscrit à un rapprochement du monadisme avec la pensée grecque, aristotélicienne en particulier :

> On pourrait donner le nom d'Entéléchies à toutes les substances simples, ou monades créées, car elles ont une certaine perfection, il y a une suffisance qui les rend sources de leurs actions internes[5].

La dimension entéléchique de l'individualité monadique est au principe de ce que la *Naturphilosophie* de Goethe nomme la *Steigerung* de l'individu. Comme le note Simmel, « c'est dans un dynamisme original que se construit le processus de la vie de chacun »[6] – dynamisme original parce que toujours individuel ou autonome. Mais

1. *Ibid.*, p. 77.
2. G.W. LEIBNIZ, *Monadologie*, § 7, in *Œuvres*, éd. par L. Prenant, Paris, 1972, p. 397.
3. Cf. J.G. HERDER, *Vom Erkennen und Empfinden der menschlichen Seele*, in *Werke*, Bd. II, München, 1987, p. 672-673.
4. G. SIMMEL, *L'individualisme de Goethe*, *op. cit.*, p. 74.
5. G.W. LEIBNIZ, *Monadologie*, § 18, *op. cit.*, p. 399.
6. G. SIMMEL, *L'individualisme de Goethe*, *op. cit.*, p. 74.

> les contenus, que le processus de cette existence crée d'une façon immédiate et solitaire à partir de lui-même, qui ont en lui leur centre et qui montrent le caractère incomparable de leur forme respective, ont en même temps une signification « vers l'extérieur », ils se soumettent à un ordre et à une rationalité objectifs [1].

La « signification vers l'extérieur » consiste en une inscription active dans l'horizon d'un monde qui est toujours déjà présent et, à ce titre, participe de l'individualité. L'« extérieur » n'est pas l'étranger, il est l'environnement qui noue un échange dialectique fécond avec la *Steigerung* de l'individualité [2]. Pour Leibniz, il correspond encore plus explicitement à une harmonie cosmique, régie par le principe d'*optimum* selon lequel la simplicité des voies se trouve en équilibre dialectique avec la richesse des effets. En effet, la monade ne peut être radicalement individuelle – c'est-à-dire « indépendante » de toute extériorité qui pourrait l'atteindre au départ de son « étrangeté » – que si elle est elle-même une perspective sur le monde et, pour tout dire,

> comme un monde entier et comme un miroir de Dieu ou bien de tout l'univers [3].

La monade est toujours déjà accordée à la réalité universelle, en consonnance avec elle. Elle ne fait qu'exprimer, à son point de vue, toujours singulier et radicalement différencié, l'universalité cosmique.

De même, pour Goethe, l'individu enrichit le monde en se développant, au point que l'accomplissement le plus exacerbé de son individualité est la réalisation à chaque fois la plus originale de la nature et de ses lois. La *Naturphilosophie* de Goethe décrit concrètement ce rapport de l'individu à l'universalité de la nature en se concentrant sur le principe de polarité qui régit la métamorphose de l'individu et, à travers cette *Bildung* singulière, la métamorphose de l'essence. L'individualité goethéenne ouvre donc simultanément à une diachronie et à une synchronie. La diachronie de l'individu réside dans l'élan de son développement individuel soutenu par sa puissance qualitative, selon la terminologie de Simmel. Sa synchronie, en accord avec la théorie de l'harmonie préétablie de la métaphysique de Leibniz, recouvre l'accord préalable avec la réalité universelle. Au croisement de ces deux

1. *Ibid.*, p. 80.
2. Cf. *supra*, p. 147 *sq.*.
3. G.W. LEIBNIZ, *Discours de métaphysique*, § 9, *op. cit.*, p. 44.

dimensions, qui constitue proprement l'individualité, la diachronie exacerbe la synchronie – la complexifie en l'accomplissant.

Cette compréhension de l'individualité est encore au cœur de la théorie esthétique. Lorsque Goethe se dit panthéiste en science et polythéiste en art, il définit le champ de la connaissance esthétique autant que celui de la connaissance de la *Naturphilosophie*. De prime abord, en tant que *Naturphilosoph*, il vise à la connaissance de l'universel, en tant qu'artiste, il vise à la connaissance de l'individu, de l'événement – mais il faudra nuancer. Chaque événement du monde, présenté par la réduction qu'accomplit le *style*, est porteur d'une signification absolue («divine»). Dans chaque événement, l'artiste présente la vérité de la nature : tel est le motif de l'œuvre. L'événement est vérité de la manifestation naturelle, lorsqu'il est aperçu dans toute sa densité qui, loin de se limiter à une particularité ou à une caractéristique, est, à dire vrai, universelle. Le poète présente l'universalité de la nature à l'œuvre dans l'événementialité radicale. Goethe écrit :

> La nature organique : vivante dans le moindre détail. L'art : senti jusque dans le moindre détail [1].

L'art est la connaissance de l'événement comme advenue d'un monde. Quant à la science descriptive, elle n'est pas tout à l'inverse une science de l'universel qui se détournerait de la singularité. Si elle se doit de prendre le visage d'une éidétique, elle se doit aussi de «remonter» vers l'événement pour restituer toute sa puissance à l'essence décrite. Mais toujours est-il que la raison qu'elle décrit est d'abord une raison universelle. Si la diachronie en est également une dimension constituante, celle-ci n'est approchée qu'au départ d'un discours sur l'universalité. La *Naturphilosophie* se contenterait-elle de dresser un catalogue des événements du monde – avec ou sans l'espoir, toujours absurde, de l'exhaustivité – qu'elle faillirait à sa tâche. L'événement est son horizon. Il n'est pas son thème. Il n'est compris que relativement à l'essence, il n'est pas pensé *comme événement* mais *comme accomplissement événementiel de l'essence*. Il est étudié «éidétiquement», au regard de l'essence. À l'inverse, l'art n'interprétera pas l'événement au départ de l'essence, mais l'essence *dans* l'événement. L'événement est son thème, l'essence son horizon. L'art s'inscrit nécessairement, ne fût-ce que par le matériau sensible qu'il mobilise de préférence aux concepts ou aux catégories, dans l'immédiateté événementielle. Il est une

1. J.W. GOETHE, *Maximen und Reflexionen*, 732, H.A., XII, p. 468 ; trad. p. 68.

connaissance du radicalement individuel, de ce qui surgit et s'accomplit dans sa singularité indéclinable. S'il célèbre à chaque fois une nouvelle advenue, l'art exhibe l'universalité du monde dans un « surplus » qui lui appartient tout aussi nécessairement que l'approche de l'événement appartient à l'éidétique.

Pour Goethe, art et science sont connaissance. Tous deux ouvrent à la vérité du phénomène, le premier en présentant la singularité et l'événement qui ne sont tels qu'à s'inscrire dans et à développer l'universalité d'une nature qui forme le sol de notre exister autant que son horizon ; la seconde en décrivant l'universalité éidétique dans ses déterminations les plus dynamiques qui mènent le *Naturphilosoph* aux confins de l'événementialité. L'artiste peint l'événement, le *Naturphilosoph* décrit la vie de l'essence. À la rencontre de ces deux démarches, la libre raison du phénomène peut se dire dans toute sa richesse et dans toute son ampleur.

L'époque sur laquelle Goethe étendit son esprit tutélaire était animée du souffle d'une restauration de la vie. Il a pu apparaître comme un guide et, pour tout dire, comme la figure paternelle de ce mouvement, parce qu'il n'eût de cesse de restituer à la vie son sens universel et concret, sens en formation dès l'événement-avènement de l'apparaître que rien ne précède. Le monde de la vie acquiert son sens dans un horizon aussi bien transcendantal que concret, puisque la vie se donne à elle-même les conditions de possibilité de son libre épanouissement : la raison de son apparaître, incarnée dans le moindre des phénomènes. La *Naturphilosophie* ne peut approcher la vérité du phénomène qu'à être *descriptive* et non pas *métaphysique*. La réflexion esthétique de Goethe le confirme, qui se développe dans un rapport constant avec ses réflexions de naturaliste-philosophe. Démêler l'écheveau chronologique de la genèse comparée des études esthétiques et de *Naturphilosophie* ne présente guère d'intérêt. Il suffit de constater que les premières trouvent un appui dans la science du phénomène. L'esthétique de Goethe est en étroite relation avec sa *Naturphilosophie* parce que celle-ci se veut une science rigoureuse – c'est-à-dire un regard qui *laisse être* le phénomène et veut en saisir la vérité à même sa libre formation. Cette science empreinte de modestie et de respect, engagée dans la recherche de la vérité mais aussi très vite consciente de l'infinité de sa démarche, révèle la richesse de la manifestation naturelle. En même temps, elle avertit Goethe de la voie que le poète en lui doit suivre. Sa *Naturphilosophie* lui apprend toute la densité du phénomène. Celui-ci apparaît dès lors vivant, c'est-à-dire tel un moment de la formation *(Gestaltung)* de la nature qui accomplit sa raison universelle jusque dans l'invention de l'événement. L'art s'efforce de saisir cette événementialité en prolongeant dans son jeu producteur la liberté de la nature. Les thèses esthétiques centrales de Goethe trouve en fait une confirmation *fondatrice* dans sa *Naturphilosophie*. La théorie du génie reprend bien sûr la connivence ontologique que son épistémologie érigeait en principe de base, mais elle est aussi et surtout confirmée par son attention pour l'affect de la nature et par sa réflexion sur la finitude. La dimension épique de la *Darstellung* élève l'art génial à une sphère de la connaissance où essence et événement sont pensés de concert.

La *Naturphilosophie* de Goethe ne prend sens et son esthétique n'est possible que dans la mesure où le phénomène se donne dans sa libre raison. La création fait sens parce qu'elle se reçoit d'une manifestation qui la précède et la convoque au dire, et cette convocation fait sens à son tour dans la mesure où la nature ne se clôt jamais dans une quelconque effectivité mais bien plutôt advient depuis la profondeur de sa puissance. La nature s'offre comme le *sol* de notre exister mais aussi, dans son espace-temps ouvert, comme un *appel* à notre liberté dont les deux faces sont la science, soutenue par sa finitude elle-même, et l'art, ressourcé sans cesse à l'évidence d'un horizon donné. La science et l'art constituent l'infinie richesse de la liberté humaine parce qu'ils exhibent et accomplissent la liberté de la nature.

La postérité a donc voulu que Goethe soit poète. Il l'est, bien sûr, mais à mesure qu'il est *Naturphilosoph*. Par son acte créateur, il reconduit l'homme, aux conditions de possibilité de l'agir, à cette nature dont il est *transpassible*[1] – à cette vie signifiante mais insignifiable qui lui donne son lieu :

> Rien ne nous éloigne du monde comme l'art ; rien ne nous y ramène plus sûrement que l'art[2].

1. Nous empruntons ce concept à Henri MALDINEY, qui l'explicite comme suit : « Par-delà tous les modes de dévoilement et toutes les formes de rencontre dont la réceptivité est passible a priori, elle n'est révélée à elle-même que là où et quand une surprise absolue met à découvert en elle la dimension du transpassible » (*Vers quelle phénoménologie de l'art ?*, in *L'art, l'éclair de l'être*, *op. cit.*, p. 334).

2. J.W. GOETHE, *Maximen und Reflexionen*, 737, H.A., XII, p. 469 ; trad. p. 67.

La création artistique du génie ne s'accomplit qu'à exhiber son lieu. Elle présente une connaissance «active» du monde en donnant à voir l'événement cosmogénétique de l'apparaître. Goethe écrit:

> Je pense que l'on pourrait dire de la science qu'elle est la connaissance générale, le savoir détâché *[abgezogene Wissen]*; l'art au contraire serait la science en acte. [...] On pourrait donc dire que l'art, c'est la science pratique [1].

Art et science de la nature sont bien sûr irréductibles l'un à l'autre. Mais chacun s'engage dans la voie d'une connaissance du phénomène de la vie. Cette commune visée de l'art et de la science ne peut-elle, à son tour, être dite «phénoménologique»? Aussi *Augenmensch* que Goethe lui-même, Husserl écrivait à Hugo von Hofmannsthal:

> Le voir phénoménologique est donc proche parent du voir esthétique dans un art «pur»; seulement il est vrai que ce n'est pas un voir dans la perspective de la recherche répétée, de la connaissance et de la constitution de déterminations scientifiques relevant d'une sphère nouvelle (la sphère philosophique). Une chose encore: cet artiste, qui «observe» le monde pour parvenir, à partir de celui-ci et pour ses fins propres d'artiste, à une «connaissance» de la nature et de l'homme, se comporte à l'égard du monde comme se comporte le phénoménologue. [...] Tandis qu'il le considère, le monde devient pour lui phénomène, son existence lui est indifférente, tout comme elle est indifférente au philosophe [...]. Sauf qu'il ne vise pas comme ce dernier, à découvrir le «sens» du phénomène du monde et à le saisir dans des concepts, mais à s'approprier le phénomène du monde dans l'intuition, afin d'en rassembler une abondance de formes et des matériaux pour des configurations esthétiques créatrices [2].

La proximité du phénoménologue et de l'artiste, par-delà l'originalité de leur démarche, semble appartenir, à lire Husserl, au principe d'une démarche de connaissance qui préserve la phénoménalité elle-même, dans toutes ses dimensions constitutives – dans sa raison comme dans sa liberté. Comment, dès lors, ne pas reconnaître dans l'artiste qu'évoque Husserl la figure de Goethe? Ce n'est pas seulement à von Hofmannstahl que s'adresse cette lettre, mais à tout artiste dont Husserl

1. J.W. GOETHE, *Wilhelm Meisters Wanderjahre. Drittes Buch. – Aus Makariens Archiv*, H.A., VIII, p. 482.

2. E. HUSSERL, *Briefwechsel*, Bd. VII, an von Hofmannstahl (12.1.1907), Dordrecht/Boston/London, 1994, p. 135; trad. de É. Escoubas: *Lettre à Hugo von Hofmannstahl*, in *La Part de l'œil*, n° 7 – *Art et phénoménologie*, p. 14-15.

dit encore qu'il faut « qu'il ait du génie – ce qu'il a de toute façon, sinon il n'est pas un artiste » et « qu'il suive purement et simplement son *daimon*, comme du dedans celui-ci l'entraîne à une activité d'aveugle voyant »[1]. C'est bien sûr parce qu'il avait du génie que Goethe pouvait suivre son *daimon* au point d'agir en artiste. Mais encore, se trouvant au seuil d'une voie phénoménologique avant même que celle-ci n'ait été réellement ouverte, il sut être, par sa *Naturphilosophie*, un authentique homme de science. Artiste et *Naturphilosoph*, théoricien de l'art et naturaliste – si aux yeux de la postérité, Goethe demeure avant tout un poète, du moins nous le reconnaîtrons plus que tout autre dans cette parole d'Henri Maldiney : « Les poètes ne sont pas des sirènes qui nous détournent du monde et de nous par leur chant. Ils n'aménagent pas l'imaginaire. Ils éveillent à la réalité »[2].

1. *Ibid.*, p. 136 ; trad. p. 15.

2. H. MALDINEY, *Naissance de la poésie dans l'œuvre d'André du Bouchet*, *op. cit.*, p. 95.

INDEX DES NOMS PROPRES

ARISTOTE 17, 35, 194, 206, 208, 245
ASSOUN P.-L. 28
AYRAULT R. 16, 24, 76, 130, 131, 181, 198, 199, 250, 257

BAADER F.X. (VON) 70, 71
BACON F. 113
BECKER O. 250, 257
BENJAMIN W. 267, 268, 270
BERTHELOT R. 47, 58
BINSWANGER L. 93
BLAY M. 239, 240, 244, 245
BLUMENBACH J.F. 140, 144, 145, 146
BÖHM G. 80, 244, 258
BÖHME R. 106, 207
BOISSERÉE S. 72, 73
BOYLE R. 239
BUBNER R. 58
BUFFON (COMTE DE) 53, 157, 158, 175, 179
BUICAN D. 146, 160, 161, 162, 165

CALLOT É. 55, 143, 144, 147, 203
CAMPER P. 140, 141, 142, 144, 145, 146
CANDOLLE A.G. (DE) 56
CANGUILHEM G. 170, 171, 188, 189, 192, 193
CARUS C.-G. 71, 146, 165
CASSIRER E. 31
CITATI P. 202
COPERNIC 42
COULOUBARITSIS L. 245
CUVIER 156, 157, 158, 159, 160, 161, 162, 164, 165, 166, 169, 174, 175, 176

DARWIN C. 195, 196, 197
DAUBENTON 157, 158
DESCARTES R. 35, 48, 49, 50
DIDEROT D. 259, 260, 261, 262, 272, 279, 280, 282

ECKERMANN J.P. 16, 30, 35, 36, 46, 59, 63, 71, 82, 83, 120, 121, 132, 133, 146, 154, 155, 163, 166, 177, 206, 266
ESCOUBAS E. 229, 232, 238, 248, 294

FAIVRE A. 69, 131
FALKENHEIM H. 58
FICHTE J.G. 267, 271
FINK E. 263, 280, 281

GALILÉE G.G. 50
GALVANI L. 68, 69
GEOFFROY SAINT-HILAIRE 146, 147, 155, 156, 157, 158, 159, 161, 162, 163, 164, 165, 166, 169, 174, 175, 176, 179, 183, 191

GESELL A. 211
GOLDSTEIN K. 191, 192

HAMANN J.G. 40
HEGEL G.W.F. 21, 31, 57, 58, 59, 60, 61, 62, 63, 64, 65, 66, 71, 72, 97
HEIDEGGER M. 43, 49, 220, 221, 255, 257
HEISENBERG W. 244
HÉRACLITE 129
HERDER J.G. 30, 40, 87, 141, 142, 149, 150, 152, 154, 203, 289
HOFFMANNSTAHL H. (VON)217
HOLBACH (D') 40, 41
HÖLDERLIN F. 31, 114, 221
HOOKE R. 239
HUMBOLDT A. (VON) 122, 123, 124, 125, 130, 215
HUME D. 39, 104
HUSSERL E. 14, 80, 81, 84, 86, 114, 119, 126, 178, 224, 258, 294

JACOBI F.H. 45, 287
JUSSIEU A.L. 56, 180

KANT E. 17, 29, 30, 31, 32, 33, 34, 36, 74, 81, 99, 207, 249
KEPLER J. 108
KIELMEYER K.F. (VON)71, 165
KÖNIG 93
KOYRÉ A. 50, 239
KRANICH E.-M. 174

LACOUE-LABARTHE PH. 266
LAMARCK (CHEVALIER DE) 56, 173, 176, 179, 180, 181, 183, 184, 185, 186, 187, 189, 191, 194, 195, 196
LEIBNIZ W.G. 17, 35, 120, 162, 170, 211, 288, 289, 290
LEROI-GOURHAN 154, 155
LICHTENBERGER H. 18, 19
LINNÉ C. (VON) 53, 54, 55, 56, 80, 102, 139, 149, 155
LOCKE J. 39
LÖWITH K. 58

MALDINEY H. 202, 217, 233, 234, 236, 277, 278, 293, 295
MANN T. 23, 254, 255, 256
MARACHE M. 98
MERLEAU-PONTY M. 87, 119, 190, 197, 211
MICHÉA R. 134, 135, 137, 176, 245
MOISO F. 68
MÜLLER F. 204, 205

NANCY J.-L. 266, 271
NEWTON I. 33, 46, 47, 83, 188, 238, 239, 240, 241, 242, 243, 244, 245
NIETZSCHE F. 23
NOVALIS 70, 130, 271

OKEN 71, 146, 148, 165
ORTEGA Y GASSET J. 13

PASCAL B. 149, 264
PATOCKA J. 21
PICHOT A. 180, 181, 183, 184
PLATON 17, 79, 104
PLINE L'ANCIEN 122

RITTER J.W. 68, 69, 70, 71, 75, 76

SCHAEFFER J.-M. 99, 259, 260, 262, 266, 269, 272

SCHELLING F.W.J. 64, 65, 68, 70, 71, 72, 73, 74, 75, 76, 79, 85, 208, 249
SCHILLER F. (VON) 11, 31, 32, 35, 70, 71, 72, 73, 74, 75, 76, 82, 83, 84, 85, 101, 102, 103, 133, 207
SCHLEGEL F. 70, 265, 266, 268, 269, 270, 271
SCHMIDT A. 26, 73, 205
SCHOPENHAUER A. 49, 107
SCHUBERT G.H. (VON) 70
SHAKESPEARE W. 40, 54, 264
SILESIUS A. 121
SIMMEL G. 287, 288, 289, 290
SOCRATE 17
SORET 155, 156, 159
SPENGLER O. 20
SPINOZA B. 17, 33, 34, 35, 45, 54, 169
STAIGER E. 20, 26, 55, 249, 257, 258, 285, 286
STEFFENS H. 71, 75, 76, 77, 130
STEIN C. (VON) 95, 96, 97, 142
STEINER R. 57, 58, 153, 287
STRAUS E. 222, 223, 226
STRINDBERG A. 284

TAMINIAUX J. 31, 33, 43
TINLAND F. 140, 149, 154
TOBLER C. 25, 125
TODOROV T. 98, 99
TYCHO B. 42

UEXKÜLL J. (VON) 190, 196

VAYSSE J.-M. 35
VOLTA A. 68

WEIZSÄCKER V. 191, 192
WERNER A. G. 130, 131, 132, 133, 160
WITTGENSTEIN L. 265
WOLFF C. 34, 53, 57, 104
WUNENBERGER J.-J. 245

ZELTER K.F. 33, 34, 54

TABLE DES MATIÈRES

Introduction .... p. 13

PREMIÈRE PARTIE
Principes et méthode d'une *Naturphilosophie* qui se veut science rigoureuse

Chapitre 1 : La critique du modèle moderne .... p. 39
1) La déconstruction du rationalisme mathématique .... p. 39
2) Le refus de la voie empiriciste .... p. 53
3) L'opposition à l'hégélianisme .... p. 57

Chapitre 2 : *Naturphilosophie* et science rigoureuse .... p. 67
1) Goethe et la *Naturphilosophie* .... p. 67
2) « *Naturphilosophie als strenge Wissenschaft* » .... p. 79
3) Science éidétique et empirisme rationnel .... p. 88
4) Une épistémologie de la connivence ontologique .... p. 104

DEUXIÈME PARTIE
La nature comme uni-totalité vivante

Chapitre 1 : Unité, universalité et continuité de la nature .... p. 119
1) L'expérience basale de la nature unique et totale .... p. 119
2) Le statut géologique de la norme naturelle .... p. 126
3) Les travaux d'anatomie comparée :
la question de l'os intermaxillaire .... p. 138

4) Les travaux d'anatomie comparée, suite) :
la théorie vertébrale du crâne et sa portée .... p. 147
5) L'« unité du plan de composition » de la nature .... p. 155

Chapitre 2 : L'invention de la nature .... p. 169
1) Eidétique et tératologie .... p. 169
2) Les linéaments goethéens d'une théorie de l'évolution ...... p. 174
3) L'essence et l'événement .... p. 198
4) Conclusion .... p. 212

Chapitre 3 : La nature de l'affect .... p. 217
1) Angoisse et respect .... p. 217
2) La couleur du monde .... p. 224

Conclusion – La *Naturphilosophie* dans l'esthétique .... p. 249
I. Le génie et sa lyre .... p. 249
II. L'œuvre et sa *Darstellung* .... p. 265
III. Une esthétique de la monade .... p. 285
Index des noms propres .... p. 297

ACHEVÉ D'IMPRIMER
EN NOVEMBRE 1998
PAR L'IMPRIMERIE
DE LA MANUTENTION
A MAYENNE
N° 397-98

Dépôt légal : 4e trimestre 1998